한국 명절의 절식과 의례

김용갑 지음

어문학사

차례

Ⅳ. 한국 명절의 대표 절식 발달 배경

Ⅴ. 명절의 전망과 계승 방향성

Ⅵ. 맺는말

부록

儀

禮

儀
禮

서문

명절은 그 문화의 구성원 대다수가 기념하는 세시풍속이며, 절식은 그 명절에 맞춰 만들어 먹는 음식을 말한다. 한국의 명절은 기록상만으로도 2천여 년에 달하는 전통문화의 핵심이다. 많은 한국인들은 명절을 맞아 송편과 떡국 등으로 대표되는 절식(節食)을 마련하고 차례와 같은 의례를 행하며 명절을 기념한다. 그럼에도 다수의 한국인들은 이 같은 한국의 명절이 어떻게 형성되고 발달됐는지에 큰 관심을 가지지 않는다. 특히 한국 명절문화의 핵심적 요소라고 할 수 있는 송편과 팥죽 등을 그 명절에 왜 만들어 먹는지, 이들 절식에 담긴 의미는 무엇인지에 대해 잘 알지 못한다.

본 연구는 이 같은 물음에 대한 궁금증을 해소하고, 세계화와 다문화 시대를 맞아 한국 명절에 대한 이해를 제고하기 위해 행해졌다.

본 연구자는 2000년 초 미국에서 체류한 적이 있다. 그 때 우리 가족은 몇몇 백인 가정의 '땡스기빙데이'에 초대됐으며, 한국과 다른 그들의 명절 기념 방식에 신선한 충격을 받았다.

당시 우리를 초대해준 가족은 시애틀의 근교에 살았다. 우리가 방문했을 때, 디너 테이블에는 칠면조와 크랜베리, 감자 요리 2가지, 호박파이와 야채 샐러드, 포도주, 그리고 샴페인 등이 놓여 있었다. 식사는 모든 참석자들이 옆 사람과 손을 마주 잡고 그 모든 것에 감사한다는 간단한 기도 뒤에 시작됐다. 뷔페식으로 차려진 음식을 개인 접시에 덜어 먹으며 가족들은 작은 선물과 함께 올 한 해 무엇이 감사한지, 어떻게 지냈는지를 서로에게 이야기했다. 그렇게 2시간가량 긴 식사와 함께 웃고 떠들며 그들은 땡스기빙 데이를 보냈다.

그날 밤, 집으로 돌아가면서 우리 가족은 다짐을 했었다. 우리도 귀국하면 낯선 타향에서 명절을 맞는 이국인을 초대해 그들과 함께 식사를 하자고. 하지만 꽤 여러 해가 지났지만 그 다짐을 아직까지 지키지 못하고 있다.

이는 우리 가족의 의지 부족과 함께 한국 명절이 지닌 특성에서 기인하지 않을까 싶다. 사실 대다수의 한국 가정에서 추석 등과 같은 명절에는 음식이 넘쳐난다. 따라서 이날 누군가를 초대해 식사 한 끼 대접하는 것은 그다지 어려운 일이 아닐 것이다. 그럼에도 선뜻 누군가를, 그것도 외국인을 초대해 한국의 전통문화를 보여주는 것은 쉽지가 않다.

앞서 살폈듯, 미국의 땡스기빙은 절식 측면에서는 칠면조와 크랜베리이고 의례는 짧은 감사기도가 전부다. 번거롭지도 복잡하지도 않다. 반면 한국의 명절(추석)은 조상 제사가 주를 이룬다. 때문에 가족 외의 외부인이 참석하기에는 다소 어색하며, 한국은 단일 민족과 문화적 성향도 강하다. 이런 요인 등이 복합적으로 작용해 한국 명절문화는 외국인과 함께 하기 어렵다고 할 수 있다. 또한 우리의 명절(추석)은 유교식 차례(제사)와 함께 이 의례에 쓰일 많은 제사음식, 그리고 송편 등의 절식을 마련해 기념된다. 당연히 많은 준비 시간과 가사노동이 요구되며, 이 같은 복잡함과 번거로움은 경제적 부담과 함께 명절 스트레스로 이어지고, 이로 인해 명절의 의미가 퇴색되고 명절을 기피하는 현상마저 발생하고 있다.

이에 따라 이 같은 문제점을 극복하고 한국의 전통문화를 계승 발전시키기 위해서는 농경문화와 유교 사회 속에서 형성되고 발달한 명절을 현대적 생활환경과 정서에 걸맞은 방향으로 변화시키는 것이 시급하다고 할 수 있다. 또한 이를 위해서는 한국의 명절과 대표 절식이 어떻게 태동해 시대의 가치와 정서, 신앙 등을 반영하며 발달했는지를 알고 이해하는 것이 필요할 것이다.

본 연구는 이 점을 고려해 한국 명절을 의례와 절식(節食) 등을 통해 고찰하고 명절과 관련한 다양한 궁금증에 답했다. 예컨대 추석은 어떻게 형성됐으며, 동지는 왜 다른 명절처럼 차례를 지내지 않는지? 어떤 이유로 한국인은 추석에 송편을 빚고 단오에는 쑥떡을 먹게 됐는지? 그리고 동지팥죽과 떡국의 유래는 무엇인지? 등과 같은 질문에 대한 답을 제시했다.

이 연구서는 본 연구자가 그간 학술지에 발표한 논문들과 박사학위논문 등을 중심으로 보완해 엮어졌으며, 한국의 지역별 명절 문화에 대한 이해를 돕기 위해 부록으로 전국 471개 지역의 명절별 의례와 절식 자료를 담았다. 이 연구를 계기로 한국 명절에 대한 이해의 폭이 넓어지고 현대의 민주적 가치와 성 평등 등이 고려되는 새로운 명절 기념 방식에 대한 논의가 활발해지기를 기대한다.

끝으로, 이 연구가 진행되는 동안 아낌없는 조언과 위로, 그리고 격려를 보내준 아내와 아들, 그리고 어머니와 누나를 비롯한 가족에게 마음 깊이 고마움을 전한다. 또한 제자의 학문적 성과를 위해 지도를 아끼지 않은 전남대 신말식 교수님과 긴 세월 동안 변함없는 지지와 격려를 보내준 송원그룹 고경주 부회장님에게도 감사드린다. 졸고를 흔쾌히 출판해 준 어문학사 박영희 사장님을 비롯한 관계자 여러분의 노고에도 감사를 전하다. 그리고 무엇보다 이 책을 읽어주신 독자 여러분에게 머리 숙여 감사의 인사를 드린다.

2019년 3월
봄을 맞으며 저자 김용갑

I. 한국 명절연구 검토

세시풍속(歲時風俗)은 한 국가 또는 집단 등의 공동체 구성원들에 의해 과거부터 전승되고 한 해를 단위로 일정한 시기에 관습적으로 반복해서 행해지는 문화현상이다.[1] 이 문화현상은 해당 구성원들에 의해 기념되거나 행해지는 행동양식 또는 생활 행위로 그 내용은 자연신앙, 조상숭배 등의 종교적, 주술적인 의례 행위와 민속놀이를 비롯해,[2] 기념 음식의 마련 등이 포함된다. 따라서 세시풍속은 관습인 동시에 의례이자 축제라고 할 수 있다.[3] 한국의 세시풍속은 음력과 양력에 의해 설과 대보름, 한식, 유두, 칠석, 추석, 중구, 동지 등이 나타나며, 보름을 단위로 1년 12달이 24등분된 24절기에 의해 입춘, 하지, 추분, 상강, 대서, 동지 등으로 구분된다. 이중 동지는 음력과 양력은 물론 24절기로도 기념된다. 이들 세시풍속 상의 기념일은 통칭돼 절일(節日)로도 불리며, 이들 절일 중 공동체 구성원 대다수에 의해 두드러지게 기념되는 날을 명절(名節)이라 부른다.[4]

한국인은 명절을 맞아 차례로 대표되는 의례 등을 행하고 상징성 있는 음식을 마련해 이를 기념하는 전통을 갖고 있다. 대다수의 한국인이 현대에 기념하는 명절은 설날(음력 1월 1일)과 추석(음력 8월 15일)이며, 이들 명절에는

---

1   국립문화재연구소, 『강원도 세시풍속』, 2001, p.609. ; 정상진, 『우리민속과 전통문화』, 세종출판사, 2004, p.147. ; 김명자(2008), 「세시풍속과 복식의 상관성」, 『한국의류학회 학술발표논문집』, p.47.
2   『강원도 세시풍속』, p.609.
3   국립문화재연구소, 『경기도 세시풍속』, 2001, p.999.
4   원용문(2002), 「설날의 의미」, 『나라사랑』 103, p.112.

각각 멥쌀 등을 재료로 해 만든 가래떡으로 떡국을 끓이고 송편을 빚는다. 이처럼 명절을 기념해 대표적으로 만들어지는 음식을 '절식(節食)'이라 한다.

다수의 한국인은 1970년대 이전까지만 해도 지역과 집안에 따라 이들 2대 명절에 더해 음력 5월 5일의 단오와 양력 12월 22일 무렵의 동지 등을 명절로서 기념했으며, 이때 연날리기, 그네뛰기, 널뛰기 등과 같은 세시놀이를 행했다. 현재도 일부 지역과 가정에서는 이날 의례와 함께 시식[5]을 마련하며, 일부 기관과 단체에서는 이들 놀이를 위한 행사를 진행하기도 한다.

추석과 설날 의례는 지역과 집안에 따라 차이가 있지만 대부분 간단한 제례를 의미하는 차례를 지내며,[6] 일부에서 민간신앙 의례를 행하기도 한다. 동지와 단오의 의례는 현대에 들어 거의 사라졌으며, 일부에서 차례를 비롯해 '성주 위하기' 등의 민간신앙 의례나 쑥 걸기, 팥죽 뿌리기 등과 같은 주술적 의례를 행한다.

따라서 현대 한국의 명절 기념 방식은 차례나 민간신앙 의례와 같은 기념 의례의 시행과 함께 이 의례에 쓰일 대표 절식을 마련하는 것으로 대표된다고 할 수 있다.[7] 여기에 이 의례가 행해지는 장소의 방문(귀향, 종가집)과 세시놀이를 더해 4대 요소가 고려될 수 있다. 하지만 귀향의 경우 현대에 들어 나타나는 두드러진 명절 풍속이고 세시놀이 또한 개인에 의해 거의 행해지지 않는다는 점에서 현대의 전통적인 명절 기념 여부는 사실상 의례와 절

5　절기의 시기에 맞춰 준비되는 음식은 '시식(時食)'이라 한다.
6　한국정신문화연구원, 『한국민족문화대백과 사전』 제12권, 서울: 웅진출판, 1994, p.329.
7　김용갑(2018b), 「전남지역 명절의 절식 출현 빈도」, 『인문학연구』 제29집, 인천대 인문학연구소, p.269.

식이라고 할 수 있다. 그런데 의례의 경우, 차례 등이 유교의 제사 의례와 큰 차이가 없다는 점에서 명절의 기념 요소로써 변별력이 낮다. 따라서 명절 기념의 의미와 변별력은 그 명절에만 빚어지는 대표적 음식(절식)에 의해 나타나며, 명절의 기념 여부는 사실상 대표 절식을 만드느냐에 따라 결정된다고 할 수 있다. 이는 기념 의례는 거의 나타나지 않지만 여전히 '동지팥죽'이라는 절식과 함께 현재까지 기념되는 동지에서 살필 수 있다. 또한 도시화와 종교적 이유 등으로 차례는 생략하지만 떡국과 송편을 마련해 현대적 의미의 설날과 추석을 기념하는 한국인 다수의 명절 기념 풍속에서 뒷받침된다.

1. 연구 목적

본 연구는 이 같은 인식을 바탕으로 한국의 지역별 명절 의례와 절식을 살펴 명절별 대표 절식의 발달 배경을 규명하고 이들 의례와 절식이 앞으로 어떤 변화를 겪을지 예측 또는 전망하는데 목적이 있다.

이 같은 연구가 필요한 것은 명절 기념을 부담스러워하고 변화를 바라는 한국인이 다수라는 현실적 문제와 함께 세계화와 다문화 시대, 다양한 외래 문화의 유입과 교류 속에서 이들 문화를 이해하고 한국의 전통문화를 계승, 발전시키기 위해서는 한국 문화의 핵심이자 토대인 명절의 의례와 절식에 대한 이해가 선행돼야 하기 때문이다. 그럼에도 그간 명절에 관한 연구는 대다수가 유래나 한·중·일 세시풍속의 비교, 『세시기』에 근거한 개별 민속놀이 고찰, 의례 행위와 속신 등의 출현이나 전승 여부 등과 같은 현상적 측면에서 진행됐다. 명절 음식에 대한 연구 역시 음식의 종류나 영양 및 조리법 등을 위주로 이뤄지고 있으며, 특히 절식을 인문학적 방향에서 고찰하는 연구는 거의 발견되고 있지 않다.

이에 본 연구는 그간의 연구 방법을 지양해 명절의 의례와 절식에 초점을 맞췄다. 한국 4대 명절의 지역별 의례와 절식이 무엇이고 그 출현 빈도는 어느 정도인지를 살폈으며, 이들 절식이 한국 명절의 대표 절식으로 발달한 이유와 배경을 규명했다. 본 연구가 규명한 구체적이며 실제적 논제의 일부는 다음과 같다. 왜 한국인은 추석 송편, 동지팥죽과 같은 절식을 먹게 됐는가? 동지는 왜 의례 없이 절식 위주의 명절로 계승되는가? 단오의 대표 절식으로 '수리취(치)떡'이 타당한가? 대다수 한국인이 쌀로 만든 송편과 같은 절식을 명절 음식으로 수용한 시기는 언제인가? 추석과 단오 권으로 대별되는 명절 문화권의 구분은 어떤 의미를 지니는가? 지역별 의례와 절식의 차이는 무엇이며, 절식을 마련해 기념하는 최대의 명절은 무엇인가? 다문화와 세계화 시대, 한국 명절과 이를 대표하는 절식은 언제까지 지속되며, 어떤 변화를 겪을 것인가? 그리고 명절 기념에 따른 과도한 가사노동의 부담과 스트레스를 극복하고 현대의 가치와 정서에 부합하는 명절의 방향성은 무엇인가? 등이다.

2. 연구 범위 및 방법

이 같은 연구 목적과 논제에 따라 본 논문은 다음과 같은 연구 범위와 방법을 적용했다.

먼저 연구 범위다. 한국의 명절이 무엇이냐는 연구자마다 다를 수 있다. 본 연구는 설, 단오, 추석, 동지를 한국의 4대 명절로 설정했다. '4대 명절'이란 용어는 고려시대의 '9대 속절', 조선시대의 4대 절사 또는 5대 절향에서 나타나듯, 주요한 명절에 대한 전통적 지칭법이고 다수의 연구자에 의해 이 용어가 이미 사용되고 있기 때문이다.[8] 이에 따라 본 연구는 명절의 전통(역사)성과 함께 한국인의 명절에 대한 인식도, 계절 및 지역적 대표성, 그리고 절식의 출현 빈도 등을 고려해 이들 명절을 4대 명절에 포함했다. 이런 원칙에 따라 대보름(음력 1월15일)의 경우 여러 측면에서 4대 명절에 포함될 수 있지만 시기적으로 설날과 같은 1월에 위치하고 명절 기념의 의미와 성격이 설날의 연장선이라는 점에서 제외했다. 한식은 기념지역이 한정되고 성묘 의례

---

8   원용문(2002), 앞의 논문, p.172. "설날, 한식, 단오, 추석의 4대 명절"; 호티투흐엉(2016), 「한국과 베트남의 세시민요 비교- 4대 명절을 중심으로」, 『문화와 융합』 38-6, p.50. "한국과 베트남의 대표적인 4대 명절은 설날, 정월대보름, 단오절, 추석."; 신미경·정희정(2008), 「한·중·일 세시풍속과 세시음식에 대한 비교」, 『동아시아식생활학회지』 18(3), p.278. "조선시대까지는 설, 한식, 단오 추석이 4대 명절이었으나(이성우, 1984) 지금은 임양순(1986)과 윤은숙(1995) 조사에 의하면 설, 추석, 정월대보름, 동지의 순으로 주요 명절로 인식."; 국립문화재연구소(2001), 『경기도 세시풍속』, p.1004. "4대 명절 하면 으레 설, 한식, 단오, 추석을 치게 된다."; 국립문화재연구소(2003), 『전라남도 세시풍속』, p.969. "단오는 우리나라 4대 명절의 하나로 꼽아 왔다."; 한국민속학회 엮음, 『민속놀이, 축제, 세시풍속, 통과의례』, 서울: 민속원, 2008, p.252. "(임재해는) 우리의 4대 명절은 설과 보름, 단오, 추석."; 장주근, 『장주근 저작집IV 세시풍속편』, 민속원, 2013, p.28. "4대 명절에 그 때마다 시절 음식을 천신해서."

의 성격이 강하다는 점에서 포함시키지 않았다. 반면 동지의 경우 팥죽 및 팥시루떡과 같은 대표 절식의 출현 비율이 추석과 설날을 앞선다는 절식의 출현 빈도 측면과 겨울을 대표하는 명절이란 점에서 포함했다. 또한 단오는 비록 그 기념 정도는 미미하지만 역사성과 함께 강원과 경북 등의 지역적 대표성, 그리고 여름을 대표하는 계절적 명절이라는 점과 추석에 대비되는 측면에서 4대 명절에 포함했다.[9]

다음으로 연구 대상의 시간적 범위다. 절식의 발달은 태동에서 형성까지 과거와 현재를 아우르는 속성을 지닌다. 반면 지역별 의례와 절식은 현재 드러난 문화현상임으로 현재의 시점이 중심이 된다. 이와 함께 명절의 전망과 방향성은 앞으로 전개될 예측임으로 미래의 영역에 해당된다. 따라서 본 연구의 시간적 범위는 명절의 의례 및 절식과 관련한 과거 - 현재 - 미래라고 할 수 있으며, 논의의 소주제와 대상에 따라 시간적 범위가 다르거나 혼합돼 있다.

다음은 연구 방법이다. 본 연구의 핵심적 대상은 명절의 절식과 의례이며, 이를 토대로 절식의 발달 배경을 규명하고, 명절 기념 방식의 방향성을 검토했다. 이런 이유로 본 연구는 인문학으로서의 음식 분야와 종교 및 역사, 역법의 연구 결과물을 필요로 하며, 명절이 농경 및 동북아시아의 문화와 밀접히 연관된다는 점에서 농업과 중국문화사 분야의 자료도 요구된다. 또한 명절 절식은 떡이 대표함에 따라 식품가공학 분야의 연구가 동반돼야 한다. 따라서 본 연구는 인문학과 자연과학기술 분야를 접목한 학문 간의 융합 연구이자 문헌 연구라 할 수 있다.

---

9   본 연구에서 설정한 계절별 대표 명절은 음력을 기준으로 봄은 설날, 여름은 단오,
    가을은 추석, 겨울은 동지다.

본 연구에 활용된 자료는 먼저, 본 연구자가 그간 발표한 논문들을 들 수 있다.[10] 지역별 명절 의례와 절식의 출현 내역은 국립문화재연구소가 발행한 『세시풍속』[11] 지역 편 9권과 총괄 편 1권 등 모두 10권을 기본 자료로 활용하고 문화공보부 문화재관리국의 『한국민속 종합조사 보고서』[12] 지역별 10권과 국립민속박물관의 『한국의 세시풍속』[13]을 보충 자료로 이용했다. 이는 『세시풍속』이 이들 두 자료에 비해 지역별 의례와 절식 자료가 풍부하고, 조사 내용의 전국적 분포나 조사 형식의 지역적 일관성 측면에서 활용도가 높아 연구 수행이 용이하기 때문이다. 본 연구는 이들 자료 외에 고문헌과 앞서 언급한 음식, 종교, 역사, 농업, 중국문화사 및 식품가공학 분야 등의 연구 성과물을 활용했다.

이들 자료와 연구 성과물을 바탕으로 본 논문은 6장으로 구성됐다. I장인 서론(한국 명절 연구 검토)에 이어 II장에서는 '한국 명절의 의례 종류와 절식'을 소제목으로 해 본 논의의 이해를 위해 요구되는 명절 관련 배경지식을 담았다. 따라서 이 장에서는 한국 명절의 출현과 형성 과정을 비롯해 의례와 절식이 무엇인지를 주로 고문헌 자료를 통해 밝혔다. III장에서는 '지역별 명절의 의례와 절식'을 주제로 강원, 충북, 전남, 경북 등 남한의 9개 광역지

10　본 연구의 일부 분야는 주제와 아이디어, 형식 및 내용 등에서 부분적으로 일치하거나 유사하다. 활용된 논문의 서지사항과 간략한 결과는 연구사 검토에서 다뤘다.
11　2001~2003년 발행된 이 조사서는 조사 지역에 전승되거나 피조사자들의 기억 속에 전승되는 세시풍속을 수록했다. 남한 172개 시·군의 2~3개 지역을 선정해 관련 전문가들이 현지인을 조사했다.
12　문화공보부 문화재관리국, 한국문화인류학회편, 『한국민속 종합조사 보고서(전남편)』, 서울: 삼화인쇄주식회사, 1969. ; 문화공보부 문화재관리국, 『한국민속 종합조사 보고서(전국 9개 지역 편)』, 서울: 형설출판사, 1974~1981.
13　국립민속박물관, 『한국의 세시풍속 I -서울·경기·강원·충청도 편』, 1997. ; 국립민속박물관, 『한국의 세시풍속 II-전북·전남·경북·경남·제주 편』, 1998.

역에서 출현하는 명절의 의례와 절식을 명절별로 구분해 제시했다. 이를 위해 『세시풍속』 지역편 9권에 나타나는 절식과 의례를 추출해 지역 및 명절과 절식별로 구분하고 통계수치화 해 활용했다. IV장에서는 '한국 명절의 대표 절식 발달 배경'을 소제목으로 해 절식이 발달한 배경을 공통적 요인과 명절별 요인으로 나눠 제시했다. V장에서는 '명절의 전망과 계승방향성'을 주제로 한국의 명절이 어떤 변화를 겪었는지 살펴보고 이를 통해 명절의 미래 변화상과 계승 가능한 명절 기념 방식의 방향성을 고찰했다. 그리고 마지막 장인 VI장에서는 본 연구의 개괄적 이해를 위해 각 장의 핵심적 내용과 결론적 부분을 요약하는 식으로 마무리했다.

다음은 본 연구에서 사용된 용어나 명칭에 대한 개념 설명과 사용 의미다. '민간신앙 의례'는 명절의 기념 의례 중 유교적 의례를 제외한 여타의 신앙적 의례를 포괄하는 의미로 사용됐다. '성주위하기(성줏상 차리기)'가 대표적이며, 본 연구에서는 단오와 동지에 행해지는 주술적 행위인 '쑥 걸기'와 '팥죽 뿌리기'도 이 범주에 포함했다. 이들 행위 자체가 명절을 기념하는 방식이며, 사전적 의미 또한 '행사를 치르는 일정한 법식'을 의례(식)로 규정하고 있기 때문이다. 특히 팥죽을 성주(신)에게 직접 뿌려 '성주위하기'를 행하는 지역이 발견되는[14] 등 소금, 물, 팥죽 등을 뿌리는 행위는 신에게 귀한 것을 직접 바치는 의례(식) 행위의 변형으로 볼 수 있기 때문이다. 다음으로 '한민족(韓民族)'은 한국인과 바꿔 쓸 수 있는 명칭이다. 본 연구에서 논의되는 명절은 국적상의 남북한 국민은 물론, 700만 명에 이르는 재외동포 다수에

---

14 『충청남도 세시풍속』, 괴산 장연 조곡, p.143. -사람이 먼저 먹기 전에 팥죽을 성주, 터주, 외양간, 광 등에도 뿌린다.

의해서도 직간접으로 기념된다. 따라서 이 명칭은 한민족의 문화적 동질성을 부각시키기 위해 사용됐다. '전통 시기'는 전통 사회와 교체될 수 있는 용어로 외래문화의 급격한 유입에 의해 한민족 고유의 풍속이 변화되기 이전의 시기를 말하며, 본 연구에서는 현대의 세시풍속과 대비되는 개념으로 주로 사용됐다. 따라서 그 시기는 19세기 전후의 개화기 이전이나 지역에 따라서는 1970년대 산업화나 도시화 이전의 시기라고 할 수 있다.

3. 연구사 검토

현재 본 연구의 소재 및 주제와 연관되는 연구물은 김용갑의 논문에서 찾아진다. 김은 '전남지역 명절의 절식 출현 빈도'[15]를 통해 전남의 경우 22개 시·군 전 지역에서 동지에 팥죽이나 이의 대체재로써 '애동지 떡' 등을 차려 기념한다며, 이 같은 절식 출현 빈도는 추석과 설날에 비해 높은 것으로, 그 배경은 동지가 자연력의 새해에 부합하고 고대 시기 동짓달을 새해 첫 달로 삼는 풍속과 함께 태양을 숭배하는 무속 신앙의 영향 등에서 기인한다고 밝히고 있다. 이는 절식을 차려 명절을 기념하는 측면에서 전남의 경우 동지가 가장 큰 명절임을 의미한다. 또한 '추석 대표 음식으로서 송편의 발달 배경'[16]을 통해 추석은 추수 감사보다는 농공감사제적 성격이 강하며 송편이

---

15 김용갑(2018b), 앞의 논문.
16 김용갑(2018a), 「추석 대표 음식으로서 송편의 발달 배경」, 『인문논총』 제75권 제2호, 서울대 인문학연구원.

한국인 대다수에 의해 추석을 대표하는 음식으로 빚어진 시기는 1970년대 이후임을 규명하고 있다. 김은 추석 송편의 발달 배경으로 농공 감사와 풍년 기원의 전통 등이 있음을 밝혔다. 이밖에 김은 '단오의 대표 음식으로서 쑥떡의 발달 배경과 단오의 성격'[17] 연구에서 단오의 절식으로 흔히 '수리취떡'을 말하나 수리취는 해발 1,300미터 이상의 고산지대에서 자생하는 식물로 남한 대다수의 지역에서 구하기 힘든 재료일 뿐만 아니라 명칭 또한 '단오의 푸른 쑥[戌衣翠艾]'에서 와전됐다며 단오의 대표 절식은 쑥떡임을 제시했다. 이와 함께 김은 한국 명절을 대표하는 절식은 떡이며, 이 떡 중에서 멥쌀로 빚는 멥쌀떡의 발달 배경은 찹쌀에 비해 찰성이 덜한 멥쌀[메성]을 선호하던 고대 시기 한반도 거주민들의 민족적 식감과 함께 메벼가 지닌 유전적, 생태적 우월성 등이 토대가 됐음을 밝혔다.[18] 본 연구와 관련, 김의 연구는 명절과 절식의 연관성은 물론, 한국의 음식 문화가 동아시아와 밀접히 관련됐음을 보여준다. 이밖에 최덕경(2005)[19]은 한국의 절일 음식을 설의 떡국, 보름의 오곡반, 중추절의 송편과 동지의 팥죽[赤豆粥]으로 제시하고, 동지 절식인 팥죽의 유래와 사회성을 한·중·일 역사서와 문집을 통한 고증으로 규명했다. 최배영(2017)[20]은 세시의례와 음식의 연관성 아래 한국 명절의 의례로 고정된 차례의 연원과 의미, 그리고 속절제의 시식 등에 대해 살피

---

17 김용갑(2018c), 「단오의 대표 음식으로서 쑥떡의 발달 배경과 단오의 성격」, 『아세아연구』 61권 3호, 고려대 아세아문제연구소.
18 김용갑(2017a), 「한국 멥쌀떡 발달 배경」, 『아세아연구』 60권 4호, 고려대 아세아문제연구소.
19 최덕경(2005), 「조선의 동지팥죽과 그 사회성」, 『역사민속학』 20, 한국역사민속학회.
20 최배영(2017), 「조선시대 절사에 관한 연구」, 『차문화·산업학』 제35집.

고 있으며, 나경수(2018)[21]는 송편, 팥죽 등의 세시절식이 형태, 종류, 색채, 그리고 형이상의 주술성이 있음을 밝히고 있다. 나경수의 주장은 한국 명절의 발달이 무교와 밀접한 연관이 있다는 점에서 유의미한 시각을 제공한다.[22]

다음으로 세시절기와 관련해 유소홍(2017)[23]은 한중 설날 세시풍속을 비교해 설날의 역사를 제시했으며, 원용문(2002)[24]은 설날의 의미와 어원에 대해 밝히고 있다. 단오 관련 연구는 강릉, 자인, 법성포 단오제 등 주로 지역 단오제와 한·중·일 3국 간의 풍속 비교, 단오제의 활성화 방안 등에 초점을 맞춘 것이 대부분이다. 임경화(2018)[25]는 강릉단오제의 의례와 공연이 유교, 무속, 불교, 도교를 배경으로 하고 있음을 제시했으며, 이창언(2017)[26]은 경산 자인단오제는 한국의 대표적인 읍치 제의적 단오제로 고을 축제의 성격임을 밝혔고, 나경수(2007)[27]는 영광 법성포 단오제를 난장의 성격에서 살폈다.

---

21 나경수(2018), 「대표적인 세시절식의 주술적 의미」, 『한국민속학』 67, 한국민속학회.
22 이밖에 명절 음식과 관련한 연구로는 오순덕(2018), 「남과 북의 설날음식」, 『월간북한』 2018.2. ; 송재록(2016), 「동짓날 팥죽과 섣달 납팥죽」, 『한글+漢字문화』 209. ; 최정선(2016), 「고대의 제사·명절음식에 대한 고찰」, 고려대 교육대학원 석사논문. ; 라영순(2015), 「식생활의 역사: 인간을 이해하는 또 하나의 방식」, 『한국사학사학보』 32. ; 편집부(1997), 「동지와 팥죽」, 『중국조선어문』, 길림성민족사무위원회. ; 김천중(1994), 「한국전통음식의 성격규명과 대표성에 관한 연구」, 『전통상학연구』 7집. ; 이효지(1993), 「12월의 절식」, 『새가정사』. ; 편집부(1992), 「세시풍속·설날의 세시풍속과 먹을거리」, 『중등우리교육』, 중등우리교육 등이 있다.
23 유소홍·양명모(2017), 「한·중 설날 세시풍속 비교 고찰」, 『한국엔터테인먼트산업학회논문지』 11(2).
24 원용문(2002), 앞의 논문.
25 임영화(2018), 「강릉단오제와 중국단오절에 대한 비교연구-유네스코 등재 위주로」, 『Journal of China Studies』 제21권 1호, 부산대학교 중국연구소.
26 이창언(2017), 「경산자인단오제의 보전방안에 관한 연구」, 『민족문화논총』 제66집, 영남대 민족문화연구소.
27 나경수(2007), 「법성포 단오제의 난장으로서의 성격」, 『남도민속연구』 14권, 남도민속학회.

추석과 관련, 채미하(2015)[28]는 신라가 8월 15일 등의 제사를 중국에서 받아들였지만 농경과 관련한 시간관념 안에서 운용했다고 밝혔다. 김인희(2014)[29]는 한국의 추석과 중국 중추절의 기원에 관한 한·중의 논쟁을 소개하고 중국 중추절의 기원이 신라의 8월 15일 명절일 가능성이 있음을 주장했다. 권오영(2010)[30]은 조선시대 후기 『경국대전』의 관혼상제에 관한 법적 구속력이 상실되고 「가례」의 4대봉사가 일반적으로 행해졌다며 추석 등의 제사는 유교 의례의 의식 절차 등을 많이 따랐지만 근본적으로 한국 고유의 명절에서 전승됐다는 의견을 제시했다. 동지와 관련, 김상보(2007)[31]는 동짓날 팥죽의 유래와 전래에 대해 규명하고 있다.[32] 이밖에 하수민(2016)[33]은 설과 추석의 차례 및 성묘가 조선시대 가례에서 연원을 찾을 수 있으며 이들 명절은 사중월 사시제의 의의를 공유하며 조선시대의 대표적인 명절 의례로 수용됐다고 밝혔다. 장주근(2013)[34]은 한국 세시풍속과 명절의 유래 및 풍속을 비롯해 중국

---

28   채미하(2015), 「신라 오묘제일과 농경제일의 의미」, 『동양고전연구』 61집.
29   김인희(2014), 「적산 법화원의 8월 15일 명절연구」, 『동아시아고대학』 34집, 동아시아고대학회.
30   권오영(2010), 「조선조 사대부 제례의 원류와 실상」, 『민족문화논총』 46집.
31   김상보(2007), 「통일신라시대의 식생활문화」, 『신라문화제학술발표논문집』 28, 동국대 신라문화연구소.
32   이밖에 정경조(2016), 「한국문화의 특징, 융합에 대한 고찰」, 『한국사상과 문화』 85집. ; 유뢰(2016), 「설날의 상징과 상징의미 연구-한국, 중국, 일본을 중심으로」, 중앙대학교 대학원 석사논문. ; 당홍(2014), 「한·중 세시풍속 비교 연구-4대 명절을 중심으로」, 영남대 대학원 석사논문. ; 서영수·장두식(2013), 「서양인이 본 한국의 세시풍속」, 『사학지』 제46집. ; 김효경(2010), 「조선왕실의 세시풍속과 액막이」, 『역사민속학』 33. ; 김용목(2009), 「처용탈 벽사색 연구」, 『한국무용사학』 제10호. 등이 있다.
33   하수민, 『명절의 탄생: 한국 명절의 역사와 휴일의 변동 연구』, 서울: 민속원, 2016.
34   장주근, 『장주근 저작집IV 세시풍속편』, 서울: 민속원, 2013.

과 일본, 몽골의 세시풍속에 대한 설명을 담고 있으며, 주영하(2011)[35]는 음식문화를 인문학적 관점에서 밝혔다. 최인학(2008)[36]은 한국 세시풍속의 정체성을 밝히기 위해서는 한국인의 시간관에 대한 연구, 세시풍속과 신앙 의례의 관계성에 관한 문제 해결 등이 필요함을 지적하고 있다. 최의 논문은 본 연구가 역법을 토대로 명절의 시기를 고찰하고 종교 의례와 관련된 명절의 의례를 살핀다는 점에서 유의미한 시각을 제공한다.[37]

한국 명절 절식을 대표하는 떡과 관련해, 장혜영(2010)[38]은 한국 전통문화를 중국 문화와 함께 소개하고, 떡의 발달 역사는 물론 한국 떡의 종류가 235가지에 달함을 보여주고 있다. 선희창(2010)[39]과 김내창(1998)[40]은 북한의 명절을 중심으로 한국 세시풍속과 명절 떡을 소개하고 있다. 최은희 외 4인

---

35 주영하, 『음식인문학: 음식으로 본 한국의 역사와 문화』, 휴머니스트, 2011.
36 최인학(2008), 「한·중·일 세시풍속의 비교연구를 위한 제언」, 『비교민속학』 37, 비교민속학회.
37 이외에 주영하(2012), 「초등학교 사회교과서와 아동도서에 나타난 명절음식의 서술내용 분석」, 『실천민속학 연구』 19 가 있으며, 한국인의 명절 및 절식 인식과 관련해, 이선임·홍장선·김명희(2017), 「전통 떡 상품개발을 위한 소비자 인식 및 디자인 컨셉연구-Q방법론을 중심으로」, 『커뮤니케이션디자인학연구』 61호. ; 이현순(2012), 「한국 시절식 인지도 및 선호도 조사-대구·경북 지역을 중심으로」, 대구가톨릭대학교 보건과학대학원 석사논문. ; 임은경(2010), 「전통 떡의 대중화를 위한 고등학생들의 인지도와 기호도 및 소비행동 연구」, 한양대교육대학원 석사논문. ; 윤나라(2010), 「전통문화중심도시 전주지역 주부들의 세시(절기)음식에 대한 인지도와 실천도」, 원광대 교육대학원 석사논문. ; 곽연주·김현주(2009), 「세계화를 위한 초등학교 5,6학년 학생들의 전통음식에 대한 인지도 조사」, 『실과교육연구』 제15권 1호. ; 심영자, 김정선(1998), 「재미 한인 주부들의 한국 명절음식에 대한 인식」, 『한국조리과학회지』 14권2호 등이 있다.
38 장혜영, 『한국전통문화의 허울을 벗기다-한중문화 심층 해부』, 서울: 도서출판 어문학사, 2010.
39 선희창, 『조선풍속사(삼국-고려편)(개정판)』, 평양: 사회과학출판사, 2010.
40 김내창, 『조선풍속사』, 사회과학출판사(평양), 한국문화사 영인, 1998.

(2008)[41]은 한국의 절기떡과 지역별 떡은 물론 떡 만드는 방법에 따른 종류, 쓰임새 및 관련 문헌 등을 종합적으로 제시하고 있다.[42]

한국 명절 및 절식의 기반이 된 곡물 및 농업과 관련, 신중진(2012)[43]과 김태호(2008)[44]는 한반도 재래 벼의 품종과 특징, 그리고 일제 강점기 한반도에 도입된 신품종을 소개하고 있다. 왕런샹(2010)[45]은 중국 곡물 재배의 역사와 세시풍속을 담고 있으며, 박철호 외(2008)[46]와 성락춘 외(2007)[47]는 한국 재배 곡물의 파종과 수확 시기 및 곡물 전파의 역사를 상세히 기술하고 있다. 정연식(2008)[48]은 조선 후기 쌀의 가치와 당시 쌀의 특징을 제시했으며, 윤서석

41 최은희 외 4인, 『떡의 미학』, 서울: 백산출판사, 2008.
42 이밖에 윤덕인(2008), 「한국과 일본의 병에 관한 연구」, 『관동대학교 인문과학연구소 학술대회지』, 관동대학교 인문과학연구소. ; 김옥희(2008), 「우리나라 떡 산업의 현황과 전망」, 『東아시아食生活學會 2008년도 추계학술대회 논문집』. ; 권기대 외 7명 지음, 『전통곡류식품-한국떡 중심-』, 도서출판 보성, 2006. ; 최인학 외, 『비교연구를 통한 한국민속과 동아시아』, 민속원, 2004. ; 김천호(1991), 「일본 법륭사 성덕태자제사 공물을 통한 한국고대식 추정연구(Study on Korean ancient diet by the sacrificial offerings of Japanese temple)」, 『한국식생활문화학회지』 6(2). ; 이효지(1988), 「조선시대의 떡문화」, 『한국식품조리과학회지』 4(2). ; 임국이, 김선효(1988), 「떡의 이용실태 및 시판제품에 대한 평가」, 『한국식생활문화학회』3(2). ; 이철호·맹영선(1987), 「한국 떡에 관한 문헌적 고찰(A Literature Review on Korean Rice-cakes)」, 『한국식생활문화학회지』 2(2) 등이 있다.
43 신중진(2012), 「『연경재전집(研經齋全集)』에 실린 稻벼 곡물명(穀物名)에 대한 어휘사적 연구」, 『동아시아문화연구』 52.
44 김태호(2008), 「신품종 벼 "IR667"(통일)과 한국 농학의 신기원」, 『한국과학사학회지』 30(2).
45 왕런샹 지음, 주영하 옮김, 『중국음식 문화사』, 서울: (주)민음사, 2010.
46 박철호·박광근·장광진·최용순, 『잡곡의 과학과 문화』, 춘천: 강원대 출판부, 2008.
47 성락춘·이철, 『인간과 식량』, 서울: 고려대학교출판부, 2007.
48 정연식(2008), 「조선시대 이후 벼와 쌀의 상대적 가치와 용량」, 『역사와현실』(69).

외(2000)[49], 안승모(1999)[50]를 비롯, 허문회 외(1986)[51]는 벼의 생태 및 전파, 기원지 등을 체계적으로 정리했다.[52]

한·중·일의 음식 문화사와 관련, 허탁운(2013)[53]은 한국 농경과 밀접한 연관성을 맺고 있는 중국의 농업 발달을 고대 문명지와 발굴 유물로 보여줘, 한국 농경의 발달을 동아시아적 시각에서 살피게 한다. 윤서석(2001)[54]은 한민족(韓民族)의 식생활문화를 선사시대부터 조선시대까지 통시적으로 보여주고 있다. 위안리(苑利)(2005)[55]는 기원전 10세기와 기원전 3세기 두 차례에 걸쳐 수도작(水稻作)이 중국 동남방의 한 집단에 의해 한반도에 전래됐으며, 이 결과로 한민족의 벼농사문화가 형성됐다고 밝히고 있다. 위안리의 연구 성과는 한국 명절의 대표적 절식인 멥쌀떡의 기원과 시작 시기에 대한 많은 시사점을 제공한다.

명절의 미래 전망과 밀접한 관련이 있는 쌀 제분 및 식품 가공과 관련, 신말식(2017, 2007)[56]은 수침과 저온 건조를 통한 쌀가루의 제분 방법과 식품가공학적 원리를 보여준다. 이 제분법에 의한 쌀가루는 밀가루와 같은 가공

---

49   윤서석 외 8인, 『벼. 잡곡. 참깨 전파의 길』, 신광출판사, 2000.
50   안승모, 『아시아 재배벼의 起源과 分化』, 학연문화사, 1999.
51   허문회 외, 『벼의 유전과 육종』, 서울대학교 출판부, 1986.
52   이밖에 박태식·이융조(2004), 「소로리(小魯里) 볍씨 발굴(發掘)로 살펴본 한국(韓國) 벼의 기원(起源)」, 『농업사연구』 3(2) 가 있다.
53   허탁운 지음, 이인호 옮김, 『중국문화사 상』, 천지인, 2013.
54   윤서석, 『우리나라 식생활 문화의 역사』, 서울: 신광출판사, 2001.
55   위안리(苑利) 지음, 최성은 옮김, 『도작문화로 본 한국문화의 기원과 발전』, 민속원, 2005.
56   신말식(2017), 「미래 식량자원인 쌀 소비 방안에 대한 과학적 접근」, 『한국식품조리과학회지』 33(6). ; Song Ji-Young, Malshick Shin(2007), 「Effects of soaking and particle sizes on the properties of rice flour and gluten-free rice bread」, 『Food Science and Biotechnology』 16(5).

적성을 지녀, 쌀가루만으로 빵, 케이크와 같은 맛과 질감의 서양 베이커리 제품을 만들 수 있을 뿐만 아니라[57] 떡의 가공 방법을 획기적으로 개선해 가공 시간의 단축과 소량 제조를 가능하게 해 절식 위주의 명절 기념에 관한 방향성에 긍정적 시사점을 제공한다.

이밖에 이정모(2015)[58]는 한국과 중국의 역법 관련성을 밝히고 있으며, 샤오광(2006)[59]은 중국의 역법과 세시풍속의 변천을 기술하고 있다. 또한 김소중(2007)[60]은 중국의 주요 소수민족에 대한 풍속과 역사를 담고 있으며, 이들 소수민족 중 발해 건국에 참여한 흑수말갈 족의 직접 선조인 만족과 고려시대 한민족의 문화에 직접적인 영향을 끼친 몽고족, 그리고 광서, 운남성 등에 거주하는 장족의 명절 풍속을 소개해 한국의 명절 전통과 유래를 이해하는 데 참고 자료가 됐다.

---

57 신말식(2010), 「미래의 녹색 식품산업을 주도할 쌀 가공산업의 활성화」, 『식품저장과 가공산업』 9(1), p.24. ; 새 제분법으로 만들어지는 쌀가루는 떡 외에 한과와 제면까지 가능하며, 현재 시판 중이다. -신말식·강동오·송지영(2010), 「글루텐프리 쌀빵의 단백질과 트란스글루타민나제의 효과」, 『Food Sci Biotechnol』 19(4), pp.951~956. ; 김지명·노준희·신말식(2018), 「글루텐프리 쌀생면의 제조 및 품질특성」, 『한국 식품조리과학회지』 34(4), pp.375~383.
58 이정모, 『달력과 권력』, 서울: 부키, 2015.
59 샤오광 지음, 앞의 책, 2006.
60 김소중, 『중국소수민족』, 대전: 배제대학교 출판부, 2007.

II. 명절의 의례(儀禮)와 대표 절식(節食)

1. 세시절기(歲時節氣)와 명절

명절은 세시풍속 및 세시절기와 관련된다. 풍속이 시간 안에서 이뤄지는 인간의 문화행위라면 '세시(歲時)'는 인간에 의해 나눠지고 설정된 가공의 시간개념이라고 할 수 있다. 세시는 연단위의 '세(歲)'와 계절 단위의 '시(時)'가 더해져 형성된[61] 어휘다. '세(歲)'는 본래 돌도끼를 형상화한 글자로 수확한 제물을 신께 바친다는 제사의 의미를 담고 있다. 이후 특정한 시기에 수확을 기념해 제사를 지낸다는 시기의 의미로 변천했다. 따라서 세시는 제사 의례를 행하는 1년 동안의 4계절이라는 의미와 함께 일 년이나 절후, 새해(설) 또는 그 밖의 각 명절이란 뜻도 지니고 있다.[62] 절기(節氣)는 시기를 구분 짓는 개념으로 4계절과 함께 한 달을 월초와 월중으로 2등분한다는 의미다. 따라서 세시절기(歲時節氣)는 1년, 4계절, 12달과 24절기를 나타내는 시간과 관련된 명칭이다. 이 같은 세시절기의 시간은 음력과 양력에 의해 구분되며, 이들 시간 속에서 집단의 전승적, 주기적, 관습적 의례 행위와 문화행사가 행해지면서 세시풍속이 탄생한다. 명절(名節)은 바로 이들 세시절기의 풍속 중에서 집단 구성원 대다수에 의해 두드러지게 기념되는 풍속이라고 할 수 있

---

61 샤오팡 지음, 앞의 책, 2006, pp.16~18.
62 박준규(1983), 「한국세시가요의 연구」, 전북대학교 대학원 박사학위 논문, pp.9~11.
     -김태곤 외, 『한국문화의 원본사고』, 민속원, 1997, p.391을 통해 재인용함.

으며, 절일(節日)로도 불린다.[63]

세시풍속[명절]은 이처럼 자연 시간을 인간의 문화적 시각에서 재해석한 시간 개념으로, '세시'는 인간이 무형의 시간을 구분 짓고 나눠 의미화 했다는 점에서 자연에 대한 인간의 적응으로 해석될 수 있다. 반면 '풍속(명절)'은 '세시'로 재해석된 시간에 집단(사회)의 문화 현상이 접목됐다는 점에서 집단(사회)에 대한 개인의 적응 또는 어울림으로 풀이될 수 있다. 이런 측면에서 세시풍속과 명절은 연간, 계절, 그리고 월간의 시간 흐름과 변화에 따른 인간의 풍속을 나타낸다고 할 수 있다.

한국의 세시풍속과 명절은 설, 한식, 단오, 추석, 입춘, 처서, 동지 등에서 나타나듯 음력과 양력에 의해 구분되며, 명절은 주로 음력에 기반을 두고 있다. 한국의 24절기는 중국의 영향을 받았으며 중국의 24절기는 2천년 이전 중국 주나라 때의 화북 지방 기후를 기준으로 형성됐다.[64] 이때문에 한국의 24절기는 자연의 시간과 대체로 맞지 않는다. 이는 한국의 세시풍속 또는 명절이 동지 등을 제외하고는 음력 위주로 발달하는 한 요인이 됐다. 한국과 밀접한 연관성을 지닌 중국의 세시풍속은 춘추전국시대에 그 윤곽이 잡히고 기원전 3세기에서 기원 후 3세기 무렵의 한위(漢魏)시대에 형성됐다.[65] 한국의 대표적인 명절도 기록 등에 비춰볼 때 기원을 전후한 시기에 출현했다고 할 수 있다.

한국 세시풍속의 특징은 겨울철 농한기와 식량의 여유로 인해 정월에 집

---

63 선희창, 앞의 책, 2010, p.136.
64 김기덕 외, 『한국전통문화론』, 북코리아, 2011, p.232.
65 샤오팡 지음, 앞의 책, 2006, pp.30~96.

중돼 있다는 점이다. 설날과 대보름 사이에 집안 단위의 안택고사는 물론 마을 단위의 동제 등과 함께 다양한 의례와 세시놀이가 행해지기 때문이다. 또한 태음태양력[66]의 역법 사용에 따라 음력과 양력의 기념이 혼합돼 있다는 점이다. 설, 단오, 추석은 음력에 의한 기념이고 한식, 동지는 태양력에 의해 기념된다. 이에 따라 한국의 세시풍속 또는 명절의 기념일은 음력에 의해 12개가량이 기념되고 양력에 의해 24절기로 구분된다.

[표1] 24절기와 한국의 세시 기념일 및 명절

구분	24절기		세시 기념일		4대 명절	
	양력월일	절기명	음력 월일 (양력일)	세시명	음력월일	명절명
1월	1월 5일	소한				
	1월 20일	대한				
2월	2월 4일	입춘	12월 30일	섣달그믐	1월 1일	설날
	2월 19일	우수	1월 1일	설날		
3월	3월 6일	경칩	1월 15일	정월대보름		
	3월 21일	춘분				
4월	4월 5일	청명	2월 21일 (4월 6일)	한식		
	4월 20일	곡우	3월 3일	삼짇날		
5월	5월 5일	입하	4월 8일	초파일		
	5월 21일	소만				
6월	6월 6일	망종	5월 5일	단오	5월 5일	단오
	6월 21일	하지				

---

66 태음태양력은 계절과 역일의 차가 약 30일 생기게 되므로 계절을 알리기 위해 양력의 24기를 함께 사용한다. 24기(氣)는 12개의 절기와 12개의 중기로 되어 있으며, 윤달을 끼워 넣어 음력의 역월이 계절에서 너무 벗어나지 않도록 한다. -김만태(2009), 「세시풍속의 기반 변화와 현대적 변용」, 『비교민속학』 38, 비교민속학회, p.318.

월						
7월	7월 7일	소서	6월 15일	유두		
	7월 23일	대서				
8월	8월 7일	입추	7월 7일	칠석		
	8월 23일	처서	7월 15일	백중		
9월	9월 8일	백로	8월 15일	추석	8월 15일	추석
	9월 23일	추분				
10월	10월 8일	한로	9월 9일	중구		
	10월 23일	상강				
11월	11월 7일	입동				
	11월 22일	소설				
12월	12월 7일	대설	11월 16일 (12월 22일)	동지	11월 16일	동지
	12월 22일	동지				

* 24절기와 세시풍속의 기념일은 2018년 달력을 기준으로 작성됨. 세시 기념일은 이외에 매년 10월 어느 한날을 정해 행해지는 상달고사, 1월이나 10월 중 행해지는 안택고사 등도 있다.

세시풍속에서 유래한 한국의 명절 관련 기록은 중국 역사서에서 찾아진다. 이들 역사서에 기록된 한국의 가장 오래된 고대국가는 고조선(古朝鮮)이며,[69] 이후 고조선의 영역에는 부여, 고구려, 예(穢) 등이 존재했고 한반도 중남부에는 마한을 비롯한 삼한 등이 있었다. 따라서 『삼국지』와 『후한서』에 등장하는 부여의 '영고', 고구려의 '동맹', 예의 '무천', 그리고 마한의 '5월제'와 '시월제'의 풍속은 한민족의 명절과 관련한 최고의 기록이라고 할 수 있다. 이들 기록의 '제(祭)'가 어떤 의례인지는 정확히 파악할 수는 없으나 『수서』 등의 기록에 '귀신을 공경하고 제사 지내지 말아야할 대상에게 제사

---

67 한식은 양력 4월 5일 또는 6일로 양력으로 기념된다.
68 동지는 양력일로 기념되며, 음력 11월 16일은 2018년의 동지가 위치한 음력일이다. 동지가 음력으로 11월 중순에 위치함으로 2018년은 대부분의 지역에서 애기동지가 아님을 살필 수 있다.
69 『사기』, 「조선열전」.

지낸다'고 나타나[70] 이들 '제'는 한민족의 초기 제례의 하나이자 한국 고유의 신앙 또는 무속 신앙이라고 볼 수 있을 것이다. 한민족의 가장 오래된 명절 중의 하나이자 절식 위주로 계승되며 유교 의례 보다는 민간신앙 의례의 출현 비율이 압도적으로 높은 동지의 풍속에 비춰 이들 '음사(陰祀)' 행위, 즉 제사는 숭배하는 대상에게 단지 음식 등을 올리거나,[71] 올린 다음 비손하는 의례(의식)였다고 할 수 있다.[72] 그리고 이 의례에서는 상차림을 하지 않은 채 음식을 바닥이나 주변에 직접 가져다 놓는 형태였던 것으로 보인다.[73] 따라서 이들 의례를 한민족의 초기의 제사 형태로 본다면 한민족의 제사 역사는 기록상 이들 역사서의 기록 시기라고 할 수 있다.

2~3세기 무렵까지의 기록[74]이 보이는 이들 역사서의 세시적 풍속이 한민족의 명절이냐에 대해서는 이론이 있을 수 있다. 하지만 이들 사서 중 하나인 『삼국지』 동이전의 예에 관한 기록에 '시월절제천(十月節祭天)'으로 명절을

---

70 『수서』 부여. "敬鬼神, 多淫祠." ; 『구당서』, 『고려도경』에도 비슷한 기록이 나타난다.
71 『경상북도 세시풍속』, 성주 초전, p.549. "(동지에) 팥죽을 쑤면 성주에게 팥죽을 올리는데, 특별히 절을 하지는 않지만 마음으로 정성을 드린다."
72 『경기도 세시풍속』, 강화 강화, p.930. -팥죽을 쑤면 성주 등의 가신과 장독대에도 올려놓고 비손한다. ; 『전라남도 세시풍속』, 화순 춘양, p.907. -팥죽을 쑤면 조왕에게 팥죽 한 그릇 퍼 놓고 비손한다. ; 『경상남도 세시풍속』, 고성 동해, p.485. -팥죽을 쑤면 먼저 집안의 삼신, 성주 앞에 떠 놓고 비손 한다.
73 『충청남도 세시풍속』, 서산 해미. p.139. 설날 자리를 깔고 상(床)이 없이 자리 위에 조상수대로 한꺼번에 밥과 음식을 차려놓고 차례를 지낸다. ; 『전라북도 세시풍속』, 무주 적상, p.322. -설을 맞아 삼신께 음식을 올릴 때 방바닥에 짚이나 쟁반을 깔고 올린다. ; 『충청북도 세시풍속』, 영동 용산, p.265. -팥죽을 사방에 가져다 놓는다. ; 『강원도 세시풍속』, 인제 귀둔, p.351. -단오에 장독대 옆에 자리를 깔고 그 위에 취떡을 시루째 올려놓고 집안의 안녕과 오곡이 풍년들기를 축원한다.
74 서기 297년 이전, 진수의 『삼국지』 「동이전」의 마지막 기록은 247년 왜에 관한 기록이며, 서기 445년 이전, 범엽의 『후한서』 「동이열전」은 189년 마한의 기록이 마지막으로 나타난다.

의미하는 '절(節)'과 부여의 기록에 '국중대회(國中大會)'가 나타나며, 해마다 일정한 시기에 집단이나 민족 구성원 대다수에 의해 제천 또는 파종이나 수확을 경축했다는 점에서 이는 명절의 개념 정의에 부합한다. 따라서 한민족은 기록상 이들 역사서의 기록 시기에 해당하는 최소 2세기 이전부터 명절을 기념했다고 할 수 있다.

한민족의 거주 공간 중 가장 북쪽이자 이른 시기의 고대국가인 부여의 '영고(迎鼓)'에 대해 『삼국지』는 "중국 은나라 달력으로 정월에 하늘에 제사를 지내는데 이날은 나라의 큰 행사로 날마다 마시고 먹고 노래하며 춤을 춘다"고 기록하고 있다.[75] 부여에서는 이때 국가에서 벌주고 가두는 일을 멈추고 죄수를 풀어주는 풍속이 있었다. 『후한서』는 부여의 이 같은 제천 풍속의 시기를 '납월(12월)'로 기록하고 있다.[76] 부여의 한 계열인 고구려의 명절 풍속에 대해 이들 역사서는 "10월에 하늘에 제사를 지내는 큰 모임을 '동맹'이라 한다"는 내용을 담고 있다.[77] 하늘에 제사를 지낸다는 고구려의 동맹과 관련, 『후한서』「고구려」조는 "귀신, 토지신과 곡식신, 비와 별에게 제사 지내기를 좋아하고, …그 나라의 동쪽에 큰 굴이 있는데 그것을 수신(禭神)이라 부르며, 또한 10월에 (그 神을) 맞이하여 제사 지낸다"[78]고 기록해 대략의 풍속을 살피게 한다. 다음으로 한반도의 중부 지역의 예(穢)는 "항상 10월절에 하늘에 제사를 드리고 밤낮으로 술 마시고 노래하며 춤추는" 명절을 지

---

75 『삼국지』, 위서 30, 동이전, 부여. "夫餘以殷正月祭天, 國中大會. 連日飮食歌舞. 名曰迎鼓."
76 『후한서』, 동이열전, 부여. "以臘月祭天, 大會. 連日飮食歌舞. 名曰迎鼓."
77 『후한서』, 동이열전, 고구려. "以十月祭天大會. 名曰東盟."
78 "其俗淫. 好祠鬼神·社稷·零星. 其國東有大穴, 號禭神. 亦以十月迎而祭之."

냈다.[79] '예'에 관한 『삼국지』 기록은 『후한서』와 달리 '節'이 빠진 '十月祭天'으로 나타난다.

한반도 중남부 서부 지역의 마한에 대해 『후한서』는 "항상 5월에 밭일을 마치고 귀신에 제사 지내며, 밤낮으로 모여 술을 마시고 무리로 모여 노래하고 춤추는데 10월에 농사일이 끝나도 또한 이같이 한다"고 기록하고 있다.[80]

이상의 기록을 통해 2~3세기 이전, 한민족은 시기적으로 은나라 정월인 12월을 비롯, 10월과 5월을 크게 기념해 하늘에 제사 지내고 음주가무를 행했음을 살필 수 있다. 또한 그 성격이 북부의 경우 주로 제천행사이며, 중남부 지역은 농경의례와 관련됨을 살필 수 있다.

이후 삼국시대의 명절 관련 기록은 614년까지의 내용이 보이는 중국의 『수서』와 『북사』 및 『구당서』, 그리고 한국의 『삼국사기』와 『삼국유사』 등에 나타난다. 먼저 설날과 관련해 『수서』는 "(신라에서) 매년 1월 첫날 아침 서로 축하하고, 왕이 잔치를 베풀며, 이날 태양과 달의 신에게 절을 한다"고 기록하고 있다.[81] 또한 『구당서』는 "(백제의) 설날과 복날, 납일[82]이 중국과 같다"고 적고 있다.[83] 『삼국사기』는 "(신라에서) 봄 1월 초하루에 왕이 조원전에 나아가 백관으로부터 새해 축하를 받았으니 그 축하하는 예식이 이때부터 시

---

79 『삼국지』, 위서 30, 동이전, 예. "常用十月節祭天 晝夜飮酒歌舞. 名之爲舞天."
80 『후한서』, 동이열전, 한. "常以五月田竟祭鬼神 晝夜酒會 群聚歌舞. 十月農功畢亦復如之."
81 『수서』, 동이열전, 신라. "每正月旦 相賀, 王設宴會. 其日拜日月神.";『구당서』에도 이와 비슷한 기록이 나타난다. -『구당서』, 동이열전, 신라. "重元日, 相慶賀燕饗. 每以其日拜日月神."
82 납일 -동지 뒤 세 번째 미일로 농사일을 천지신명에게 알리는 제사.
83 『구당서』, 동이열전, 백제. "歲時伏臘, 同於中國."

작됐다"고 설날 의례의 기원을 밝히고 있다.[84] 이들 기록은 1월 1일 설날의 기념이 삼국 시기 백제와 신라에 있었으며, 그 풍속은 신라의 경우 일월신 의례와 함께 축하임을 보여준다.

추석날과 관련해 『삼국사기』는 "(신라에서) 8월 15일에 이르러 그 공의 많고 적음을 살펴, (경쟁에서) 패한 자들이 술과 음식을 마련해 승자에게 보상하고, 노래와 함께 춤추며 여러 놀이를 했으니 이를 일컬어 '가배'라 한다"고 추석의 유래를 기록하고 있다.[85] 또한 『수서』와 『북사』는 "(신라에서) 8월 15일에는 (왕이) 풍류를 베풀고, 벼슬아치들에게 활을 쏘게 해 말과 베를 상으로 주었다"고 기록하고 있으며,[86] 이와 비슷한 기록을 담은 『구당서』는 8월 15일 행사에 음악은 물론 음식까지 포함하는 잔치로 확대됐음을 보여준다.[87] 이밖에 8월 15일 행사와 관련 『삼국유사』는 "(가야에서) 8월 5일과 15일, 풍성하고 깨끗한 제물로 (수로왕릉에) 제사를 지내, 끊이지 않고 이어 따랐다"고 기록하고 있다.[88] 이상의 삼국시대 기록을 통해, 시기상 추석과 관련될 수 있는 8월 15일의 의례가 신라와 가야를 중심으로 행해졌으며, 신라는 경쟁적 행사의 잔치 성격으로, 가야는 제사의 성격으로 기념됐음을 보여줘 현대의 추석 성격과는 다름을 살피게 한다. 이외에 삼국 시기 한민족의 명절로는 '정월대보름, 삼짇날, 유두, 9월 중구, 10월 제천 등'[89]으로 보기도 한다.

84　『삼국사기』 권5, 신라본기5, 眞德王 5년(651년). "春正月朔 王御朝元殿 受百官正賀. 賀正之禮始於此."
85　『삼국사기』 권1, 신라본기1, 儒理 尼師今 9年(32년). "至八月十五日考其功之多小 負者置酒食, 以謝勝者. 於是歌舞百戱皆作, 謂之嘉俳."
86　『수서』 동이열전, 신라. ;『북사』, 열전. "八月十五日設樂 令官人射 賞以馬布."
87　『구당서』, 동이열전, 신라. "重八月十五日, 設樂飮宴. 賚臣, 射其庭."
88　『삼국유사』, 권2, 기이2, 가락국기(189년). "仲秋初五之日十五之日 豊潔之奠相繼不絶."
89　선희창, 앞의 책, 2010, p.137.

고려시대의 명절은 『고려사』, 『동국이상국집』[90], 『목은고』, 『삼봉집』 등을 통해 그 명칭과 시기 및 종류가 구체적으로 드러난다. 『고려사』는 원정, 상원, 한식, 상사, 단오, 중구, 동지, 팔관, 추석이 고려시대 9대 속절이었음을 기록하고 있다.[91] 이들 속절의 시기는 음력 1월 1일(원정(元正): 설날), 음력 1월 15일(상원(上元): 정월대보름), 양력 4월 5, 6일 무렵(한식(寒食)), 음력 3월 3일(상사(上巳): 삼짇날), 음력 5월 5일(단오(端午)), 음력 8월 15일(추석날), 음력 9월 9일(중구(重九)), 음력 10월 15일 및 음력 11월 15일(팔관회(八關會)), 양력 12월 21, 22일 무렵(동지(冬至))이다. 팔관회가 2회에 걸쳐 있음을 고려할 때 고려시대의 실제 속절일은 10회였으며, 음력에 의한 명절이 8회, 양력에 의한 명절이 2회임을 살필 수 있다.

---

90 저자 이규보가 고려시대 전라도에서 유배생활을 한 것으로 미뤄 이들 명절 풍속 중 일부는 전라도와 관련될 가능성이 있다고 볼 수도 있다. -김대현.김미선(2018), 「호남유배인의 문헌자료와 문화콘텐츠」, 『한국시가문화연구』41집, p.68.
91 『고려사』 권84, 志38, 禁刑. "俗節,元正上元寒食上巳端午重九冬至八關秋夕."

[표2] 고려시대 문헌에 나타난 4대 명절 풍속

문헌명	설날	단오	추석	동지
『서하집』			중추절 달구경[92] (제1권)	
『동국이상국집』	元日-설날 하객에 대한 기록(제18권)	단오-성묘-술 올리는 풍속 (후집 제3권)	달구경 (제10권)	아세(亞歲) (제32권)/ 동지달력, 감귤 선물 (후집 제5권)
『근재집』	元日-도소주 (제1권)			
『익재난고』				팥죽[93], 채색옷(제2권)
『졸고천백』		단오제사 풍속(제1권)		
『가정집』	원일-폭죽과 복숭아나무 부적으로 귀 신 쫓기 (제16권)			
『목은고』		단오-그네, 격 구(권8) / 단 오-성묘 제물 준비, 석전 (권23)	달구경(제6권)/ 달구경소년 들이 오가기를 좋아함[94](6권)/ 성묘(25권)	팥죽[95](권10)/ 동지에 팥죽 과 꿀 선물 (권33)

---

92 『서하집』 제1권. "每恐中秋有陰雨."
93 『익재난고』 제2권 시. "最憶吾家弟與兄 齊奴豆粥呲嗏烹."
94 『목은고』 제6권. "少年今夜喜相過."
95 『목은고』 권10 시. "豆粥如酥翠鉢."

『둔춘잡영』				팥죽[96]
『삼봉집』		단오-명절 인식[97](제2권)	중추절 달구경(제1권)	
『포은집』		단오-물에 주악떡 던지는 풍속, 창포주(권1)		
『운곡행록』	원정-세배 풍속(제4권)	창포술, 쑥 인형(권2)/ 선영참배(제4권)/ 단옷날 풍악(제4권)/ 단옷날 명칭-수레[車]라 함[98](제5권)		
『도은집』				팥죽 보내기[99](제2권)
『양촌집』		창포주(제5권)	중추절에 절에 가서 달구경(제5권)	

---

96 『둔춘잡영』. "還嘗豆粥香."
97 『삼봉집』 권2, 端午日有感. "謂言今日是良辰." -양신(良辰)은 가절(佳節)의 의미로 단오를 명절로 인식하고 있음을 보여준다.
98 『운곡행록』 제5권 시. "新羅是日號爲車."
99 『도은집』 제2권. "豆糜相饋憐人厚."

조선시대에는 설과 상원, 입춘, 한식, 초파일, 단오, 유두, 칠석, 추석, 동지 등의 명절과 세시절기가 있었다.[100] 19세기 중엽에 기록된 『동국세시기』는 "(한식을) 설, 단오, 추석과 함께 4대 절사(명절에 지내는 제사)로 삼으며 이는 곧 조선의 풍속으로, 조정에서는 여기에 동지를 더해 5대 절향으로 제사를 드린다"고 기록하고 있다.[101]

이를 통해 한민족의 최대 명절인 추석과 설날이 그 명칭에 이칭이 있고 풍속에서 다소의 차이는 있지만 고려시대부터 한민족 다수에 의해 기념되고 '속절'이란 이름이 붙여졌음을 살필 수 있다. 또한 시간이 지날수록 다수의 기념절기와 명절이 축소돼 조선 후기에는 4대 또는 5대 명절만이 의미 있게 기념됐음을 보여준다.

현대의 한국 명절은 1970년대 무렵 시작된 농촌인구의 대규모 도시 이주, 산업화 및 대중매체의 영향, 정부의 공휴일 정책 등으로[102] 인해 설날과 추석의 2대 명절로 축소, 집약되는 경향을 나타낸다.[103] 이는 설날과 추석을 맞아 고향을 찾는 귀성객들로 도로가 큰 혼잡을 빚고 이 무렵에 손님과 물건의 판매량이 가장 많다는 의미로 '명절 대목'이란 명칭이 사용되는 것은 물론, 한국의 직장인 대다수가 '명절 상여금'을 받는 것 등에서 나타난다. 또

---

100 고대민족문화연구소, 『한국민속대관(제4권 세시풍속. 전승놀이)』, 1982.
101 『동국세시기』, 한식. "今之與正朝端午秋夕爲四節祀卽東俗也. 朝家則幷冬至爲五節享."
102 1960년대 이후 군사 정부가 들어서면서 새해 설날을 음력 1월이 아닌 양력 1월 1일에 기념(신정 기념)하도록 강요됐으며, 본래의 설은 '구정'이라는 명칭으로 변경돼, 관공서와 학교를 통해 통제됐다. 이중과세 근절이란 명분으로 군사 정부의 행정력이 다양하게 동원된 결과 1980년대에 들어서는 상당수 국민이 양력설인 신정을 기념하기도 했다. -한국민속학회 엮음, 『민속놀이, 축제, 세시풍속, 통과의례』, 서울: 민속원, 2008, p.250.
103 김용갑(2018a), 앞의 논문, p.217.

한 지역에 따라 설날과 추석에 더해 단오를 3대 명절로 여기지만 한국인의 명절에 대한 인식도 조사는 한국의 현대 명절이 설날과 추석으로 확연히 축소됐음을 보여준다. 이 조사 결과에 의하면[104] 1985년 무렵 한국의 초등학교 학생들은 한국 명절에 대해 설날, 대보름, 추석은 모두가 알고 있지만, 동지는 65%, 한식은 61%, 복날은 44%, 그리고 단오와 삼짇날, 사월 초파일을 각각 43%, 40%, 36% 순으로 인지하고 있다. 이들 절기나 명절 중 반드시 지켜야 한다는 명절로는 추석(80%), 설날(76%), 단오(36%), 동지(35%), 대보름(31%) 순이었다. 이 같은 인식도는 이후 임양순(1986)과 윤은숙(1995)의 조사에 의해서도 엇비슷하게 드러났으며,[105] 한국인은 명절을 설, 추석, 정월대보름, 동지의 순으로 인식하는 것으로 나타났다.[106] 이들 연구 결과는 설, (정월)대보름, 단오, 추석, 동지가 현대 한국의 명절을 대표하고 있음을 살피게 한다. 현대 대부분의 한국인은 이들 명절 중 음력의 설과 추석을 크게 기념하고 있으며, 이들 명절은 한국인의 보편적인 명절이다.

---

104 김만태(2009), 앞의 논문, p.334. -이 연구(조사)는 임옥재(「세시풍속에 관한 인식도 조사연구-초등학교 아동을 중심으로」, 『논문집』 4, 건국대학교 중원인문연구소, 1985)에 의해 1985년 중소도시 거주 초등학교(초등학교) 학생들을 대상으로 실시됐다.
105 임양순(1986)과 윤은숙(1995)의 조사에 의하면 설, 추석, 정월대보름, 동지의 순으로 주요 명절로 인식.
106 신미경·정희정(2008)「한·중·일 세시풍속과 세시음식에 대한 비교」, 『동아시아식생활학회지』 18(3), p.278.

2. 명절 의례의 종류

한국의 명절 의례는 차례와 민간신앙 의례 및 기타 의례 등으로 대별된다. 명절의 의례와 관련한 기록은 13세기 초 무렵의 기록에서 살필 수 있다. 『동국이상국집』은 원일인 설날과 단오, 추석, 동지의 명절에 대한 기록과 함께 단오의 성묘[107] 풍속과 동지의 작은설 명칭을 담고 있다. 또한 『목은고』는 단오의 성묘[108] 풍속을, 『운곡행록』(제2, 4권)은 설날 세배 풍속과 단옷날의 명칭이 수릿날임[109]을 기록하고 있다.

이어 조선시대 후기의 『동국세시기(東國歲時記)』는 새해 첫날을 '원일(元日)'로 명명하고 차례지내기, 세배하기 등의 기록과 함께 설날의 의례를 '차례'라는 명칭으로 소개하고 있다.[110] 『열양세시기』는 사대부 집에서 추석을 설, 한식, 동지와 함께 4대 명절로 여겨, 이날 성묘를 간다고 적고 있다. 이를 통해 설날의 대표의례인 차례가 세시기 기록상, 19세기 중엽의 『동국세시기』에 이르러 등장함을 살필 수 있다.[111] 이로 미루어, 설날 차례의 경우, 16~18세기의 예서 등에서 정조차례를 언급한 것으로 보아 설날의 제사 또는 차례는 당연한 의례였기에 기록에서 생략됐거나,[112] 이 무렵까지 명절의 의례로써 보

---

107 『동국이상국집』 전집 권16, 端午郭外有感. "舊墳新壙接相隣 幾許平生醉倒人 今日子孫爭奠酒 可能一滴得霑骨."
108 『목은고』 제6권. "少年今夜喜相過."
109 『운곡행록』 제5권 시. "新羅是日號爲車."
110 『동국세시기(東國歲時記)』, 원일(元日)풍속. "서울 풍속에 설날 집안의 사당이나 위패에 절하고 제사지내는 것을 '차례'라 한다(京都俗歲謁家廟 行祭日茶禮)."
111 차례에 대한 언급은 세시기 외에 19세기 중엽 이규경이 저술한 『오주연문장전산고』에도 나타나지 않는다.
112 최배영(2017), 앞의 논문, pp.32~35.

편화되지 않았다는 해석이 가능하다고 할 수 있다.

가. 유교식 의례

차례는 한국 명절 의례의 가장 보편적인 형태로 유교 의례에 속하며, 한국을 대표하는 명절인 추석과 설날에 가장 널리 행해진다. 이 의례는 지역과 집안에 따라 차례, 제사, 차사 등으로 칭해진다. 또한 지역과 집안에 따라 이 의례를 완전한 기제사(忌祭祀) 형식으로 치르거나 간단한 제사인 차례 형식과 함께 성줏상 차리기 등의 민간신앙 의례가 더해져 나타난다. 차례는 명절이나 절기에 지내는 제사인 절사(節祀)와 연관된 의례로써 절사에는 참례(參禮), 속절(俗節), 묘제(墓祭)가 있으며, 이중 참례에서 유래했다고 할 수 있다. 참례는 정조, 동지, 매월 초하루와 보름에 사당에서 행하는 의례로 차를 진설했다. 이 참례는 조선 후기 차례라는 이명(異名)으로 민간에서 지칭되었고, 16세기부터는 제사를 뜻하는 단어로 정착되어 이후 민간(鄕俗)에서 보편적으로 사용이 확대되었다.[113] 따라서 한국 명절에서 행해지는 차례의 역사는 유교 의례의 도입부터라고 할 수 있으며, 조선 중기 이전 차례는 설날과 동짓날 등에 사당에서 차를 올리고 지내는 간단한 제사였음을 살필 수 있다. 이 참례(차례)에서 차가 사라진 것은 『사례편람(四禮便覽)』(1844년 간행)의 기록에 의해서였다. 차례에는 이를 지냄으로써 집안의 번영과 자손의 흥함을 조상에게서 받을 수 있다는[114] 조상숭배 관념이 담겨 있다. 차례가 한국

---

113 최배영(2017), 앞의 논문, pp.7~9.
114 사단법인 평화문제연구소, 『조선향토대백과 18 민속편』, 서울: 사단법인 평화문제연구소, 2005, p.534.

인 대다수에 의해 의례로 정착한 것은 조선 후기로[115] 『주자가례』의 다양한
의례를 일반 한국인 대다수가 수용하고 실천한데 따른 결과였다.[116]

나. 민간신앙 의례

민간신앙 의례는 민간신앙과 관련되는 의례다. 따라서 종교적 체계를 갖
추지 못한 채 피지배층인 민간에서 전승되고 믿어지는 여러 신앙들과 관련
된 의례라고 할 수 있다.[117] 이들 의례에는 무속을 비롯해 한국 고유의 조상.
곡령. 토지숭배 등의 신앙관이 담긴 제(祭)와 고사 등은 물론, 이들 신앙과
기성 종교인 도교, 불교 및 유교 등의 신앙이 혼합된 의례가 포함된다. 한국
명절에서 민간신앙 의례는 주로 성주, 삼신 등의 가신 대접하기로 나타나며,
유교의 차례 의례(차례상)와 함께 동반돼 행해진다. '성주'는 집안을 지키는
가신(家神) 중의 하나로 집안의 길흉화복을 담당하며,[118] 성줏상은 이 신을
위해 차려진다. 성주신은 한국 고유의 신앙 대상이지만 무속에서 모셔지는
신이기도 해 무속 신앙의 범주로도 볼 수 있다. 따라서 무속 신앙이 청동기
문화와 함께 유래했다고 볼 때 한국 명절의 민간신앙 의례 중 성줏상 차리
기 등은 가장 오래된 명절 의례의 하나라고 할 수 있다. 이밖에 민간신앙 의
례에서는 지역과 집안에 따라 삼신상, 조왕상 등이 성줏상과 함께 차려지거

---

115 권오영(2010), 앞의 논문. p.473.
116 임영정, 『한국의 전통문화』, 서울: 도서출판 아름다운세상, 2002, p.154.
117 『한국민족문화대백과사전』 민간신앙.
118 『충청북도 세시풍속』, 제천 금성, p.29. "성주는 가신(家神) 중에서 최고의 신으로
    여러 가신을 통괄하고 집안의 안태(安泰)를 지키는 신이다."

나 별도로 마련된다.

다. 기타의례

본 연구에서는 '쑥 걸기'와 '팥죽 뿌리기'를 명절을 기념하는 의례[의식]로 설정했다. 이들 행위가 명절을 기념하는 한 방식이며, 사전적 의미 또한 '행사를 치르는 일정한 법식'을 의례로 설명하고 있기 때문이다.

1) 쑥 걸기

단옷날 부정하고 해로운 기운이 집안을 침범하는 것을 막기 위해 쑥을 문 위에 걸어두는 행위를 본 연구에서는 '쑥 걸기'로 명명하고 이를 단오의 의례 행위로 규정했다. '쑥 걸기'는 6세기 무렵 중국의 『형초세시기』에 등장할 정도로 유래가 깊다. 『형초세시기』는 '단오에 쑥을 뜯어 사람의 형상을 만들어 문 위에 걸어두고 해로운 기운을 물리친다'고 기록하고 있다.[119] 이어 『동경몽화록』에는 '애인(艾人)'으로 등장하며, 한국의 경우 조선 후기 『경도잡지』와 『동국세시기』에 '애호(艾虎)' 풍속으로 나타난다.[120] 이 같은 쑥을 활용한 제액적 의례는 현대의 『세시풍속』에서 문 위 쑥을 걸어두는 풍속으로 행해진다.[121]

---

119 국립민속박물관, 『중국대세시기 I』, 국립민속박물관, 2007, p.63. "五月五日 謂之浴蘭節 採艾以爲人 懸門戶上 以禳毒氣."
120 『열양세시기』는 '애화(艾花)'로 등장하며, '밑으로 갈수록 가늘어져 능히 비녀로도 쓸 수 있다.(自半以下漸殺全本而銳之令可簪.)'고 기록했다.
121 『충청북도 세시풍속』, 음성 금왕, p.324. "집안에 잡귀가 들어오는 것을 막기 위해서 대문 앞에 쑥을 매달아 놓는다."

2) 팥죽 뿌리기

동지의 대표적 의례인 '팥죽 뿌리기'는 팥죽을 뿌려 사악하고 부정한 기운을 제거하고 귀신을 쫓는데 목적이 있다. 또한 지역에 따라 병을 막고 건강을 기원하기 위해 행해진다. 따라서 팥죽 뿌리기는 제액축귀(除厄逐鬼)를 통해 궁극적으로 집안과 가족의 행운과 건강을 기원하고 맞이하는 의례라고 할 수 있다. 『세시풍속』은 이 의례가 전국 대부분의 지역에서 행해짐을 보여준다. 붉은팥으로 축귀하는 붉은팥 의례는 크게 3종류로 동짓날 의례를 비롯해 초상집 의례, 그리고 이사 후의 의례다.[122] 팥죽 의례가 『형초세시기』에서부터 등장한다는 점에서[123] 이 같은 의례 행위는 중국의 영향 또는 물이나 소금 등을 뿌려 정화하는 원시 신앙적 의례에서 비롯됐을 것으로 여겨진다. 이는 중국의 동지 세시음식이 혼돈 또는 탕원을 넣은 팥죽이며, 죽을 만들어 신단에 올리고 나서 나누어 먹는 것을 첨세(添歲)라 하고 문 등에 뿌리는 것을 향모(餉耗)라 해 상서롭지 못한 것을 물리치기 위해 행하는 것에서 살필 수 있다.[124]

팥죽 의례가 한민족에 의해 행해진 시기는 고려 중기 전후로 보인다. 이는 문헌 기록상 '삼국시대의 두죽과 비슷한 음식 중에 (魚, 肉)갱(羹)은 보이지만 죽은 보이지 않는 반면에 『고려사』에는 도처에 죽(粥)이 등장'[125]하기 때문이다. 따라서 '동지에 집집마다 팥죽을 쑬 정도로 대중화된 것은 최소한 고려

---

122 김상보(2007), 앞의 논문, p.197.
123 『형초세시기』 동지. "冬至日, 量日影, 作赤豆粥 以禳疫."
124 신미경·정희정(2008), 앞의 논문, p.290.
125 최덕경(2005), 앞의 논문, p.193.

시대 중기 이전'[126]이며, 팥죽 뿌리기도 이와 엇비슷하거나 이후에 나타났다고 볼 수 있다.

3. 명절별 대표 절식

명절을 절일(節日)이라고도 하듯, 절식(節食)은 설날, 단오, 추석, 동지 등의 절일에 그 의미에 맞게 차려 먹는 음식을 말한다. 또한 계절에 따라 산출되는 식품을 이용한 시절의 음식을 세시음식(시식)이라 한다.[127] 이 같은 명절 음식 전통은 상고시대 사계절에 햇것을 바치는 제사 풍습과 음식으로 정치하는 회식에서 비롯됐으며, 중국의 경우 한위(漢魏)시대에 명절 음식의 전통이 대체로 확립됐다.[128] 이는 이 무렵 또는 이후 한반도의 고대국가들에서도 영고, 동맹, 5월제, 10월제 같은 명절의 풍속이 있었다는 점에서 한민족의 명절 절식 또한 기원을 전후한 시기에 등장했거나 형성됐을 것이란 추정을 가능하게 한다.

한국인은 명절을 맞아 설날의 경우 가래떡, 떡국, 세주, 강정 등을 시식으로 마련했으며,[129] 단오에는 쑥떡, 수리취떡을, 추석에는 송편을, 그리고 동지에는 팥죽과 '동지떡'을 마련해 기념했다. 이들 음식 중 설날의 떡국, 추석의

---

126 최덕경(2005), 앞의 논문, p.207.
127 신미경·정희정(2008), 앞의 논문, p.278.
128 샤오광 지음, 2006, 앞의 책, pp.140~141.
129 허성미·한재숙(1993), 「세시풍속 및 세시음식의 실태에 관한 조사연구」, 『동아시아식생활학회지』 3권2호, pp.84~89.

송편, 그리고 동지팥죽은 한국 명절의 대표적인 절식이다. 떡국은 가래떡을 주재료로 해 만들고 팥죽 또한 다수의 지역에서 쌀가루 등으로 경단과 비슷한 새알심 등을 만들어 끓인다는 점에서 한국 명절에서 떡이 차지하는 비중을 살필 수 있다.[130] 이처럼 떡은 한민족의 특색 있는 음식으로 명절 외에 생일이나 혼인, 환갑과 같은 경사로운 날은 물론, 제례와 상례 등에서도 폭넓게 사용됐다.[131] 이를 고려하면 떡은 한국 세시절식은 물론 거의 대부분의 한국 의례 음식을 대표한다고 할 수 있다. 떡은 한자 문화권의 문화적 공통요소로 중국과 일본의 세시음식에서도 중요한 위치를 차지한다.[132] 하지만 이들 떡을 중국은 밀가루로, 일본은 찹쌀을 위주로 해서 만드는 반면 한국은 멥쌀로 다양하게 빚는다는 점에서 큰 차이를 나타낸다.[133]

고려 말에서 조선시대에 이르는 한국 4대 명절의 떡과 떡을 재료로 하는 음식은 문헌을 통해 살필 수 있다. 『동국세시기』, 『경도잡지』, 『택당집』, 그리고 『도은집』 등은 병탕(餠湯- 떡국), 약반(藥飯), 백병(白餠- 가래떡),[134] 차륜병(車輪餠- 수리취떡), 애고(艾糕 쑥떡), 조도송병(早稻松餠- 햅쌀송편. 오려송편), 팥죽[두죽(豆粥), 두미(豆糜)][135] 등의 음식을 기록하고 있다. 이들 기록은 명절을

---

130 최운식 외, 『한국민속학개론』, 민속원, 2002, p.55.
131 사단법인 평화문제연구소, 2005, 앞의 책, p.32.
132 세시음식으로 한국은 떡과 밥, 중국은 떡과 만두, 갱, 일본은 떡과 죽으로 떡류가 삼국 모두 세시음식으로 자리매김하고 있다. -신미경·정희정(2008), 앞의 논문, p.281.
133 김용갑(2017a), 앞의 논문, p.40.
134 백병-멥쌀가루를 쪄 떡메로 무수히 친 다음 길게 늘여 만든 가래떡.
135 두죽(豆粥)과 두미(豆糜)는 글자적 의미상 대두인 콩을 의미한다. 하지만 고려후기 이색의 「牧隱先生文集」(卷20, 豆粥. "豆粥胚胎百紫與千紅.")은 동지에 쑤는 '두죽'의 색깔이 붉다고 해 팥으로 쑨 팥죽임을 보여준다. 또한 팥을 삶아 죽을 쑤니 표면이 붉다는 기록(『목은집(牧隱集)』 권24, 시. 豆粥. "小豆烹爲粥 光浮赤面濃")에서도 살필 수 있다. 이와 관련 최덕경(앞의 논문, 2005, p.198)도 "고려 후기 동지의 豆粥이

맞아 대다수 한국인에 의해 공통적으로 마련되는 한국 명절의 대표 '절식(節食)'이 떡이나 떡과 관련된 주식류(主食類)[136]임을 보여주며, 떡이 한국 전통문화의 상징 음식 역할을 하고 있음을 살피게 한다.[137]

바로 팥죽이다"고 밝히고 있다. 또한 김상보도 "붉은팥 의례가 한반도 중남부에 전래된 시기는 중국의 초나라(기원전 704~ 기원전 202) 이후부터 삼한시대 사이의 어느 시점이 될 것이다"고 주장했다. -김상보(2007), 앞의 논문, p.198. 이를 통해 문헌 기록에 등장하는 동지의 두죽은 팥죽임을 살필 수 있다.

136 본 연구에서는 떡국과 팥죽, 만둣국 등과 같이 한국인이 명절을 맞아 식사 대용으로 먹을 수 있는 음식을 '주식류' 절식으로 명명했다.

137 한국의 대표적 전통음식으로 밥류, 김치, 나물, 불고기, 찌개, 갈비구이, 쌈, 장류가 있으며, 일품요리일 경우 비빔밥을 가장 완벽하고 국제화의 가능성이 높은 음식으로 보기도 한다. -김천중(1994), 「한국전통음식의 성격규명과 대표성에 관한 연구」, 『전통상학연구』 7집, p.213.

[표3] 주요 문헌에 나타난 명절 절식(주식류 및 떡류)

구분	저술 시기[138]	설날	단오	추석	동지
『도은집』	14C 후				두미(豆糜)
『춘정집』	15C 전				두미(豆糜)
『용재총화』	15C 후				두죽 (豆粥)
『택당집』	17C 중	병탕(餅湯), 만두탕(饅頭湯)	병(餅)	병(餅)	병(餅), 두죽 (豆粥)
『도곡집』	18C 중				두죽
『성호전집』	18C 중	탕병 (湯餅)[139]	백단(白團)[140], 각서(角黍)[141]		

138　세시풍속을 살피는 데는 저술 당시의 시대 파악이 유의미함으로, 간행시기를 특정하기 어려운 경우 저술이 대개 생애 중·후반기에 이뤄짐을 고려, 저술 시기를 저자의 생몰 연도를 기준으로 중반부 이후로 추정했다. 또한 세기의 1년~35년을 전기, 36년~65년을 중기, 66~100년을 후기로 임의 설정했다.

139　권48, 제식(祭式), 참례조(參禮條).

140　떡의 하나로 여러 사람과 짐승, 꽃, 과일의 형상을 오색으로 만든다. -『전통상학연구』제4권, 만물문(萬物門).

141　"단오에 둥근 잎처럼 밀가루로 떡을 만들고 저민 고기와 나물죽으로 소를 만들어 넣고 잎사귀에 말아 싸서 양쪽에 뿔이 나게 한다.(東俗以麵煎作餅 如圓葉餡以肉爨及菜餗卷葉裹之　為兩角重五設之　此正是角黍也.)" -『전통상학연구』제4권 만물문(萬物門).

『경도잡지』	18C 후 ~19C 전	탕병(湯餅)	차륜고 (車輪糕), 애고(艾糕)		豆粥
〈농가월령가〉	1816[142]	병탕(餅湯)		오려송편	팥죽
『동국세시기』	19C 중	백병(白餅), 병탕 (餅湯-떡국), 켜시루떡 [甑餅-증병]	차륜병 (車輪餅)		豆粥

* 고려와 조선시대 죽의 명칭인 미(糜), 죽(粥)과 관련해 「석명(釋名)」은 "糜 煮米使糜爛也", "粥 濁於糜 粥粥然也"라고 기록하고 있다. 따라서 죽(粥)은 묽은 상태이며, 미(糜)는 미음정도로 해석할 수 있다. -최덕경(2005), 앞의 논문, p.194.

가. 설날 떡국

설날의 절식인 떡국은 멥쌀을 주재료로 해 문어 다리처럼 길쭉하게 지름 2cm 가량의 가래떡(권모, 백병(白餅))을 만든 다음, 옆으로 비스듬히 타원형 모양으로 얇게 썰어,[143] 이를 끓인 육수에 꿩이나 닭고기 등과 함께 넣어 조리한다. 국이라고 부르는 것은 떡 건더기에 비해 국물이 많기 때문이다. 떡국은 옛 문헌에 '병탕(餅湯)'(『열양세시기』), '탕병(湯餅)'(『경도잡지』), '첨세병(添歲餅)'(『청장관전서』), 그리고 '병갱(餅羹)'(「영접도감의궤」) 등으로 기록돼 있으며, 『열양세시기』는 이 떡국을 새해 아침이 아닌 섣달그믐날 저녁에 먹는 음식이라고 기록하고 있다.[144] 『동국세시기』는 떡국과 관련, 멥쌀가루로 흰떡

---

142 〈농가월령가〉는 1816년 정학유가 경기도 마현에 머물며 지은 것으로 알려지고 있다.
143 『열양세시기』, "先作醬湯候沸 將餅細切如錢形投之, 名曰餅湯." ; 『동국세시기』.
144 이 같은 섣달그믐 저녁 떡국 먹는 풍속은 현대의 풍속으로도 이어져 강원도 삼척,

[白餅]인 가래떡을 만들고 이것을 엽전 두께만큼 얇게 썰어 장국에 넣고 끓인 다음 설날 제사와 손님 접대에 쓰며 설날에 빠져서는 안 될 세찬으로 저잣거리의 가게에서도 판다고 기록하고 있다.[145] 이들 명칭 중 '첨세병'은 새해 첫날에 먹는 만큼, 떡국을 먹음으로써 나이 한 살이 더 든다는 의미다.[146]

-떡국의 유래

이들 명칭 중 한민족과 관련한 문헌 기록에 가장 먼저 등장하는 것은 '탕병(湯餠)'으로 15세기 중·후기에 저술된 것으로 보이는 서거정의 시(『사가시집』)에 출현한다. '병갱'에 대한 기록은 17세기 초 문헌인 「영접도감의궤」(1609)로 조선 조정에서 명나라 사신을 접대하는데 쓰였다는 내용에서 찾아진다. 이로 미루어 떡국은 한민족의 음식으로 최소 15세기 중기에는 존재했음을 살필 수 있다. 하지만 기록상 이들 떡국('탕병'과 '병갱')은 설날 음식이 아니었다. 서거정의 시(『사가시집』)에 등장하는 떡국은 '탕병회(湯餠會)'의 음식이었다.[147] '탕병회'는 자식을 얻은 기쁨을 표하기 위해 마련된 잔치로, 이 잔치에는 탕병이 쓰였다. 또한 탕병은 생일잔치의 음식으로도 만들어졌다.[148] 그런데 조선시대 여러 문헌에 등장하는 '탕병'은 국물에 떡은 물론 국수를 넣은 것도 의미해 현재와 같은 가래떡을 썰어 넣은 떡국인지는 불분명

홍천, 화천, 횡성, 그리고 경북 김천, 포항 등지에서 나타난다. -국립문화재연구소, 『강원도 세시풍속』,2001. ; 『경상북도 세시풍속』, 2002.
145 " 蒸粳米粉置大板上以木杵有梀者 無數擣打引作長股餅名曰白餅 因細切薄如錢和醬水湯熟 調牛雉肉番椒屑名曰餅湯 以供祀接客爲歲饌之不可闕者 入湯烹之故 古稱濕麪者以是物也 市肆以時食賣之."
146 『청장관전서』제1권 첨세병. "俗謂不食此餅 不得歲云. 余强名爲添歲餅."
147 『사가시집』제2권, 시류(詩類). "病客未參湯餅會."
148 『택당집』속집 제4권, 시. "湯餅草茶供宴坐."

하다. 이와 관련, 『성호사설』은 "탕병(湯餠)에 대해 당(唐)나라 사람들은 불탁(不飥), 박탁(餺飥) 또는 습면(濕麵)이라"[149] 했지만 옛날 사람들은 모두 국에 타서 먹는 것은 통틀어 탕병이라 했다"[150]고 기록하고 있다.

기록상 떡을 사용한 설날 떡국은 최소 18세기 중엽의 기록에서 나타난다. 『성호전집』은 '정조에 떡국을 올리는데 이 떡국은 떡을 잘라 만든 것'[151]이라고 소개하고 있다. 이처럼 탕병으로 아이의 탄생과 생일을 축하하는 의례는 중국 당나라시대에도 있었으며,[152] 당나라 시기의 탕병은 보릿가루로 만든 떡을 끓는 국물에 삶아 만든 음식이었다.[153] 보리가 의례음식의 재료로 쓰인 것은 기록상 최소 기원전 5세기 무렵으로 거슬러 올라간다. 『상변통고』는 중국 춘추시대의 농서인 『월령(月令)』을 인용해 '이른 여름에는 보리를, 이른 가을에는 기장을, 그리고 늦은 가을에는 벼를 천신한다'고 기록하고 있다.[154]

탕병은 생일 의례 등과 함께 일상의 음식으로도 만들어졌다. 『대동야승』은 3세기 무렵 중국 위나라에서 여름철에 탕병을 먹었다고 소개하고 있다.[155] 이를 통해 떡국(탕병)은 곡류 음식을 국물에 끓인 것에서 기원해 쌀의 보급과 생산량 확대로 쌀을 이용한 떡국으로 발달한 것으로 보이며, 설날 떡국은 출산과 생일 축하에서 나타나듯, 새로운 출발에 대한 축하와 무병장수의 기원이 신년의례의 설날 음식으로까지 확대된 것으로 여겨진다. 이

---

149 『성호사설』 제4권, 만물문(萬物門). "湯餠者唐人謂之不飥亦曰餺飥濕麵也."
150 『성호사설』 제4권, 만물문(萬物門). "古人 則凡和湯食者 通謂之湯餠耳."
151 『성호전집』 제48권, 잡저, 참례(參禮). "正朝有湯餠. 切餠作湯者也."
152 『전당시(全唐詩)』 권354. "引箸擧湯餠 祝詞天麒麟."
153 『치평요람』 제95권, 당. "湯餠者礎麥爲麵"
154 『상변통고』 제2권, 통례(通禮) 속절. "孟夏薦麥 孟秋薦黍 季秋薦稻是也."
155 『대동야승』 해동잡록 4, 본조. "露濕何郞試湯餠."

는 앞서 살폈듯 떡을 탕국에 썰어 넣는 설날 음식으로서의 떡국 출현보다 출산과 생일 음식으로서의 탕병 기록이 앞서기 때문이다.

신년기념과 하례는 기원전 200년 무렵 중국 한나라 고조가 진(秦)나라를 평정한 이후 10월을 세수로 삼고 이후 새해 축하 의례를 행한 기록에서 살필 수 있다.[156] 또한 음력 1월 1일의 기념은 한나라 무제 시기인 기원전 104년에 이르러 하(夏)나라가 사용했던 인월(寅月- 1월)을 세수로 한 '태초력'을 제정 한 이후라 할 수 있다. 한민족의 새해 기념도 기록상 그 시기를 특정할 수 없 지만 국가에 따라서는 한무제 시기 이후 얼마 지나지 않아 음력 1월의 새해 (설날)를 기념했다고 할 수 있을 것이다. 이는 한민족의 고대국가와 중국과 의 밀접한 정치, 문화적 관계 및 교류, 그리고 중국 춘절과 한국 설날의 절식 풍속[157]은 물론, 백제 고이왕 5년(AD 238년) 정월에 천지신명께 제사를 지내 고, 책계왕 2년(AD 287년) 정월에 시조인 동명왕 사당을 참배했다는 『삼국사 기』 기록과 함께 『구당서』 등의 기록[158]에 의해 뒷받침된다. 또한 당시 중국의 설날에 탕병이 쓰였다면 백제와 신라 역시 이를 명절 음식으로 사용했을 가 능성이 높다고 할 수 있으며, 기원전 10세기 무렵 자포니카 계열의 벼농사가 확대된 한반도 상황을 고려할 때[159], 특히 벼농사의 중심 지역인 한반도 서남 부 지역의 경우 쌀을 이용한 탕병의 출현도 가능했다고 할 수 있을 것이다.

중국의 설날 떡국 사용은 문헌 기록상 12세기 육방옹의 세수서사시의 주

---

156   『지산집(芝山集)』, 가례고증 제1권, 사당(祠堂).
157   최준식·윤지원·이춘자·허채옥·이강민·김윤정·송혜나·최준·양세욱, 『한국문화는 중국문화의 아류인가?』, 서울: 소나무, 2010, p.122.
158   『구당서(舊唐書)』, 백제. "歲時伏臘, 同於中國."; 신라. "重元日 相慶賀燕饗."
159   김용갑(2017a), 앞의 논문, p.46.

석에 '연혼돈(年餛飩- 설에 먹는 떡(국))'으로 등장한다.[160] 이와 관련 『만물사물기원역사』는 떡국이 당송시대부터 이미 있었고 우리 또한 이와 같다고 밝혔다. 이 주장을 따른다면 한민족은 7세기 무렵부터 설날에 떡국을 먹은 셈이다.

한민족의 설날 떡국과 관련, 일부에서는 개성지방의 '조랭이 떡국'을 들어 고려에서 조선으로 교체되는 시기에 설날 떡국이 있었음을 주장하기도 한다. 개성 지방에서는 이성계에 의해 왕씨의 고려가 망하고 수도가 한양으로 옮겨져 이 원한을 풀기 위해 가래떡의 끝을 비틀고 잘라 낸 조랭이 떡국을 끓였다는 속설이 있기 때문이다.[161]

-떡국의 상징성

한민족이 설날 떡국을 마련해 먹는 것은 크게 3가지 이유로 이해된다. 먼저 떡국의 모양이 둥글거나 타원형에 가까운 것에서 나타나듯 이를 먹음으로써 나이를 한 살 더 먹는다는 첨세의례(添歲儀禮)적 측면이다. 이는 떡국을 첨세병으로 칭하고 같은 형태의 동지팥죽 새알심을 먹음으로써 한 살 더 먹는다고 여기는 인식과 비슷하다. 둥근 것은 태양과 달을 형상화한 것이고 흰색은 태양의 밝음을 상징해 이를 먹는 것은 곧 한 해를 의미하는 태양을

---

160 장지연 지음, 황재문 옮김, 『만물사물기원역사』, 서울: 한겨레출판(주), 2014, p.565.
161 신미경·정희정(2008), 앞의 논문, p.279. ; 권순형(2007), 앞의 논문, p.169.

먹는 것이며,[162] 나이 한 살을 추가하는 것이 되기 때문이다.[163] 이 같은 첨세의 례는 태양신 숭배에서 비롯됐으며, 태양은 천지만물의 부활과 신성을 의미한다.[164] 이때문에 평안북도, 강원도, 경기도의 일부 지역에서는 한 해가 시작돼 태양이 부활하기 바로 전인 그믐에 떡국을 먹는 풍속이 있는 것으로 보이며, 현재에도 일부 지역에서 이어지고 있다. 한편, 태양숭배는 동이족[165] 및 무속 신앙과 밀접한 연관이 있는 것으로 보고 있다.

다음으로 떡국의 떡 건더기를 만드는 흰색의 가래떡이 갖는 색의 상징성 측면이다. 흰색은 청결과 밝음을 의미한다.[166] 따라서 흰색의 신성함을 빌어 새해를 청결하고 엄숙하게 맞고[167] 한 해를 무탈하고 건강하게 보내며, 장수하려는 기복적 신앙에서 이 떡국을 먹는 것으로 볼 수 있다.

설날 떡국은 또한 그 형태의 상징성 측면에서 살필 수 있다. 『동국세시기』에서 나타나듯 떡국의 모양은 엽전 형태로 이를 먹음으로써 재물이 가득하고[168] 오곡백과의 풍년이 들기를 기원하는 의미를 담고 있다고 할 수 있다. 이는 설날 떡국이 태양숭배라는 신앙적 기반 위에 풍요와 건강 기원이라는 현실적 욕구의 결합에서 탄생한 한민족의 오래된 명절 음식임을 살피게 한다.

---

162 김정민(2015), 「한국의 전통문화와 천문의 상관관계-설날의 기원과 천문학적 의미」, 『동아시아고대학』 38, 동아시아고대학회, p.58. ; 박혜숙(2007), 「한국의 전통-색채와 그 의미에 관한 연구 -주요 명절의 상징 색채와 현대적 적용을 중심으로 」, 『2007 봄 학술대회』, 한국색채디자인학회, p.48.
163 신미경·정희정(2008), 앞의 논문, p.279.
164 윤광수. 김연호, 『한국전통문화의 이해』, 서울: MJ미디어, 2003, p.162.
165 유소홍·양명모(2017), 앞의 논문, p.61.
166 『경상남도 세시풍속』, 하동 양보, p.711.
167 윤광수·김연호, 앞의 책, 2003, p.162.
168 최준식·윤지원·이춘자·허채옥·이강민·김윤정·송혜나·최준·양세욱, 2010, 앞의 책, p.122.

설날 떡국은 수수 등의 잡곡으로도 빚어졌지만 쌀을 주재료로 한 가래 떡으로 만들어진다는 점에서 자연 여건상 쌀이 나지 않은 제주나 강원, 경북 산간의 경우 부잣집을 제외하고는 설날에 떡국을 빚기가 어려웠다. 이는 1940년에 행해진 주곡류의 실정에 관한 조사 보고에 의해서 살필 수 있다. 이 조사에 의하면 쌀을 전혀 얻지 못하고 보리, 조, 두류를 주식으로 하는 세대가 전체의 19.5%에 달했고, 조와 그 밖의 잡곡을 주식으로 하는 세대가 8%에 달했다는 사실에서 뒷받침된다.[169] 또한 전북 부안 진서의 경우, 설날 차례에 메를 올리며, 떡국은 초사흘이 지나면 식구들끼리 먹는 시절 음식이었으며,[170] 경북 울릉 북면에서는 예전에 떡국을 올리지 못한 이유는 쌀이 귀해 잡곡으로는 메밥을 지을 수는 있으나 떡을 할 정도로 넉넉하지 못했다[171]는 『세시풍속』 자료에 의해서도 살필 수 있다. 이 자료는 충북 청원 강내의 경우 식량 사정이 나아진 1970년대 이후 떡국이 보편화 됐고,[172] 청원 미원에서는 경제적 이유로 떡을 하지 못하다가 1970년대 이후 떡국을 쑤게 됐으며,[173] 충남 당진 송악에서는 일제강점기의 경우 공출로 떡국차례가 어려웠고,[174] 전남 무안 해제와 진도 조도에서는 떡국은 잘 사는 집에서만 끓이며, 형편이 어려워 끓이는 집이 많지 않았다고 보고하고 있다.[175] 또한 해남 송지

---

169 박철호·박광근·장광진·최용순, 앞의 책, 2008, p.42

170 『전라북도 세시풍속』, 부안 진서, p.373. 본 연구에서는 지명의 시·군·구, 읍면동리 등의 행정 명칭은 생략했다. 예컨대 '부안 진서'는 '부안군 진서면'의 약칭이다.

171 『경상북도 세시풍속』, 울릉 북면, p.657.

172 『충청북도 세시풍속』, 청원 강내, p.391.

173 『충청북도 세시풍속』, 청원 미원, p.402.

174 『충청남도 세시풍속』, 당진 송악, p.348.

175 『전라남도 세시풍속』, 진도 조도, p.771.

에서는 쌀이 귀해 떡국을 별로 하지 않았고, 떡 뽑는 기술도 없었다고[176] 기록하고 있다. 이를 고려하면 떡국은 쌀의 자급이 실현된 1970년대 이후 한민족 대다수에 의해 빚어지며 대중화됐다고 할 수 있다.

나. 단오 쑥떡

혼히 단오를 대표하는 떡류 음식을 '수리취(치)떡'이라 한다. 수리취떡은 멥쌀가루나 찹쌀가루 등에 산나물인 취[177] 또는 연한 쑥을 으깨어 함께 섞은 다음, 쪄서 만든다. 이 명칭은 단오를 '우리말로 수릿날이라 한다'는 기록에서 비롯된 것으로 여겨진다.[178] 그럼에도 본 연구는 단오를 대표하는 떡류 명칭으로 '쑥떡'을 사용했다. 그 이유와 근거는 다음과 같다.

- 쑥떡[수리취떡] 명칭의 유래

먼저 쑥떡 명칭의 유래와 관련해, 단오가 '차·거(車)'와 관련되고 인명과 관계됨은 6세기 무렵 중국의 『형초세시기』[179]와 『삼국유사』 및 고려시대 『운

---

176 『전라남도 세시풍속』, 해남 송지, p.858.
177 수리취떡을 만드는데 재료로 활용되는 취는 참취, 미역취, 곰취, 단풍취, 수리취, 분취, 서덜취 등 7종 이상으로 산에서 자생하며, 종류에 따라 여름에서 가을철 사이 흰색이나 노란색의 꽃을 피는 식물로 주로 나물로 활용된다. 경북 청송 부남에서는 이들 취 중 잎의 색상이 푸른색이 아닌 붉은색의 취를, 충남 홍천 서석에서는 잎의 앞뒤가 하얀 취인 떡취 등을 주로 사용해 떡을 빚었다. -『경상북도 세시풍속』, 청송 부남, p.840. ; 『강원도 세시풍속』, 홍천 서석, p.494. ; 〈민족문화대백과사전〉.
178 『열양세시기』 단오. "國人稱端午曰水瀨日."
179 국립민속박물관, 앞의 책, 2007, p.63. 『형초세시기』 5월, "蓋越人以舟爲車以楫爲馬也(대개 월나라 사람들은 배를 수레라하고 노를 말이라고 한다.)"

곡행록』[180]에서 살필 수 있으며, 수릿날과 수리취떡 기록은 18세기 말엽의 『경도잡지』에 나타난다. 이 세시기는 단오를 민간에서는 수릿날[戌衣日]이라 하고 이 술의(戌衣)는 우리말로 수레[車- 차,거]를 나타내며, 이날 쑥으로 수레바퀴 모양의 '수레떡[車輪糕]'을 만들어 먹는다고 기록하고 있다.[181] 이와 비슷한 기록은 19세기 중엽 『동국세시기』에도 등장하며, 그 내용의 차이점은 쑥을 멥쌀가루에 섞어 만든다는 점과 이 떡의 명칭과 이 떡을 만드는데 쓰인 쑥의 방언이 등장하지 않는다는 점이다. 이들 두 세시기의 중간 무렵인 18세기 초의 『열양세시기』는 조선 사람들이 단오를 수뢰날[水瀨日]이라 한다고 기록해[182] 그 명칭의 차이와 함께 현대에 보다 가까운 음을 보여주고 있다. 이후 20세기 초 저술된 『만물사물기원역사』는 단오의 수릿날[戌衣日] 속칭과 함께 쑥떡을 만드는데 쓰이는 쑥을 '수리채[戌衣菜]'라 적고 있다.[183] 이는 단옷날 쑥떡을 만드는 쑥의 속칭이 『경도잡지』에는 '술의취(戌衣翠)'로 등장하지만 1백여 년 뒤에는 '술의채(戌衣菜)'(『만물사물기원역사』)로 바뀌고 있음을 보여준다. 『경도잡지』는 푸른빛을 의미하는 '취(翠)'자를 사용해 쑥의 푸른 색상을 표현하고 수리취가 쑥임을 보여주고 있으나, 『만물사물기원역사』는 쑥을 '술의(단옷날의) 나물[술의채(戌衣菜)]'로 의역한 한자 표기를 사용해 의도하지는 않았지만 산에서 나는 취나물과의 연관성을 갖게 했다. 이로 인한 결과인지 또는 기록에 등장하지는 않지만 이미 단오에 취로 떡을

---

180 『운곡행록』 제5권 시. "新羅是日號爲車."
181 『경도잡지』, 단오. "端午俗名戌衣日 戌衣者東語車也 是日作艾糕象車輪 形食之 故謂之戌衣日."
182 『열양세시기』, 단오. "國人稱端午曰水瀨日."
183 장지연 지음, 황재문 옮김, 앞의 책, 2014, p.573. "술의는 곧 우리나라 말의 수레[車]다. 이날에 수리취[戌衣菜]로 쑥떡을 만드는데..."

만드는 풍속에 의한 것인지 불분명하지만, 이후 다수의 지역에서 단오떡을 '수리취(치)떡'이라 부르며 쑥과 함께 취를 재료로 사용한다.[184]

그런데 1843년경 유만공이 지은 한시집인 『세시풍요(歲時風謠)』에 수리취의 정체를 설명하는 구절이 등장한다. "푸른 쑥을 처음으로 쩌서 문질러서 떡을 물 들인다"[185]는 구절과 함께 주석으로 "푸른 쑥은 곧 술의취(戌衣翠)다. 술의 때에 처음으로 뜯는다. 익모초도 이날 뜯는다"고 기록하고 있다.[186] 이는 술의취가 단옷날의 푸른쑥, 즉 '술의취애(戌衣翠艾)'의 줄인 단어임을 보여준다. 따라서 단옷날 떡 재료인 취의 사용은 떡을 취로 만드는 전통보다는 푸른색을 의미한 '취(翠)'와 산나물 '취'의 음이 같은 데서 비롯된 와전의 결과라는 해석을 가능하게 한다. 이를 통해 원래는 단옷날의 '수리취떡'과 산나물인 취와의 관련성은 없었으나 일반 한국인들 사이에서 쑥의 푸름을 의미하는 '취(翠)'의 한자 발음으로 인해 취나물이 쑥과 같은 떡의 재료로 취급되고 더 나아가 단오날의 떡은 수리취로 만드는 '수리취떡'으로까지 확대됐음을 살필 수 있다.

- 단오떡의 종류와 주재료

단오의 대표 절식이 쑥떡인 또 다른 이유는 쑥과 수리취를 떡의 재료로 사용하거나 쑥만을 재료로 해 단오떡을 빚어도 일부 지역에서는 이의 명칭

---

184 『강원도 세시풍속』, 동해 삼화, p.56.
185 『세시풍요』 단오. "翠艾初蒸爛染糕."
186 『세시풍요』 단오. "翠艾卽戌衣翠 始採於戌衣時 益母草採於是日.(푸른 쑥은 곧 술의취다. 술의 때에 처음으로 뜯는다. 익모초도 이날 뜯는다.)"

을 '수리취떡'으로 부른다는 점과[187] 단오떡의 주재료로 쑥이 더 많이 쓰이고 있는 데서 근거한다.

『세시풍속』에 의하면, 단오를 기념하는 떡류 절식은 한국의 중부와 남부 162개 시·군, 471개 조사 지역 중 165곳에서 출현한다. 이는 한국인 10명중 3명 이상이 떡을 빚어 단오를 기념함을 보여준다. 출현 떡류는 강원도가 (수리)취떡과 쑥떡, 경기도가 쑥떡, 수리취떡, 경남과 경북이 압도적인 쑥떡, 전남은 찔레꽃떡류, 전북은 삘기떡, 제주는 쑥떡과 보리떡, 충남은 떡류 출현이 미미하지만 쑥과 관련된 떡, 그리고 충북 지역은 쑥떡과 수리취떡이다. 이들 떡 중 쑥떡은 모두 90회 출현해 단옷날 전체 떡 출현 횟수 211회의 43%에 이른다. 이는 한국 단오에 출현하는 떡 10개 중 4개 이상이 쑥떡인 셈이다. 지역별로는 충북이 12회로 가장 높은 출현 비율을 나타냈으며, 이어 경북과, 경남이 각각 21회와 19회, 강원도가 13회의 출현 횟수를 보였다. 『세시풍속』에 의해 살필 수는 없지만 북한지역의 경우도 단오에 쑥떡을 빚고 있다.[188]

반면, 취떡류는 45회 출현해 21%의 출현 비율을 나타냈으며, 찔레꽃떡류는 모두 17회 나타났다. 취떡류는 강원도에서 가장 높아 24회 출현했고, 이어 경기도 9회, 경북과 충북이 각각 5회였다. 찔레꽃떡류는 전남에서 11회 출현해 가장 높게 나타났고, 전북과 경남 등에서도 2~3회 출현했다. 이상을 고려하면 한국 단오의 떡류 절식은 쑥떡, 취떡, 찔레꽃떡 순이며, 쑥떡이 단

---

187 『강원도 세시풍속』, 양구 양구, p.259. ; 동해 삼화, p.57. ; 『충청북도 세시풍속』, 충주 안림, p.104.
188 리재선(2004), 「현 시기 조선에서 널리 장려되고 있는 민족명절과 민속놀이에 대하여」, 『역사민속학』, p.83.

오의 대표 절식임을 살필 수 있다.[189]

- 수리취떡 명칭의 문제점

이상의 단오떡 유래와 떡 출현 빈도는 단오의 대표 절식 명칭으로 '수리취(치)떡'을 사용하기에는 고려할 점이 있음을 보여준다. 앞서 밝힌 명칭의 와전 및 출현 빈도와 함께 수리취는 해발 1,300미터 이상의 고지대에서 나는 고산식물이다. 곰취 또한 해발 1천 미터 이상에서 자생한다.[190] 이는 취가 남한의 극히 일부 지역에서만 어렵게 구할 수 있는 식물로 명절의 보편적 재료로 쓰이기에는 분명한 한계가 있음을 보여준다.

따라서 수리취떡 또한 쑥이 주 재료이고 단오의 쑥떡 전통은 기록상으로만 무려 1천년이 넘는다는 점에서 '수리취떡'을 단오의 절식 명칭으로 쓰기에는 설득력이 떨어진다. 특히 단오는 인명이며, 이들 '수리취'와 단오의 기록이 당시 수도인 한양과 경주를 배경으로 하고 있음을 고려할 때[191] 중앙 언어문화의 지방 확산으로 떡 명칭도 취해졌을 가능성이 높기 때문이다. 이는 한국인의 보편적인 부식인 김치의 명칭이 표준어로 통일되기 전 한반도 전역에는 다양한 김치의 명칭이 있었으나, 이중 주로 경기도 일원의 방언이

---

189 수리취떡과 관련, 강원 양구와 동해, 그리고 충북 충주 등 일부 지역에서 단오에 빚어지는 쑥떡과 취떡 모두를 수리취떡이나 수리떡으로 부르기도 한다.
190 안완식, 앞의 책, 2009, p.326.
191 『운곡행록』 제5권 시. "新羅是日號爲車."；『경도잡지』, 단오. "端午俗名戌衣日." 및 『삼국유사』 권2, 기이. "吾名端午也, 俗爲端午爲車衣." -『삼국유사』의 거득공 설화는 '거득공'의 이름이 '단오'인데 세상 사람들은 '거의(車衣)'라 한다고 기록해 '거의(차의)-술의-수레-수리'에 대한 변화의 궤적을 살피게 하고 단오가 명절 명칭이 아닌 인명임을 보여준다.

었던 김치가 현재 김치의 대표적이고 일반적인 단어로 확산됐다는 점[192]에서 뒷받침될 수 있으며, 이를 고려하면 단오의 수릿날과 여기서 비롯된 절식의 명칭도 이와 비슷한 궤적을 밟았을 가능성이 있다고 할 수 있다.

어휘가 성장 사멸한다는 점을 고려할 때 명칭의 변화는 자연스러운 일이지만 이 변화로 인해 한국 명절과 그 절식이 갖는 본래 의미와 유래의 연관성이 멀어진다면 이는 더 이상의 고착화가 진행되기 전 바로 잡는 것이 필요하다 할 것이다. 또한 수리취떡이란 명칭에서도 나타나듯, 재료를 취해 그 떡의 명칭이 부여됐다면, 쑥을 재료로 해 만든 떡은 쑥떡으로 칭해야 하고, 더욱이 이 떡이 단오를 기념해 떡을 하는 한국의 다수 지역에서 출현한다면 이는 쑥떡으로 칭하는 것이 보다 자연스럽다고 할 수 있다. 따라서 본 연구는 단오의 대표 절식을 쑥떡으로 규정했다. 또한 쑥떡이 단오에 한반도 중부 지역 대다수 지역에서 등장한다는 지역적 분포성, 떡에 쑥이 사용된다는 재료성, 쑥떡이 한국의 보편적 떡 이름이라는 전통성, 그리고 한국의 떡 이름 명명이 주로 주재료에서 취해진다는 명칭성 등의 측면에서 단오의 대표 음식으로서의 절식 명칭을 수리취떡이 아닌 쑥떡으로 할 것을 제안한다.[193]

쑥떡이 언제부터 단오의 떡으로 쓰였는지는 불분명하다. 쑥은 다년생 초본 식물로 낮은 산지나 들에서 자생하며, 약용과 식용으로 널리 쓰이는 식물이다.[194] 한국의 고대 신화인 단군 신화에 등장할 정도로 그 역사와 한민

---

192 김용갑(2017b),「한국 방언 보전 방안 연구-무형문화재 지정 및 표준어 정책을 중심으로」,『한국전통문화연구』제20호, p.146. -일제강점기 소장진평의 『조선방언연구』에 의하면 '침(짐)치'의 방언권은 거의 한반도 전역에 걸쳐 김치의 방언권보다 수배 넓었다.

193 김용갑(2018c), 앞의 논문. p.50.

194 안완식,『한국 토종작물자원 도감』, 서울: 도서출판 이유, 2009, p.326. ; 〈우리주변식물생태도감〉; 〈민족문화대백과사전〉.

족과의 관련성이 깊으며, 기록상 중국의 고대 시가집인 『시경』[195]에 '채번'으로 등장한다. 쑥을 재료로 해 빚은 쑥떡과 관련한 기록은 『거란국지(契丹國志)』(권27, 1180년 간행)로 이 기록에는 '요나라 궁정에서는 매년 단오절에 발해요리사가 쑥떡을 만들어 황실이 먹었다'는 내용이 나타난다.[196] 이 기록은 고대 한민족과 북방 제 민족과의 관계 등에 비춰 쑥떡이 북방계 한민족의 떡일 뿐만 아니라 북방으로부터 확산된 음식임을 살피게 하며, 그 역사가 최소 1천년 이상임을 보여준다.[197]

쑥떡은 문헌 기록상 18세기 후반의 『경도잡지』에 애고(艾糕)란 명칭으로 단오의 시식으로 등장한다.[198] 이에 앞서 11세기 초의 『송사』와 17세기 중엽에 저술된 『택당집』에는 봄철 삼짇날의 음식으로 출현한다.[199] 이처럼 쑥떡의 역사는 최소 1천년에 이르고 지역에 따라 5월 단오 무렵이 연한 쑥이 나는 제철이며, 이 쑥은 고대 시기부터 약용과 식용으로 두루 쓰였다. 또한 한민족은 쑥떡을 봄과 여름의 시절 음식으로 빚어 먹는 전통과 함께 식량이 부족한 시기에는 구황 음식으로 활용했다.[200] 이 같은 전통 속에 벼농사의 확

---

195 채번(采蘩) -세종대왕기념사업회, 『역주시경언해』, 세종대왕기념사업회, 2014, pp.88~89.

196 양옥다(2006), 「발해의 몇 가지 음식습관에 대하여」, 『한국고대사연구』 42, pp.352~353. 『동국세시기』 단오 풍속에도 '요(遼) 지방 풍속에 5월 5일 발해(渤海)의 주방에서 쑥떡을 올린다'는 내용과 함께 조선의 (쑥떡) 풍속이 여기서 비롯된 것 같다는 기록이 나온다.

197 쑥과 관련 중국 문헌인 『이아』는 쑥(호-蒿)을 긴(蘄)과 번(蘩-산흰쑥)으로 구분해 지금 사람들이 향긋해서 청호(靑蒿: 개똥쑥)인 긴(蘄)을 삶아 먹는다고 기록하고 있다. -구자옥·김창석오찬진·국용인·권오도·박광호·이상호, 『식물의 쓰임새 백과 下』, 자원식물연구회, 2015, p.614.

198 『경도잡지』 단오. "是日作艾糕象車輪 形食之故謂之戌衣日."

199 『택당집』 16권, 잡저. "三日艾餅."

200 『경상북도 세시풍속』, 문경 농암, p.179.

대로 쌀이 증산되고, 조선 후기 유교의 의례가 생활 의례로 정착되면서 떡
하는 빈도가 높게 증가했다.[201] 이를 고려할 때 쑥떡은 기록에서 발견되고 있
지는 않지만 18세기 후반 문헌 기록 출현 이전, 단오의 절기 음식으로 쓰였
을 가능성이 높다고 볼 수 있다.

다. 추석 송편

추석의 절식인 송편은 멥쌀가루를 주재료로 해 뜨거운 물로 반죽한 다
음, 덩이를 납작하게 펴 콩, 깨 등의 소를 넣고 반원 형태로 접어 쪄낸 떡이
다. 떡을 시루에 넣고 찔 때 솔잎을 깔아 서로 붙지 않고 은은한 솔의 향이
나도록 해 소나무 '송(松)'자와 떡의 또 다른 이름인 '편'을 합쳐서 '송편(松
餠)'으로 불린다.

송편은 기록상 송병(松餠)과 함께 '엽자발발(葉子餑餑)(송편)'(『동문유해』
(1748), 『방언집석』(1778)), '송엽협병(松葉夾餠)'(『경도잡지』), '엽자발(葉子餑)'(『물
명고』), '엽발(葉餑)'(『월여농가』(1861), 『명물기략』)로 나타난다.

- 송편의 유래

현재 주로 반타원형으로 빚어지는 송편이 언제부터 만들어졌는지 그 유
래는 발견되고 있지 않다. 그런데 반죽을 넓게 펴 소를 넣고 감싼 다음, 솔
잎과 함께 찌는 형식임을 고려할 때, 만드는 과정과 끝 부분의 각이 진 반원

---

201   김용갑(2017b), 앞의 논문, p.79.

형 형태는 곡물 가루를 나뭇잎으로 감싸서 찌는 '각서'(角黍)[202]류 또는 주악[203]에서 비롯된 것으로 보인다. 이는 『임원십육지』에 송편 모양이 조각떡(角餅, 주악과 같고, 크기를 손가락 마디만 하게 만들기도 하며, 작은 떡 3~5개를 큰 떡 소 안에 넣기도 한다는 기록과[204] 함께 송편의 다른 이름이 '엽발(葉餑)'로 나뭇잎을 의미하는 데서 뒷받침된다. 또한 주악의 경우, 그 모양과 만드는 방식이 송편과 비슷하지만 작게 만들어지고 고인 떡을 장식하기 위해 위에 올려놓는 웃기용으로 사용됐기 때문이다.[205] 이와 함께 '송병'이란 명칭이 문헌에 등장하기 이전, 각서류의 떡이 빈번하게 출현하는 것도 한 근거가될 수 있다.[206] 따라서 송편의 유래는 음식을 나뭇잎에 싸서 가공하는 방식에서 기원해 나뭇잎 대신 곡물 반죽을 사용하는 주악 형태의 떡으로 빚어지다가 작게 빚어 기름에 튀기는 주악과 크게 빚는 송편 형태로 나눠 정착[207]한것으로 보인다.[208] 이처럼 송편이 감싸는 형태의 음식에서 기원함은 19세기의송편 소로 고기나 미나리를 넣었다는 『다산시문집』(권1, 시. "松餌尖尖魚作餡")

---

202 『성호사설』 권4, 「만물문」. "角黍."
203 사단법인 평화문제연구소, 앞의 책, 2005, p.35. ; 『성호사설』 권4, 「만물문」. "今俗又有所謂造角者. 此亦角黍之假成者也."
204 『임원십육지』. "形如糙角餅."
205 송편이 웃기용으로 쓰였음을 추정케 하는 것은 현대의 세시풍속 조사에서도살필 수 있다. "시루떡 위에 송편을 만들어 놓는다." -문화공보부 문화재관리국, 『한국민속 종합조사 보고서』(충남편), 서울: 형설출판사, 1977, p.161.
206 『조선왕조실록』 세종 29(1447). ; 『동문선』 권5(1478), ; 『목은시고』 권5(1626). ; 『월사집』 권57(1636년), 표전. 등등.
207 김용갑(2018a), 앞의 논문, p.191.
208 송편의 유래가 각서와 관계된다면 각서의 주재료가 찹쌀이고 아시아 남방에서현재까지도 이를 이용한 떡류가 많이 만들어지며 송편이 쌀 수확과 관련됨을 고려할때, 각서-주악-송편으로 이어지는 이들 떡 문화는 수도작 문화를 한국에 전파한중국 동남방 문화와 연관된다고 할 수 있을 것이다.

과 『동국세시기』(2월 초하루 풍속. "或和蜜包之 或以蒸棗熟芹爲餡")등의 기록에서도 살필 수 있다. 이 같은 송편의 명칭과 유래는 송편이 추석 음식으로서 태동한 것이 아닌, 떡의 한 종류가 종교, 농경문화의 영향 등으로 인해 의례 등과 함께 추석 음식으로 수용됐음을 살피게 한다.[209]

다음으로, 송편의 반원 또는 원형 형태는 『삼국유사』의 기록에서 유추되듯[210] 달을 형상화한 것으로 초승달에서 보름달로 성장하는 모습을 본때, 생산성의 향상과 풍년을 상징하고 기원한 것으로 이해될 수 있다. 『열양세시기』는 "쌀가루로 만두 모양의 떡을 만든다"고 기록하고 있으며,[211] 『임원십육지』는 "모양과 크기가 서로 다르고 남당(南唐)의 만두를 빚는 방법처럼 만들기도 한다"고 소개하고 있다.[212] 이어 『동국세시기』와 『한계유고』에는 각각 "둥근 옥의 절반모양"[213] 및 '반달 모양'[214]으로 나타나고 있다. 이를 통해 19세기 초의 송편은 크기가 다르고, 그 형태의 일부는 만두(둥근 형태 추정)에 가까운 떡이었으며, 최소 19세기 중엽 이후 반달 형태가 확산됐음을 보여준다. 이는 온달(둥근 모양) 형태의 송편을 기록한 『세시풍속』 조사 보고서에 의해서도 일부분 뒷받침된다고 할 수 있다. 강원도 속초의 경우, "이북 이주민들은 만두 형태의 반달"로, "원주민은 그냥 동그랗게" 송편을 빚고 있으며,[215] 경북 경산과 청도도 반달과 온달 형태의 송편을 만들기 때문이다.[216]

---

209   김용갑(2018a), 앞의 논문, p.191.
210   제1권 태종춘추송. "百濟圓月輪 新羅如新月."
211   『열양세시기』, 삭일(2월 1일) 풍속. "粉米作餅如饅頭樣小豆去皮爲餡."
212   "形大小不一. 或作指頭大 如南唐子母饅頭."
213   『동국세시기』, 2월 초하루 풍속. "皆作半璧. 名曰松餅."
214   『한계유고』, 「여범하」. "松餅 米粉熟匀 半月摩之."
215   『강원도 세시풍속』, p.88.
216   『경상북도 세시풍속』, p.52, p.822.

송편과 관련한 기록은 17세기부터 찾아진다. 『성소부부고』(「도문대작」 (1611))에 봄철 시절 음식으로 '송병(松餠)'이 나타나며 『상촌집』은 유두일(6월 15일)에 송편을 빚어 선물한다. 또한 『택당집』은 등석일(사월 초파일)에 송편을 올리고, 『요록』(1680)에는 한글 명칭(송편)이 처음으로 나타난다. 이어 『승정원일기』[217]는 "어가가 화전동을 지나니 백성들이 송병 2기(器)를 올렸다"는 기록을 싣고 있다. 또한 『성호사설』(6권, 만물문)에는 "송편(松䭏)이 소를 넣고 소나무 잎을 깔아 익힌 떡"이라는 설명이 등장하며, 이어 『계산기정』(권5, 부록)(1803년)과 19세기 『동국세시기』 등의 세시기에 '송편'이 나타난다. 이처럼 송편의 쓰임새는 봄철 시식, 선물, 간식, 세시절기의 절식 용도와 함께 추석과 제례의 음식,[218] 그리고 농사일꾼의 격려와 감사의례 등에 쓰였으며, 심지어 아들 낳기를 기원하는 민간신앙의 제물로도 사용됐다.

- 송편의 추석 대표 음식화 시기

다음으로 송편이 추석 음식으로 쓰였음을 보여주는 자료는 1816년 정학유가 경기도 마현에 머물며 지은 것으로 보이는 〈농가월령가〉에서 찾아진다. 이 가사의 팔월령에 '오려송편'이란 명칭이 등장한다.[219] 또한 서울지방의 전승 민요인 〈떡타령〉에도 2월 한식 송병과 함께 8월 가위 '오려송편'이 나

---

217 『승정원일기』 1565책, 정조 8년(1784년) 8월18일. "民人等進松餠二器."
218 『한국민속 종합조사 보고서 전라남도편』(1969. 문화공보부 문화재관리국)은 송편이 돌상, 혼인잔치상은 물론 장례와 설날, 정월대보름에 이어 그믐의 세시음식으로 쓰임을 보고하고 있다. -제5편 의식주편, pp.11~22.
219 "북어쾌 젓조기로 추석명일 쉬어 보세/ 신도주 오려송편 박나물 토란국을/ 선산에 제물하고."

타나고[220] 『운양집』(1864)에는 "송편(葉餠)이 그 절기의 음식"이라고 기록돼 있다.[221] 이는 19세기 초 이후에는 지역에 따라 송편이 추석 음식으로 사용됐음을 살필 수 있다. 그런데 19세기의 『동국세시기』에는 송편이 추석의 음식으로 등장하지 않는다. 『동국세시기』는 8월중 풍속으로 "떡을 파는 집에서는 올벼(일찍 수확한 쌀)로 송편(오려송편)을 만들어 판다"고 기록하고 있다.[222] 18세기 말 쓰인 『경도잡지』[223]도 송편은 2월 1일 머슴날(노비일)에 만드는 풍속으로 소개하고 있으며, 1936년 실시된 『중추원 풍속조사서』도 "(2월 1일) 도시와 시골의 각 가정에서는 성대하게 송편을 빚으며"라고 적고 있다.[224] 이는 최소한 1930년대까지 송편이 한반도 전역 또는 모든 계층의 일반적인 추석 음식이 아님을 살피게 한다. 추석날 마련되는 명절 음식이라면 송편이 이들 모두의 기록에 빠질 수 없기 때문이다. 그런데 추석은 고려시대부터 잔치하는 풍속을 갖고 있었으며,[225] 19세기 무렵에는 설날과 함께 2대 명절이었다. 『오주연문장전산고』는 "지금 풍속에 나라 곳곳의 양반과 상민, 일반 사회를 막론하고 상원을 대망, 추석은 한가회라 한다"고 밝히고 있다.[226] 『동국세시기』(1849)와 『운양집』(1864)은 추석을 농가의 중요한 명절로 소개하고 있다. 이어 『매일신보』(1917.9.19.일자)는 "추석은 오려송편에 햅쌀로 술 담아

220 강인희, 『한국의식생활사』, 삼영사, 2000, p.348.
221 『운양집』 1권, 시. "八月十五日 爲秋夕節. 田家最重之. 葉餠卽其節食也."
222 "賣餠家造早稻松餠."
223 2월 초하루 풍속. "松葉夾餠."
224 『중추원조사자료 雜記 및 雜資料』(基2), 3.결혼에서 노년까지, 3.연중행사, 2월.
225 국립민속박물관, 『한국세시풍속자료집성, 삼국·고려시대편』, 국립민속박물관, 2003, p.271. "민간에서는 이날 조상의 묘를 돌아보고 달구경을 하며 잔치를 베풀어 춤과 노래를 즐겼다."
226 『오주연문장전산고』 경사편5, 논사류2 풍속. "今無論京鄕兩常閭巷 最重上元日大望 秋夕日漢嘉會."

선영에 제사하고 즐겁게 노는 명절이다"는 기사를 게재하고 있다.[227] 이를 통해 기록상 최소 19세기 초 농촌 및 일부 양반을 중심으로 송편이 추석 음식으로 쓰였지만 명절로서 추석의 기념은 이후 한반도 여러 지역과 계층으로 확산됐음을 살필 수 있다.

송편이 추석 명절의 음식으로 대중화된 시기는 "빨라야 1970년 초 텔레비전을 보고 추석에 송편을 만들었다"는 전남 여수시 초도 조사 자료와[228] "추석을 명절로 여기기 시작한 것은 산업화 이후"라는 『세시풍속』 조사[229]에서 찾을 수 있다. 『세시풍속』은 남한 172개 시·군 중 태백, 마산, 해남, 서귀포 등의 85개 조사 지역에서 추석날 송편이 나타나지 않고[230] 이 중 거제, 곡성, 울주 등 8개 지역에서는 추석에 송편 대신 다른 떡을 만들고 있음을 보고하고 있다.[231] 이 같은 추석 무(無)송편 지역은 단순 집계 수치상 172개 시·군, 471개 조사 지역의 18% 이상에 달해 10곳 중 2개가량의 지역에서 송편을

227 　국립민속박물관, 『한국세시풍속자료집성』, 신문·잡지편(1876~1945), 서울: 국립민속박물관, 2003, pp.448~452.

228 　나경수 외(2011), 「여수시 삼산면 초도의 세시풍속」, 『남도민속연구』 22, pp.305~319.

229 　『경상북도 세시풍속』, 안동시 서후면, p.261.

230 　『한국민속 종합조사 보고서 경상북도편』(제2장 식생활 세시음식, 8월 추석. 1974)은 안동의 송편 출현을 보고하고 있다.

231 　[표4] 추석의 '무(無) 송편' 지역

추석에 송편이 나타나지 않는 시·군	추석에 송편 아닌 떡을 하는 시·군
태백, 고성, 정선, 남양주, 양평, 군포, 구리, 오산, 거제, 마산, 통영, 하동, 울주, 밀양, 양산, 고성, 남해, 기장, 안동, 봉화, 영양, 예천, 울릉, 울진, 청송, 칠곡, 고흥, 곡성, 장흥, 해남, 진도(조도-흉년에는 송편 못했다), 익산, 순창, 장수, 진안, 제주, 남제주, 북제주, 서귀포, 태안, 괴산	거제(시루떡), 통영(시루떡), 하동(시루떡), 울주(호박전), 남해(절편), 칠곡(시루떡), 곡성(팥시루떡), 순창(시루떡)

*출전: 〈국립문화재연구소, 『세시풍속』〉 지역 편 9편 전체에 출현한 송편을 추출해 작성함.
**여수는 『세시풍속』 조사 통계에 포함 안 돼 있어 여수까지 포함하면 50개 시·군(86개 지역)이 된다.

빚지 않음을 보여준다. 2003년 전까지의 조사가 반영된 무(無)송편 지역은 1970년대 쌀의 자급이 실현된 이후[232] 점차 감소했을 것으로 보인다. 이를 고려하면 쌀 자급이 실현되기 이전에는 상당수 지역에서 송편은 추석 음식이 아니었을 가능성이 높다. 특히 추석 무렵은 시기적으로 쌀 수확 직전으로 공급량이 적어, 식량이 충분하지 않은 가운데 별식인 송편을 쌀로 빚는 것은 어렵기 때문이다.

이를 고려하면 송편의 추석 음식화는 1970년대 이후, 쌀 자급의 실현과 함께 산업화에 따른 농어촌 인구의 도시 이주, 대중매체의 발달, 그리고 핵가족화 등과 같은 사회 변화에 의해 송편이 전국적으로 알려지면서 추석 음식으로 확대됐음을 살피게 한다. 따라서 송편의 추석 음식화 또는 명절 음식화 시기는 1970년대 이후라고 할 수 있다.[233]

라. 동지팥죽과 동지떡

동지는 한국의 4대 명절 중 유일하게 양력 12월 21일~22일에 위치해 다른 명절과 달리 양력으로 기념되며, 그 날짜도 고정돼 있다. 하지만 태양력과 태음력이 공존하는 태음태양력(太陰太陽曆)의 역법을 사용했던 한국인들은 양력 동지의 기념일에 음력일의 의미를 부여해 복합적으로 기념했다. 이로 인해 동지의 절식은 팥죽과 함께 팥시루떡 등의 다양한 '동지떡'이 출현

---

232 김태호(2008), 앞의 논문, p.406. 1971년 허문회에 의해 통일벼 품종이 개발돼 식량 자급인 녹색혁명을 가능하게 했다.
233 김용갑(2018a), 앞의 논문. pp.195~196.

한다. 이 동지떡은 설날과 추석 등의 명절에 송편이나 떡국과 함께 빚어지는 절편이나 시루떡, 인절미 등과는 다른 의미로 팥죽을 대신해 빚어지는 대체재적 성격을 띤다. 따라서 추석에 마련되는 절편이나 시루떡 등이 추석을 대표하는 절식이 아닌 반면, 동지떡은 팥죽을 대체해 동지의 대표 절식 역할과 의미를 지니는 차이가 있다. 이에 본 연구는 동지의 절식을 팥죽과 함께 동지떡으로 대별해 논의를 전개하고자 한다.

-팥죽의 유래

먼저 '동지팥죽', '동지차례', '동지차사(제사)' 등의 관용어구에서 살필 수 있듯 동지의 제1 대표 절식은 팥죽이다. 이 팥죽은 『동국세시기』에 나타나듯, '찹쌀가루로 새알의 형상을 만들어 (삶은 팥국물) 안에 넣은' 음식이다.[234] 성현은 『용재총화』에서 동지팥죽이 오래된 한민족의 유습이라고 적고 있다. 팥죽의 유래 및 풍속과 관련, 『열양세시기』[235]와 『동국세시기』는 중국과의 관련을 기록하고 있다. 팥죽은 동지 외에 상원(1월15일)과 음력 6월 복날의 세시음식으로 사용됐으며, 절식의 용도와 함께 초상집 의례, 그리고 이사 후의 음식으로도 쓰였다.[236] 이들 용도는 주로 사악한 기운을 물리친다는 '벽사'이며, 이는 중국의 『형초세시기』는 물론, 19세기 무렵의 한국 3대 세시기의 기록과도 유사하다. 이를 통해 동지의 절식인 팥죽이 무속 등의 민간신앙과 관계됨을 살필 수 있다.

234　『동국세시기』 11월 동지. "煮赤豆粥用 糯米粉作鳥卵狀投其中."
235　『열양세시기』 "辟鬼肪於中華不專爲國俗 故玆不詳列."
236　김상보(2007), 앞의 논문, p.197.

팥죽과 관련한 기록은 고려 말인 14세기 말엽에 저술된 것으로 보이는 『도은집』(권2, 시)에서 '두미(豆糜)'로 나타나며,[237] 이어 15세기 초의 기록인 『춘정집』(1권, 동지, 두미- 豆糜), 「점필재집」(23권, 두미- 豆糜), 그리고 16세기 초의 『용재총화』(2권, 두죽- 豆粥)에 출현한다. 두미(豆糜)와 두죽(豆粥)이 팥과 관련된 죽임은 『목은집』에서 찾을 수 있다. 목은은 "팥을 삶아서 죽을 쑤니 붉은 빛이 짙게 감돈다"고 읊고 있다.[238] 이를 통해 동지를 맞아 한민족이 집집마다 팥죽을 쑬 정도로 대중화 된 것은 최소한 고려시대 중기 이전[239]이며, 기록상 동지팥죽이 한국의 4대 명절 절식 중 가장 오랜 역사를 지니고 있음을 살필 수 있다.

팥죽의 주 재료인 팥은 중국과 함께 한반도 역시 원산지로 여겨지며,[240] 청동기시대부터 한국인의 식량자원으로 쓰였고,[241] 대체로 10월 상순~중순에 수확된다.[242] 이는 팥이 쌀과 함께 엇비슷한 시기에 수확돼 동지의 절식으로 사용하기에 맞춤한 곡물임을 보여주며, 한국의 전통 문화가 수도작의 남방계와 잡곡의 북방계에 의해 형성됐음을 고려할 때[243] 죽 형태의 동지팥죽은 남방과 북방 문화의 혼합에 의해 동지의 음식으로 발달했다고 보는 것도

---

237 『도은집(陶隱集)』 권2, 시. "豆糜相饋憐人厚."
238 『목은집(牧隱集)』 권24, 시. 豆粥. "小豆烹爲粥 光浮赤面濃."
239 최덕경(2005), 앞의 논문, p.207.
240 안완식, 앞의 책, 2009, p.117. ; 팥의 원산지는 중국 삼한 시대 이전, 강남(조엽수림지대)으로부터 전래된 것으로 보기도 한다. -김상보(2007, 앞의 논문, p.198.)는 "熊谷治. 1979. "朝鮮半島におけるアズキに関する儀礼・習俗". 『朝鮮学報』 92, 朝鮮学会"의 논문을 인용해 기술했다.
241 박철호 외, 앞의 책, 2008, p.21.
242 성락춘·이철, 『인간과 식량』, 서울: 고려대학교출판부, 2007, p.89.
243 김용갑(2017a), 앞의 논문, p.69.

가능할 것이다.[244]

-대체 절식으로서 동지떡

다음으로 팥죽과 함께 동지에 마련되는 절식인 '동지떡'은 떡의 한 종류에 대한 명칭이 아닌, 동지 절기에 팥죽을 대신해 빚어지거나 드물게 팥죽과 함께 만드는 떡을 말한다. 동지떡은 양력 동짓날에 해당하는 음력을 기준으로 동짓날이 이른 시기에 올 경우, 팥죽을 대신해 만들어지며,[245] 떡 종류 또한 지역에 따라 다양하다. 한 예로 전남 지역은 동지가 일찍 드는 시기에 만드는 떡을 지역에 따라 '떡, 애(기)동지떡, 팥시루떡, 아동지떡, 팥떡'으로 부르고 있으며,[246] 팥을 이용한 시루떡이 주류를 이룬다. 구례 구례와 장성 북하 및 삼계, 화순 춘양에서는 팥시루떡을 빚으며, 화순 이서, 영광 법성포에서는 팥떡을 만든다.[247]

동지가 보통의 시기보다 일찍 기념될 경우, 팥죽을 쑤지 않는데 그 이유 또한 다양하다. 『경기도 세시풍속』은 애동지 시기에는 아이들이 많이 죽

---

244 죽의 선호는 중국 남방의 전통이다. -왕런샹 지음, 주영하 옮김, 앞의 책, 2010, p.227, p.47. ; 장혜영, 앞의 책, 2010, p.146.

245 이처럼 동지가 보통의 시기보다 일찍 올 경우 지역에 따라 그 부르는 이름이 다양하다. 이른 시기에 드는 동지에 대한 명칭이 있는 만큼 지역에 따라 음력 11월 한 달을 10일 단위로 나눠 초순의 경우 '애동지', 중순은 '중동지', 하순은 '노동지'로 부르거나 15일 단위로 나눠 '애동지, 어른동지' 혹은 '애동지, 일반동지' 등으로 부른다. 동지가 보통 때보다 이른 시기는 대개 음력일을 기준으로 11월 10일 이전이나, 보름 또는 5일 이전으로 다양하다. 하지만 많은 지역에서 음력 11월 상순 또는 초승이란 단어를 언급하고 있어 음력 11월 상순 이전이 애동지의 일반적인 시기라고 할 수 있다.

246 김용갑(2018b), 앞의 논문, p.274.

247 『전라남도 세시풍속』, 화순 이서, p.923. ; 영광 법성포, p.631.

는 등 아이들에게 좋지 않아 죽을 쓰지 않거나 떡을 만든다고 설명하고 있다.[248] 『강원도 세시풍속』은 애동지가 자신들이 기념하는 동지가 아닌 '남의 동지'이기에 죽을 쑤지 않는다고 밝히고 있다.[249] 애동지 시기의 팥죽 금기에 대한 주된 이유는 대부분 아이와 관계된 것으로 이때 팥죽을 쑤면 아이가 죽는다는 속신이 가장 많다. 이 같은 속신은 경북 달성 옥포, 경기 수원 팔달, 안산 대부, 전북 진안 부귀, 충북 청주 상당, 충남 서산 해미, 충남 공주 우성 등이다. 아이들에게 안 좋다는 속신은 경기 시흥 신현, 안성 금광, 충남 서산 해미, 충북 충주 안림 등이다. 이 밖의 속신으로는 강원 정선 정선에서는 애동지에 팥죽을 쑤면 팥 흉작이 든다고 여기며,[250] 홍천 화촌에서는 애동지를 아이와 비유하면 유아기에 해당돼 아무것도 못 이루기에 팥죽을 쑤지 않는다.[251] 이를 통해 '애동지'의 떡 하는 풍속이 죽음을 두려움으로 여기는 무속 신앙과 관계되며, 음력 11월 초순을 남의 동지로 여긴다는 점에서 동지의 기념이 새해와 관련됨을 살피게 한다. 이는 음력 11월 초순에 동지가 위치할 경우 태양의 공전에 의한 자연력의 새해와 음력 새해의 시간차가 큰 데서 비롯된 것으로 풀이된다.

---

248   『경기도 세시풍속』, 광명 학온, p.48. ; 광주 실촌, p.102.
249   『강원도 세시풍속』, 강릉 주문진, p.29.
250   『충청북도 세시풍속』, 충주 안림, p.107.
251   『강원도 세시풍속』, 홍천 화촌, p.511.

III. 지역별 명절의 의례와 절식

1. 설날과 섣달그믐

가. 의례

음력 1월 1일에 기념되는 한국 설날의 의례는 아래 [표]와 같이 구분될 수 있다.

본 연구는 한국의 대표적인 명절인 설날의 차례 의례를 기념일과 기념 시간, 그리고 의례의 형식에 의해 6종류로 나눴다. 먼저 기념일 측면의 구분은 '정월 초하루 형[形態]'과 음력 12월 30일의 '섣달그믐 형', 그리고 12월 30일과 1월 1일 양일에 거쳐 기념 의례를 행하는 '양일 형'으로 나눌 수 있다. 양일 형은 다시 섣달그믐과 설날에 각각 의례를 행하는 '분리형'과 양일에 걸쳐 의례를 행하는 '혼합형'으로 분류할 수 있다. 이처럼 설날 의례 유형이 다양한 것은 섣달그믐 의례(제사)와의 연관성에서 비롯된다. 두 기념일은 앞날과 뒷날로 날짜의 시간이 연결될 뿐만 아니라 차례 기념의 낮(새벽, 아침) 시간과 제사 엄수의 밤(저녁, 자정) 시간이 사실상 12시간 이내의 시간 범주에 속하는데서 기인한다고 할 수 있다. 길지 않은 시간에 2개의 의례를 행하는 촉박함과 번거로움, 그리고 제례용품 준비의 (경제적) 부담 등이 작용했을 것이기 때문이다. 이는 경기도 화천 상서에서 그믐 차례를 그믐 아침에 지내 설날 차례와의 물리적 시간 차이를 길게 하고, 고양 일산에서 그믐 자정에 지내던 설 차례가 귀찮아 그믐밤으로 옮긴 것 등에서 뒷받침된다.

먼저, 정월 초하루 형은 섣달그믐 의례 없이 설날 차례만을 행하는 형태로 전국 대부분의 지역에서 출현하는 가장 일반적인 의례다. 한 예로 태백 삼수에서는 해가 밝으면 조상이 차례상을 안 받아 준다고 여겨 설 차례를 새벽 5~6시께에 지낸다.[252] 섣달그믐 형은 섣달그믐 의례와 설날 차례를 섣달그믐 날로 통합해 지내는 의례다. 경남 통영 산양, 전남 여수 돌산, 완도 고금 등에서 나타난다.

다음으로 양일형 중 '분리형'은 섣달그믐 차례(제사)와 설날 그믐 차례를 각기 별개로 지내는 의례로 경남 사천 서포는 예전에 이 의례를 지냈으며,[253] 이밖에 남해 삼동을 비롯, 전북 무주 무주, 완주 고산, 충남 보령 오천 등에서 출현한다. '혼합형'은 섣달그믐 의례와 설날 의례가 하나로 혼합돼 나타난 유형으로 결합형, 지속형, 교체형으로 세분할 수 있다. 이중 '결합형'은 그믐과 초하루가 만나는 그믐 자정에 의례를 지내, 그믐 의례와 설날 차례를 한번으로 결합해 지내는 형태로 전북 익산 함라에서 출현한다. 익산 함라에서는 설날 '제사'를 설날 새벽 5~6시경에 지내는데, 이 설 차례를 섣달그믐날 지내기도 한다. 그믐날 자정을 기해 차례를 지내면 설의 첫 시간에 제사를 모신 것이 돼 이튿날 다시 차례를 모시지 않는다.[254] '지속형'은 그믐날 저녁이나 밤에 의례 음식을 차리고 다음날인 정월 초하루에 의례를 행하거나 철상하는 형태로 전남 곡성 곡성, 장성 장성읍 유탕리, 해남 송지에서 출

---

252 『강원도 세시풍속』, 태백 삼수, p.207.
253 『경상남도 세시풍속』, 사천 서포, p.202.
254 『전라북도 세시풍속』, 익산 함라, p.141, p.160.

현한다. 해남 송지에서는 설날 차례상을 섣달그믐날 밤부터 차려 놓고 설날 아침 일찍 차례를 모시며, 주부들은 가족을 위한 한 해의 비손(안택)을 행한다.[255] '교체형'은 그믐날 의례 음식을 차리고 초하루에 이들 음식 중 일부를 교체해 설날 의례를 행하는 형태로 전남 담양 월산에서 나타난다. 담양 월산에서는 섣달그믐날 밤 11~12시 사이에 메와 여러 제물을 차려 제사를 지내며, 이 제물을 그대로 놓아두었다가 아침에 메만 치우고 떡국을 올린 다음 설 차례를 지낸다.[256]

다음으로 설날 의례의 기념 시간과 관련, 설날 차례는 대체로 설날 새벽에서 오전 시간이 대부분을 차지하지만 지역과 집안에 따라 달라 아래 [표]에서 나타나듯, 크게 5가지 시간대로 구분된다. 일부 지역과 집안에서는 설날 밤이나 설날 전날인 섣달그믐 밤 또는 자정 무렵에 지내지기도 한다. 예컨대 전남 진도 의신에서는 그믐날부터 설 차례를 준비해 설날 밤에 차례를 모신다. 이 지역에서는 설과 보름에는 밤중에 차례상을 차리고 백중과 추석에는 새벽에 차리는 풍속이 있다.[257] 또한 충남 홍천 서석과 경기 옹진 백령도에서는 각각 새벽 1시와 2시에 차례를 지낸다. 영암 삼호에서는 설 차례를 그믐 밤 12시 이전에 지낸다.[258] 완도 고금 또한 이웃 마을의 경우 초하루 새벽에 차례를 모시는 반면, 이 마을에서는 그믐밤 10시 이전에 설 차례를 지낸다. 경남 사천 동서의 경우 설날 차례를 그믐과 설 중 하루만 지내거나 예전

---

255 『전라남도 세시풍속』, 해남 송지, p.858.
256 『전라남도 세시풍속』, 담양 월산, p.427.
257 『전라남도 세시풍속』, 진도 의신, p.761.
258 『전라남도 세시풍속』, 영암 삼호, p.650.

에는 그믐을 더 중시했으며,[259] 통영 산양은 설날 차례를 섣달그믐날 제사로 대신한다.[260] 이들 지역은 의례 기념 시간상 분명한 그믐 차례에 속한다. 하지만 이 지역에서는 그믐 차례를 지내지 않아 이처럼 그믐에 설날 차례를 기념하고 있다.

이밖에 설날 차례를 새벽과 아침, 오전 등이라는 비교적 넓은 개념의 시간대 지칭과는 달리 특정한 시각에 의례를 기념하는 지역도 출현한다. 순창 팔덕은 해 뜰 무렵에, 경기 가평 북면과 연천 연천, 무안 해제는 동틀 무렵에, 그리고 익산 웅포는 날이 새면 의례를 지낸다. 또한 해남 산이, 남원 대강, 고흥 대서, 곡성 석곡, 구례 산동과 문척 등은 해뜨기 전에 의례를 마친다. 이같은 동틀 무렵과 연계돼 행해지는 의례는 태양숭배 및 무속 신앙과의 연관성을 살피게 한다.

그믐 의례의 기념 시간 역시 다양하다. 강원도 화천 상서는 옛날 떡국을 올려 '섣달 차례'를 그믐날 아침에 올렸다.[261] 그믐날 낮 12시 무렵까지 그믐 의례를 지내는 지역은 전북 완주 상관, 의령 부림이며, 그믐날 저녁 또는 밤에 차례를 모시는 지역은 전북 부안 상서, 완도 고금, 고흥 도양 등이다. 이밖에 그믐 자정께 의례를 행하는 지역은 충남 보령 오천, 전북 완주 고산, 부안 부안 등이다. 이를 통해 의례의 기념과 형태가 다양하게 출현하는 지역은 전남, 전북, 충남 등 한반도 중남부의 서부권에 집중됨을 살필 수 있다.

259 『경상남도 세시풍속』, 사천 서포, p.202, p.216.
260 『경상남도 세시풍속』, 통영 산양, p.389.
261 『강원도 세시풍속』, 화천 상서, p.526.

[표5] 설날 및 섣달그믐 의례의 유형과 출현 지역

구분	의례 유형			출현 지역
기념일	정월 초하루형			아래 표 부분의 의례 유형에 속하는 지역을 제외한 대부분 지역
	섣달그믐형			통영 산양, 여수 돌산, 여수 호명, 여수 화양, 고흥 도화, 완도 군내, 완도 완도 장좌, 완도 고금, 장흥 회진, 진도 의신, 화순 화순
	양일형	분리형		사천 서포, 사천 곤양, 통영 용남, 남해 삼동, 남해 남면, 의령 부림, 영암 삼호, 무주 무주, 부안 부안, 완주 고산, 완주 상관, 완주 고산, 보령 오천
		혼합형	결합형	익산 함라
			지속형	곡성 곡성, 장성 장성 유탕, 해남 송지
			교체형	담양 월산
기념시간	그믐 아침까지			화천 상서
	그믐 낮 12시께까지			완주 상관, 의령 부림
	그믐 저녁 또는 밤			부안 상서, 해남 송지, 진도 의신, 장흥 회진, 장성 유탕, 완도 고금, 완도 완도, 완도 군내, 영암 삼호, 담양 월산, 곡성 곡성, 고흥 도화, 고흥 도양, 여수 화양, 여수 호명, 여수 돌산
	그믐 자정께			보령 오천, 완주 고산, 부안 부안, 익산 함라
	그믐밤 12시 이후			정읍 신태인[262]

* 출전: 〈국립문화재연구소, 『세시풍속』〉 지역 편

---

262 『전라북도 세시풍속』, 정읍 신태인, p.253. -시간상 설날 의례를 이른 새벽(그믐 자정 직후)과 아침에 2차례 지낸다. 그런데 설날 차례를 2번 지내는 이유도 나타나지 않고 또 그럴 필요도 없으며 전북의 몇몇 지역에서 그믐 차례를 그믐 자정께 지내는 것으로 나타난다. 따라서 첫 번째인 그믐 자정 이후의 의례는 관념상의 그믐 의례로 여겨진다. 이 의례를 그믐 의례에 포함했다.

다음으로 설날과 그믐 의례는 의례의 형식이 기제사처럼 지방(紙榜)까지 마련해 지내는 제사 형식과 제례의 절차를 따르되 지방을 쓰지 않고 술을 한번만 올리는 등의 방식으로 간소화한 제례 형식의 차례가 있다. 지방을 마련해 의례를 행하는 지역은 대부분 강원도에서 나타난다. 해당 지역은 강원도의 동해 망상, 삼척 원남, 태백 상사미, 양양 강현, 영월 남면, 인제 기린이며, 경남 거창 가조와 경기 화성 향남에서도 설날 의례에 지방을 쓴다. 특히 화성 향남은 정월 초하루에 4대조까지 차례를 모시며 예전에는 신주를 모시고 지냈지만 지금은 지방을 써서 차례를 지낸다.[263]

이와 함께 차례의 형식은 의례를 행하면서 차례상만 마련하는 '단독형'과 성줏상 등을 추가적으로 마련해 차례상과 함께 같은 공간에 마련하거나 별도의 공간에 차리는 민간신앙 가미형의 '복합형'으로 나눌 수 있다. 한국 명절 의례에서 복합형의 차례는 출현 지역의 다소의 차이는 있지만 광범위하게 출현한다.

앞서 살폈듯 '성주'는 전통 시기[264] 한국인이 숭배한 집안의 신(神) 중에서 최고의 신으로 집안의 제일 어른이나,[265] 조상보다 위에 있는 신으로 간주했다. 장수 장계에서는 인간이 나기 이전에 집이 있었으니 집의 주인인 성주이고, 따라서 조상보다 어른이라 생각한다.[266] 또한 성주는 집의 신령으로 삼

---

263 『경기도 세시풍속』, 화성 향남, p.718.
264 전통(傳統, tradition)이란 바람직한 사상이나 문화현상, 행위 등이 계통을 이루어 현재까지 전해진 것을 말한다. 본 고의 '전통 시기'란 개화와 일제강점기 등과 같은 급격한 외래문화에 의해 한국 고유의 명절과 음식 문화 등이 훼손되기 이전의 시기나 큰 영향을 받지 않고 유지, 계승된 시기까지를 의미한다. 따라서 농어촌과 산간 지역 및 집안에 따라서는 1970년대 이전까지로도 볼 수 있다.
265 『충청남도 세시풍속』, 홍성 은하, p.683.
266 『전라북도 세시풍속』, 장수 장계, p.536.

신이 어머니를 상징한다면, 성주는 아버지를 상징한다고 여긴다.[267] 이처럼 성주를 모시는 것은 성주에게 한 해 동안 가족의 건강과 농사의 풍년을 기원하고,[268] 성주를 잘 달래야만 한 해 동안 집안에 탈이 없다고 생각했기 때문이다.[269] 성줏상 차리기 풍속은 강원, 경기, 충북 등의 경우 출현 비율이 낮으며, 충남, 전북, 전남 지역은 거의 대부분의 지역에서 등장한다.

강원 홍천 서석에서는 차례 후 조왕이나 성주에게 음식을 올리는 풍속이 예전에 있었으며, 경기 김포 대곶, 평택 팽성과 충북 보은 보은에서도 음식을 올린다. 충남 공주 사곡에서는 성주를 모신 다음에야 비로소 차례상을 차리며, 차례상에는 떡국을 올리기 때문에 메는 따로 진설하지 않는다.[270] 논산 광석, 논산 상월, 보령 천북, 보령 웅천, 보령 오천, 아산 송악, 금산 군북, 금산 제원, 부여 부여 등에서도 성줏상을 차리며, 이중 보령 천북에서는 명절 외에 일반 기제사에서는 성줏상을 차리지 않고,[271] 보령 오천에서는 차례상을 차릴 때는 성주(안방 웃목), 장광(터주), 마루(수부 즉, 잡신을 위한 것)에도 떡국과 나물을 떠놓는다.[272]

전북지방 역시 대다수 지역에서 성줏상 풍속이 등장해 익산 함라, 전주 완산 효자, 무주 적상, 임실 임실, 장수 장계, 장수 계북 등 광범위하게 나타난다. 이들 중 전주 완산 효자 등에서는 차례상을 차리기 전에 성줏상을 먼저

267 『전라북도 세시풍속』, 장수 계북, p.558.
268 『경상남도 세시풍속』, 함안 여항, p.781.
269 『전라남도 세시풍속』, 보성 득량, p.538.
270 『충청남도 세시풍속』, 공주 사곡, p.12.
271 『충청남도 세시풍속』, 보령 천북, p.88.
272 『충청남도 세시풍속』, 보령 오천, p.116.

차리며,[273] 임실 임실에서는 성줏상→ 삼신상→ 차례상 순으로 차린다.[274] 전남에서도 광범위하게 나타나 나주 왕곡에서는 설날 새벽에 차례상(선영상)과 성줏상 2개를 차리며,[275] 담양 무정에서는 설에 제일 먼저 성줏상을 차린다. 무안 해제에서는 성줏상을 앞에서 봤을 때 차례상의 좌측 옆에 차리며, 이를 '안상'이라고도 부른다.[276] 보성 득량에서는 성줏상을 '성주 밥(메) 준다'고 하며, 많은 음식을 차리지 않고 간단하게 떡국, 술, 과일 등만을 올린다. 간단한 성줏상 차리기는 많은 지역에서 공통적으로 나타난다.

이처럼 성줏상을 먼저 차리는 이유에 대해 진도 의신과 화순 화순에서는 각각 성주가 가장 웃어른이고 높은 신령이기 때문이다. 이런 이유로 화순 화순에서는 성줏상을 차례상 오른편에 놓고 음식도 차례상과 같이 올린다.[277] 화순 춘양에서는 성줏상을 서쪽에 차린다. 경북도 여러 지역에서 성줏상 차리기가 출현한다. 경북 경산에서는 차례를 지낸 후에 성줏상을 차렸으나 지금은 하지 않고 있으며,[278] 구미 옥성의 경우 성주 모신 집은 섣달그믐 저녁에 성주 앞에 떡국을 미리 올린다.[279] 안동 임하에서는 설 아침에 집안의 가장이 성주에게 밥(메), 무나물, 과일, 떡을 올려 성주고사를 지내며, 이 고사는 설, 정월 대보름, 추석 등 1년에 세 차례 올린다.[280] 칠곡 칠곡에서는 성

---

273 『전라북도 세시풍속』, 전주 완산 효자, p.182.
274 『전라북도 세시풍속』, 임실 임실, p.497.
275 『전라남도 세시풍속』, 나주 왕곡, p.78.
276 『전라남도 세시풍속』, 무안 해제, p.456.
277 『전라남도 세시풍속』, 화순 화순, pp.871~872.
278 『경상북도 세시풍속』, 경산 자인, p.28.
279 『경상북도 세시풍속』, 구미 옥성, p.115.
280 『경상북도 세시풍속』, 안동 임하, p.264.

주에게는 제사가 끝난 다음에 올린다.[281] 경남의 경우 통영 산양에서는 설 차례를 섣달그믐 차례로 대체하고 설날 아침에는 성주 앞에 간단한 상만 차린다. 이밖에 하동 옥종, 함안 여항, 진해 죽곡, 고성 동해 등에서도 성줏상 차리기가 행해진다.

이를 통해 설날과 섣달그믐의 성줏상 차리기는 충남, 전북, 전남 지역에서 광범위하게 출현하고 그 중요도가 높음을 살필 수 있다. 이는 한반도 중부 이남의 서반부와 동반부의 설날 풍속 차이를 보여주는 중요한 세시풍속이자, 설날 의례의 풍속 유래와 변화를 살필 수 있는 좋은 소재라고 할 수 있다.[282]

이밖에 설날은 의례적 측면에서 설날 기념의 또 다른 요소인 세배와 성묘의 관계성에 따른 분류도 가능하다. 이 구분은 의례와 성묘를 세배 전에 행하느냐 또는 후에 행하느냐에 따라 세배 후 의례 행하기, 의례 후 세배 드리기, 그리고 의례와 성묘를 모두 마친 후 세배하기의 3가지 형태로 크게 나눌 수 있다. 이 같은 차이는 의례와 세배, 성묘 모두가 부모와 조상 존중 또는 숭배에 기반하는 신년 하례와 신고 의식으로 대표되지만 이들 중 누구에게 먼저 이를 행하냐의 의미 부여로 요약된다고 할 수 있다. 차례에 앞서 세배를 먼저 하는 지역이나 집안에서는 살아있는 부모를 우선으로 여긴다. 반면 차례를 먼저 올리는 곳에서는 계선 상 윗대에 속하는 죽은 조상이 먼저라는 인식과 가치를 깔고 있다고 할 수 있다. 때문에 죽은 조상에게 의례를 행하

---

281 『경상북도 세시풍속』, 칠곡 칠곡, p.869.
282 하지만 애동지에 나타나는 성줏상 차리기 등의 민간신앙 의례는 경남, 전북, 충청도, 경북 순으로 높게 나타난다. 〈표18참조〉

는 차례를 세배에 앞서 행하는 것이다. 이 같은 의미 부여와 가치는 집안과 지역에 따라 달리 나타나지만 한국의 설날에서 가장 많이 출현하는 세배와 차례의 순서는 차례 다음의 세배다. 다음이 살아있는 부모 우선의 차례 전 세배 형태이고, '성묘 후 세배'다. 성묘 후 세배는 죽은 조상 먼저의 '차례 후 세배' 연장선에 있다고 할 수 있다.

먼저 차례 전 세배는 경남과 경북, 전남, 전북 및 충남과 충북에서 출현한다. 특히 경남과 경북에서 출현 지역이 많아 경남의 경우 하동 옥종과 양보, 함안 칠북과 가야 및 여항, 거창 주상, 산청 단성 등이며, 경북은 문경 문경과 동로, 상주 사벌, 영양 석보, 청도 풍각 등이다. 전남은 영광 묘량과 백수, 함평 나산 등이며, 전북은 군산 웅포, 고창 성송, 부안 상서, 장수 천천 등에서 차례 전 세배를 웃어른께 올린다. 또한 충남 연기 전의와 충북 청주 홍덕 등에서도 출현한다. 이들 중 경북 의성 점곡을 비롯,[283] 충북 옥천 이원과 장성 삼계, 고창 성송에서는 차례 전 세배를 올리는 이유는 산 사람이 죽은 조상보다 우선이기 때문이다.[284] 전남 영암 삼호에서는 일어난 후 바로 세배 먼저 드리며,[285] 밀양 단장에서는 차례 후 웃어른께 세배를 올리지만 가정에 따라서는 차례 전 세배를 올리기도 한다.[286]

다음으로 성묘 후 세배를 올리는 지역은 경기, 전남, 충남이 다수를 차지한다. 경기지방은 수원 권선, 안산 신길, 화성 송산, 안양 동안, 평택 이충, 옹진 덕적도 등이며, 전남은 나주 동강, 목포 삼향, 보성 벌교, 진도 조도, 해남

283　『경상북도 세시풍속』, 의성 점곡, p.761.
284　『전라북도 세시풍속』, 고창 성송, p.291.
285　『전라남도 세시풍속』, 영암 삼호, p.650.
286　『경상남도 세시풍속』, 밀양 단장, p.165.

산이와 송지 등이다. 또한 충남은 공주 사곡, 서산 부석, 아산 영인, 청양 정산 등이며, 경남과 충북 지역은 사천 곤양과 청원 미원이다. 함평 학교에서는 죽은 조상이 살아있는 부모보다 먼저이기 때문에 차례를 지낸 후에 부모에게 세배를 드린다.[287]

이를 통해 차례 전 세배를 행하는 지역의 상당수가 산간이나 해안지역과 관련되며 차례 전 세배가 등장하지 않은 경기도의 경우 성묘 후 세배의 형태로 다수 지역에서 출현함을 살필 수 있다. 또한 차례 전 세배는 대체로 경상도 지역이 중심이 되고, 성묘 후 세배는 경기 지역에 집중됨을 보여준다. 이는 성묘 또한 죽은 조상에 대한 의례로 차례와 그 성격이 유사해 넓은 의미의 차례 후 세배에 포함되고, 차례 전 세배를 행하는 50여 지역과 성묘 후 세배를 하는 30여 지역을 제외한 대부분의 지역은 차례 후 세배 지역이기 때문이다. 따라서 한국의 세배 풍속은 차례 전 세배를 행하는 산 사람 먼저의 부모 우선권 세배 지역과 죽은 조상이 먼저인 조상숭배 또는 조상 우선권의 세배 지역으로 대별할 수 있다고 할 것이다. 이에 따른 한국의 설날 세배권은 경상도 중심의 해안, 산간 지역의 '부모 우선권역'과 경기도 중심의 내륙 평야지대의 '조상 우선권역(숭배권역)'으로 2대별이 가능하다 할 수 있다. 차례, 성묘, 세배의 선후 관계 출현 지역은 아래의 [표]와 같다.

---

287 『전라남도 세시풍속』, 함평 학교, p.808.

[표6] 지역별 차례, 성묘, 세배의 선후 관계

지역	차례 전 세배 출현 지역	지역	성묘 후 세배 출현 지역
경남	하동 옥종과 양보, 함안 칠북과 가야 및 여항, 김해 주촌 및 한림과 생림, 밀양 단장(혼재), 거창 주상, 산청 단성, 함양 함양, 합천 합천과 대양 및 가야	강원	홍천 화촌
경북	문경 문경과 동로, 상주 사벌, 군위 군위와 효령, 영양 석보, 의성 점곡, 청도 풍각, 칠곡 칠곡과 북삼 및 왜관, 달성 유가와 하빈 및 옥포	경기	수원 권선, 시흥 신현, 안산 신길, 안성 금광, 화성 송산, 김포 고촌과 통진, 오산 오산, 안양 동안, 평택 이충, 강화 강화와 내가, 옹진 덕적도
전남	영광 묘량과 백수, 영암 덕진과 삼호, 장성 삼계, 함평 나산	경남	사천 곤양
전북	군산 웅포, 전주 완산, 고창 성송, 부안 상서, 순창 금과, 임실 임실, 장수 천천, 장수 장계	전남	나주 동강, 목포 삼향, 순천 서면과 낙안, 강진 강진과 병영, 보성 벌교, 장성 장성, 진도 조도, 해남 산이와 송지
충남	금산 복수와 제원, 연기 전의	충남	공주 사곡, 서산 부석, 아산 영인, 청양 정산, 태안 태안
충북	청주 흥덕, 옥천 이원	충북	청원 미원

* 출전: 〈국립문화재연구소, 『세시풍속』〉 지역 편 9편에 출현한 차례, 세배, 성묘를 추출해 작성함.

다음으로 한국의 설날 의례는 의례에 대표 절식으로 마련되는 주식이 무엇이냐에 의해서도 구분된다. 설날에 나타난 주식류 절식은 크게 3종류로 떡국, 메(밥), 만둣국이다. 이들 주식류는 지역과 가정에 따라 단독으로 차려지거나 2~3개가 함께 오르기도 하며, 지역에 따라서는 의례가 출현하지 않아 주식류 절식마저도 나타나지 않는다. 한국의 설 명절 의례는 떡국차례, 떡국차사 등으로 설날의 절식인 떡국의 이름을 본 따서 명명된 것에서 나타나듯, 떡국은 한국 설날을 대표하는 절식이다.

다음으로 메(밥)는 한국인이 매 끼니 주식으로 먹는 멥쌀로 지은 밥이라고 할 수 있다. 하지만 의례의 음식으로 진설됐을 때는 이를 '메'라 일컫는다. 전통 시기 메는 『동의보감(東醫寶鑑)』(1610년)에 '갱미(粳米)- 됴흔니쌀'로 나타나듯, 도정 상태가 가장 뛰어난 최고 품질의 쌀로[288] 지은 밥이었다. 한국인들은 자포니카(Japonica) 타입의 이 쌀로 밥(메)을 지어 제례 등에 올렸다. 메는 많은 한국 방언에서 어두에 'ㅁ'음을 간직하고 있고, 또한 벼의 자생지이자 초기 재배지이기도 한 중국 동남방 지역에서 쌀을 '미(mi)'나 메(me)'로 칭하는 것을 볼 때, '메'는 산(山)을 의미하는 '뫼'가 아닌 전래 시기부터 불린 음가로 여겨지고 있다.[289]

설 의례를 대표하는 또 다른 절식인 '만둣국'은 만두를 넣고 끓인 국을 말한다. 만두는 주로 두부, 김치, 돼지고기 등을 잘게 썰어 소를 만든 다음, 밀가루나 메밀가루 등으로 만든 피에 담아 만든 음식이다. 주로 한반도 중부이북 지역에서 설 명절의 주요 음식으로 사용됐다. 이밖에 혼합형은 이상의 주식류 절식들이 지역 내의 집안에 따라 달리 나타나거나 섞여서 출현하는 형태다. 한 예로 떡국과 메가 동시에 출현하거나 떡국에 만두를 넣은 형

---

288 김용갑(2017a), 앞의 논문, p.44.
289 김용갑(2017a), 앞의 논문, p.46.

태 등이 이에 속한다.

절식의 출현 지역과 지역별 대표 절식에 대해서는 다음 절의 '지역별 절식'에서 자세히 살피고자 한다.

한국의 설날 의례는 이처럼 시기적으로는 음력 12월 30일인 섣달그믐부터 음력 1월 1일인 정월 초하루에 걸쳐 행해졌으며, 그 형식은 기제사와 같거나 간단한 제례 형태인 차례 혹은 민간신앙 의례가 함께 행해진 의례였다. 또한 의례를 대표하는 주식류 절식으로 떡국이나 메(밥), 만둣국, 그리고 이들이 섞인 형태가 올려졌다. 이 같은 한국 설 의례의 형식과 절식의 차이는 기본적으로 산출 곡물 등에 의한 영향으로 여겨지지만 그믐 의례 형태 및 성줏상 차리기 등에서 나타나듯, 지역적 차이도 분명함을 보여준다.

나. 지역별 절식

한국의 설날은 기념 의례적 측면에서 음력 12월 30일인 섣달그믐과 연계되는 경우가 많다. 많은 지역과 가정에서 섣달그믐날부터 새해맞이 준비를 하는 것은 물론, 일부에서는 기념 의례인 차례를 위한 음식을 이날 차려 다음날인 설날에 차례를 지내거나, 그믐날 차린 음식 중 주식인 떡국이나 밥(메)만을 교체하고 그 음식으로 설날에 차례를 지내기 때문이다. 심지어 일부에서는 설날 차례를 아예, 그믐날 지내기도 한다. 〈표5]참조〉 따라서 한국 설날 명절의 절식은 단오나 추석, 동지와는 달리 섣달그믐날의 절식과 연관돼 살피는 게 필요하다. 물론, 다수의 지역과 집안에서는 섣달그믐 의례를 지내지 않거나 설날 의례(차례)와 그믐 제사(차례·의례)를 분리해 별개로 각각 기념한다. 그럼에도 설날과 섣달그믐이 시간적으로 연계돼 있고 명절의 준비는 대개의 경우 전날부터 이뤄진다는 점에서 시간상 연결선상에 있으며, 실제로 연결된 의례로 기념되는 경우가 많은 점을 고려해 설날 의례와 섣달그믐 의례 및 이에 따른 절식을 설날 명절에 포함해 지역별로 다루고자 한다.

1) 강원도

강원도의 그믐 의례 주식류(절식)는 만둣국 또는 만두나 떡국에 만두가 포함된 음식이다. 전체 54개 지역 중 35곳(65%)에서 그믐 의례가 나타났으며, 이 같은 출현 비율은 전국 최고 수치다. 그믐 의례의 주식은 '만둣국 또는 만두' 등을 비롯한 여러 절식이 혼재[290]해 출현한 지역이 16곳, '만두+떡국'이 8곳, 떡국이 5곳이다. '만둣국 또는 만두'는 강릉 왕산, 동해 묵호, 속초 대포, 태백 상사미, 영월 남면, 평창 평창 등에서 출현했으며, 태백 상사미는 섣달그믐 제사에 예전에는 수수가루를 반죽해 지져서 만든 수수노치를 만둣국에 잘라 넣었다.[291] 요즘은 수수가 귀해 찹쌀로 노치를 만들어 넣는다. 태백 삼수는 그믐 차례를 '저세'라고도 하며, 만둣국 또는 만두 절식과 함께 백설기떡을 만든다.[292] '만두+떡국'이 출현한 지역은 동해 망상을 비롯, 삼척 미로, 태백 구문소, 철원 서면, 평창 봉평, 횡성 우천 등이다. 평창 봉평은 그

---

290 '혼재'는 설날 주식류 절식으로 떡국, 만둣국, 만두+떡국, 만두, 메(밥) 등이 조사 지역 내의 집안에 따라, 또는 한 집안에서 2가지 이상 출현함을 의미한다.
291 『강원도 세시풍속』, 태백 상사미, p.230.
292 『강원도 세시풍속』, 태백 삼수, p.218.

믐차사의 음식을 설 차사 음식과 같게 차리며,[293] 철원 서면은 섣달그믐을 작은 명일로 여긴다.[294] 떡국이 차려지는 지역은 횡성 강림, 화천 상서, 삼척 원덕 등이며, 화천 상서는 과거에 설음식과 같게 차려 섣달 차례를 지냈으나 지금은 지내지 않는다.[295]

다음으로, 강원 지역의 설날 의례의 절식 또는 주식류 절식은 떡국과 밥 (메)이다. 전체 54개 조사 지역 중 53곳에서 설날 의례가 행해졌으며, 이들 모든 지역에서 밥(메), 떡국을 비롯해 만둣국, 만두 등이 마련됐다. 밥(메)이 출현한 지역은 동해 삼화, 삼척 근덕, 원주 신림, 태백 구문소, 인제 기린, 평창 서석, 횡성 강림 등 24개 지역이다. 떡국은 양양 서면, 인제 인제읍 기아2리 등 6곳이며, '떡국+만두'는 화천 하천을 비롯해 철원 서면, 춘천 동산 등 5곳에서 출현했다. 밥(메) 차례를 지내는 동해 망상에서는 제물을 일반제사와 같이 마련하며,[296] 춘천 동내, 원주 부론에서는 만두를 먹어야 한 살 더 먹는다고 여길 정도로 만두는 중요한 음식이다.[297] 춘천 서면에서는 설날에 소나 개 등 가축에게도 한 살 더 먹는다는 의미로 만두를 줬다.[298] 영월 영월 홍월리에서는 떡국과 만둣국을 먹어야 한 살 더 먹는다고 여긴다.[299] 홍천 화촌에서는 새해 인사가 '만두 얼마나 잡수셨느냐'일 정도로 만두는 설날의 절식이다.[300]

293 『강원도 세시풍속』, 평창 봉평, p.453.
294 『강원도 세시풍속』, 철원 서면, p.426.
295 『강원도 세시풍속』, 화천 상서, p.526.
296 『강원도 세시풍속』, 동해 망상, p.39.
297 『강원도 세시풍속』, 원주 부론, p.106.
298 『강원도 세시풍속』, 춘천 서면, p.164.
299 『강원도 세시풍속』, 영월 영월 홍월리, p.308.
300 『강원도 세시풍속』, 홍천 화촌, p.500.

강원도 지역의 설날과 그믐의 주요 절식인 만두는 밀가루는 물론 메밀가루로도 만들어졌다. 횡성 우천에서는 예전에 만두피를 메밀가루로 만들었으며, 60년대까지는 소로 꿩고기를 사용했으며 지금은 김치, 돼지고기 등을 사용한다.[301] 인제 인제읍 귀둔에서도 밀가루가 귀해 메밀가루로 빚었다. 강릉 왕산은 만두를 '가득할 만(滿), 이듬해 머리 두(頭)'라 믿고 있으며,[302] 동해 묵호는 만둣국에 국수를 넣기도 한다.[303] 태백 삼수와 구문소, 상사미에서는 만둣국에 노치를 잘라 넣으며, 동해 묵호와 삼화에서는 만둣국에 떡가래를 넣는다. 만두의 소는 주로 김치, 두부, 닭, 소, 돼지, 꿩고기 등이다. 양구 남면에서는 만두소로 무, 잡채[304], 김치, 소고기나 돼지고기를 넣었으며,[305] 양양 강현에서는 소고기, 두부, 김치를, 철원 철원에서는 김치, 두부, 고기, 숙주나물을, 삼척 근덕에서는 소고기, 돼지고기, 김치, 잡채 등을 넣었다.[306] 특이하게 삼화에서는 만두 속에 복이 온다고 동전 하나를 넣기도 한다.[307] 이를 통해 강원 지역의 설날과 그믐의 주식류 절식은 떡국과 만둣국임을 살필 수 있으며, 만두에는 주로 김치와 두부, 돼지고기 등이 들어감을 보여준다.

---

301 『강원도 세시풍속』, 횡성 우천, p.578.
302 『강원도 세시풍속』, 강릉 왕산, p.21.
303 『강원도 세시풍속』, 동해 묵호, p.51.
304 자료의 정확한 전달 차원에서 『세시풍속』에 나타난 어휘를 그대로 사용했다. 하지만 이는 음식 명칭인 '잡채'가 아닌 '당면'을 의미한다. 따라서 본 논문의 만두소로 사용된 잡채는 당면을 지칭한다. "잡채의 '잡(雜)'은 '섞는다'는 뜻이고 '채(菜)'는 '나물이나 채소'를 지칭"하며, 1670년 『음식디미방』에서부터 음식 명칭으로 등장한다. -이경애(2013), 「1600년대~1960년대 조리서에 수록된 잡채의 문헌고찰」, 『한국식품조리과학회지』29-4, pp.377~378.
305 『강원도 세시풍속』, 양구 남면, p.262.
306 『강원도 세시풍속』, 삼척 근덕, p.74.
307 『강원도 세시풍속』, 동해 삼화, p.58.

다음으로 설날과 그믐에 떡이 출현한 지역은 각각 21개 지역과 5개 지역으로 떡 출현 횟수는 31회와 8회였다. 설날 출현한 떡의 종류(명칭)[308]는 시루떡, 찰떡, 인절미, 절편, 송편, 기정떡 등 모두 11종류로 절편의 출현 빈도가 6회로 가장 높았으며, 찰떡, 송편, 절떡(절편), 부침개 등이 다수를 차지했다. 떡이 출현한 지역은 절편의 경우 태백 구문소, 인제 기린, 정선 북면 등이며, 찰떡은 속초 도문, 원주 신림 등이다. 강원 지역에서는 특이하게 단오에 절식으로 빚어지는 취떡이 인제 인제읍 귀둔과 기린면에서 나타난다.[309] 또한 이 지역의 특이한 떡류는 노치다. 노치는 수수가루 등을 반죽해 만든 일종의 부침개로 예전 태백 등지에서 빚었으며, 떡국의 떡 건더기를 대신해 노치를 잘라 만둣국에 넣는다.[310]

섣달그믐날 출현한 떡의 종류는 절편이 가장 많은 3회, 노치가 2회, 그리고 찰떡, 인절미, 백설기 등이었다. 떡이 출현한 지역은 절편과 찰떡의 경우 평창 봉평에서, 절편과 인절미는 철원 서면에서 나타난다.[311] 이상을 통해 강원 지역의 설날과 섣달그믐날의 떡류 절식은 절편과 찰떡, 인절미 등임을 살필 수 있다.

308　본 연구에서 '떡의 종류'는 떡의 명칭을 의미한다.
309　『강원도 세시풍속』, 인제 기린, p.356.
310　『강원도 세시풍속』, 태백 구문소, p.205.
311　『강원도 세시풍속』, 철원 서면, p.426.

2) 경기도

경기도 지역 그믐 의례의 주식류 절식은 『세시풍속』 조사서에는 나타나지 않는다. 김포 대곶과 고촌, 그리고 옹진 영흥에서 그믐고사나 안택고사 등을 지내며 이때 떡을 마련한다.

경기 지역 설날 의례의 절식은 떡국과 만두 섞인 떡국이다. 전체 82개 조사 지역 중 73곳에서 주식류 절식이 나타났으며, 이들 지역에서 떡국을 비롯해 만둣국, 만두 등이 마련됐다. 하지만 강원도와 달리 밥(메)의 출현 지역은 단 1곳(안성 도기1동)에 지나지 않고 떡국이 전체 조사 지역의 절반 이상을 차지해 떡국이 설날을 대표하는 주식류 절식이다. 떡국이 출현한 지역은 남양주 조안, 동두천 동안, 성남 수정, 수원 권선, 안성 죽산, 이천 마장, 가평 북면, 고양 덕양, 김포 고촌, 의정부 호원, 옹진 영흥 등 43개 지역이다. 떡국에 만두가 섞인 지역은 모두 19곳으로 포천 일동 기산리, 부천 원미, 구리 갈매, 광명 학온, 연천 신서, 이천 설성 등이다. 시흥 신현에서는 떡국차례를 지내지만 집안에 따라 밥(메)차례도 지내며 만두는 빚지만 상에는 올리지 않는다.[312] 파주 법원에서도 만두는 식구 음식에만 넣는다.[313] 이처럼 만두를 식구 음식에서만 사용하는 지역이 광명 소하, 광주 중부 등 비교적 여러 지역에서 출현하는 것으로 봐 설날 만두는 타 지역에서 유입된 풍속이거나 오래지 않은 음식 문화인 것으로 여겨진다. 이는 평택 팽성과 이충 및 현덕에서 만두는 최근이자 20~30년 전부터 빚었으며,[314] 오산 갈곶의 경우 옛날 설날에는

---

312 『경기도 세시풍속』, 시흥 신현, p.336.
313 『경기도 세시풍속』, 파주 법원, p.617.
314 『경기도 세시풍속』, 평택 현덕, p.671.

순 떡국만을 올렸으나 외지인이 유입되면서 만두를 빚기 시작했다는 것에서도 뒷받침된다.[315] 수원 팔달은 설날 차례를 떡국차례로 부르며 반드시 떡국을 올린다.[316] 파주 파주에서는 떡국차례를 지내며 이때 나물을 쓰지 않는 풍속이 있으며, 특히 콩나물을 안 쓴다.[317] 여주 점동에서는 떡국 위에 만두를 올리는 집도 있으며,[318] 연천 연천과 신서에서는 설날에 만두 넣은 떡국을 반드시 올린다.[319]

경기 지역의 만두소는 여주 점동의 경우, 김치(짠지)와 두부, 잡채 숙주, 돼지고기, 마늘, 들기름이며,[320] 여주 대신에서는 김치, 두부, 잡채, 돼지고기로 김치만두를 만든다.[321] 여주 대신은 만두를 설날 주류 절식으로 올린다. 이를 통해 경기 지역의 설날의 주식류 절식은 떡국임을 살필 수 있다.

다음으로 설날과 그믐에 떡이 출현한 지역은 각각 21개 지역과 2개 지역이며, 떡 출현 횟수는 26회와 2회였다. 설날 출현한 떡의 종류는 시루떡, 인절미, 흰떡, 부침개, 편, 빈대떡 등으로 모두 10종류이며 인절미의 출현 빈도가 6회로 가장 높았다. 또한 부침개와 편이 각각 4회 나타났다. 떡이 출현한 지역은 인절미의 경우 파주 문산, 양주 회천읍 덕정리, 포천 일동 기산리이며, 부침개는 시흥 도창, 포천 일동 유동리다. 빈대(자)떡은 양주 회천 덕계리와 파주 파주에서 출현하며, 양주 양주에서는 일부에 의해 인절미에 팥을 묻힌

315 『경기도 세시풍속』, 오산 갈곶, p.472.
316 『경기도 세시풍속』, 수원 팔달, p.308.
317 『경기도 세시풍속』, 파주 파주, p.626.
318 『경기도 세시풍속』, 여주 점동, p.839.
319 『경기도 세시풍속』, 연천 신서, p.863.
320 『경기도 세시풍속』, 여주 점동, p.839.
321 『경기도 세시풍속』, 여주 대신, p.823.

'섬떡'이 설날 손님 접대용으로 쓰이기도 한다.[322] 양주 회천에서는 설은 가난한 사람이 서러워 설이라는 말이 있으며, 설날 가난한 사람은 인절미를 만들지 못하고 떡국 등만으로 설을 지냈다.[323] 파주 교하에서는 흰떡을 기본으로 빚고 술떡과 인절미를 만들었으며, 다시마를 길게 채를 쳐서 조상이 설음식을 가져가라고 놓는다.[324] 오산 갈곶에서는 찰떡을 넓적하고 네모나게 만들어 콩고물을 묻힌 편을 올린다.[325]

섣달그믐날 출현한 떡의 종류는 시루떡으로 김포 대곶과 옹진 영흥에서 출현한다.

이상을 통해 경기 지역의 설날과 섣달그믐날의 떡류 절식은 인절미와 시루떡임을 살필 수 있다.

3) 경상남도

경상남도 지역 그믐 의례의 주식류 절식은 밥(메)이다. 전체 66개 조사 지역 중 12개 지역에서 그믐 의례의 절식이 출현했으며, 이들 중 9곳에서 밥(메)을 의례의 주식으로 올렸고 1곳에서는 떡국이 차려졌다. 밥(메)이 오른 지역은 사천 동서, 통영 욕지와 산양, 남해 설천 등 3개 시군이다. 이들 지역은 그믐 의례가 설날과 연계되는 특징을 보인다. 사천의 경우 설날 차례를 그믐과 설 중 하루만 지내거나 예전에는 그믐을 더 중시했으며,[326] 통영 산양은

322 『경기도 세시풍속』, 양주 양주, p.754.
323 『경기도 세시풍속』, 양주 회천, p.762.
324 『경기도 세시풍속』, 파주 교하, p.635.
325 『경기도 세시풍속』, 오산 갈곶, p.472.
326 『경상남도 세시풍속』, 사천 서포, p.202, p.216.

설날 차례를 섣달그믐날 제사로 대신한다. 또한 남해는 그믐제사가 설 제사보다 음식이 더 많다.[327] 이는 이들 지역이 공통적으로 섣달그믐을 중시하며, 의례가 제례에 가까워 밤에 의례를 행하고 이 의례에서는 메를 올린다는 전통에 바탕을 두고 있는 데서 기인한 것으로 풀이된다.

경남 지역 설날 의례의 주식류 절식은 떡국이다. 전체 66개 조사 지역 중 63개 지역에서 주식류가 출현했으며, 이중 41곳에서 떡국을 마련했다. 17개 지역에서는 떡국과 밥(메)을 함께 올리거나 집안에 따라 달리 차렸다. 이 같은 경남의 설날 떡국 절식 출현 비율은 10명당 6명에 해당되는 셈이다. 떡국이 출현한 지역은 거제 거제, 마산 진북, 사천 동서, 통영 용남, 울주 언양, 진해 죽곡, 창원 북면, 창녕 이방, 기장 일광 등이다. 혼재 지역으로 분류된 의령 부림은 집안에 따라 밥(메)제사나 떡국 제사로 나눠지고, 함안 칠북은 메와 떡국을 함께 올린다.[328] 함안 가야는 떡을 올리는 집도 있지만 지금은 밥(메)만 차리고 떡국을 쓰지 않는다.[329]

이를 통해 경남 지역의 설날 의례의 절식은 떡국이며, 집안에 따라 떡국이나 메를 함께 올리거나 밥(메)만 올림을 살필 수 있다.

다음으로 설날과 그믐에 떡이 출현한 지역은 각각 32개 지역과 3개 지역으로 58회와 3회다. 설날 출현한 떡의 종류는 시루떡, 찰떡, 인절미, 절편 등 모두 7종류로 시루떡과 찰떡이 각각 15회로 출현 빈도가 가장 높으며, 절편은 11회 출현했다. 떡이 출현한 지역은 시루떡의 경우 마산 진북, 함안 가야,

---

327 『경상남도 세시풍속』, 남해 삼동, p.537.
328 『경상남도 세시풍속』, 함안 칠북, p.644.
329 『경상남도 세시풍속』, 함안 가야, p.770.

울주 삼남, 김해 주촌, 양산 물금, 고성 동해, 창녕 도천 등이며, 찰떡은 의령 용덕, 진해 운동, 고성 동해, 양상 상북, 거제 거제 등이다. 섣달그믐에 출현한 떡의 명칭은 구체적으로 드러나지 않으며, 출현 지역이 사천, 남해, 통영 등 주로 해안가나 섬 지방이라는 공통점을 지닌다. 김해 주촌에서는 떡국을 끓이기 위해 가래떡을 하는데 장만하지 못하거나 부족할 경우 절편을 썰어 떡국을 끓이기도 한다.[330] 양산 상북은 가래떡 대용인 절편을 많이 만들며,[331] 양산 웅상에서는 다른 제사와 달리 밥(메) 대신 떡국으로 일반 제사와 거의 비슷하게 설 제사를 지낸다.[332] 진해 운동에서는 어촌이라 떡국에 굴, 조개, 생선 등을 넣고 끓이며,[333] 진해 운동2동에서도 떡국에 대합, 홍합, 굴 등 어류를 넣는다.[334] 기장 기장에서도 떡국에 쇠고기를 넣지 않고 도미, 감숭어 등 생선류나 조개, 굴 등의 패류를 넣는다.[335] 고성 하일에서는 경제적으로 어려웠기 때문에 떡국을 올리지 않았으며,[336] 남해 설천에서는 그믐 제사상을 모두 다 치우고 설날 날이 밝기 시작하는 아침에 떡국으로 차례를 지낸다.[337] 남해 남면에서는 정초 차례보다 그믐 제사가 진짜 설제사라고 여겨 크게 차례를 지내고 떡국은 올리지 않으며 메를 중심으로 차례를 지낸다. 또한 설에는 시루떡을 하지 않고 찰떡을 해서 올린다.[338] 함양 서하에서는

---

330 『경상남도 세시풍속』, 김해 주촌, p.57.
331 『경상남도 세시풍속』, 양산 상북, p.247.
332 『경상남도 세시풍속』, 양상 웅상, p.234.
333 『경상남도 세시풍속』, 진해 운동, p.317.
334 『경상남도 세시풍속』, 진해 운동 2동, p.328.
335 『경상남도 세시풍속』, 기장 기장, p.885.
336 『경상남도 세시풍속』, 고성 하일, p.489.
337 『경상남도 세시풍속』, 남해 설천, p.520.
338 『경상남도 세시풍속』, 남해 남면, p.551.

차례를 두 번 지내는데 설 새벽 떡국과 건어물로 떡국차례를 모시고, 이어 설날 아침에 다시 본 차례를 지낸다. 본 차례의 주식은 떡국이다.[339] 합천 합천에서는 집안에 따라 밥(메)이나 떡국을 차례에 놓지만 떡국과 밥(메)을 함께 놓지는 않는다.[340] 합천 가야에서는 제수로 떡국을 먼저 떠 놓고 절을 한번 한 다음 다시 메를 올려놓고 다시 절을 하며 차례를 지낸다.[341]

이상을 통해 경남 지역의 설날과 섣달그믐날의 떡류 절식은 시루떡과 찰떡, 절편임을 살필 수 있다.

4) 경상북도

경상북도 지역 그믐 의례의 주식류 절식은 떡국과 밥(메)이다. 전체 71개 조사 지역 중 주식류 절식이 출현한 곳은 8개 지역이며, 이중 4곳에서 떡국이, 그리고 2곳에서는 밥(메)이 차려졌다. 떡국이 오른 지역은 구미 옥성, 김천 농소, 포항 흥해, 울진 평해이며, 밥(메)이 차려진 지역은 상주 만산과 성주 수륜이다.

경북의 설날 의례의 주식류 절식은 떡국이다. 하지만 떡국과 밥(메)을 함께 올리거나 한 조사 지역에서도 집안에 따라 떡국이나 메를 올리는 등 혼재 지역이 더 많이 출현한다. 따라서 실질적으로 경북의 설날 주식류 절식은 떡국과 함께 밥(메)이라고 할 수 있다. 전체 71개 조사 지역 중 63개 지역에서 주식류가 출현했으며, 이중 20곳에서 설날 떡국을 마련했다. 6개 지역에서

---

339 『경상남도 세시풍속』, 서하 운곡, p.819.
340 『경상남도 세시풍속』, 합천 합천, p.834.
341 『경상남도 세시풍속』, 합천 가야, p.858.

는 밥(메)을 올렸으며, 36곳에서는 떡국과 밥(메)을 함께 올리거나 집안에 따라 달리 차렸다.

떡국이 출현한 지역은 김천 구성, 문경 문경, 안동 서후, 영주 장수, 영천 대상, 고령 우곡, 군위 덕곡, 영덕 홍해, 예천 용문, 청송 파천 등이다. 또한 밥(메)을 올리는 지역은 울진 평해, 봉화 춘양, 영주 풍기, 구미 해평, 영덕 영덕 등이며, 혼재된 지역은 성주 초전, 경산 남천, 구미 형곡2동, 안동 임하, 청송 부동 등이다. 문경 동로, 상주 만산, 안동 임하, 봉화 물야는 혼재된 지역에 속하지만 밥(메)제사가 훨씬 많이 나타난다.[342] 반면 고령 쌍림, 군위 효령, 군위 부계, 성주 월항은 혼재 지역이면서 떡국을 하는 집이 더 많다.[343]

경북 지역의 설날 절식 변천 풍속과 관련, 울릉 북면과 울릉 울릉은 예전은 떡국이었으나 지금은 떡국과 메를 함께 하는 집이 대부분이다.[344] 반면 울진 울진은 예전에는 밥(메)이었으나 지금은 떡국 차리는 풍속으로 바뀌었고, 상주 만산과 칠곡 칠곡은 예전의 경우 떡국이었지만 요즘은 메가 많이 나타난다.[345] 경북의 주식류 절식은 대체로 예전에 떡국인 지역이 밥(메)으로 바뀌는 게 다수 관찰된다.

다음으로 설날과 그믐에 떡이 출현한 지역은 각각 27개 지역과 1개 지역으로 35회와 1회다. 설날 출현한 떡의 종류는 시루떡, 찰떡, 절떡(절편), 부꾸미, 인절미, 편 등 모두 14종류로 다양한 떡이 출현한다. 하지만 타 지역과 달리 주류를 이루는 떡은 발견되지 않는다. 따라서 경북의 설날 대표 떡은

---

342 『경상북도 세시풍속』, 봉화 물야, p.496.
343 『경상북도 세시풍속』, 성주 월항, p.520.
344 『경상북도 세시풍속』, 울릉 북면, p.657.
345 『경상북도 세시풍속』, 칠곡 칠곡, p.869.

시루떡이라 할 수 있지만 시루떡의 출현 지역 수가 5곳에 불과해 사실상 경북 지역의 설날을 대표하는 떡류 절식은 없다고 할 수 있다. 시루떡이 출현한 지역은 구미 해평, 고령 우곡, 의성 사곡 등이다. 울진 평해는 여러 가지 고물을 묻힌 하얀 쌀떡인 편떡을 올리고,[346] 문경 문경은 찹쌀떡에 수수고물을 묻힌 수수부꾸미를, 경산 남천은 떡국하기 위한 골미떡을, 경주 외동은 설날 본편과 함께 찰떡, 인절미, 웃기, 주악(조악)을 빚었다. 특히 경주 외동에서는 주악을 떡 중에서 어른으로 여긴다.[347]

그믐날 떡은 울진 평해 지역 단 1곳에서 구체적 떡 명칭이 밝혀지지 않은 채 출현했다. 이상을 통해 경북 지역의 설날 떡류는 매우 다양하며, 특정한 떡이 집중적으로 발달되지 않음을 살필 수 있다.

5) 전라남도

전라남도 지역 그믐 의례의 주식류 절식은 밥(메)이다. 전체 66개 조사 지역 중 24곳에서 그믐 의례의 절식이 출현했으며, 이중 12개 지역에서 밥(메)이 차려졌고, 떡국은 4곳, 떡국과 메가 함께 출현하는 등 혼재한 곳이 5개 지역이었다. 밥(메)을 올린 지역은 광양 황길, 여수 호명, 구례 구례, 완도 군내, 완도 완도 장좌, 장흥 회진 등이다. 떡국이 차려지는 지역은 곡성 석곡, 고흥 도화 등이며, 고흥 도양과 곡성 곡성 등에서는 떡국과 메가 함께 등장했다. 설날 기념과 관련, 화순 화순에서는 한 해를 보내기가 아쉬워서 설을 쇤다

---

346 『경상북도 세시풍속』, 울진 평해, p.681.
347 『경상북도 세시풍속』, 경주 외동, p.58.

고 한다.[348]

그믐과 설날의 의례 및 절식과 관련 전남 지역은 이들 두 의례의 연관성을 살필 수 있는 풍속이 여러 곳에서 등장한다. 광양 광양읍 용강리에서는 그믐 차례를 설보다 성대하게 지내며,[349] 여수 돌산과 호명, 여수 화양에서는 메를 준비해 설날 차례를 그믐 저녁에 지낸다.[350] 고흥 도양에서는 요즘 들어 설날 차례를 그믐 저녁에 지낸다.[351] 곡성 곡성에서는 가정에 따라 그믐 저녁에 떡국과 메를 차려놓았다가 다음날인 설날에 차례를 지내기도 한다.[352] 이 같은 풍속은 설날과 섣달그믐이 서로 밀접하게 연관돼 있으며, 이를 기념하는 의례물인 절식 또한 서로 긴밀하게 관계된다. 사실상 섣달그믐 음식과 설날 음식의 경계를 무너뜨리고 통합화, 단일화 되는 과도기적 양상이거나, 밤에 제사를 지내는 제례의 형태로 변화되는 중간 단계를 보여주는 것으로 이해될 수 있다. 특히 이들 지역이 해안이나 섬 지방 또는 산간지방이라는 점에서 문화와 풍속의 전파가 늦어져 뒤늦게 이 같은 혼재화, 통합화 과정이 진행된다고도 볼 수 있다.

전남 지역 설날 의례의 주식은 압도적으로 떡국이 우위를 차지하고 있다. 전체 66개 지역 중 56곳에서 설날 의례에 주식류가 등장했으며, 이중 41곳에서 떡국이 차려졌다. 이 같은 출현 빈도는 62%로 10명 중 6명 이상이 설날에 떡국을 차리는 셈이다. 특히 떡국과 메 등이 혼재되는 지역까지 포함할 경우

---

348 『전라남도 세시풍속』, 화순 화순, p.871.
349 『전라남도 세시풍속』, 광양 광양 용강리, p.11.
350 『전라남도 세시풍속』, 여수 돌산, p.181.
351 『전라남도 세시풍속』, 고흥 도양, p.267.
352 『전라남도 세시풍속』, 곡성 곡성, p.316.

떡국의 출현 빈도는 더 올라간다고 할 수 있다. 메(밥)를 차리는 지역은 5곳이며, 혼재 지역은 10개 지역이다.

설날 떡국이 출현하는 지역은 나주 동강과 남평, 순천 서면, 목포 옥암, 강진 마량, 고흥 대서, 구례 문척, 담양 금성, 무안 청계, 신안 비금, 영광 백수, 진도 조도, 함평 학교, 해남 송지 등이다. 메(밥)가 나타나는 지역은 장흥 회진, 완도 군내, 신안 지도, 여수 화양 등이다. 완도 군내에서 떡국을 차례 상에 올리지 않더라도 반드시 끓여 먹는다.[353] 장흥 장평에서는 설날 새벽에 차례상과 성줏상을 차리는데 차례상에는 메 대신 떡국을 올리고 떡국에는 보통 닭고기를 넣는데 지금은 소고기를 넣기도 한다.[354] 장흥 회진에서는 차례상에 메를 올리지만 떡국을 정월 초하루 아침에 쑤어 먹는다.[355] 진도 조도에서는 차례 상에 떡국을 올리면서 1년 동안 잘 보살펴 달라고 조상께 비는 말을 한다. 예전에는 형편이 어려워 떡국을 끓이는 집이 많지 않았다.[356] 해남 산이에서는 떡국을 먹어야 나이 한 살 더 먹는다고 믿는다.[357] 해남 현산에서는 예전에는 떡국에 주로 닭고기를 넣었으나 지금은 쇠고기나 굴을 많이 넣는다.[358] 구례 산동에서는 떡국에 집에서 키운 닭을 넣었는데 지금은 굴이나 홍합을 많이 넣으며 이 같은 풍속은 대체로 여순사건 이후 교통이 좋아진 뒤에 변했다고 한다.[359] 이처럼 전남의 여러 지역에서 설날 떡국에 닭고기

---

353 『전라남도 세시풍속』, 완도 군내, p.659.
354 『전라남도 세시풍속』, 장흥 장평, p.750.
355 『전라남도 세시풍속』, 장흥 회진, p.741.
356 『전라남도 세시풍속』, 진도 조도, p.771.
357 『전라남도 세시풍속』, 해남 산이, p.847.
358 『전라남도 세시풍속』, 해남 현산, p.832.
359 『전라남도 세시풍속』, 구례 산동, p.399.

를 넣고 있음은 떡국류의 탕에 꿩과 같은 조류를 넣는 고대의 풍속이 있었을 수 도 있다는 추정을 들게 한다. 닭고기를 넣는 지역은 나주 남평, 강진 강진, 강진 병영, 구례 구례, 보성 득량, 신안 압해, 장흥 안양, 진도 임회, 화순 화순 등이다. 또한 화순 춘양, 영광 백수, 목포 옥암 등에서는 닭을 온마리로 삶아 차례상에 올린다.[360]

다음으로 설날과 그믐에 떡이 출현한 지역은 각각 33개 지역과 10개 지역으로 떡 출현 횟수는 49회와 13회다. 설날 출현한 떡의 종류는 시루떡, 쑥떡, 찰떡, 인절미, 콩떡 등 모두 8종류의 떡이 나타났다. 가장 출현 빈도가 높은 떡은 시루떡으로 모두 15회 출현 했으며, 팥시루떡까지 포함할 경우 19회에 이른다. 이어 다른 지방에서 등장하지 않는 쑥떡이 7회 등장하며, 인절미와 찰떡이 각각 5회와 4회다. 따라서 전남의 설날 대표 떡류 절식은 시루떡과 쑥떡이라 할 수 있다. 시루떡이 출현한 지역은 구례 산동, 무안 해제, 영암 덕진 등이며, 팥시루떡은 해남 산이, 여수 호명 등이다. 무안 해제에서는 떡을 차례상에 반드시 올려야 하는 제물로 여겨 흰떡과 시루떡을 차리며,[361] 완도 군내에서는 차례상에는 시루떡을 많이 해서 올린다.[362] 쑥떡은 나주 동강, 영암 군서, 함평 학교, 해남 현산, 화순 춘양에서 출현한다. 쑥떡과 관련 해남 현산에서는 쑥떡이 잡떡이라 해서 차례상에는 올리지 않는다.[363]

이상을 통해 전남 지역의 설날 대표 떡류는 시루떡과 쑥떡이며, 주식류는 떡국임을 살필 수 있다.

360　『전라남도 세시풍속』, 목포 옥암, p.126.
361　『전라남도 세시풍속』, 무안 해제, p.456.
362　『전라남도 세시풍속』, 완도 군내, p.659.
363　『전라남도 세시풍속』, 해남 현산, p.832.

6) 전라북도

전라북도 지역의 그믐 의례에 절식이 출현한 지역은 7곳으로 이들 지역 중 3곳에서 떡국이 출현한다. 떡국이 출현한 지역은 정읍 신태인, 무주 무주, 부안 부안이며, 완주 상관은 떡국이나 밥(메)이 혼재한다. 무주 무주는 섣달 그믐을 작은 설날이라 하고 저녁에 조상께 떡국을 올리기도 하며, 차례는 초하루에 떡국으로 지낸다.[364] 정읍 신태인은 설날 차례를 그믐밤 12시 이후에 떡국 등을 차려 간단히 지내고, 이어 설날 아침에는 밥(메)을 지어 차례상에 올린다.[365] 부안 상서에서는 섣달그믐에 어장이 있는 사람들은 그믐 뱃고사를 지내며 이때 시루떡을 차린다.[366]

전북 지역 설날 의례의 주식 중 가장 출현 빈도가 높은 음식은 밥(메)이다. 전체 42개 조사 지역 중 36곳에서 설날 의례의 주식이 출현했으며, 이중 12곳에서 밥(메)이, 8곳에서는 떡국이 출현했다. 16곳에서는 떡국과 밥(메)이 혼재해 나타났다. 밥(메)이 나타난 지역은 군산 경암, 김제 금산, 익산 함라, 정읍 웅동, 정읍 신태인, 무주 적상, 진안 부귀 등이며, 떡국이 출현한 지역은 장수 장계, 임실 삼계, 순창 인계, 부안 진서 등이다. 혼재해 출현하는 지역은 김제 요촌, 남원 대강, 익산 웅포, 고창 성내, 장수 계북, 순창 금과 등이다. 김제 금산에서는 차례상에 메를 올리며 떡국은 손님 대접의 간식이나 저녁에 먹는다. 떡국 국물의 '떡국새미'는 멸치를 주로 사용한다.[367] 김제 교동에서는 떡국과 메를 함께 올리며, 남원 운봉에서는 설 차례상 진설에서 1차 진설

---

364   『전라북도 세시풍속』, 무주 무주, p.304.
365   『전라북도 세시풍속』, 정읍 신태인, p.254,
366   『전라북도 세시풍속』, 부안 상서, p.385.
367   『전라북도 세시풍속』, 김제 금산, p.38.

할 때 떡국을 올리고, 다음에 메를 올린다.[368] 전주 완산 효자에서는 차례상 전 성줏상을 먼저 차리는데 제물은 차례상과 종류가 같지만 양을 적게 해 차린다.[369] 고창 성내는 떡국과 밥(메) 차례가 절반이며, 밥(메)으로 차례를 지낼 경우 미역국이나 소고기국을 올린다.[370] 이 지역에서는 차례 음식에 고춧가루는 넣지 않지만 마늘과 파는 필요한 경우 넣는다. 무주 무주에서는 섣달그믐 저녁에 떡국을 끓여 조상께 올려 두었다가 식구끼리 나눠 먹고 정월 초하루에 메와 떡국을 끓여 차례를 모시기도 한다.[371] 부안 진서에서는 설날 '메진지'를 올리며, 떡국은 초사흘이 지나면 식구들끼리 먹는 음식일 뿐이다.[372] 부안 상서에서는 바지락 떡국새미로 떡국을 끓이며,[373] 순창 금과에서는 떡국 '속(새미)'을 닭을 뼈째 절구통에 찧고 밀가루를 섞어 납작하게 만든다. 이렇게 해 끓인 장에 넣으면 떡처럼 부서지지 않게 된다.[374]

이상을 통해 전북의 설날 의례 주식류 절식은 밥(메)과 떡국임을 살필 수 있다.

다음으로 설날과 그믐 의례에 떡이 출현한 지역은 각각 12개 지역과 1개 지역이다. 출현한 떡 종류는 모두 7개로 시루떡, 팥시루떡, 인절미, 흰떡 등으로 설날에 24회 섣달그믐에 1회 출현했다. 가장 출현 빈도가 높은 떡은 시루떡 7회와 팥시루떡 3회로 시루떡이 10회이며, 그믐에도 시루떡 1회가 나

368 『전라북도 세시풍속』, 남원 운봉, p.70.
369 『전라북도 세시풍속』, 전주 완산 효자, p.182.
370 『전라북도 세시풍속』, 고창 성내, p.265.
371 『전라북도 세시풍속』, 무주 무주, p.304.
372 『전라북도 세시풍속』, 부안 진서, p.373.
373 『전라북도 세시풍속』, 부안 상서, p.385.
374 『전라북도 세시풍속』, 순창 금과, p.398.

타났다. 인절미는 9회 출현했다. 시루떡이 출현한 지역은 김제 금산, 임실 삼계, 남원 대강, 전주 완산 풍남, 부안 진서 등이며, 팥시루떡은 정읍 입암, 남원 운봉, 남원 덕과다. 남원 운봉에서는 설날 차례에서 시루떡, 인절미, 흰떡(절편)을 올리며, 시루떡은 찹쌀가루와 거피하지 않은 붉은팥을 넣어 찐 팥시루떡을 올린다.[375] 남원 덕과에서는 인절미와 시루떡을 마련하는데 시루떡은 예전에는 거피해서 뽀얀 시루떡을 했으나 지금은 거피하지 않은 팥시루떡을 쓴다.[376] 전주 완산 풍남동 3가에서는 시루떡과 함께 노란 콩때기떡을 올린다. 이 떡은 콩을 볶고 가루로 만들어 쌀가루와 함께 찐 떡이다.[377]

이상을 통해 전북 지역의 설날 떡류 절식은 시루떡과 인절미임을 살필 수 있다.

7) 제주도

제주도의 그믐 의례는 나타나지 않으며, 설날 주식류 절식은 남제주 대정과 북제주 구자에서 각각 밥(메)과 떡국이 출현한다. 북제주 구자는 밭벼로 만든 골미떡을 썰어 메밀국수에 넣어서 만든다.[378]

제주도의 주식류 절식은 특정하기 어렵지만, 설날 떡류는 6개 지역에서 16종류가 출현한다. 이는 전체 12개 조사 지역의 절반이며, 출현한 떡은 송편과 이름이 특정되지 않은 떡을 제외하고는 제주도 토속의 떡이란 특징을 지닌다. 제주 지역에서 설날에 출현한 떡은 쌀시루떡(곤친떡), 흰쌀떡(곤떡), 솔

375 『전라북도 세시풍속』, 남원 운봉, p.69.
376 『전라북도 세시풍속』, 남원 덕과, p.103.
377 『전라북도 세시풍속』, 전주 완산 풍남, p.213.
378 『제주도 세시풍속』, 북제주 구자, p.87.

벤, 절벤, 중궤, 약궤(흐린 좁쌀로 만들어 네 구멍을 뚫고 기름에 지져낸 떡), 우짓이(산벼쌀로 만든 기름떡), 친떡, 제펜(대나무 잎을 시루떡 사이에 놓고 쪄서 떡이 대잎 사이로 갈라지도록 한 흰떡), 빙떡(정기떡), 골미떡이 각 1회, 오메(매)기떡은 2회다. 설날 떡을 빚는 지역은 제주 영평, 남제주 대정, 남제주 표선, 북제주 구자, 서귀포 중문 하원리, 서귀포 보목이다. 서귀포 중문에서는 좁쌀로 빚은 오메기떡(좁쌀떡)에 누룩을 버무려서 탁주를 만든다.[379]

8) 충청남도

충청남도 지역의 그믐 의례는 5곳에서 나타나며, 2개 지역에서 떡국이 출현한다. 떡국 출현 지역은 보령 오천과 아산 송악으로 이들 지역은 한 해를 무사히 잘 보냈음을 조상께 감사하는 정반 차례를 지낸다.[380]

충남 지역 설날 의례의 주식류 절식은 떡국이다. 전체 45개 조사 지역 중 31곳에서 떡국이 출현했으며, 밥(메)과 떡국이 혼재한 지역은 10곳이고 밥(메)이 출현한 지역은 2곳이다. 절식이 출현한 지역은 43곳(출현 비율 96%)으로 충남 지역 대다수 지역에서 설날 명절에 절식을 마련해 기념하고 있는 셈이다. 떡국이 출현한 지역은 공주 사곡, 논산 광석, 서산 음암을 비롯해 아산 도고, 천안 병산, 금산 군북, 부여 은산, 연기 전의, 예산 덕산, 청양 정산 내초리, 홍성 은하 등이다. 떡국과 밥(메)이 혼재한 지역은 홍성 서면, 서천 서면, 서산 해미, 논산 연산 등이다. 태안 태안은 예전에는 떡국차례였으나 요즘은

---

379   『제주도 세시풍속』, 서귀포 중문, p.105.
380   『충청남도 세시풍속』, 보령 오천, p.116.

밥(메) 차례로 바뀌었으며,[381] 서산 해미에서는 차례상에 밥(메)을 올리고 떡국을 식구끼리 먹는 집도 있지만, 이 마을에서는 떡국 제사를 지내는 집이 많다. 특히 해미에서는 차례를 상위에 올리는 것이 아닌 자리 위에 조상수대로 한꺼번에 밥(메)과 음식을 차려놓고 지낸다.[382] 서산 부석에서는 설날 만두도 빚지만 차례상에는 올리지 않으며, 만두는 옛날에는 하지 않았으나 최근에 빚고 있다.[383] 아산 송악은 만두의 경우 쭈글쭈글한 모양이 조상에 대한 예의가 아니어서 차례상에 올리지 않는다.[384] 천안 병산에서는 예전에 소고기가 비싸 닭을 삶아 떡국을 끓였다.[385] 천안 수신에서는 대개 떡국을 닭 삶은 국물로 끓이지만 여의치 않을 경우 소금과 마늘 간만으로 떡국을 끓였다.[386] 금산 군북에서는 떡국을 닭 삶은 국물로 끓였으나 근래에는 소뼈를 넣어서 끓인다.[387] 당진 송악에서는 설날 차례에 떡국을 올리며, 소고기 국물로 끓이는데 이 마을에서는 정월 한 달 동안은 돼지고기를 먹지 않는다. 마을에서 모시는 서낭과 상극이기 때문이다.[388] 청양 정산에서는 떡국은 설날 이외는 먹을 수 없는 귀한 음식으로 이 떡국을 먹어야 한 살 더 먹는다.[389]

이상을 통해 충남 지역의 주식류 절식은 떡국임을 살필 수 있다.

다음으로 충남 지역 설날 출현 떡류는 13개 지역에서 14회의 떡이 출현했

381 『충청남도 세시풍속』, 태안 태안, p.639.
382 『충청남도 세시풍속』, 서산 해미, p.139.
383 『충청남도 세시풍속』, 서산 부석, p.148.
384 『충청남도 세시풍속』, 아산 송악, p.160.
385 『충청남도 세시풍속』, 천안 병산, p.213.
386 『충청남도 세시풍속』, 천안 수신, p.234.
387 『충청남도 세시풍속』, 금산 군북, p.275.
388 『충청남도 세시풍속』, 당진 송악, p.347.
389 『충청남도 세시풍속』, 청양 정산, p.612.

으며, 종류는 시루떡과 부침개가 각각 5회다. 충남 지역의 그믐 출현 떡류는 2곳에서 출현하며, 팥시루떡과 떡이다. 서산 음암에서는 떡국에 면을 넣는데 면이란 수수가루를 빻아서 부침개를 만들듯 부쳐낸 수수전병으로 네모난 모양으로 잘라서 떡국에 넣는다. 맛과 보기에 좋아 차례상 떡국에 넣었지만 요즘은 안한다.[390] 서산 부석에서는 찹쌀가루를 반죽해 밀가루 전병 부치듯, 얇고 둥글게 부쳐 찰떡을 만들고 이것을 네모나게 썰어서 떡국에 넣으며, 떡 국을 차례상에 올릴 때도 이 찰떡을 웃기로 얹어 내놓는다. 하지만 요즘은 하지 않는다.[391] 당진 순성에서는 수수가루를 반죽한 다음, 지져서 수수문 주를 만들고 이를 떡국에 넣기도 한다.[392]

이상을 통해 충남 지역의 설날 떡류는 시루떡과 부침개임을 살필 수 있으며, 설의 부침개는 이 지역에서 주로 떡국에 쓰이고 있음을 보여준다.

9) 충청북도

충청북도 설날 의례의 주식류 절식은 떡국이다. 전체 33개 조사 지역 중 16곳에서 떡국이 출현했으며, 밥(메)이 출현한 곳은 3곳, 떡국과 만두가 함께 나타난 곳은 2곳, 그리고 이들 주식류 절식이 집안에 따라 달리 출현한 지역 이 12곳이다.

떡국이 출현한 지역은 충주 산척, 제천 금성, 단양 적성 현곡리, 보은 산외, 괴산 장연 광진리, 옥천 이원 등이다. 메가 출현한 지역은 옥천 동이, 청원 문

---

390 『충청남도 세시풍속』, 서산 음암, p.130.
391 『충청남도 세시풍속』, 서산 부석, p.148.
392 『충청남도 세시풍속』, 당진 순성, p.374.

의 등이며 혼재 지역은 진천 문백, 음성 금왕, 보은 내속리, 충주 안림 등이다. 충주 안림에서는 떡국 꾸미로 요즘은 소고기이지만 예전에는 '닭 떡국이면 그만'이었다.[393] 제천 송악에서는 떡국거리는 가래떡이지만 만두도 넣으며,[394] 청주 홍덕에서는 떡국이 맛있으라고 만두를 넣기도 한다.[395] 청주 상당에서는 예부터 설날 차례는 떡국차례지만 떡국이 쉽게 퍼져 밥(메)을 올리기도 한다.[396] 영동 매곡에서는 떡국에 닭고기 꾸미를 넣는데 1960년대 이전에는 돼지고기를 꾸미로 사용했다.[397] 영동 영동에서는 떡국의 재료는 가래떡이며, 꿩고기(하늘 닭) 꾸미로 맛을 돋운다.[398] 영동 용산에서는 예전에 설날에는 떡국과 차를 올렸는데 1950년대 이후로 차가 술로 바뀌었다.[399] 음성 생극에서는 떡국차례가 일반적인 것이 아니며 아버지가 돌아가셨을 때는 떡국을 올렸고, 조부 위로는 떡국과 밥(메)을 같이 놓기도 한다.[400] 청원 강내와 미원에서는 1970년대 이후 떡국이 보편화 됐다.[401] 옥천 동이에서는 설날에 간혹 맛이나 보라고 떡국을 올렸으며, 메로 차례를 올린다.[402]

충청북도 지역에서는 그믐 의례와 절식은 나타나지 않는다. 이상을 통해 충북 지역의 주식류 절식은 떡국임을 살필 수 있다.

다음으로 충북 지역의 설날 떡류는 3개 지역에서 출현하며, 출현 횟수도

393 『충청북도 세시풍속』, 충주 안림, p.96.
394 『충청북도 세시풍속』, 제천 송악, p.11.
395 『충청북도 세시풍속』, 청주 홍덕, p.44.
396 『충청북도 세시풍속』, 청주 상당, p.69.
397 『충청북도 세시풍속』, 영동 매곡, p.231.
398 『충청북도 세시풍속』, 영동 영동, p.244.
399 『충청북도 세시풍속』, 영동 용산, p.256.
400 『충청북도 세시풍속』, 음성 생극, p.300.
401 『충청북도 세시풍속』, 청원 강내, p.391 ; 청원 미원, p.402.
402 『충청북도 세시풍속』, 옥천 동이, p.276.

3회로 그 빈도가 매우 낮다. 떡이 출현한 지역은 청주 흥덕 장암, 음성 원남, 진천 덕산이며, 떡의 구체적 이름이 나타나지 않는다. 이는 충북 지역의 설날 대표 떡류가 없음을 살피게 한다.

다. 절식의 특징과 대표 절식

설날과 섣달그믐은 의례의 기념 시기 및 의례 음식 측면, 한 해를 보내고 새해를 맞는다는 한국인의 새해맞이 인식관 등에서 깊은 연관성을 맺고 있다. 다수 지역에서 그믐 의례에 차린 음식(제물)을 설날 음식으로 사용하기도 하고, 일부 지역에서 설날 기념을 위한 의례를 그믐날 시작하는 것은 물론, 섣달그믐을 '작은설' 등으로 칭해 새해 취급을 하기 때문이다. 따라서 섣달그믐과 설날을 기념해 차려지는 절식은 분리해 살필 수도 있지만 위와 같은 연결성과 연관성으로 인해 함께 살필 수 있다. 이처럼 할 경우 묵은해를 보내고 새해를 맞이하기 위해 한국인들이 어떤 절식을 마련했으며, 그 절식에 담긴 의미가 무엇인지를 살피는데 편리하고 이해하는데 도움이 될 수 있기 때문이다.

섣달그믐을 포함한 한국 설날 명절의 주식류 절식의 특징은 크게 3가지로 요약된다.

첫째, 절식은 3종류로 떡국, 밥(메),[403] 만두다. 한국인들은 묵은해를 보내

---

403 한국인이 주식으로 하는 '(쌀)밥(메)'을 절식으로 칭하는데 낯설 수 있다. 하지만 한국인 대다수가 쌀만으로 짓는 밥을 일상식으로 식용한 것은 1970년대 식량 자급 이후이며 그 이전에는 쌀밥은 흔한 음식이 아니었고 쌀밥이라 칭해도 잡곡 등이 섞인 밥이었다. 또한 밥으로 지칭되는 '메'를 만드는 '멥쌀'은 현대에는 쌀로

고 새해를 맞으며 이들 음식으로 떡국만을 단독으로 끓이거나 떡국과 함께 밥(메)을 올린다. 또한 여기에 더해 만두를 올려 3가지를 다 차리기도 한다. 이와 함께 일부에서는 밥(메)만을 올리거나 밥(메)과 함께 만두를 올리기도 하며, 지역과 집안에 따라 떡국에 만두를 넣거나 면을 넣어 그들만의 특색 있는 설날 절식을 준비한다. 설날 주식류는 모두 421개 지역에서 등장해 출현 비율은 89%로 한국인 10명중 9명이 마련한다. 설날에 마련되는 주식은 떡국, 혼재, 밥(메) 순으로 등장했으며, 떡국이 압도적으로 많은 207개 지역, 혼재되는 130개 지역, 밥(메)은 57개 지역이다. 떡국의 출현 빈도가 높은 지역은 충남, 전남, 경남, 경기 순으로 쌀이 주로 재배되는 평야지역에 집중돼 있다. 메는 강원도와 전북으로 두 지역은 떡국보다 메의 출현 지역이 더 많다. 떡국과 만두가 섞인 떡만둣국은 경기도가 19개 지역으로 가장 많고 강원도가 5개 지역이다. 이는 한국 설날의 주식류 절식은 떡국과 함께 밥(메), 그리고 떡만둣국임을 보여준다.

둘째, 만두 절식의 하한선은 충남과 경북이다. 이들 3대 주식류 절식은 떡국과 밥(메)의 경우 남한 지역의 전체 지역에서 골고루 광범위하게 출현하지만, 만두의 경우 그 하한선이 충남과 경북을 경계로 그어진다. 만두를 섞은 떡국은 한반도 중부 지역의 서부인 충북으로 그 하한선이 조금 더 올라간다는 특징을 보인다. 따라서 설날 만두는 한국의 강원, 경기, 충남, 충북, 경

불리지만 조선 후기에는 도정 정도가 우수한 쌀을 일컬었다.('갱미(粳米)-됴흔니뿔.' -『동의보감(東醫寶鑑)』) 이런 배경에서 메는 명절과 제사의 음식으로 올려졌다고 할 수 있다. 따라서 현대에 들어 떡국, 송편, 쑥떡, 팥죽 등이 일상에서도 흔히 먹을 수 있는 음식이지만 이들 음식을 명절날 만들고 이를 절식으로 칭하는 만큼 같은 차원에서 밥을 일컫는 메도 절식으로 수용했다.

북에서만 빚어지는 절식이다. 이들 3대 주식류는 지역에 따라 떡국차례, 만두차례 등으로 불리며 반드시 차려야 하는 주식이지만 만두류나 떡국은 명절의 별미 차원으로 인식돼 손님 접대나 식구들의 음식으로 차려지는 경우도 다수에 달한다. 3대 주식류 절식 모두가 출현한 지역은 경기도의 안양 만안, 평택 팽성, 강화 내가, 용인 양지, 강원도의 화천 간동, 춘천 서면, 속초 도문, 원주 호저, 경상북도 예천 예천, 충남 아산 영인으로 4개 도 10개 지역이다.

셋째, 한국 설날의 주식류 절식은 밥(메)에서 점차 떡국과 만두로 확대되었다. 설날의 주식류 절식과 관련, 경기도 하남 감일에서는 만두+떡국의 절식을 마련하지만 20년 전에는 만두를 넣지 않고 순수하게 떡국만 끓였으며,[404] 만두를 가정용으로만 빚는 평택지역(팽성, 이충, 현덕)의 경우 만두는 20~30년 전 유입된 최근 풍속이라 밝히고 있다.[405] 떡국 또한 경북 청원 강내에서는 70년대 이후 떡국이 보편화 됐다고 한다.[406] 이는 한국 설날 명절의 주식류 절식이 밥(메)에서 점차 떡국과 만두로 확대됐음을 살피게 하며, 명절의 절식은 고정이 아닌 시대와 지역에 따라 변화함을 보여준다.

그믐의 주식류는 7개 광역지역에서 나타나며, 메(밥)가 가장 높게 나타나고(24개 지역 출현), 다음이 떡국(19개 지역 출현) 순이다. 이를 통해 한국 그믐 의례의 주식류 절식은 메와 떡국, (떡)만둣국이라 할 수 있다.

다음으로 설날 의례의 떡류는 전국 471개 조사 지역 중 180개 지역에서 출

404　『경기도 세시풍속』, 하남 감일, p.682.
405　『경기도 세시풍속』, 평택 현덕, p.671.
406　『충청북도 세시풍속』, 청원 강내, p.391.

현했다. 〈아래 [표] 참조〉 한국인 10명중 4명가량이 설날에 각종 떡을 빚어 기념하고 있는 셈이다. 빚어지는 떡은 최소 39종(또는 명칭) 이상으로 모두 257회 등장했다. 가장 많이 출현한 떡은 시루떡으로 전국에서 모두 50회 출현했으며, 팥시루떡까지 합할 경우 58회에 달해 떡 출현 횟수 대비 출현 비율은 23%에 달한다. 설날에 마련되는 떡 10개 중 2개 이상이 시루떡인 셈이다. 다음이 찰떡과 인절미로 24회와 25회의 출현 횟수를 보였다. 이어 부침개와 절편 등의 순이다. 시루떡을 가장 많이 빚는 지역은 전남과 경남으로 각각 15회의 출현 횟수와 출현 빈도를 나타냈다. 하지만 전남의 경우 팥시루떡이 4회 빚어져 전체 시루떡 출현 횟수는 19회로 가장 높다. 다음으로 찰떡은 경남에서 15회의 출현 횟수를, 인절미는 전북에서 9회 나타났다.

그믐의 떡류는 의례가 많이 나타나지 않은 만큼 출현 횟수도 적다. 전국적으로 24개 지역에서 9종류의 떡이 30회 출현했으며, 해당 지역은 전남이 10개 지역, 강원이 5개 지역으로 이들 지역에서 각각 13회와 8회의 떡이 등장했다. 가장 많이 빚어진 떡은 시루떡과 찰떡이다. 따라서 한국 그믐 의례의 떡은 시루떡과 찰떡이라고 할 수 있다.

이상을 통해 한국의 설날 명절떡은 경남과 전남의 대표떡인 시루떡을 비롯해, 찰떡, 인절미임을 살필 수 있다. 요약하면, 설날의 주식류 절식은 떡국이고 떡류 절식은 시루떡이라고 결론지을 수 있다.

[표7] 섣달그믐 의례 및 주식류 출현 지역

조사 지역		의례 출현 지역 수/%	주식 종류 및 출현 지역 수/%				
			떡국	밥(메)	만두+떡국	혼재 및 기타	비출현
강원	54	35/65	5		8	19	3
경기	82	3/4					3
경남	66	12/18	1	9			2
경북	71	8/11	4	2		기타 1	1
전남	66	24/36	4	12		5	3
전북	42	7/17	3	1		1	2
제주	12	0					
충남	45	5/11	2				3
충북	33	0					
합계	471	94/20	19/4	24	8	26	17

* 출전: 〈국립문화재연구소, 『세시풍속』〉 지역 편 9편 전체에 출현한 섣달그믐 주식류를 추출해 통계 수치화함. 백분율은 지역별 조사 지역 수 또는 전체 조사 지역 대비의 퍼센티지임.
** '혼재'는 설날 주식류 절식으로 떡국, 만둣국, 만두+떡국, 만두, 메(밥) 등이 조사 지역 내의 집안에 따라, 또는 한 집안에서 2가지 이상 출현함을 의미한다.
*** 기타는 경산 자인에서 출현한 '간단한 음식'을 말한다.

[표8] 섣달그믐 떡 출현 지역과 떡의 종류

조사지역	떡출현지역수/%	떡 종류 및 출현 횟수									
		소계	시루떡	팥시루떡	찰떡	인절미	절편	흰떡	백설기	노치	떡
강원 54	5	8			1	1	3		1	2	
경기 82	2	2	2								
경남 66	3	3									4
경북 71	1	1									1
전남 66	10	13	5	2	4			1			1
전북 42	1	1	1								
제주 12	0	0									
충남 45	2	2		1							1
충북 33	0	0									
합계 471	24/5	30	8	3	5	1	3	1	1	2	7

*출전: 〈국립문화재연구소, 『세시풍속』〉 지역 편 9편 전체에 출현한 섣달그믐 떡류를 추출해 통계 수치화함.

[표의] 설날 출현 주식류와 출현 지역

	조사 지역	출현 지역 수/%	주식 종류				
			떡국	밥(메)	떡국+만두	혼재	비출현/(%)
강원	54	53/98	6	24/44	5	18	1
경기	82	73/89	43/52	1	19/23	10	9
경남	66	63/94	41/62	4	0	17	4
경북	71	63/89	20	6	1	36/51	8
전남	66	56/85	41/62	5	0	10	10
전북	42	36/86	8	12/26	0	16	6
제주	12	2/17	1	0	0	1	10/83
충남	45	43/96	31/69	2	0	10	2
충북	33	33/100	16/48	3	2	12	0
합계	471	421/89	207/(44)	57/(12)	27/(6)	130/(28)	50/(11)

*출전: 〈국립문화재연구소, 『세시풍속』〉 지역 편 9편 전체에 출현한 설날 주식류를 추출해 통계 수치화함. 백분율은 지역별 조사 지역 수 또는 전체 조사 지역 대비의 퍼센티지임.

**혼재'는 설날 주식류 절식으로 떡국, 만둣국, 만두+떡국, 만두, 메(밥) 등이 조사 지역 내의 집안에 따라, 또는 한 집안에서 2가지 이상 출현함을 의미한다.

[표10] 설날 떡류와 출현 지역

		강원	경기	경남	경북	전남	전북	제주	충남	충북	합계
조사 지역 수		54	82	66	71	66	42	12	45	33	471
출현 떡 종류 수		11	10	7	14	8	7	16	8	1	39종류 (명칭) 이상
출현 종류	시루떡	1	2	15	5	15	7		5		50
	팥시루떡				1	4	3				8
	찰떡	3		15	2	4					24
	인절미	2	6	2	1	5	9				25
	절편	6		11			1				18
	흰떡		2	1		2	2		2		9
	쑥떡					7					7
	송편	3			1			1			5
	절떡	3			2						5
	기정떡	2									2
	취떡	2									2
	부꾸미		1		2						3
	콩떡					2	1				3
	부침개	3	4						5		12
	떡	5	4	13	13	10		2	2	3	52
	편		4		3						7
	기타	1	3	1	5		1	13			25
출현 횟수		31	26	58	35	49	24	16	14	3	257
떡 출현 지역 수(%)		21 (39)	21 (26)	32 (48)	27 (38)	33 (50)	12 (29)	6 (50)	13 (29)	3 (9)	180 (38)

*출전: 〈국립문화재연구소, 『세시풍속』〉 지역 편 9편 전체에 출현한 설날 떡류를 추출해 통계 수치화함. 백분율은 지역별 조사 지역 수 또는 전체 조사 지역 대비의 퍼센티지임.

**가래떡은 대부분 떡국용으로 쓰여 떡 종류 통계에서 제외함. 절편의 경우 지역에 따라 흰떡으로 부르기도 하지만 반드시 일치하지 않아 별도로 분류함.

2. 단오

가. 의례

음력 5월 5일에 기념되는 단오는 기록상 고려시대부터 한민족의 명절이며, 조선시대 5대 절향에 포함돼 있다. 또한 한민족은 중국의 고대 역사서 기록에 나타나듯 5월제를 지냈다. 이로 인해 한국의 농경문화권을 추석과 단오 및 이들의 복합문화권으로 구분하기도 한다.[407] 하지만 명절의 기념이 절식의 마련과 기념 의례의 형태로 구체화됨을 고려할 때, 단오는 한민족 대다수에 의해 기념되는 명절이라고 보기 어렵다.

먼저 절식의 출현 빈도와 의례 출현 지역 수 측면에서 단오는 설날, 추석에 뒤지는 것은 물론 동지에도 크게 미치지 못한다. 『세시풍속』에 의한 단오 의례가 출현하거나 단오를 명절로 인식하는 지역은 모두 74곳으로 남한 전체 471개 조사 지역의 16%에 불과하다. 〈표18 참조〉 의례의 출현 빈도가 가장 높은 곳은 제주로 모두 9개 지역에서 단오와 관련한 의례와 명절 인식이 드러난다. 이는 10개 지역 중 7곳 이상이 단오를 기념하는 셈이다. 다음은 강원도로 15곳에서 출현해 28%의 출현 비율을 보였고, 충북과 경북이 9곳과 12곳으로 조사 지역 대비 27%와 17%의 출현 비율을 나타냈다. 나머지 지

---

407 김택규(1985, 『한국농경세시의 연구』, 영남대학교출판부)는 추석과 단오를 기준으로 한국의 문화권을 단오권, 추석권, 추석·단오 복합권으로 3대별 했다. 김에 따르면 남한강과 소백산맥으로 구획되는 잡곡문화 기반의 한반도 북부는 단오권이며, 벼농사 지대인 서남부는 추석권, 그리고 두 문화권 사이의 동남부는 추석단오 복합권으로 규정했다. 이와 관련 김명자(1998, 『경북지역의 세시풍속』, 『한국의 세시풍속 II』, 국립민속박물관)는 복합권인 경북은 단오권의 성격이 강하다고 밝혔다.

역은 12~5%의 출현 비율을 보였다. 출현 비율이 가장 낮은 곳은 전북으로 5%였으며, 충남과 경기는 7%, 전남은 8%의 출현 비율을 기록했다. 이와 함께 절식의 출현 지역 비율은 전체 165개 지역에서 떡류가 나타나 35%를 나타냈다. 지역별로는 강원이 34개 지역, 63%로 가장 높았고, 제주가 6곳으로 50%, 이어 충북과 전북이 48%와 43%로 뒤를 이었다. 다음은 충남과 경기, 경북 순이었다.

이 같은 통계수치는 다수의 인식과 달리 단오가 한국인 다수에 의해 기념되지도, 절식의 출현이 많지도 않은 세시풍속임을 살피게 한다. 특히 '단오권'의 지칭과는 달리 강원과 제주를 제외한 나머지 지역의 경우 의례와 떡 출현 비율이 엇비슷할 뿐만 아니라 오히려 전북이 높게 나타나고 경남과 경북이 거의 비슷한 수치를 드러내 이들 권역의 구분이 큰 의미가 없음을 보여준다. 따라서 일부의 지적처럼 한국의 단오는 일부 지역에서 파종행사가 끝나 본격적으로 김매기에 돌입하기 전 잠시 쉬는 시기의 명절로 보는 것도 일견 타당하다고 볼 수도 있다.[408] 이는 강원도의 단오의례와 떡 출현 비율이 높다는데서 뒷받침된다.

한국의 단오는 고대 시기 한민족의 농경과 이의 수확 및 파종 기념일인 5월제에서 그 기원과 연관성을 찾을 수 있다. 방사성탄소연대 측정 결과, 기원전 13,000여 년 전의 고대 재배 볍씨가 충북 청원군 소로리에서 발견됨에 따라,[409] 이 볍씨가 밭벼인지 논벼인지는 불분명하지만 한민족은 고대 시기

---

408 권순형(2007), 「고려시대 여성의 여가 생활과 명절 풍속」, 『이화사학연구』 34집, p.170.
409 박태식 외(2004), 앞의 논문, p.130.

부터 농경을 했음이 증명됐다. 또한 기원을 전후한 시기, 한민족 관련 문화를 기록한 중국의 역사서는 한민족이 벼를 비롯한 5곡을 재배했다고 기록하고 있다. 따라서 한민족이 이 시기에 행한 농경 관련 축제는 당시 재배한 곡물의 파종과 수확 시기를 살필 경우, 대략의 그 시기를 파악할 수 있다.

한민족이 기원을 전후한 시기 어떤 곡물을 경작했는지는 당시의 주요 곡물을 의미하는 5곡을 살피는 것으로 파악이 가능하다. 5곡과 관련해 중국의 『삼국지』는 삼한의 변진이 "토지가 비옥하여 오곡과 벼를 파종하기에 적당하다"고 기록하고 있으며,[410] 중국의 고서 『산해경』은 '부여가 기장을 먹었다〔黍食〕'고 적고 있다.[411] 이들 기록을 통해 『삼국지』가 기록된 3세기 이전의 5곡을 정확히 파악할 수는 없지만 이 시기의 5곡은 대체로 '보리, 조, 기장, 마, 콩'[412]이었을 것으로 보인다.

한민족이 기원을 전후한 시기 농사와 관련한 명절을 기념했음이 『후한서』 등에 나타난 만큼 5월제와 10월제 등은 지역에 따라 차이는 있겠지만 그 대상 곡물은 이들 5곡이거나 최소한 이들의 일부가 포함될 것이다. 따라서 이들 곡물의 파종과 수확 시기는 당시 농경 축제인 명절의 기념일과 연관되고, 음력 5월인 양력 6월과 관련된 곡물이 단오 명절의 기념 대상이라 할 수 있다.

지구 온난화에 따라 작물의 파종과 수확 시기에 다소의 변화는 있을 수 있지만 기원을 전후한 시기, 한민족이 경작한 주요 작물(보리, 조, 기장, 마, 콩)

---

410   『삼국지』, 「한(변진)」. "土地肥美, 宜種五穀及稻."
411   안완식, 앞의 책, 2009, p.86.
412   위안리(苑利), 앞의 책, 2005, p.160.

의 파종과 수확 시기는 먼저 보리의 경우 10월(양력 기준) 상순·중순에 파종해 5월말·6월 중순에 수확된다. 조는 그루조를 기준으로 6월 중·하순에 파종해 10월 상·중순에 수확하며, 기장은 그루 기장을 중심으로 6월 중·하순이 파종기, 9월 하순, 10월 상순이 수확 시기다. 콩은 맥 후작이 중부를 기준으로 6월 중·하순에 파종하고 수확기는 그루콩을 기준으로 중부가 10월 상·중순이다. 팥은 6월 하순, 7월 상순에 파종해 10월 상·중순에 수확한다.

[표11] 농작물의 파종 및 수확 시기

곡물명	파종 시기(양력 기준)	수확 시기(양력 기준)
벼	모내기 중부 5월 중순~6월 중순 남부 5월 하순~6월 하순	중부 9월 하순~10월 하순 남부 10월 상순~11월 상순
보리	중부 북부 10월 상순 중부 남부 10월 상·중순 남부 북부 10월 중순 남부 남부 10월 중·하순	중부 6월 상·중순 남부 5월 말~6월 상순
콩	여름콩 4~5월 가을콩 6~7월 단작: 중부 5월 중·하순 남부 5월 상·중순 맥후작: 중부 6월 중·하순 남부 6월 중순	그루콩: 중부 10월 상·중순 남부 10월 중·하순
조	봄조 5월 상순 그루조 6월 중·하순	봄조 9월 상·중순 그루조 10월 상·중순
기장	봄기장 5월 상순 그루 기장 6월 중·하순	봄기장 8월 하순~9월 상순 그루 기장 9월 하순~10월 상순

피	직파 4월 하순~5월 중순 (6월 중순에서 하순도 가능)	9월 하순~10월 중순
팥	6월 하순~7월 상순 파종 한계기: 중북부 7월 중순 남부 7월 하순	대체로 10월 상~중순
밀	중부 북부 10월 초순 중부 남부 10월 상순 남부 북부 10월 상~중순 남부 남부 10월 중순	중부 6월 중·하순 남부 6월 상·중순
녹두	4월 상순 7월 하순 단작 봄녹두 4월 중순 간작 5월 하순~6월 상순 맥류 후작: 6월 하순~7월 상순 파종 한계 기한: 중북부 7월 중순 남부 7월 하순	봄녹두 9월 중순경 그루 녹두 10월 상순경

*출전: 성락춘·이철, 앞의 책, 2007, pp.82~90.

이들 곡물 중 조와 기장은 동부아시아에서 중앙아시아에 가까운 지방이 원산지이며, 벼농사 이전은 물론 이후에도 한민족의 주요한 밭작물이자 식량자원이었다. 특히 중국은 물론 한반도 역시 원산지로 여겨지는 팥과 함께 콩의 경우 원산지가 만주를 중심으로 한 한반도 일대여서 일찍부터 두류는 한민족의 주요 식량이었고, 된장, 간장, 두부 등으로 가공돼 한민족의 발효 음식 문화 발달에 크게 기여했다. 이들 곡물의 수확과 파종 시기는 보리를 제외하고는 그 파종 시기가 6월 중·하순으로 모아진다. 또한 수확기는 대체로 10월 상순에서 중순이 된다. 보리는 수확과 파종이 이들 곡물과 반대로 나타난다. 따라서 『후한서』에 기록된 "5월에 밭일을 마치고 항상 귀신에게 제사지내며, 밤낮으로 모여 술 마시고 무리를 지어 노래하고 춤추는데 10월에 농사일을 끝내고도 또한 이같이 한다"는[413] 기록의 밭일 대상 후보 곡물은 보리와 조, 기장, 콩, 팥이며, 그 시기는 양력으로 6월 하순과 11월 하순에 해당된다고 추정할 수 있다. 이는 양력과 음력의 차이가 한 달임을 고려할 때 5월제는 파종 뒤 곧바로 축제를 행하지만 수확 뒤의 10월제는 수확과 함께 모든 농사일을 마무리하고 겨울을 대비해야 하기에 수확 뒤에 곧바로 축제를 행하기에는 물리적으로 시간이 촉박하기 때문이다. 특히 한국에서 양력 11월은 겨울을 앞둔 늦가을로 지역에 따라 이미 첫눈이 내리는 철이자 겨울철과 곧바로 연결돼 더욱더 농사일을 완전히 마무리하고 겨울 준비를 하지 않은 상태에서 축제를 열기는 어려웠을 것이다. 이를 고려하면 양력으로 11월 하순 무렵의 10월제는 겨울을 대비하는 축제의 성격도 있었을 것으로 여겨진다. 이를 고려하면 고대 시기 행해진 한민족의 농경 관련 5월제는 파종이 끝난 직후인 음력 5월 하순에 기념되고, 10월제는 수확이 끝나고 10여일 뒤인 음력 10월 하순에서 음력 11월 초순에 행해졌다고 할 수 있을 것이다. 이를 양력으로 환산하면 『후한서』기록의 5월제는 대략 양력으로 6월 말에 치러졌고, 10월제는 11월 말, 12월 초 무렵에 행해졌다고 할 수 있다.

이상의 결과는 음력 5월 5일의 단오 기념 시기가 보리의 수확을 제외하고는 한민족이 경작한 곡물의 파종 시기와 대체로 맞지 않는 것은 물론, 그 시기 차이가 20여일 이상 빠름을 살피게 한다. 이로 인해 많은 지역에서 단오

413　『후한서』, 동이열전, 한. "常以五月田竟祭鬼神 晝夜酒會 群聚歌舞. 十月農功畢亦復如之."

는 바쁜 농사철에 위치하게 되고 명절로 하루를 쉬거나 기념하는 것을 불가능하게 하고 있다. 경남 사천 서포의 경우 단오는 모내기철로 바빠 명절이 아닌 것으로 여긴다.[414] 전남 무안 해제와 경북 영천 청통도 바쁜 농사철이라 쉴 수 있는 시기가 아니며, 영덕 창수 역시 한창 바쁜 농사철이라 단오에 신경을 쓰지 못한다. 이처럼 단오가 농번기인 지역인 울진 근남(모내기) 진안 진안(모심기 준비, 보리 베는 철), 제주 노형(고구마 심가 보리 거둬들이기), 구미 해평(농사철), 북제주 한경과 서귀포 중문 하원리 및 대포리(보리 수확기) 등이다. 이들 지역은 단오에 관계없이 농사일을 한다. 하지만 이들 지역과 달리 단오를 명절로 수용하고, 그 만큼 잠시 바쁜 농사일을 접고 하루를 쉬는 지역도 있다. 경북 포항 죽장과 청도 화양은 바쁜 농사철이지만 하루 쉬며 단오 명절을 보내며,[415] 전북 장수 천천의 경우 옛날 단오는 시기적으로 본격적인 농사철로 이 무렵 보리가 익고, 모를 내는 시기지만, 단오를 중요 명절로 여겨 바쁜 일손을 멈추고 하루를 논다.[416] 이처럼 바쁜 농사철임에도 불구하고 하루를 쉬는 지역은 포항 구룡포, 영양 석보, 구미 옥성, 무주 설천 등이다. 물론, 모든 지역이 농사철로 바빠 단오를 기념할 여유가 없는 것은 아니며, 일부에서는 단오 무렵이 한가하다. 무주 적상과 장수 장계에서는 단오를 즈음해 모내기를 끝내고 논두렁 깎으면서 한가한 여유를 갖고 있다.[417] 하지만 단오는 대다수의 지역에서 그 기념 시기가 농사철로 분주해 사실상 기념이 불가능하다. 또한 단오는 기념 대상이 되는 주된 곡물이 없으며, 이

---

414 『경상남도 세시풍속』, 사천 서포, p.212.
415 『경상북도 세시풍속』, 청도 화양, p.799.
416 『전라북도 세시풍속』, 장수 천천, p.592.
417 『전라북도 세시풍속』, 장수 장계, p.550.

는 전국적으로 공통되는 대표 절식이 아닌 지역에 따라 다양한 떡류 절식의 출현이라는 특징을 나타내는 요인으로 작용한다. 한국의 대표적인 명절인 추석의 경우, 기념 대상이 되는 주된 곡물은 쌀이며, 추석을 대표하는 절식인 송편은 이 쌀을 주재료로 해 빚어진다. 이는 송편이 추석을 대표하는 음식으로 발전해 1970년대 이후 한국인 대다수와 대부분의 지역에 의해 추석을 대표하는 절식으로 발전한 것과 대비된다. 반면 단오의 경우 기념 대상이 되는 곡물이 전국 공통으로 특정되지 않아, 이를 기념하는 떡류가 지역마다 다르고, 많은 지역에서 곡물이 아닌 단오 무렵 채취가 흔하거나 가능한 쑥이나 취, 삐삐(삐비- 뻘기), 찔레꽃 등의 절식 재료가 절식의 명칭 이름으로 쓰이고 있다. 물론 이 같은 주장에 반해, 단오가 보리 수확과 관련한 농경의 례라고 볼 수도 있다. 실제로 단오에 보리를 주재료로 해 보리개떡 등을 단오의 절식으로 만드는 지역이 다수 출현하고, 문헌 기록에서도 찾아지기 때문이다.[418] 하지만 단오를 대표하는 떡류 절식은 보리개떡이 아닌 쑥떡이나 수리취떡 등이며, 이는 보리가 아닌 쌀 등을 주재료 한다는 점에서 단오를 보리 수확을 기념하는 명절로만 보기에는 분명한 한계가 있다. 또한 보리는 개떡에서도 나타나듯, 곡물의 가공적성[419]이 낮아 떡으로 만들기 어렵다는 문제도 안고 있다.

이처럼 단오는 대부분의 지역에서 농번기에 위치하고 기념 대상이 되는 곡물이 없다는 점에서 한국의 다른 명절과 차이를 드러낸다. 설과 추석 등

---

418 『한양세시기』와 『해동죽지』는 단오의 시식으로 사당에 보리수단을 올린다고 기록하고 있다. -『해동죽지』. "麥水團. 舊俗五月端五日薦新麥于家廟麥飯和以蜜水名之曰보리수단."
419 신말식(2009), 「쌀의 고유특성과 가공식품 개발」, 『한국식품영양과학회 산업심포지엄 발표집』, p.103.

에서 나타나듯, 한국의 명절과 세시절기는 대부분 그 의례의 목적과 기념 시기가 농사와 밀접하게 연관되고 농경의 휴지기에 행해진다는 공통점을 지니고 있다. 설날은 한 해 농사의 계획을 세우고 풍년을 기원하는 시년제의의 성격을 띠며,[420] 추석은 수확을 앞두고 힘든 농사일에 대한 농공감사제의 성격과 천신의 의미를 담고 있다. 또한 동지는 1년 중 가장 밤이 긴 날을 맞아 액을 제거하고 귀신을 쫓는다는 의식과 함께, 자연력의 새해를 맞이하는 의미와 성격을 지니고 있다. 명절은 아니지만 세시절기 중의 하나로 전통 시기 많은 지역에서 기념된 음력 7월15일의 백중은 일부 지역에서 '세서연'으로도 불리듯, 가장 힘든 농사일을 마무리하고 파종과 관련한 농기구를 씻고 휴식을 취하는 시기에 행해진다.[421] 이때 한국인들은 떡 등의 간단한 음식을 차려 농사가 잘되기를 기원하고, 힘들여 농사일을 한 일꾼들을 격려했다. 이처럼 한국의 명절과 세시절기의 기념 의례는 그 시기가 바쁜 농경과 겹치지 않고, 목적 또한 분명하게 드러난다. 하지만 단오는 위에서 살폈듯, 대부분의 지역에서 시기적으로 보리 베기와 모심기로 한창 바쁘며, 심지어 봉화 소천에서 나타나듯 단오 무렵은 보리가 익기 직전의 보릿고개 시기에 해당된다.[422] 이는 의례 기념을 위한 음식 준비 측면에서 식량의 공급이 수요에 크게 못 미침을 의미해, 절식의 발달에 부정적인 요소로 작용함을 보여준다. 그럼에도 일부의 지역에서는 바쁜 농사일을 잠시 중단하고 명절로 기념하고 있

---

420 『경상남도 세시풍속』, 함안 여항, p.781.
421 한 예로, 강원도 강릉에서는 세벌매기가 끝났다 하여 호미 씻기인 '세서회(세서연)' 행사를 동네잔치로 행했으며, 주민들은 꼬챙이에 낀 송편을 하나씩 돌리고, 큰상을 차려 지신밟기 등을 하며 하루를 놀았다. -『강원도 세시풍속』. 강릉 왕산, p.20.
422 『경상북도 세시풍속』, 봉화 소천, p.516.

으며, 다수의 지역에서는 명절 기념과 무관하게 단오일에 떡을 만들어 먹는 풍속이 나타난다. 또한 몇몇 지역에서는 현대까지 명절로서 인식하고 있다. 성주 월항에서는 단오를 명절로 여겨 송편이나 색떡을 빚어 기념했고,[423] 서귀포 보목에서는 단오를 4대 명절로 수용해 '단오 차례'를 지내는 등 많은 지역에서 절식과 함께 기념한다.[424] 이는 단오의 태동이 '5월제'와 관련되고 고대 시기 한민족의 분명한 명절이었으며, 그 기념 목적 또한 파종 의례와 풍년 기원이 있었기에 가능함을 살필 수 있다.

한국 단오는 이처럼 5월제와 관련된다. 하지만 단오의 기원이 된 '5월제'의 시기는 앞서 한민족이 재배한 곡류의 파종과 수확 시기에서 살필 수 있듯, 음력 5월 5일은 아니었던 것으로 여겨진다. 이는 한민족 고유의 음력 5월 명절(5월제)이 외래의 영향을 받았음을 시사한다. 그 근거는 크게 3가지로 추정된다. 중국 단오 풍속의 유입, '통일 신라'의 등장, 그리고 조선 후기 유교 의례의 생활화다.

먼저 중국으로부터 단오 풍속의 유입이다. 일부에서 조선 후기 실학자 이익의 설명 등을 빌어 단오가 한국의 고유 명절[425]이라고 하지만 이는 5월 5일 단오가 아닌 5월제의 성격에 중점을 둔 풀이로 이해된다. 이는 단오가 한국과 중국은 물론, 일본과 베트남 등에서도 기념되는 세시풍속이었다는 점과 단오를 칭하는 고유 명칭인 '술의(戌衣)'가 거득공 일화 속의 사람 이름인 '단오'에 대한 음차란 점에서 설득력이 떨어진다. 오히려 단오가 중국의 영

---

423 『경상북도 세시풍속』, 성주 월항, p.527.
424 『제주도 세시풍속』, 서귀포 보목, p.123.
425 유소홍·양명모(2017), 앞의 논문, p.61.

향을 받았다는 점은 더욱 설득력이 있고 근거가 있다.

단오는 동북아 3국에서는 공통적으로 제사 등의 의례를 지내는 풍속을 지니고 있다. 특히 중국에서는 단오를 태양이 최고점에 이르는 천중절로 칭하며 크게 기념한다. 이날 중국인들은 찹쌀 반죽 안에 대추, 버섯, 고기 등을 넣고 대나무 잎으로 말아서 찐 떡인 각서 또는 종자를 만들어 먹는다.[426] 일본에서는 단오에 쑥이나 창포로 장식하여 사악한 기운을 쫓는 행사를 한다.[427] 또한 3국 모두 태양의 양기를 강하게 간직한 쑥이나 창포에 관한 풍속과 함께 떡을 만든다는 공통된 절식 풍속을 갖고 있다. 이처럼 단오는 중국은 물론 일본 등에서도 기념되는 동북아시아의 명절이었으며, 그 유래와 풍속의 시작은 중국이라고 할 수 있다. 이는 단오와 관련한 기록과 풍속이 중국에서 처음 출현하는 것에서 뒷받침된다. 단오의 기념은 기록상 주처의 「풍토기」로 이 기록은 3세기 후반에서 4세기 초 사이 중국 진나라 사람들이 단오를 명절로 쇤다고 기록하고 있다. 이와 함께 단오의 유래는 이보다 6백년 이상 앞선다. 기원전 4세기 초에서 3세기 후반의 굴원 관련 고사가 바로 그것이다. 이를 고려할 때 단오는 중국에서 3세기 경 오늘날 한국의 단오 풍속과 유사한 세시풍속이 형성된 것[428]으로 보인다. 이어 송나라 시기 황제의 명으로 굴원을 기념하는 전국적인 단오절이 됐다.[429]

다음으로 신라의 '삼국통일' 영향이다. 앞서 기원을 전후한 시기, 한민족의 오곡에서 살펴봤듯 음력 5월 5일 단오는 보리의 수확을 제외한 나머지

---

426 신미경·정희정(2008), 앞의 논문, p.285.
427 신미경·정희정(2008), 앞의 논문, p.285.
428 장주근, 앞의 책, 2013, p.33.
429 왕런샹 지음·주영하 옮김, 앞의 책, 2010, p.287.

곡식의 파종 시기와 맞지 않는다. 따라서 『후한서』 등에 기록된 의례가 보리 수확제라면 단오는 농경과 관계된 한국 명절의 일반적 특징과 부합한다. 그런데 보리는 전라도의 쌀보리와 경상도의 겉보리 재배로 나뉘어 통일된 수확 시기를 말하기 어렵고, 벼 재배 보다 늦은 기원전 1천년 무렵 전래돼[430] 이후 한민족의 주요 식량자원이 된 것으로 여겨지며 삼국시대에 이르러 5곡의 위치에 서고 있다.[431] 따라서 보리의 유입이 얼마 되지 않은 시기에, 그것도 평야지대로 대표되는 마한지역의 한민족이 보리 수확을 기념하는 집단적 의례를 행했다고 보기에는 설득력이 떨어진다고 할 수 있다. 따라서 단오가 기념한 밭작물은 벼농사 확대 이전의 보리가 아닌 기장과 조, 그리고 콩과 팥이었을 가능성이 높다. 그리고 이들 곡물의 파종 시기는 음력 5월 중하순이다. 5월제를 기록한 『후한서』는 부여의 영고나 고구려의 '동맹'에서 나타나는 것처럼 당시 명절의 이름이 있는 경우 이를 기록으로 남기고 있다. 하지만 5월제는 국가적 명절의 이름이 나타나 있지 않으며, 출현 지역 또한 신라가 아닌 마한지역으로 나타나고 있다. 이는 당시 마한에서 행해진 5월제는 시기상 뒤늦게 신라에서 등장한 '단오'와 다른 성격의 축제였다고 보는 것이 타당할 것이다.[432]

이를 종합하면 신라의 백제와 고구려 영토 일부에 대한 병합이 고려시대 이후 9대 속절에 포함된 5월 5일 단오의 탄생 배경이 된 것으로 볼 수 있다. 중국 문물 수입에 적극적이었던 신라는 7세기 중엽부터 중국의 관복을 도

---

430 박철호·박광근·장광진·최용순, 앞의 책, 2008, p.142.
431 안완식, 앞의 책, 2009, p.14. "삼국시대 5곡은 보리, 피, 기장, 콩, 깨."
432 『삼국유사』는 단오를 신라 사람들이 속칭으로 '술의'라 한다고 기록하고 있다.

입하고,[433] 당나라의 정월 세수 역법을 채택했으며(700년), 이후 757년에는 지명 등의 한자화를 단행했다.[434] 이로 미루어 6세기 중엽의 『형초세시기』에 등장하는 중국의 단오 풍속[435]도 이 무렵을 즈음해 신라에 유입됐다고 볼 수 있다. 이는 한국 『세시풍속』에 나타난 다수의 단오 풍속이 『형초세시기』 기록과 거의 비슷하고, 오히려 현재의 중국 단오 풍속과는 차이가 나는 데서 살필 수 있다.[436] 중국에서 행해지던 5월 5일 단오 풍속이 신라에 유입될 무렵, 신라 사람들은 '단오'의 한자음을 술의로 칭했는데 때마침 중국에서 유입된 새로운 명절의 이름이 한자로 '단오'였기에 속칭으로 이날을 '술의'라 부르게 됐고 이게 훗날 수릿날로 고정된 것으로 추정된다. 즉, 단오의 수릿날 명칭은 『삼국유사』의 거득공 설화에서 나타나듯, '단오(端午)'의 한자음을 '술의[車衣]'로 읽은 신라인의 언어 관습[437]에서 비롯됐다고 할 수 있다. 이 관습에 따라 중국에서 유입된 단오의 명칭은 '술의[車衣] - 수뢰 - 수리' 등으로 불린 것으로 보인다.[438] 이후 단오는 고려 가요 〈동동〉에 나타나듯, 최소 이 무렵에는 '수릿날'로 불렸다.[439] 따라서 이를 고려하면, 한국 단오는 음력

---

433 『삼국사기』, 색복. "文武王在位四年 又革婦人之服. 自此已後衣冠同於中國."
434 『삼국사기』, 신라본기. "冬十二月改 沙伐州 爲 尙州."
435 욕란, 쑥 뜯기, 약초 캐기, 쑥 걸기, 굴원 제사, 종(糉)먹기 등이다. -국립민속박물관, 『중국대세시기I』, 국립민속박물관, 2007, p.62. -『형초세시기』 5월, pp.62~66.
436 현재 중국의 단오 풍속은 종자와 포주, 오독주를 마시는 등 무더운 여름나기와 유행병 예방 음식 위주로 나타나고 있다. -신미경·정희정(2008), 앞의 논문, p.285.
437 『삼국유사』 권2, 기이. "吾名端午也, 俗爲端午爲車衣."
438 박진태(2008), 「한중 단오제의 비교연구」, 『비교민속학』 37, 비교민속학회, p.82 참조. "수릿날은 마한시대의 오월제 내지 제천일이었고, 이 수릿날이 중국에서 유입된 단오절로 교체되면서 이름만 존속했을 개연성이 크다." 반면, 신라에서는 단오를 향찰로 표기해 수리라 불렀는데 이것은 신라 때부터 단오를 명절로 지낸 것으로 해석하기도 한다. -장정룡(2007), 「세시풍속과 콘텐츠」, 『강원민속학』 21, p.475.
439 고려 가요 〈동동(動動)〉 오월에는 "5월 5일에 아으 수릿날 아침"으로 출현한다. -임영화, 앞의 논문, 2018, p.205.

5월 5일이라는 날짜 시기와 농경과 무관한 무병장수의 풍속을 중국 단오에서 취하고, 농경과 관련된 파종 혹은 수확 제의적 축제 성격은 고대 한민족의 축제나 명절에서 비롯된 것으로 보인다. 즉, 중국의 단오 날짜 및 풍속과 한민족의 '5월제' 농경 축제가 결합돼 단오의 세시풍속이 탄생했다고 할 수 있다. 그리고 이 같은 결합이 이뤄진 계기는 신라에 의한 백제와 고구려 일부 지역의 병합인, 7세기 후반 신라의 속칭 '삼국통일'이라는 정치적 사건이라 할 수 있다. 이는 로마제국의 태양절과 크리스마스와의 관계에서 나타나듯, 정복 세력에 의해 피정복민의 문화는 흡수 또는 변형될 가능성이 있기 때문이다. 이후 마한의 5월제는 신라나 중국 단오의 영향 등으로 그 기념일이 앞당겨지는 변화를 겪었지만 의례를 행하는 목적인 파종이나 수확 축하는 지속됐던 것으로 보인다. 하지만 이후 벼농사의 보급이 확대되고 보리를 제외한 나머지 곡물의 파종 시기와 맞지 않으면서 의례의 목적이 중국에서 유래한 무병장수의 기원 등을 제외하고는 무의미해지며 기념 의례가 쇠퇴하게 됐다고 할 수 있다. 그런데 5월제를 기념해 빚었던 쑥떡 등과 같은 절식은 고대 북방계 한민족의 봄과 여름철 시식이었다는 이유와 함께 음식의 보수성 등으로 지역 색을 띠며 유지, 발달된 것으로 보인다.

결론적으로 한국 단오의 의례와 절식이 다른 명절에 비해 미미한 것은 곡물의 파종이나 수확을 축하하는 5월제의 농경 의례적 목적이 중국에서 유입된 단오와 결합되면서 그 날짜가 변경되고, 이 변경된 날짜는 농경의 파종 의례를 축하하기에는 시기적으로 맞지 않은 것이 가장 큰 요인이 된 것으로 풀이된다. 이처럼 단오는 크게 기념일이라는 형식적 측면에서는 중국의 단오절을 취하고, 의례의 목적인 내용적 측면에서는 주로 '5월제'와 결합해 한국의 단오로 재탄생했다고 볼 수 있다. 이렇게 한민족의 명절로 등장한 단오는 이후 고려시대 9대 속절에 이어, 조선시대 4대 절사로 자리하며 발전하게 되고, 현재에 들어서까지 일부 지역을 중심으로 추석에 대비되는 단오문화권으로까지 불렸다고 할 수 있다.

단오 명절의 발달에는 이밖에 고려시대 말 유입된 유교의 의례가 큰 영향을 미쳤으며, 특히 조선 후기 제례를 중심으로 한 유교 의례의 생활화는 단오는 물론, 추석과 설날 명절의 발달에 크게 기여했다고 볼 수 있다.

설날, 추석, 동지 등과 함께 현재 한국의 4대 전통 명절로 불리는 단오의 주요 의례와 행사는 제사 모시기와 무병장수, 제액초복적 의례, 그리고 쑥떡 등의 시식 만들기로 대별된다.

단오의 성격과 관련, 일부에서는 봄을 축하하는 잔치[440]로 보기도 하지만, 이는 단오가 시기적으로 양력의 6월 초에 위치하고, 단오의 태동이 북쪽지역이 아닌 중국 남방이란 점[441]에서 설득력이 낮다고 할 수 있다. 한국에서는 단오가 일 년 중 양기가 가장 왕성한 날이라 해서 지역과 집안에 따라 약초를 채취하고, 영혼을 위로하는 제사를 지내며, 단오떡을 만들어 먹는다. 하지만 현대에 들어, 이들 풍속 중 약초 채취를 제외하고는 남한의 일부 지역에서만 행해진다. 단옷날 세시 행사 중 가장 빈번하게 등장하는 것은 쑥, 익모초 등의 약초를 캐서 말리는 것이다. 약초 채취는 중국의 『형초세시기』에서부터 등장하고 19세기 중엽, 한국의 세시기인 『동국세시기』에서도 옥추단과 제호탕으로 나타나는 등 단오를 대표하는 풍속이며, 이는 단오 행사의

---

440   장주근, 2013, 앞의 책, p.25.
441   왕런샹 지음 · 주영하 옮김, 앞의 책, 2010, p.289.

민간신앙적(벽사적) 성격에 속한다.

단오의 풍속은 이상과 같은 벽사 의례를 통해 무병장수를 기원하는 민간신앙(무속, 도교) 측면과 함께 유교 측면, 절식 및 놀이·오락 측면에서 파악할 수 있다.

먼저 민간신앙적 측면의 행사로는 무병장수를 담은 쑥, 익모초 등의 약초 채취와 쑥 걸기 등의 벽사와 제액초복적 행사를 들 수 있다. 약초 채취는 전국 대부분의 지방에서 공통적으로 출현하며, 이때 뜯은 쑥은 이후 약용과 함께 식용으로, 특히 단오의 절식인 쑥떡의 재료로 쓰인다. 양기가 가득한 쑥을 뜯는 것은 일종의 벽사의 의미로[442] 강한 양기로 재앙을 부르는 음기를 제거하고자 하는 제액축귀적 의례의 변형이라고 할 수 있다.[443] 쑥 걸기는 몇몇 지방에서 출현하며 경남 거제 일운과 하동 옥종, 전남 광양 황길, 담양 무정, 화순 화순, 전북 군산 임피, 충북 단양 적성, 음성 금왕 등에서는 이날 쑥을 대문 등에 걸어 액과 사악한 잡귀를 물리쳤다.

다음으로, 유교적 측면에서 단옷날 일부 지역에서 제사나 성묘, 사당 참례[444] 등의 의례를 행한다. 단옷날 일부 지역과 집안에서는 단오를 추석 등과 같은 절사일로 여겨 조상의 묘소를 찾아 묘제를 지냈다.[445] 이 같은 성묘 풍속은 현대에까지 이어져 경남 울주 삼남에서는 단옷날 조상께 차례를 지내

---

442 권순형(2007), 앞의 논문, p.173.

443 이화형(2015), 「한중세시풍속의 융합성비교-정월명절을 중심으로」, 『동아시아고대학』 제40집, 동아시아고대학회, p.322, p.330. -"한국 명절의 경우 외래적 신앙과의 융합에서 무속적 성격이 강하며, 한국 세시풍속의 제의적 성격을 보면 타 신앙과의 융합관계에서 무속성이 그 핵심적 위치에 있다. 유교적 제의가 많다고 할 수 있으나 유교적 의례도 민간 고유의 무속이 기반이 되어 있다."

444 『성호전집』 권48, 제식.

445 권오영(2010), 앞의 논문. p.473.

고 성묘를 하며[446] 양산 웅상에서는 단옷날 성묘를 간다.

단옷날 떡 만들기는 절식적 측면에 속한다. 한국의 많은 지역에서 단오에는 쑥떡이나 취떡, 진달래꽃전(떡), 뻘기떡 등의 떡 만들기를 행했다. 이 같은 떡 빚기는 가장 강한 양기를 머금은 쑥 등의 약초를 채취해 떡을 통해 이를 섭취함으로써 제액초복할 수 있다는 믿음을 담고 있다.

다음은 놀이·오락적 측면으로 단오에는 건강한 여름나기를 위해 그네뛰기 놀이를 행한다. 이 놀이는 단오의 대표적 놀이로 전국에서 광범위하게 출현한다. 그네를 뛰는 이유는 여름철 모기에 물리지 않고 액운을 쫓기 위함 등이다. 원주 부론에서는 단옷날 그네를 타면 모기에 물리지 않는다고 한다.[447] 춘천 서면에서는 그네를 타면 액운이 사라진다고 한다.[448] 단옷날 그네는 주로 동네 청년들이 집집마다 방문해 짚을 모아서 세 가닥을 합쳐 만들어 지정된 나무에 묶고 일정 기간이 지나면 안전을 위해 잘랐다. 주로 젊은 여자들이 낮 시간 탔지만, 지역에 따라 남녀노소 가리지 않고 탔다. 특이한 것은 몇몇 지역에서 남녀가 함께 그네를 타는 풍속이 발견된다는 점이다. 금산 제원에서는 남자들이 짚을 거둬 그네를 매주면 남녀가 번갈아 가며 타는데 이때 '모기야!' 소리 지르면 그해 모기가 물리지 않는다고 믿었다. 이 지역의 그네 풍속은 1970년대 이후 사라졌다.[449] 당진 송악에서는 두 명이 타는 그네를 배그네라 하며, 장수 장계에서는 혼자 타기도 하지만 남녀가 마

---

446 『경상남도 세시풍속』, 울주 삼남, p.932.
447 『강원도 세시풍속』, 원주 부론, p.118.
448 『강원도 세시풍속』, 춘천 서면, p.172.
449 『충청남도 세시풍속』, 금산 제원, p.320.

주서서 두 명이 배그네를 타기도 했다.[450] 이 마을에서는 장마에 자연스럽게 끊어질 때까지 그네를 타고 논다. 장수 장계와 달리 예산 대술에서는 남녀가 함께 그네를 타면 흥이 됐다. 또한 고양 일산에서는 여자 그네와 남자 씨름의 남녀 장원이 쌍그네 놀이를 했다.[451]

이상의 한국 단오 의례와 행사를 통해 한국 단오가 다른 세시풍속과 마찬가지로 민간신앙(무속성)이 그 핵심적 위치를 점하고 있음을 살피게 한다.[452]

단오의 기념 의례가 절식과 함께 출현해 단오명절의 전통성을 비교적 자세히 보여주는 지역은 강원도의 경우, 동해 망상(쑥떡, 취떡 단오 제사), 속초 도문(취떡 단오 제사), 강릉 옥계(시루떡 산맥이 치성), 인제 인제 귀둔1리(취떡 아침차례(단오 고사)) 등이며, 경기도와 경남 및 충남은 떡 또는 의례만이 단독으로 출현한다. 경북은 영주 풍기에서 수리취떡을 마련, 아침 제사를 올리며, 청송 부남에서는 쑥떡, 취떡과 함께 4일 자정에 단오제를 지낸다. 전남 지역의 경우 영광 법성포에서 모싯잎 떡으로 단오제를 지내며, 전북 정읍 옹동에서는 성줏상을 차려 시루떡을 올리고,[453] 순창 팔덕에서는 밀개떡을 조상께 바친다. 남제주 표선에서는 쑥떡, 보리쑥떡 등을 준비해 단오제를 1970년대까지 지냈으며, 지금도 지내는 곳이 있다. 북제주 한경과 서귀포 보목에서는 각각 기주떡(보리떡)과 보리상왜(보리떡)를 마련, 차례를 지낸다. 충북에서는 제천 한수(수리취떡 단오 차례), 보은 보은(인절미 단오 차례), 영동 용산(송편, 부침개 단오 차례), 괴산 장연 방곡리(송편, 쑥떡, 부침개 단오 차례) 등 4

450 『전라북도 세시풍속』, 장수 장계, p.550.
451 『경기도 세시풍속』, 고양 일산, p.18.
452 이화형(2015), 앞의 논문, p.322. p.330.
453 『전라북도 세시풍속』, 정읍 옹동, p.235.

곳에서 절식을 마련해 단오 의례를 행한다.

단오제의 의례 시간은 대부분 아침인 것으로 나타났다. 삼척 미로에서는 성황당에서 단옷날 아침에 제사를 지내며,[454] 인제 기린과 안산 신길, 안산 대부에서도 아침에 조상께 단오 제사를 올린다. 속초 청호에서는 조상묘소를 찾아 단오 제사를 지내며, 태백 삼수에서는 아침 9~10시에 성황제를 모신다.

단오의 특이한 의례지역으로는 4일 밤 자시에 한당[455]에서 지내는 경북 경산의 '한당 제사'와 전남 고흥 대서의 '절제(별제)'가 있다. 절제는 제사를 모시지 않는 조상을 대상으로 한 제사다.[456] 이밖에 영광 법성에서는 매년 단오일에 법성포구에서 단오제가 열린다. 이 의례는 예전에 매년 법성지역에 형성된 어장이 단오 무렵에 끝나는 것에서 비롯된 마을 잔치다. 이때 선주들과 일부 상인들이 포구 앞에서 굴비를 구워놓고 막걸리와 함께 오가는 사람들에게 대접했다. 이 풍속이 현재의 법성포 단오제의 출발이다. 단오제에서는 용왕제와 뱃고사 등으로 한 해 어업의 안녕과 풍어를 비는 제사가 행해진다. 이날 제에 참석한 사람들은 음식을 먹고, 그네뛰기와 씨름을 하며 하루를 즐겁게 보낸다. 이 잔치에는 많은 사람이 모여 자연스럽게 난장이 형성되며, 소리꾼도 참여하고 풍물패가 흥을 돋우는 등 한바탕 잔치가 벌어진다.[457] 이밖에 단오의 특별한 풍속으로 경북 예천 유천과 의성 사곡의 일부에서는 개를 잡아먹기도 했다.[458]

---

454 『강원도 세시풍속』, 삼척 미로, p.79.
455 '한당'은 경북 경산 자인지역의 한장군 사당으로 한장군은 신라에서 고려시대 무렵 왜구를 물리친 것으로 전해지며 이곳에서 자인 단오제가 행해진다.
456 『전라남도 세시풍속』, 고흥 대서, p.310.
457 『전라남도 세시풍속』, 영광 법성, p.627.
458 『경상북도 세시풍속』, 의성 사곡, p.738.

이상을 통해 한국의 단오는 중국으로부터 음력 5월 5일이라는 날짜 시기와 강한 양기를 활용한 무병장수 및 제사라는 풍속을 취하고, 농경과 관련한 의례는 마한의 유풍인 '5월제'에서, 그리고 삼국과 가야의 제사 풍속[459] 및 이후 고려의 제사 풍속[460] 등을 결합해 한국 전통의 단오 풍속이 형성됐으며, 강한 양기를 활용해 액을 제거하고 복을 기원하는 성격에서 행해지고 있음을 살필 수 있다. 또한 단오는 농경을 기반으로 하는 추석, 설 등과는 달리 곡물의 파종 시기와 맞지 않고 이는 단오가 명절의 지위를 상실하고 쇠퇴하는 요인으로 작용했음을 보여준다.

나. 지역별 절식

1) 강원도

강원도 지역 단오의 출현 떡류는 쑥떡, 시루떡, 취떡, 백설기, 인절미, 절편 등이다. 전체 54개 조사 지역 중 34개 지역에서 단오에 떡을 빚는 것으로 나타났다. 이들 떡 중 출현 빈도가 가장 높은 떡은 취떡으로 모두 24회 출현했으며, 다음으로 쑥떡이 13회, 시루떡과 인절미가 각각 3회 등장했다.[461]

강원 지역은 수리취떡과 취떡은 물론 일부 지역의 경우 단오에 빚어지는 떡 모두를 수리(취)떡이라 부르기도 한다.[462] 취떡은 멥쌀 또는 찹쌀로 빚거

---

459 『삼국유사』 권2, 기이2 가락국기. "當端午而致告祠堂."
460 『송사』 권487, 열전246 고려. "每正月一日五月五日祭祖廟."
461 양구군 방산면 현리에서도 취떡을 해 단옷날 아침 서낭나무에 갖다 두는 풍속이 있다. -국립민속박물관, 『한국의 세시풍속 I-서울·경기·강원·충청도 편』, 1997, p.213.
462 『강원도 세시풍속』, 양구 양구, p.259. ;『강원도 세시풍속』, 동해 삼화, p.56. "단오에는 취나물이나 쑥으로 떡을 찌는데, 이를 수리취떡이라고 한다."

나 이 둘을 섞어 빚지만 쌀이 귀한 지역의 경우 조찹쌀(차조) 가루나[463] 옥수수, 수수가루 등으로도 만든다. 취의 경우 종류가 다양해 떡에 사용되는 취는 대개 떡취이며, 그 밖의 취로 떡을 빚을 경우 우려내 떫은맛을 제거한 다음, 떡에 사용했다.[464] 수리취떡은 이렇게 산에서 떡취(수리취)[465]를 채취해 삶아 찹쌀 등을 떡메로 칠 때 함께 넣어 빚었다.[466] 이 떡을 빚는 이유에 대해 영월 남면에서는 단오 때 떡과 미나리를 먹으면 그해 여름을 타지 않는다고 여겼으며, 인제 귀둔 지역에서는 집안의 안녕과 오곡의 풍년 기원을 위해 장독대에서 취떡을 시루째 올리고 단오 고사를 지냈다. 또한 현실적인 이유로 횡성 갑천에서는 단오 무렵 산에서 떡취를 많이 뜯을 수 있지만 쑥은 이 무렵 식용으로 쓰는 쑥이 없기에 취떡을 빚는다. 이 같은 취떡은 단오의 절식으로 쓰인 것은 물론 설날과 추석의 절식으로도 쓰였다. 인제 기린에서는 설날의 시식으로 절편과 취떡을 빚었으며,[467] 삼척 미로에서는 추석의 절식으로 취떡을 만들었다. 쑥떡 또한 강원도의 많은 지역에서 단오의 절식으로 사용된다. 동해 망상에서는 단오 제사에 반드시 쑥떡과 취떡을 올리며, 춘천 동산에서는 쑥떡이 대대로 전승된 단오에 먹는 떡이라고 여긴다.[468] 특히 쑥은 강원도 거의 모든 조사 지역에서 단오에 채취하는 식물로 약쑥을 말

---

463 『강원도 세시풍속』, 인제 귀둔, p.351.
464 『강원도 세시풍속』, 철원 철원, p.412. ; 『강원도 세시풍속』, 철원 근남, p.423.
465 개취, 떡취 등으로 불리며, 만주, 아무르, 우수리, 일본, 한국 전역의 해발 1,300m 이상의 산지에 분포한다. 국화과의 여러해살이식물로 키는 40~100cm, 줄기는 자줏빛이 돌고 흰털이 빽빽이 난다. 꽃은 9~10월에 핀다. -안완식, 앞의 책, 2009, p.326.
466 『강원도 세시풍속』, 홍천 서석, p.494.
467 『강원도 세시풍속』, 인제 기린, p.364.
468 『강원도 세시풍속』, 춘천 동산, p.157.

리는 풍속이 광범위하게 나타난다. 이 쑥을 말려서 속이 아프거나 팔다리가 저릴 때 등에 약용으로도 사용한다.[469] 이처럼 단오에 쑥을 채취하는 이유는 단옷날이 가장 양기가 강해 약성이 좋다고 여기기 때문이다. 쑥떡에 쓰이는 쑥은 참쑥이며, 약쑥과 인진쑥이 약용으로 사용된다.

이상을 통해 강원 지역을 대표하는 단오 떡류는 (수리)취떡과 쑥떡임을 살필 수 있다.

2) 경기도

경기도 지역 단오의 떡류 절식은 쑥떡, 수리취떡, 인절미, 취자떡, 쑥개떡 등이다. 전체 82개 조사 지역 중 21곳에서 떡류가 출현했으며, 강원도와 달리 쑥떡의 출현 빈도가 가장 높게 나타난다. 쑥개떡까지 포함할 경우 12회의 출현 빈도를 보여 수리취떡보다 높다. 쑥떡을 빚는 지역은 성남 분당, 화성 향남을 비롯, 양평 지제, 여주 점동, 김포 통진 지역 등이며, 수리취떡은 가평 설악, 양평 용문, 강화 교동 등이다. 이와 함께 쑥떡과 수리취떡을 함께 빚는 지역은 강화 내가다. 단오에 쑥떡을 빚어 먹는 이유는 이 무렵에 쑥이 많이 나오고,[470] 부드럽고 맛이 좋기 때문이다.[471] 또한 안양 동안에서는 (지금은) 산에서 수리취를 구할 수 없어 쑥떡을 해먹는다.[472] 인천 고천에서는 쑥을 뜯어 쑥떡은 물론, 찹쌀을 넣고 찧어서 개떡, 송편, 인절미 등도 빚는다.[473]

---

469 『강원도 세시풍속』, 속초 대포, p.92.
470 『경기도 세시풍속』 성남 수정, p.300.
471 『경기도 세시풍속』 용인 양지, p.494.
472 『경기도 세시풍속』, 안양 동안, p.436.
473 『경기도 세시풍속』 인천 고천, p.553.

여주 점동에서는 쑥을 보관해 뒀다가 정월에 쑥떡을 만들어 먹었다. 하지만 이들 떡은 (현재에 들어) 간혹 빚어 먹는 사람이 있을 만큼 풍속에서 점차 사라지고 있다.[474]

수리취떡과 관련, 여주 대신에서는 수리취떡의 한쪽은 흰색, 다른 쪽은 녹색으로 만들며, 찹쌀, 멥쌀, 좁쌀을 섞어 찐다. 특히 찹쌀을 섞은 것은 콩가루를 입혀 먹고 멥쌀 섞은 것은 그냥 먹는다.[475] 강화 교동은 단오에 수리취나 쑥으로 떡을 빚어 먹는 풍습이 있다.[476]

이상을 통해 경기 지역의 단오를 대표하는 떡류 절식은 쑥떡과 함께 수리취떡임을 살필 수 있다.

3) 경상남도

경상남도 지역 단오의 떡류 절식은 쑥떡과 찔레꽃떡 등이다. 전체 66개 조사 지역 중 20곳에서 단오떡이 출현했다. 쑥떡이 나타난 지역은 거제 일운, 하동 옥종을 비롯해 밀양 초동, 진주 지수, 진해 운동, 창원 동읍, 의령 용덕, 기장 일광 등이다. 찔레꽃떡이 출현한 지역은 창녕 도천이며, 이밖에 쑥떡과 수리취떡 및 쑥떡과 찔레꽃떡이 함께 나타난 지역은 각각 기장 철마와 의령 정곡지역이다.

쑥떡을 해먹는 이유에 대해 거제 거제는 쑥이 단오에 가장 성한 양기를 받아 이를 해먹으면 건강에 좋다고 보았다.[477] 거제 일운에서도 양기 받은 쑥이

---

474 『경기도 세시풍속』 강화 내가, p.939.
475 『경기도 세시풍속』, 여주 대신, p.834.
476 『경기도 세시풍속』, 강화 교동, p.953.
477 『경상남도 세시풍속』, 거제 거제, p.20. ; 창원 동읍, p.360.

라 몸에도 좋고 맛도 좋아 해먹는다. 밀양 초동에서는 단옷날 쑥떡을 해 먹으면 배가 아프지 않고, 병마에 걸리지 않는다고 믿었다.[478] 의령 용덕에서는 단옷날 쑥은 약이 된다고 해 일부러 떡을 해먹고 이웃과 나눠 먹었다.[479]

이 쑥은 식용과 함께 벽사의 용도로도 사용됐다. 거제 일운, 하동 옥종 등에서는 단옷날 쑥을 채취해 대문간에 걸어두면 잡신이 들어오지 않는다는 속신이 있다.[480]

이상을 통해 경남 지역의 단오를 대표하는 절식은 압도적으로 쑥떡임을 살필 수 있다. 하지만 전체 조사 지역의 30% 지역에서만 단오떡이 출현해 경남 지역 내 단오떡의 출현 비율은 높지 않다.

4) 경상북도

경상북도 지역 단오의 출현 떡류는 쑥떡, 취떡, 백설기, 송편, 찔레꽃떡, 시루떡 등이다. 전체 71개 조사 지역 중 26곳에서 단오를 기념하는 떡이 출현했다. 이중 쑥떡은 모두 21개 지역으로 문경 문경, 상주 함창, 영주 단산, 영천 대창, 군위 부계, 의성 사곡, 칠곡 북삼 등에서 단독으로 나타났고,[481] 문경 농암, 상주 사벌, 안동 서후, 의성 단촌, 청송 부동에서는 백설기, 시루떡 등과 함께 2~3개의 떡이 빚어졌다. 취떡은 모두 5회지만 단독으로 출현한 지역은 없고 군위 효령, 청송 부남 등 대부분 쑥떡과 함께 나타났다. 칠곡

---

478 『경상남도 세시풍속』, 밀양 초동, p.140.
479 『경상남도 세시풍속』. 의령 용덕, p.633.
480 『경상남도 세시풍속』, 거제 일운, p.35. ; 하동 옥종, p.732.
481 경북 예천 용문 상금곡리와 영천 도남동에서도 쑥떡을 빚었다. -국립민속박물관, 『한국의 세시풍속II-전북·전남·경북·경남·제주 편』, 1998, p.281, p.273.

왜관에서는 찔레꽃떡이 단독으로 빚어졌고, 특이하게 문경 농암과 문경 동로에서는 쑥떡과 함께 송편이 출현했다. 이밖에 안동 풍산과 성주 월항에서는 쑥떡과 함께 각각 기지떡과 색떡이 빚어졌다. 문경 농암에서는 단오에 쑥떡을 별미로 만들어 먹었는데 요즘은 쑥떡보다는 송편과 백설기 등을 만들어 먹고 있다.[482] 쑥떡을 만드는 이유에 대해 문경 문경읍에서는 5월은 햇쑥이 나서 쑥떡하기 좋은 계절이기 때문이며, 단오에는 묵은 쑥이 환갑이 돼 이를 뜯어 약쑥을 만들고 햇쑥으로는 쑥떡을 빚고 있다.[483] 청송 파천에서는 쑥떡과 취떡이 단옷날을 대표하는 음식으로 취는 재료를 쉽게 구할 수 있고 입맛을 돋우는 역할을 한다.[484] 문경 동로에서는 단오를 '떡 해먹는 날'이라 해 아무리 여유가 없어도 조금씩 떡을 빚었으며,[485] 상주 만산2동에서는 요즘은 단오에 쑥떡을 절편으로 만들어 콩고물을 묻히지만 예전에는 쑥을 쪄서 찹쌀가루로 버무린 다음 둥글고 넓적하게 빚어서 손으로 떼서 먹었다.[486] 상주 사벌에서는 단오의 쑥떡은 쑥이 거칠어서 목에 부드럽게 넘어가지 않지만 꿀맛이며,[487] 봉화 소천에서는 단옷날 시식으로 쑥떡과 함께 칡떡도 빚었다.[488] 의성 사곡에서는 단옷날의 시절 음식은 단연 쑥떡으로 '치나물'을 섞으면 쑥떡이 훨씬 부드러워 진다고 여겼다.[489] 청송 부남에서는 단옷날 시절식은 단연 쑥떡이지만 취떡을 빚으며, 이 취는 취나물과 다른 붉은

482　『경상북도 세시풍속』, 문경 농암, p.180.
483　『경상북도 세시풍속』, 문경 문경, p.195.
484　『경상북도 세시풍속』, 청송 파천, p.855.
485　『경상북도 세시풍속』, 문경 동로, p.210.
486　『경상북도 세시풍속』, 상주 만산2, p.224.
487　『경상북도 세시풍속』, 상주 사벌, p.239.
488　『경상북도 세시풍속』, 봉화 소천, p.516
489　『경상북도 세시풍속』, 의성 사곡, p.738.

색 잎으로 뜯어 말린 후 물에 삶아 사용한다.[490]

이밖에 취떡은 대개 찹쌀과 멥쌀을 섞어 만들지만 청송 부남에서는 쌀이 흔하지 않아 취떡을 싸래기, 차좁쌀, 기장쌀, 붉은 수수를 넣어 만들었으며, 이때 흰빛을 띠는 귀쑥을 넣으면 맛이 좋다고 한다.[491] 칠곡 왜관에서는 단오 전날 찔레꽃을 쌀가루와 섞어 떡을 만들었다.[492]

이상을 통해 경북 지역의 단오를 대표하는 떡류는 쑥떡이 절대적임을 살필 수 있다. 떡류 절식의 지역 출현 빈도도 37%로 높은 편이며 특히 경북 조사 지역 10곳 중 3곳에서 단오를 기념하는 떡으로 쑥떡을 빚고 있다.

5) 전라남도

전라남도 지역 단오의 출현 떡류는 찔레꽃떡, 찔레꽃전, 쑥떡, 모싯잎떡, '삐비(삘기)떡' 등이다. 전체 66개 조사 지역 중 21개 지역에서 단오를 기념하는 떡이 출현했다. 이중 찔레꽃떡은 강진 강진, 곡성 곡성, 장흥 장평, 해남 현산에서 단독으로 나타나고 담양 월산, 장성 삼계 등에서 쑥떡 등과 함께 빚어져 모두 8곳에서 만들어졌다. 찔레꽃은 낙엽활엽교목인 찔레나무의 꽃이다. 5월에 백색 또는 붉은 빛이 도는 꽃이 피며 이 꽃은 식용으로 쓰이고, 과실과 뿌리는 약용으로 쓰인다. 한국, 중국, 일본이 원산지이며, 한국의 경우 함경북도를 제외한 전국의 표고 1,900미터 이하의 산록 양지 및 하천 주변에서 자생한다.[493] 전남 지역에서는 이 관목의 꽃잎을 따서 떡 위를 장식하

---

490 『경상북도 세시풍속』, 청송 부남, p.840.
491 『경상북도 세시풍속』, 청송 부남, p.841.
492 『경상북도 세시풍속』, 칠곡 왜관, p.907.
493 이정석·이계한·오찬진, 『새로운 한국 수목대백과 도감(상)』, 서울: 학술정보센터, 2010, p.386.

거나 곡물 가루와 함께 섞어서 만들며, 특히 전을 부칠 때도 사용한다. 이 전을 찔레꽃전이라 하며 나주 남평, 보성 노동, 신안 압해, 장흥 안양 등에서 출현했다. 따라서 찔레꽃떡류는 모두 11곳에 달한다고 할 수 있다. 쑥떡은 담양 무정, 보성 득량 등 4곳에서 출현했다.

찔레꽃떡을 하는 이유에 대해 곡성 석곡과 신안 압해, 해남 현산에서는 찔레꽃으로 떡을 해 먹으면 돌아오는 여름에 더위를 타지 않으며,[494] 곡성 삼기에서는 찔레꽃을 넣으면 떡과 전의 향기가 좋다고 한다.[495] 담양 월산에서는 밀을 빻아 찔레꽃잎과 함께 섞어 개떡을 많이 해먹는다.[496] 해남 현산에서는 단옷날 먹는 떡은 설날 시루떡 가루를 말려 놓았던 것을 활용해 찔레꽃을 넣고 떡을 만든다.[497] 이밖에 모싯잎떡과 관련 영광 법성에서는 모싯잎은 들깻잎처럼 생겼으며 이 잎을 사용해 웬만한 가정에서는 단오에 떡을 하며, 이 떡은 쑥떡과 비슷하게 생겼지만 맛있고 쫄깃하다고 한다.[498]

이상에서 나타나듯, 전남 지역 단오의 대표 절식은 찔레꽃떡·전이다. 단오 출현 떡류 중 절반 이상을 차지한다. 하지만 절식 출현에 따른 단오의 기념 비율은 32%에 불과해 기념 정도가 낮다는 특징을 보인다. 또한 강원, 경북 등과 달리 취떡이 전혀 나타나지 않는다. 이는 한반도 남부의 취떡 하한선이 서쪽으로 충남과 동쪽으로 경북임을 살피게 한다.[499]

---

494 『전라남도 세시풍속』, 곡성 석곡, p.341. ; 신안 압해, p.566. ; 해남 현산, p.842.
495 『전라남도 세시풍속』, 곡성 삼기, p.356.
496 『전라남도 세시풍속』, 담양 월산, p.423.
497 『전라남도 세시풍속』, 해남 현산, p.842.
498 『전라남도 세시풍속』, 영광 법성, p.627.
499 경남 지역에서는 유일하게 현재 부산시 권역인 기장군 철마에서 수리치떡이 출현하는 예외를 보인다.

6) 전라북도

전라북도 지역 단오의 떡류 절식은 삘기(비)떡, 쑥떡, 찔레꽃떡, 밀개떡 등이다. 전체 42개 조사 지역 중 18개 지역에서 떡이 출현했다. 전북 지역 단오의 특징적인 떡은 삘기떡으로 정읍 입암, 신태인, 고창 성내, 고창 성송 등 전북 서부 지역의 정읍시와 고창군 2개 지역에서 빚어진다. 쑥떡은 군산 경암, 김제 요촌, 완주 경천, 전주 완산 풍남 등 전주와 군산을 중심으로 한 3개 시군에 출현한다. 이밖에 남원 덕과, 운봉, 임실 임실에서는 찔레꽃류의 떡과 전이 나타난다. 진안 동향에서는 진달래 부침개가 출현한다. 이처럼 전북 지역은 단오를 기념하는 떡 종류가 지역에 따라 군집적으로 나타난다는 특징이 있으며, 그 만큼 전북 전체를 대표하는 두드러진 떡류가 없다고 할 수 있다.

정읍 옹동과 입암에서는 단옷날 별미로 삘기의 껍질을 벗겨 찧고 쌀가루와 함께 버무려 개떡을 만든다.[500] 삘기떡을 하는 이유는 삘기꽃은 약이며, 단옷날 이 떡을 먹으면 아이들이 감기에 걸리지 않고 아픈 곳이 없이 잘 크기 때문이다.[501] 떡에 쓰이는 삐삐(비)는 삘기(띠풀)의 방언으로 지역에 따라 '띠' 또는 '띠풀'로 불리며, 전국의 산야지, 초원지, 밭둑이나 논둑에 흔히 자라는 여러해살이 풀이다. 5월에 흰색의 꽃이 피며, 꽃이 피기 직전 어린 꽃봉오리 줄기를 삐삐라 해 식용이 가능하다.[502]

쑥떡과 관련, 군산 임피에서는 쑥을 찧어 밤이슬을 맞힌 후 단옷날 아침

---

500 『전라북도 세시풍속』, 정읍 옹동, p.235. ; 정읍 입암, p.247.
501 『전라북도 세시풍속』, 고창 성두, p.284. ; 고창 성내, p.272.
502 구자옥·김창석오찬진·국용인·권오도·박광호·이상호, 앞의 책, 2015, p.179.

에 개떡으로 해먹었으며,[503] 김제 요촌에서는 단옷날 잘 사는 집에서 쑥떡을 해먹었다.[504]

이상을 통해 전북 지역의 단오를 대표하는 떡류 절식은 삘기(비)떡과 쑥떡임을 살필 수 있다. 특히 삘기떡은 전북 지역의 특징적인 단오 절식이라 할 수 있다.

7) 제주도

제주도 지역 단오의 떡류 절식은 쑥떡류와 보리떡류, 그리고 시루떡이다. 전체 12개 조사 지역 중 6개 지역에서 떡류 절식이 출현했다. 이 같은 단오 절식 출현 비율은 강원도에 이어 두 번째로 높은 것이다.

먼저 쑥떡은 남제주 표선에서 보리쑥떡, 쑥떡, 밀쑥떡, 쑥범벅으로 나타났으며, 북제주 구자에서도 빚어졌다. 보리떡은 북제주 한경, 서귀포 중문, 보목에서 출현했다. 북제주 구자에서는 단오 이후에는 쑥이 너무 자라 먹을 수 없지만 단오 명절에 캔 쑥은 약용으로도 쓰이고 액막이의 효과가 있어 단오와 상관없이 춘궁기에는 쑥떡을 만들고 있다.[505] 서귀포 보목에서는 단오를 설, 한식, 추석과 함께 4대 명절로 여겨 차례를 지내며 이때 보리떡(보리상왜)을 주로 올리며,[506] 서귀포 중문, 북제주 한경에서는 단옷날이 보리 수확철이라 분주하지만 보리를 빻아 보리떡을 만든다.[507] 반면 남제주 표선에서

---

503 『전라북도 세시풍속』, 군산 임피, p.27.
504 『전라북도 세시풍속』, 김제 요촌, p.53.
505 『제주도 세시풍속』, 북제주 구자, p.92.
506 『제주도 세시풍속』, 서귀포 보목, p.123.
507 『제주도 세시풍속』, 서귀포 중문, p.117. ; 북제주 한경, p.99.

는 70년대 중반까지 빙떡을 차려 단오제를 지냈고, 요즘도 단오 무렵 날씨가 좋아 농사일을 하루 쉰다.[508] 이밖에 제주 영평에서는 단옷날 동네 가구들이 서숙쌀(좁쌀)을 한 홉씩 모아 시루떡인 모둠떡을 해먹는다.[509]

이상을 통해 제주 지역 단오의 대표 떡류는 쑥떡과 보리떡임을 살필 수 있다. 하지만 두 떡 모두 출현 지역이 각각 2지역에 불과해 제주 전역의 단오 떡이라 하기에는 곤란한 점이 있다.

8) 충청남도

충청남도 지역의 단오 출현 떡류는 쑥떡류와 송편, 보생이떡이다. 전체 45곳의 조사 지역 중 4개 지역에서만 출현해 전국 9개 광역 조사 지역 중 단오 떡의 출현 빈도가 가장 낮다. 쑥떡류는 아산 영인에서 쑥떡이, 서천 서면에서 쑥개떡이 출현했고, 서산 해미에서는 수리치(취)떡인 보생이떡이, 그리고 금산 복수에서는 송편이 나타났다.

아산 송악에서는 5월부터 7월 사이 오장에 병충해가 없어진다고 예방 차원에서 수리취떡을 해먹는다.[510] 특히 아산지역(송악, 영인, 도고)에서는 5월 중에 쑥이 많이 나기에 이때 쑥떡을 빚는다. 이밖에 서산 해미에서는 여름에 더위 먹지 말고 땀띠 나지 말라고 수리치(취)를 넣은 보생이떡을 만들어 먹는다.[511]

이상을 통해 충남을 대표하는 단오 절식은 단정하기 어렵지만 쑥과 관련

---

508 『제주도 세시풍속』, 남제주 표선, p.48.
509 『제주도 세시풍속』, 제주 영평, p.27.
510 『충청남도 세시풍속』, 아산 송악, p.177.
511 『충청남도 세시풍속』, 서산 해미, p.146.

한 떡이 많음을 살 필 수 있다.

9) 충청북도

충청북도 지역 단오의 출현 떡류는 쑥떡, 수리취떡, 부침개, 송편 등이다. 전체 33개 조사 지역 중 16개 지역에서 떡류가 나타나 10개 지역 중 절반가량이 단오에 떡을 빚고 있으며, 이중 쑥떡이 12개 지역에서 출현한다.

쑥떡은 충주 산척, 제천 송학, 단양 영춘 의풍리, 청원 강내 등에서 출현하고 충주 안림, 살미, 제천 한수, 단양 영춘 용진리, 영동 용산 등에서 수리취떡 또는 부침개 등과 함께 빚어지고 있다. 수리취떡은 단양 적성에서 만들어지고 충주 안림과 제천 한수 등에서는 쑥떡 등과 함께 출현하고 있다. 이밖에 보은 보은에서는 인절미가, 옥천 이원에서는 부침개가 단오의 떡류로 빚어지고 있다.

쑥떡과 관련 충주 산척에서는 쌀가루와 쑥을 섞어 만든 쑥떡을 '수리취떡'이라 하며 옛날에는 수레바퀴 모양으로 만들었다.[512] 제천 송학에서도 쑥떡을 수리취떡이라 하며, 제천 금성에서는 '단오떡'이라 한다.[513] 쑥떡을 먹는 이유에 대해 제천 한수에서는 그 한 해 건강이 좋아지기 때문이며, 이 떡을 마을 사람들과 나누어 먹는다.[514] 괴산 장연에서는 찹쌀에 섞어 쑥떡을 하면 향기가 나고 맛이 좋으며,[515] 청원 강내에서는 쑥떡을 먹어야 나쁜 기운이 물

---

512 『충청북도 세시풍속』, 충주 산척, p.91.
513 『충청북도 세시풍속』, 제천 송학, p.16. ; 제천 금성, p.21.
514 『충청북도 세시풍속』, 제천 한수, p.37.
515 『충청북도 세시풍속』, 괴산 장연, p.139.

러간다고 여긴다.[516]

수리취떡과 관련, 단양 적성에서는 떡취를 뜯어 '수리치기떡'을 하는데 떡취를 잘게 쪼개고 몇 번 우려서 떡을 만든다.[517] 제천 한수에서는 메밀을 활용해 양잿물을 만들고 그 물에 떡취를 삶은 다음 수리취떡을 만든다.[518] 충주 안림에서는 밀가루에 수리취나 쑥을 섞어 떡을 만드는데 이 떡을 '수리떡'이라 부른다.[519]

이상에서 나타나듯 충북 지역 단오를 대표하는 떡류 절식은 쑥떡과 수리취떡이다. 특히 충북 지역의 쑥떡 출현 지역 비율은 전국 9개 광역지역 중 가장 높다.

다. 절식의 특징과 대표 절식

단오를 기념하는 떡류 절식은 한국의 중부와 남부 162개 시·군 471개 조사 지역 중 165곳에서 출현했다. 〈아래 [표] 참조〉 이 같은 절식 출현 빈도는 35%로 한국인 10명중 3명 이상은 떡을 빚어 단오를 기념하는 것으로 이해할 수 있다.

광역 지역별 단오 출현 떡류는 강원도가 (수리)취떡과 쑥떡, 경기도가 쑥떡, 수리취떡, 경남과 경북이 압도적인 쑥떡, 전남은 찔레꽃떡류, 전북은 삘기떡, 제주는 쑥떡과 보리떡, 충남은 떡류 출현이 미미하지만 쑥과 관련된 떡,

---

516 『충청북도 세시풍속』, 청원 강내, p.397.
517 『충청북도 세시풍속』, 단양 적성, p.184.
518 『충청북도 세시풍속』, 제천 한수, p.38.
519 『충청북도 세시풍속』, 충주 안림, p.104.

그리고 충북 지역은 쑥떡과 수리취떡이다. 이를 통해 한국 단오를 대표하는 떡류는 쑥떡이라고 할 수 있다. 단옷날 쑥떡이 출현한 횟수는 모두 90회로 이는 단옷날 떡 출현 횟수 211회의 43%에 이른다. 한국 단오에 출현하는 떡 10개 중 4개 이상이 쑥떡인 셈이다. 지역별로는 충북이 12회, 36%의 출현 비율로 가장 높게 나타났으며, 이어 경상북도와, 경상남도가 29%의 지역 내 출현 비율을 보였다. 다음이 24%를 보인 강원도였으며, 『세시풍속』에 의한 조사 자료는 없지만 북한지역의 경우도 단오에 쑥떡을 빚고 있다.[520]

다음으로 높은 출현 빈도를 보이는 떡은 취떡류로 45회 출현해 21%의 출현 빈도를 나타냈다. 지역별로는 강원도가 24회 출현해 가장 높았으며, 다음으로 경기도 9회, 경상북도와 충청북도가 각 5회였다. 이어 출현 횟수가 높은 떡은 찔레꽃떡류로 모두 17회 나타났다. 찔레꽃떡류는 전남에서 11회로 가장 높았고, 전북과 경남 등에서도 3회와 2회 출현했다. 이상을 고려하면 한국 단오의 떡류 절식은 쑥떡, 취떡, 찔레꽃떡이라 할 수 있다. 이처럼 한국 단오에서 가장 빈번하고 전국 모든 지역에서 광범위하게 등장하는 떡은 쑥떡임에도 단오를 대표하는 절식의 명칭은 '수리치(취)떡' 또는 '수리떡'으로 불리고 있다. 물론 강원 양구와 동해, 그리고 충북 충주 등 일부 지역에서 단오에 빚어지는 쑥떡과 취떡 모두를 수리취떡이나 수리떡으로 부르기도 한다. 하지만 한국인 대다수에 의해 불리는 쑥떡이란 대중적인 명칭이 있음에도 일부 지역의 명칭인 '수리(취)떡' 명칭을 사용해 한국 전체 단오 명절의 떡 이름으로 부르는 것은 설득력이 낮다고 할 수 있다.

---

520   리재선(2004), 앞의 논문, p.83.

앞서 언급했지만 그 이유는 다음에서 찾아 진다. 먼저 이 같은 수리취떡 명칭의 사용은 취나물을 재료로 해 만든 떡이므로 여기서 그 명칭이 유래했다고 할 수 있다. 그렇다면 쑥을 재료로 해 만든 떡은 쑥떡이 돼야 하고 더욱이 이 떡이 단오를 기념해 떡을 하는 한국의 모든 광역의 지역에서 나타난다면 쑥떡으로 칭하는 것이 합리적일 것이다. 다음으로, '수리'란 명칭의 문제다. 일부에서 단오를 수리(戌)라 부르는 것과 관련 19세기의 세시기나 앞서 『삼국유사』의 기록을 인용해 설명한다. 하지만 『삼국유사』 제2권의 '거득공' 설화에 등장하는 단오는 명절 명칭이 아닌 인물 거득공의 속칭이다. 단오가 차[거](車- 수레)와 관련됐음을 보여주는 기록은 14세기 중후기의 문인인 원천석의 『운곡행록』이다. 원천석은 단오를 신라 때는 '차(車)'라 했다고 시를 읊고 있다.[521] 원천석이 어디에 근거해 단오를 수레를 의미하는 차로 기록했는지 불분명하지만, 이후 『경도잡지』는 단오를 민간에서는 수릿날[戌衣日]이라 하며, 술의(戌衣)는 한자로 수레[車]라고 기록하고 있다.[522] 이를 통해 단오와 관련된 '술의 수리 수리'는 최소 14세기 중엽 이전부터 옛 신라 지역이나 원천석의 본관인 강원 원주 등지에서 쓰인 명칭으로 보이며, 기록상 19세기에는 한양 등지에서도 사용됐다고 할 수 있다. 이는 현대의 세시풍속 조사서인 『세시풍속』에서도 뒷받침된다. 『세시풍속』에서 단오의 떡류 절식으로 '취떡', '수리(취)떡'이란 명칭이 등장하는 곳은 강원, 경기, 충북 지역에 집중되고 있기 때문이다. 따라서 단오의 '수릿날' 명칭이 한반도 동부를 중심으로 사용되다 인적 교류에 의해 서울 경기 지역으로 확산된 것으로 볼

---

521 『운곡행록』 권2. "新羅是日號爲車."
522 『경도잡지』 단오. "端午俗名戌衣日 戌衣者東語車也."

수 있다. 하지만 이 명칭은 단오 명절의 쇠퇴로 한반도 전역으로 확대되지는 못했다. 이는 추석을 의미하는 '한가위'가 신라의 가배에서 유래해 이 지역을 중심으로 사용되다 추석 명절의 확산과 함께 전국적으로 확대돼 인지되는 것과는 대조를 이룬다.

이처럼 단오의 수릿날에 대한 분명한 명칭 유래는 문헌 기록상 19세기 무렵이며, 그 사용 권역도 경기와 강원 등이 중심임을 고려할 때 단오를 기념하는 떡을 '수리떡'이나 '수리취떡'으로 명명하고 단오에는 수레모양으로 떡을 빚는다는 해석은 설득력이 떨어진다. 반면에 쑥떡은 문헌 기록상으로 1천년 이상 한민족과 함께 한 전통 떡이자, 한국인이 애경사는 물론, 일상의 간식으로 즐겨 찾는 대표적인 떡이다. 이와 관련, 1823년 간행된 『해동역사』는 쑥떡이 백설기, 팥시루떡과 함께 한민족의 대표적인 떡이라 기록하고 있다. 쑥떡과 관련한 기록은 중국 송나라시기에 기록된 『거란국지(契丹國志)』와 무규(武珪)의 『연북잡록(燕北雜錄)』에 나타난다. 이 당시의 쑥떡은 쑥잎과 찹쌀로 만든 송편이었으며, 발해 멸망 후 발해의 음식 풍속이 주변으로 퍼진 것으로 보인다.[523] 이어 『고려도경』과 『송사』는 고려에 쑥떡인 '청애염병(靑艾染餠)'이 있음을 기록하고 있다. 쑥떡은 이와 함께 '애병설고(艾葉雪糕)'(『용재총화』), '애고(艾糕)'(『성소부부고』, 『지봉유설』), '애병(艾餠)'(『택당집』), '청병(靑餠)'(『요록』), '청호병(靑蒿餠)'(『성호사설』), '쑥단자'(『증보산림경제』), '애고(艾糕)'(『경도잡지』, 『해동역사』) 등의 이칭으로도 불렸다.

---

523 양옥다(2006), 「발해의 몇 가지 음식습관에 대하여」, 『한국고대사연구』42, pp.352~353.

이상의 기록은 쑥떡이 발해 등의 북방계 한민족(韓民族)[524]에서 유래한 음식이며, 그 역사가 최소 10세기 이전까지 거슬러 올라감을 보여준다. 쑥떡은 주로 멥쌀가루로 만들지만 찹쌀가루 또는 멥쌀과 찹쌀을 섞어(8대2 비율) 빚기도 하며, 쑥 잎을 짓찧어서 쌀가루에 섞은 다음, 시루에 쪄서 만든다. 절편으로 빚거나 덩이에 고물을 얹기도 하며, 안에 소를 넣어 둥그렇게 경단 등으로 빚기도 한다.[525] 이상으로 한국 단오의 떡류 대표 절식은 '쑥떡'임을 살필 수 있다.

524 『구당서』 백제국. "其地自此爲新羅及渤海靺鞨所分.((백제)땅은 이때(677년 이후)부터 신라와 발해말갈에 의해 나뉘어 졌다.)", "渤海靺鞨大祚榮者, 本高麗別種也.(발해말갈의 대조영은 본래 고려(고구려) 출신이다.)"
525 김용갑(2017c), 「한국 멥쌀떡 발달 배경 연구」, 전남대학교 대학원 석사학위논문, pp.51~52.

[표12] 단오에 빚어지는 떡의 종류와 출현 지역

조사 지역		출현 지역 수/ (%)	출현한 떡의 종류와 출현 횟수 1					
			쑥떡 (류) / (%)	취떡	수리취/ 취자떡	시루떡	송편	인절미
강원	54	34/(63)	13	24		3	1	3
경기	82	21/(26)	11		7/2			2
경남	66	20/(30)	19/ (29)		1			
경북	71	26/(37)	21/ (29)	5		1	3	
전남	66	20/(30)	4				1	
전북	42	18/(43)	6			1		
제주	12	6/(50)	2[527]			1		
충남	45	4/(9)	2		1		1	
충북	33	16/(48)	12/ (36)		5		2	1
합계	471	165/(35)	90/ (19)	29	14/2	6	8	6

---

526 남제주 표선에서는 쑥떡류가 쑥떡, 보리쑥떡, 밀쑥떡, 쑥범벅으로 4회 출현했다.

지역	조사지역	출현지역수/(%)	출현한 떡의 종류와 출현 횟수 2					합계
			찔레꽃떡/전	삘기(비)떡	밀개떡/개떡	부침개/볶음떡/부꾸미	기타	
강원	54	34/(63)					7	51
경기	82	21/(26)					2	24
경남	66	20/(30)	2					22
경북	71	26/(37)	1				4	35
전남	66	20/(30)	7/4	1	1/1	/1	3	23
전북	42	18/(43)	1/2	6	2/1	1//1		21
제주	12	6/(50)					3	6
충남	45	4/(9)						4
충북	33	16/(48)				5		25
합계	471	165/(35)	11/6		3/2	6/1/1	19	211

*2개의 표는 하나로 이어짐. 따라서 합계는 위의 표에 나타난 '출현한 떡의 종류와 출현 횟수 1'과 아래의 표에 나타난 2를 더한 전체 출현 횟수임.

**출전: 〈국립문화재연구소, 『세시풍속』〉 지역 편 9편 전체에 출현한 단오 떡류를 추출해 통계 수치화함. 백분율은 지역별 조사 지역 수 또는 전체 조사 지역 대비의 퍼센티지임.

3. 추석

가. 의례

추석의 기념 의례는 차례다. 차례는 '차사 또는 다례로도 불리며, 본래 의미는 명절, 조상의 생일, 매월 초하루나 보름에 지내던 간단한 낮 제사'였지만[527] 현대에 들어서는 명절에 지내는 의례만을 칭하는 용어가 됐다.

추석은 설과 함께 한국 최대의 명절로 이에 걸맞게 그 의례 또한 제주도를 제외한 전국 모든 지역에서 높은 출현 비율로 광범위하게 행해진다. 『세시풍속』에 의하면 전체 471개 조사 지역 중 463곳에서 추석날 차례 등의 의례를 행해 98%의 의례 출현 비율을 나타냈다. 지역별로는 경남과 전남, 전북 및 충남과 충북이 100%로 모든 조사 지역에서 추석 의례를 행했으며, 경북은 한 곳을 제외한 모든 지역에서 차례 등이 모셔졌다. 반면 제주는 12곳 중 9곳에서만 차례가 나타났으며, 강원도는 전체 54곳 중 52개 지역에서 추석 의례가 행해졌다. 추석날 의례 자체가 출현 안한 지역은 강원 고성 죽왕 오봉리 및 고성 현내이며 영월 남면 등 3개 지역과 인제 2곳은 성묘, 정선 정선은 산소 차례를 지냈다. 이밖에 경기도 오산 부산과 평택 이충, 경북 영양 일월, 제주 북제주 우도, 서귀포 중문 하원리 및 대포리에서도 차례가 나타나지 않았다. 전북 고창 성송에서는 추석날 차례 대신 이른 나락을 훑어서 만든 올개쌀과 모싯잎을 찧어 모시송편을 만들고 '오리심리'를 행했다.[528]

---

527 장주근, 앞의 책, 2013, pp.77~78.
528 『전라북도 세시풍속』, 고창 성송, p.300. '오리심리'는 올벼심리의 지역 표현으로 햇곡식 천신제다.

[표13] 추석 의례와 송편 출현 지역[529]

	조사 지역 수	의례		송편	
		출현(%)	비출현(%)	출현(%)	비출현(%)
강원	54	52(96)[530]	2	50(93)	4(7)
경기	82	80(98)	2	74(90)	8(10)
경남	66	66(100)	0	40(61)	26(39)
경북	71	70(99)	1	51(72)	20(28)
전남	66	66(100)	0	60(91)	6(9)
전북	42	42(100)	0	38(90)	4(10)
제주	12	9(75)	3(25)	0	12(100)
충남	45	45(100)	0	42(93)	3(7)
충북	33	33(100)	0	31(94)	2(6)
합계	471	463(98)	8(2)	386(82)	85(18)

*출전: 〈국립문화재연구소, 『세시풍속』〉 지역 편 9편 전체에 출현한 추석 송편과 의례를 추출해 통계 수치화함. 백분율은 지역별 조사 지역 수 또는 전체 조사 지역 대비의 퍼센티지임.

추석 의례의 명칭은 대부분의 지역에서 '차례'를 사용하나, 경북 지역 등에서는 제사란 명칭도 다수에서 사용되며, 이들 지역은 구미 해평, 고령 쌍림, 문경 농암(추석제사), 영주 장수(추석제사) 등이다. 경북 외에 제사란 명칭

---

529 추석 의례에는 산소에서의 차례와 성묘 등도 포함됐다.

이 사용된 곳은 강원도 태백 상사미(밥제사)를 비롯, 경기도 수원 권선, 경남 함양 서하(명절제사), 성주 월항(떡제사) 등이다. 추석 의례는 일부 지역에서 차례와 제사 외의 명칭으로도 불린다. 충남 금산 복수에서는 추석 무렵 햇나락이 나오는 것을 기념하여 '절사'라 칭하며, 절사란 좋은 절기를 맞이하여 올리는 제사란 뜻이다.[530] 또한 고창 성송은 오리심리, 울진 평해는 '신미고사', 울진 울진은 '제미고사', 기장 일광은 차례와 함께 '천신제',[531] 강릉 왕산은 '아침 차례'란 명칭을 사용한다.

추석 의례인 차례는 거의 모든 지역과 집안에서 음력 8월 15일 아침 등의 시간에 행해지나 일부 지역에서는 이와 달리 묘소나 전날에 모셔지기도 한다. 강원도 정선 정선에서는 제물을 준비해 산소에서 차례를 지냄으로써 차례와 성묘를 한 번에 행한다. 하지만 비가 와 산소에 갈 수 없는 경우는 집안에서 차례를 지낸다.[532] 강원도 영월 흥월리는 추석날 송편과 햇과일 등의 제물을 장만해 조상의 산소를 찾아 성묘한다. 이때 참신과 헌작하는 순서로 제를 지낸다.[533] 차례 대신 제를 겸한 성묘는 영월 남면, 영월읍 거운리에서도 행해진다. 추석 아침 시간 외에 차례상을 마련하는 지역은 전남에서 다수가 출현한다. 전남 신안 지도에서는 추석 전날 밤 차례상을 차려 놓는다.[534] 순천 낙안과 해남 송지에서도 14일에 상을 차린다.

이처럼 추석은 한국 전역에서 대다수 한국인에 의해 기념되지만 그 역사

---

530 『충청남도 세시풍속』, 금산 복수, p.309.
531 『경상남도 세시풍속』, 기장 일광, p.912.
532 『강원도 세시풍속』, 정선 정선, p.377.
533 『강원도 세시풍속』, 영월 흥월리, p.316.
534 『전라남도 세시풍속』, 신안 지도, p.577.

는 오래되지 않았다. 추석과 관계되는 음력 8월 15일의 기념일이란 형식적 측면은 삼국시대 신라의 기록에 등장하지만 농경의례로써 천신과 추수 감사, 농사일에 애쓴 농부 등에게 감사함을 전하는 내용적 측면의 추석은 조선시대에 정착한 것으로 여겨지기 때문이다. 고려시대는 물론, 16세기 후반 이전의 문헌 기록은 추석을 달 감상하는 날로 적고 있다. 이후 추석 풍속에 제사가 등장한다. 추석은 또한 기록상 지역과 계층에 따라 의례의 목적과 내용이 달랐던 것으로 나타난다. 농경과 관련한 추석 명절은 시골의 일반 한국인을 중심으로 기념되고, 달 감상 및 제사와 관련한 추석은 서울의 양반 계층을 중심으로 행해졌다. 이는 19세기 초중반에 기록된 『열양세시기』 와 『동국세시기』의 8월 추석 항목에 설날과 달리 추석차례에 대한 언급이 없고, 시골에서 농사짓는 집안의 중요한 명절이라는 소개에 그치고 있는데서 뒷받침된다. 이를 고려하면 이 시기까지 추석 의례는 농사짓는 집안의 명절 이었으며, 그렇지 않은 조선시대 후기 사대부나 양반층 등은 매달 있는 보름 중의 하루였고, 유교 전통에 따라 추석의 보름에도 그 계절에 새로 나는 음식을 차리고 제사를 지내는 삭망다례(朔望茶禮)나 명절다례(名節茶禮)의 의례를 행한 것으로 보인다.[535]

이는 삭망의 다례가 고려 말인 1390년부터 법제화되고, 조선시대 『경국대전』에 수용돼,[536] "그믐과 보름[朔望]에는 반드시 작은 제사를 드리고, 사계절의 가운데 달[四仲]에도 또한 음식을 올리며 햇곡식을 바치도록"[537] 했기 때

535 　이소영, 한복려(2016), 「『삭망다례등록』에 기록된 궁중음식에 관한 분석적 고찰」, 『한국식생활문화학회지』 31(4), p.300.
536 　권오영(2010), 앞의 논문. p.449.
537 　『고려사』, 권63, 대부·사·서인 제례. "朔望必奠, 出入必告. 四仲之月, 必享食, 新必薦, 忌日必祭."

문이다. 이후 이들 다례는 조선 후기『삭망다례등록』이라는 제사 음식 관련 문헌이 있을 정도로 양반과 사대부 층의 일반적인 제례로 정착됐다. 이 같은 다례는 조선시대 추석 의례인 차례(다례)가 지배층을 중심으로 제사 형식으로 치러지는 중요한 배경이 됐다.

반면에, 조선 후기 세시기에 나타난 "(추석날) 노란색 닭을 잡고 막걸리를 마시며 사방에서 취하고 배부르게 먹는 것으로써 즐긴다"[538]는 기록은 양반이나 사대부와 달리 농사를 짓는 농민층의 경우 제례와 다른 추석 의례를 지냈음을 보여준다. 조상의 신위를 모셔 제사를 지낸 날 취하게 술 마시고 즐기는 것은 맞지 않기 때문이다. 따라서 문헌 기록상 최소 조선 후기의 추석 의례는 지배층을 중심으로 제사 의례로 치러진 반면, 농민층의 경우 곡식과 햇과일 등을 수확 또는 수확을 앞두게 도움을 준 조상과 천지신명, 그리고 농사일의 수고(농공 감사)에 감사하고 이에 대한 기쁨을 누리는 천신과 감사제적 형식의 의례를 지냈다고 할 수 있다.

추석 의례를 제례 또는 천신과 농공감사제적 성격으로 지내느냐의 여부를 보여주는 자료는 발견되고 있지 않다. 따라서 의례 형태 구분을 통한 한국 추석의 성격 규명에는 한계가 있다. 그럼에도 추석 의례가 제사 또는 천신과 농공감사제적 성격으로 양분돼 행해졌음은 현대의『세시풍속』조사 자료에서 일부분 살필 수 있다.

앞서 살펴본 바와 같이 추석날 차례 등의 의례가 나타나지 않은 지역은 강원 2개 지역을 비롯, 경기 2곳, 제주 3곳, 경북이 1곳 등 모두 8개 지역이다.

---

538 『동국세시기』추석. "黃鷄白酒四隣醉飽以樂之."

차례를 행하지 않는 지역 중 전북 고창 성송은 추석날 차례 대신 '오리심리 (올벼심리)'를 행했다. 영월 영월읍 거운리에서는 8월 보름(추석)에 차례 대신 산소를 찾아 성묘하고 중구에는 추석에 성묘하지 못한 집안에서 햅쌀로 떡 과 밥(메)을 차려 차례를 지낸다.[539] 또한 추석에 햇곡의 수확이 안 될 경우 차 례를 늦춰 음력 9월 9일 중구에 제사나 차례 등의 의례를 지내는 지역이 경 북 지역에서 최소 16곳 출현한다. 이들 지역 중 경북 안동 서후는 추석차례 를 지내지만 이는 산업화 이후로 그 이전에는 중구 제사를 지냈으며, 추석 을 명절로 여긴 것은 산업화 이후다.[540] 경북 예천 유천도 추석 쇠기는 최근 이며, 예전에는 추석차례보다 중구차례를 많이 지냈다.[541] 청도 매전 역시 추 석 전까지 햇곡이 나지 않으면 중구 날에 차례를 지냈으며, 현재는 이 같은 풍속이 사라졌다.[542] 이 같은 전북과 경북의 사례는 최소한 추석 의례의 목적 중 하나가 천신에 있음을 보여준다. 또한 경북 지역의 경우 추석 의례가 비 교적 최근에 정착돼 한민족의 추석 명절 전국화가 1970년대 이후 쌀의 자급 과 함께 완성됐음을 살피게 한다. 추석 의례 비출현 지역과 얼마 전까지 중 구차례를 지낸 지역은 아래 [표]와 같다.

<hr />

539 『강원도 세시풍속』, 영월 영월읍 거운리, p.305.
540 『경상북도 세시풍속』, 안동 서후, p.261.
541 『경상북도 세시풍속』, 예천 유천. p.639.
542 『경상북도 세시풍속』, 청도 매전, pp.822~823.

[표14] 추석 의례의 비출현 지역과 중구 의례 일부 지역

추석 의례 비출현 지역	중구 의례 일부 지역
강원 죽왕 오봉, 고성 현내, 영월 영월 거운리 및 흥월리와 남면, 인제 인제 기 아2리 및 기린, 정선 정선, 경기 오산 부 산, 평택 이충, 경북 영양 일월, 전북 고 창 성송, 제주 북제주 우도, 서귀포 중 문 하원리 및 대포리	경북 구미 옥성, 문경 농암, 상주 사벌, 안동 서후, 안동 임하, 안동 풍산, 포항 죽장, 봉화 물야, 영양 영양, 영양 일월, 영양 석보, 예천 유천, 예천 예천, 청도 매전, 청송 부남, 청송 부동, 강원 영월 영월 거운리 등

*출전: 〈국립문화재연구소, 『세시풍속』〉 강원, 경기, 경북, 전북, 제주 편.

앞서 살펴본 바와 같이 강원을 비롯해 경북 지역의 경우 햇곡 수확이 추석 전에 이뤄지지 못할 경우 추석을 지내지 못하고 있다. 이는 추석 명절의 성격과 기념일이 부조화되고 있음을 보여주며, 강원과 경북뿐만이 아닌 한국의 상당수 지역에서 추석에 햇곡을 수확하는 것이 현실적으로 어렵다. 이 때문에 많은 지역에서 올벼로 송편을 빚고, 심지어 강원도 횡성 갑천 지역에서는 묵은 쌀을 햅쌀처럼 보이기 위해 호박잎으로 문질러 푸른빛을 띠게 하기도 했다.[543] 이는 추석 기념일과 기념 의례의 목적, 즉 추석의 형식과 내용의 불일치를 의미하며, 추석 의례의 목적이 천신이나 추수 감사뿐만이 아닌 다른 목적도 있음을 살피게 한다.

본 연구는 앞 장에서 단오가 중국으로부터 의례의 형식인 기념일을 취하고 고대 한민족의 5월제에서 의례의 내용인 파종과 수확의 농경의례를 수용해 한국의 단오로 발전했다고 밝힌 바 있다. 이를 뒷받침하기 위해 5월제가

---

543 『강원도 세시풍속』, 횡성 갑천, p.603.

행해진 당시의 곡물을 파악했고, 기장, 조 등의 주요 곡물의 파종 시기가 단오의 기념일과 맞지 않음을 제시했다. 이렇듯, 추석 또한 기념일이라는 의례 형식과 의례의 목적이 별개의 행사로부터 수용돼 추석이 탄생한 것으로 보인다. 이와 관련 본 연구자는 「추석의 대표 음식으로서 송편의 발달 배경」을 통해 추석의 성격을 규명하며, 추석이 신라의 가배절 축제일인 8월 15일을 취하고 중국의 달 감상, 4중지월의 제사 풍속은 물론, 고대 한민족의 추수감사제의 성격까지 포괄적으로 수용해 추석으로 정착했으며, 추석의 주요 성격은 농공 감사에 있음을 밝혔다.

추석이 추수감사제 성격과 거리가 멀다는 점은 추석 무렵, 추석의 주요 기념 대상 농작물인 벼가 대부분 지역에서 수확되지 않는다는 점에서 뒷받침된다. 이는 대다수 한민족이 의례의 목적상 천신 성격의 추석 의례를 행하고 있지만 실제적 추석 의례의 기념일 시기는 조상과 신령에게 첫 수확한 곡식을 바치는 천신제의 성격과 괴리됨을 보여준다.

한반도에서 벼를 비롯한 콩, 기장, 보리, 밀, 조, 메밀, 수수, 녹두, 팥, 깨 등은 청동기시대부터 근래에 이르기까지 주요한 한국인의 식량자원이다.[544] 따라서 추석이 추수감사제라면 이들 곡물의 수확 시기가 음력 8월 15일 전이어야 한다. 하지만 벼를 비롯한 모든 곡물이 이때 수확되지 않는다. 물론 이들 곡물의 수확 시기는 지구 온난화에 따라 추석 명절이 탄생한 시기와 다를 수도 있다. 하지만 이를 규명해주는 자료가 없고, 벼의 생육기간이 일정하고 파종 시기가 따뜻해야만 경작을 시작할 수 있다는 점에서 수확 시기

---

544 박철호 외, 앞의 책, 2008, p.21.

가 다를 것이란 추정은 현실성이 떨어진다고 할 수 있다.

기원을 전후한 시기는 물론 현재도 재배되고 있는 주요 작물의 수확 시기는 앞서 [표]에서 살펴봤듯, 벼가 9월 하순에서 11월 상순이며, 콩이 그루콩을 기준으로 중부가 10월 상~중순, 남부가 10월 중~하순 등으로 수확 시기와 맞지 않는다. 이는 농경과 관련된 추석 의례의 경우, 추수 감사나 천신보다는 힘든 농사일을 마치고 수확을 기다리는 농부들의 노고를 위로하는 농공 감사에 있음을 살피게 한다. 또한 곡물의 수확 시기에 따른 한민족의 추수감사제는 『삼국지』에 나타난 마한의 10월제나 고구려의 동맹(10월), 예의 무천(10월)이 시기상 적당함을 살필 수 있게 한다. 이에 따라 추석의 천신과 추수감사제적 성격은 이들 한민족의 고대 축제에서 비롯됐으며, 신라의 삼국 통일과 함께 이들 지역적 축제는 신라의 음력 8월 15일 가배절 축제와 합쳐진 것으로 여겨진다. 이는 3세기 무렵 기록된 『삼국지』와 『후한서』에 등장한 한민족 축제 관련 기록이 이후(7세기 중엽 이후) 편찬된 중국의 역사서에서 사라진 사실에서 뒷받침된다. 물론, 이는 이들 고대국가들이 멸망한 것이 그 직접적 이유지만, 민족적으로 기념된 명절이 국가의 멸망과 함께 일시에 소멸될 수는 없기 때문이다. 따라서 이들 고대국가의 명절은 어떤 형태로든 유지, 계승됐을 것이며 현실적인 가능성은 신라의 가배 행사에 습합됐다고 보는 것일 것이다. 이렇게 정복민의 축제에 습합됐기에 이들 고대 축제는 중국의 역사서에 등장하지 않은 것으로 여겨진다. 이후 가배 행사는 중국 문물 수용에 적극적이었던 신라의 특성에 힘입어 달 감상이라는 중국의 추석

문화를 받아들여,[545] 고려시대에는 가배가 아닌 '추석'으로 등장했다고 할 수 있다.

이상을 정리하면, 추석의 기원은 신라의 '가배' 행사, 가락국의 수로왕 제사, 그리고 백제의 '사중지월'(四仲之月) 제사[546]로부터 음력 8월 15일이라는 기념일 시기를 취하고, '사중지월' 제사 및 고구려의 동맹(시조 동명왕)과 가락국의 시조 제사로부터 의례 형식과 조상숭배의 풍속을 수용했으며, 마한(백제)의 10월제와 예의 무천에서는 추수 후의 제천의식을 흡수해 점차 추석 명절로 발전했다고 할 수 있을 것이다. 이후 추석은 중국 중추절의 달 감상을 풍속을 취해, 고려~조선시대를 거쳐 현재의 추석 풍속이 형성됐다고 볼 수 있다.

중국의 '중추절'과 한국의 추석은 기념 시기가 같고, 달을 소재로 하며, 떡이라는 상징 음식이 있다는 점에서 일견 매우 유사하다. 하지만 중국의 중추절[547]은 달 감상(달 제사)과 함께 밀가루로 빚은 월병을 먹음으로써 가족의 건강과 재회의 기원[548] 및 그 기쁨을 즐기는 명절이라 할 수 있다. 반면 한국의 추석은 멥쌀로 만든 반타원형의 송편에 농공 감사와 조상숭배를 목적으로 하고 있으며, 달 감상이 아닌 달 숭배라고 할 수 있다. 따라서 양국의 추석은 어느 면에서는 완전히 다르다고 할 수 있다.

---

545   샤오팡 지음, 앞의 책, 2006, p.291. "당·송대 들어 달 감상을 모태로 하는 추석이 출현했다."
546   『수서』, 「동이열전」, 백제. "每以四仲之月, 王祭天及五帝之神. 立其始祖仇台廟於國城, 歲四祠之."
547   왕런샹 지음·주영하 옮김, 앞의 책, 2010, p.289. "진(秦)나라 시기부터 달구경 풍속이 있었다."; 샤오팡 지음, 앞의 책, 2006, p.291. "명청 시대에 민속 명절로 자리 잡았다."
548   국립민속박물관, 『중국대세시기II』, 서울: 국립민속박물관, 2006, p.51.

한국의 추석이 달 숭배인 것은 신라의 8월 15일과 가락국의 '사중제'(四仲祭- 4계절의 가운데 달에 지내는 제사)'에서 보이듯, 고대 시기부터 지역에 따라 보름에 제사를 지냈고, 이후 조선시대까지 사중제와 삭망제가 행해진 데서 나타난다. 제사는 신 또는 조상과 관계되고 이런 보름날의 제사 일에 술을 겸한 달 감상의 유희를 행할 수는 없기 때문이다. 따라서 지배층을 중심으로 한 조선 중기 이전의 추석은 달 감상이고, 농민층을 중심으로 한 추석은 달 숭배라 할 수 있다.

나. 지역별 절식

1) 강원도

강원도의 추석 출현 떡류는 송편, 감자송편, 꽃떡(술떡), 기정떡 등이다. 전체 조사 지역 54곳 중 50곳에서 송편이 출현해, 조사 지역 대비 출현 비율은 93%다. 다음으로 꽃떡과 기정떡이 각각 2회 출현했다. 먼저 송편은 원주 호저, 고성 죽왕 오봉, 고성 현내, 정선 정선, 태백 상사미를 제외하고 모든 지역에서 출현했다. 송편은 쌀과 함께 예전에는 서숙쌀로도 만들었으며,[549] 지금도 태백 구문소와 평창 평창에서는 감자로도 송편을 빚는다. 송편의 모양은 속초 청호의 경우 북한에서 이주한 이주민들은 만두 형태의 반달 모양으로 만드는 반면, 이곳 원주민들은 둥그렇게 만든다.[550] 또한 삼척 원덕에서는 콩과 팥의 소를 넣은 송편을 두 손을 포개 납작하게 해서 빚는다.[551] 기

---

549 『강원도 세시풍속』, 태백 구문소, p.204.
550 『강원도 세시풍속』, 속초 청호, p.88.
551 『강원도 세시풍속』, 삼척 원덕. p.67.

정떡은 양양 강현, 양구 남면에서 송편과 함께 빚어졌으며, 이밖에 삼척 미로와 철원 서면에서는 각각 취떡과 꽃떡을 만들었다. 꽃떡은 반죽에 술을 넣고 찐빵처럼 만들어 그 위에 대추, 검은 버섯으로 꽃잎 형태의 장식을 한 떡이며 일종의 증편이라고 할 수 있다.[552]

강원 지역 추석 출현 떡 중 특이한 것은 태백 상사미의 경우 이 지역에서는 송편 대신, 감자, 귀리쌀 등을 주재료로 해 만두처럼 안에 산나물, 들깨 등을 넣고 옥수수 잎으로 한 개씩 쪄서 떡을 만든다.[553] 또한 동해 망상에서는 수수 잎을 하나씩 접어 그 안에 콩을 몇 개씩 넣고 찐 '수수무설미' 떡을 만들고 있다.[554] 송편에 들어가는 소로는 팥과 콩, 팥, 밤이 주류를 이루며 이어 참깨, 깨금 등의 깨와 함께 고구마, 설탕, 계피, 완두콩, 강낭콩, 대추도 지역과 집안에 따라 쓰이고 있다.

이를 통해 강원도 지역의 추석 절식은 송편으로 이 송편 안에는 팥과 콩, 밤이 소로 들어감을 살필 수 있다.

2) 경기도

경기도의 추석 출현 떡류는 송편과 감자송편이다. 전체 82곳의 조사 지역 중 74곳에서 떡이 출현하고, 떡이 출현한 모든 지역에서 송편이 빚어져 90%의 출현 빈도를 나타냈다. 송편이 나타나지 않은 지역은 남양주 조안, 양평 지제, 용문, 강하, 군포 대야동 둔대 및 대야동 속달, 구리 갈매, 오산 부산이

---

552 『강원도 세시풍속』, 철원 서면, p.434.
553 『강원도 세시풍속』, 태백 상사미, p.229.
554 『강원도 세시풍속』, 동해 망상, p.44.

다. 이들 지역에서는 송편은 물론, 어떤 떡류 절식도 나타나지 않았다.

경기도 지역 출현 송편 중 특이한 점은 일부 지역에서 콩을 소 등으로 사용하지 않는다는 점이다. 이들 지역은 포천 일동 유동리와 기산리를 비롯, 파주 교하로 특히 파주의 경우 콩 넣은 것은 제사에도 쓰지 않고 있다.[555] 이들 지역에서는 설날 차례상에 콩나물도 쓰지 않는다.[556]

송편의 소는 팥, 밤, 콩, 깨, 녹두, 동부 등이며, 이중 팥과 콩이 대다수를 차지한다. 팥의 출현 횟수는 21회, 콩은 20회에 이르며, 밤과 깨는 각각 1회다. 이밖에 대추와 고구마, 멥쌀, 소금, 건포도, 설탕 등도 소에 이용된다. 수원 팔달에서는 추석을 송편 차례로 칭하며 반드시 송편을 차례상에 올린다. 송편 소는 팥을 사용했으나 지금은 팥, 깨, 밤 등 다양한 것을 넣어 만든다.[557] 수원 권선에서는 추석이 햇곡 수확 이전에 오면 묵은 쌀로 차례 음식을 장만한다.[558] 군포 대야동 둔대에서는 추석에 올벼를 수확해 차례 음식을 차리며, 대야동 속달에서는 추석을 설과 함께 중요한 명절로 취급한다.[559] 부천 원미에서는 추석차례는 송편 차례이기에 일차적으로 메를 쓰지 않지만 일부에서 떡과 함께 메를 올리는데 떡만 먹고 살 수 없기 때문이다.[560] 오산 갈곶에서는 추석에는 송편이 있기에 다른 떡은 올리지 않지만 메는 송편과 함께 올린다.[561] 안양 만안에서는 밥(메)은 올리지 않고 국수와 송편을 올린

555 『경기도 세시풍속』, 파주 교하, p.640.
556 『경기도 세시풍속』, 파주 교하, p.635. 콩과 콩나물은 쓰지 않는 이유는 나타나지 않음.
557 『경기도 세시풍속』, 수원 팔달, p.320.
558 『경기도 세시풍속』, 수원 권선, p.333.
559 『경기도 세시풍속』, 군포 대야동 둔대, p.133. ; 군포 대야동 속달, p.147.
560 『경기도 세시풍속』, 부천 원미, p.260.
561 『경기도 세시풍속』, 오산 갈곶, p.481.

다.[562] 강화 교동에서는 송편 소로 특이하게 팥, 콩과 함께 멥쌀을 넣는다.[563]

이상을 통해 경기 지역의 추석 출현 떡류 절식은 송편으로, 이 송편에는 팥, 콩과 함께 밤과 깨가 들어감을 살필 수 있다.

3) 경상남도

경상남도의 추석 출현 떡류는 송편, 시루떡, 절편, 찰떡, 인절미 등이다. 전체 66개 조사 지역 전체에서 떡류 절식이 나타났으며, 이중 40곳에서 송편이 출현했다. 이 같은 출현 빈도는 61%로 10곳 중 6곳에 해당한다. 이밖에 시루떡은 13곳에서, 찰떡과 절편은 각각 4곳과 3곳에서 추석에 빚어졌다. 송편이 나타나지 않는 곳은 하동 옥종, 하동 화개, 양산 물금, 고성 대가, 남해 설천으로 이들 지역에서는 추석 절식으로 시루떡이나 절편 등을 빚고 있다. 하동 옥종과 화개는 시루떡, 절편 등을 빚고 있으며, 고성 대가는 찹쌀과 멥쌀로 떡을,[564] 그리고 남해 설천은 송편 대신 절편을 빚고 있다.[565] 통영 욕지의 경우 예전 추석에는 시루떡을 올렸으나 최근 들어 송편을 빚는 집이 늘고 있으며,[566] 거제 일운에서는 추석차례상에 반드시 시루떡과 찰떡을 올리지만 내륙 지방처럼 반드시 송편을 빚지는 않는다.[567]

송편의 소는 콩과 팥이 각각 7회와 6회 출현해 주류를 이루고 있으며, 이밖에 콩고물과 깨 등이 사용된다. 기장 일광에서는 예전에 송편에는 콩과

---

562 『경기도 세시풍속』, 안양 만안, p.453.
563 『경기도 세시풍속』, 강화 교동, p.955.
564 『경상남도 세시풍속』, 고성 대가, p.515.
565 『경상남도 세시풍속』, 남해 설천, p.531.
566 『경상남도 세시풍속』, 통영 욕지, p.427.
567 『경상남도 세시풍속』, 거제 일운, p.37.

깨를 넣었으나 요즘은 단팥속(소)을 넣고 있다. 특히 이곳에서는 추석에 반드시 호박전을 구워 먹는다.[568]

이상을 통해 경남 지역의 추석 떡류 절식은 송편과 시루떡임을 살필 수 있다. 송편에는 콩과 팥이 소로 들어간다.

4) 경상북도

경상북도의 추석 출현 떡류는 송편과 시루떡이다. 이밖에 기지떡과 엄비떡, 골미떡, 망령떡, 마구설기, 증편, 경단, 큰떡, 호박지진떡 등도 출현한다. 전체 71곳의 조사 지역 중 51개 지역에서 송편이 출현해 79%의 출현 빈도를 나타냈다. 시루떡과 기지떡은 각각 3곳과 2곳에서 출현 했다.

경북 지역 일부에서는 송편이 반달과 온달 형태로 등장한다. 경산 용성에서는 반달이 보름달로 바뀌기 때문에 반달형 송편을 아래에 놓고 온달형 송편은 위에 놓으며,[569] 청도 매전에서는 송편을 반달과 온달 형태로 만드는데 반달 형태가 주를 이루며 송편에 고물을 묻힌다.[570] 구미 옥성에서는 추석을 설 다음의 큰 명절로 치지만 최근에는 빗기가 불편하다는 이유로 송편을 생략하고 밥(메)을 올려 차례를 지내기도 한다.[571] 경북 지역에서는 추석에 송편 외에 다양한 떡이 빚어진다. 영덕 영해에서는 예전에 추석은 노는 날이었고 시사는 10월에 지냈지만, 요즘은 추석차사를 지내는데 마구설기(마구실이), 증편(잔편), 콩가루 묻힌 경단을 만든다. 마구실이는 말려 둔 떫은 감을 대추

---

568 『경상남도 세시풍속』, 기장 일광, p.913.
569 『경상북도 세시풍속』, 경산 용성, p.52.
570 『경상북도 세시풍속』, 청도 매전, p.822.
571 『경상북도 세시풍속』, 구미 옥성, p.125.

와 파, 그리고 쌀가루와 섞어 만든다.[572] 문경 동로에서는 추석에 증편류의 떡인 기지떡을 빚으며,[573] 경산 자인과 남천에서는 가래떡을 짧게 끊어 만든 골무떡인 '골미떡'을 빚고,[574] 포항 구룡포에서는 송편을 차례상에 올리지 않고 가족끼리 먹는 허드레 음식으로 여기며, 찹쌀 고물떡을 '큰떡'이라 부른다.[575] 또한 칠곡 왜관에서는 송편을 '장떡'이라고도 하며, 대추, 밤, 팥을 넣고 찐떡인 '망령떡'도 빚는다.[576] 청도 매전에서는 추석에 찹쌀을 비롯해 여러 잡곡을 다 넣고 찐 '엄비떡'을 만든다.[577] 안동 후포리에서는 시루떡과 절편을 올리며, 송편은 별로 하지 않는다.[578]

경북 지역 송편의 소는 콩이 가장 많이 이용되며, 다음으로 팥과 깨가 사용된다. 영천 청통에서는 송편에 햇곡과 함께 여러 잡곡을 넣어 빚으며,[579] 영천 야사에서는 간 햇콩과 볶은 깨, 설탕을 송편 소에 넣는다.[580]

이상을 통해 경북 지역의 추석 출현 떡류 절식은 송편이며, 이외에 시루떡과 기지떡이 있음을 살필 수 있다. 경북 추석의 대표 절식은 콩과 팥 등을 넣고 만든 송편이라고 할 수 있다.

572　『경상북도 세시풍속』, 영덕 영해, p.575.
573　『경상북도 세시풍속』, 문경 동로, p.213.
574　『경상북도 세시풍속』, 경산 자인, p.34.
575　『경상북도 세시풍속』, 포항 구룡포, p.391.
576　『경상북도 세시풍속』, 칠곡 왜관, p.908.
577　『경상북도 세시풍속』, 청도 매전, p.822.
578　문화공보부 문화재관리국, 『한국민속 종합조사 보고서(경상북도편)』, 문화재관리국. 1974, p.561.
579　『경상북도 세시풍속』, 영천 청통, p.364.
580　『경상북도 세시풍속』, 영천 야사, p.338.

5) 전라남도

전라남도의 추석 출현 떡류는 송편, 시루떡, 백설기 등이다. 전체 66개 조사 지역 중 60곳에서 송편이 출현해 91%의 출현 빈도를 나타냈다. 시루떡과 백설기는 각각 9회와 3회였으며, 팥시루떡이 출현한 1곳을 제외하고는 송편과 함께 출현했다. 송편이 나타나지 않은 지역은 곡성 곡성, 구례 산동, 보성 득량, 장흥 안양, 장흥 회진, 해남 현산이다.

전남 지역 추석 떡류의 특징은 송편의 종류가 다양하다는 점이다. 송편이 출현한 전체 60곳에서 모시송편은 9개 지역이며, 흰송편과 쑥송편도 각각 1곳에서 단독으로 출현하거나 다른 송편과 함께 빚어졌다. 흰송편은 송편이 쌀가루로 만들어진다는 점에서 모시 잎이나 기타의 첨가물을 넣지 않는 한 흰색임으로 이는 일반 송편이라고 할 수 있다. 이를 고려하면 전남 지역 출현 송편은 일반 송편이 50곳이라고 할 수 있다. 모시송편이 출현한 지역은 나주 동강을 비롯해 강진 강진, 영암 덕진, 장성 삼계, 함평 학교 등이다. 쑥송편은 완도 고금에서 빚어진다. 추석에 떡이 출현한 전남 지역에서 유일하게 송편이 아닌 다른 떡을 빚는 지역은 구례 산동으로 이 지역에서는 팥시루떡을 만든다.[581]

송편과 관련, 곡성 석곡에서는 추석에 팥시루떡을 하는 집이 많고, 송편을 빚는 집은 적으며, 송편을 하는 집에서는 소로 콩이나 깨를 넣는다.[582] 무안 운남과 영광 묘량은 추석에는 보름달이 크게 뜸으로 이를 상징하는 송

---

581 『전라남도 세시풍속』, 구례 산동, p.411.
582 『전라남도 세시풍속』, 곡성 석곡, p.343.

편을 빚는데 반달 모양으로 빚으며,[583] 완도 군내는 송편을 예전에는 대개 찰조로 크게 만들었다.[584] 진도 지역의 송편은 다른 지역에 비해 크게 빚어졌으며,[585] 진도 조도의 경우 예전에는 흉년이 들면 송편을 빚지 못했다.[586]

송편의 소는 팥과 깨, 콩이 대부분을 차지한다. 특히 팥의 출현은 32회에 달한다. 깨, 참깨, 깨고물 등의 깨는 24회, 콩가루와 볶은콩 등을 포함하는 콩의 출현 빈도는 22회다. 이밖에 밤과 녹두, 동부 등이 송편의 소로 쓰였다.

이상을 통해 전남 지역의 추석 절식은 송편이며, 특히 모시송편이 많이 빚어짐을 살필 수 있다. 전남의 추석 대표 절식은 팥과 깨, 콩 등이 들어간 송편이라고 할 수 있다.

6) 전라북도

전라북도의 추석 출현 떡류는 송편, 시루떡 등이다. 전체 42개 조사 지역 중 38개 지역에서 송편이 나타났으며, 90%의 출현 빈도를 보였다. 송편이 출현하지 않은 지역은 군산 임피와 나포를 비롯, 김제 요촌, 그리고 순창 인계였다. 순창 인계의 경우 송편을 하지 않고 차례상에 시루떡을 올렸다.[587]

전북 지역 송편도 전남과 비슷하게 모시송편과 쑥송편이 출현한다. 모시송편은 정읍 입암, 고창 성내 등 정읍과 고창 지역 5개 조사 지역에서만 나타나고, 쑥송편은 익산 웅포에서 빚어졌다.[588] 시루떡은 순창 인계에서 단독

---

583 『전라남도 세시풍속』, 무안 운남, p.486. ; 영광 묘량, p.596.
584 『전라남도 세시풍속』, 완도 군내, p.665.
585 『전라남도 세시풍속』, 진도 임회, p.791.
586 『전라남도 세시풍속』, 진도 조도, p.778.
587 『전라북도 세시풍속』, 순창 인계, p.417.
588 『전라북도 세시풍속』, 익산 웅포, p.176.

으로 출현한 것 외에 순창 금과, 임실 임실, 전주 덕진에서 출현한다.

송편과 관련, 익산 금마와 진안 동향에서는 추석에 송편을 반드시 빚는 것이 아닌 안 바쁘면 만드는 음식이며,[589] 순창 금과와 임실 임실도 주로 시루떡을 올리고 송편은 빚기도 하는 음식이다.[590] 특히 익산 금마에서는 송편을 만들 때 임산부가 있으면 바늘을 넣고 송편점을 쳤으며,[591] 순창 금과에서는 송편을 빚어 시루떡 위에 올렸다. 또한 장수 천천에서는 송편을 빚기도 하지만 이는 아주 드문 일이며,[592] 장수 장계에서는 송편 빚는 것은 최근의 일이며, 예전에 송편을 빚지 않았다.

송편 소는 팥이 8회로 가장 많았으며, 콩, 깨 등도 엇비슷한 비율로 출현했다. 이외에 밤, 설탕, 땅콩, 동부가 사용됐다. 부안 부안과 김제 금산은 예전에는 송편 소로 콩을 사용했으나 지금은 설탕과 깨를 주로 사용한다.[593] 남원 운봉은 참깨, 볶은 콩가루, 땅콩, 팥 등으로 다양하게 소를 만들며,[594] 부안 상서는 과거에는 송편 소로 콩가루와 팥을 사용했다.[595]

이를 통해 전북 지역의 추석 출현 떡류 절식은 송편과 시루떡이라고 할 수 있으며, 소로 팥과 콩, 깨를 넣은 송편이 전북 추석의 대표 절식임을 살필 수 있다.

---

589 『전라북도 세시풍속』, 익산 금마, p.137. ; 진안 동향, p.594.
590 『전라북도 세시풍속』, 순창 금과, p.407. ; 임실 임실, p.505.
591 『전라북도 세시풍속』, 익산 금마, p.137.
592 『전라북도 세시풍속』, 장수 천천, p.532.
593 『전라북도 세시풍속』, 부안 부안, p.370. ; 김제 금산, p.46.
594 『전라북도 세시풍속』, 남원 운봉, p.83.
595 『전라북도 세시풍속』, 부안 상서, p.394.

7) 제주도

제주도의 추석 출현 떡류 절식은 특별한 것이 없으며, 전체 12개 지역 중 3곳에서 떡과 전이 출현한다. 떡이 출현하는 지역은 제주 영평, 남제주 대정, 서귀포 보목이다. 남제주 대정에서는 추석에 차례를 지내지만 육지처럼 성묘는 가지 않고 산대(山稻)나 보리쌀을 갈아서 떡을 만들고 밀가루로 전을 지져 차례상에 올린다.[596] 서귀포 보목에서는 추석날 아침 차례를 지내며 이때 떡과 과일 등을 차례상에 올린다.[597]

이상을 통해 제주 지역에서는 추석에 송편이 출현하지 않고 특별한 떡류 절식이 없음을 살필 수 있다.

8) 충청남도

충청남도의 추석 출현 떡류는 송편이 절대적이다. 전체 45개 조사 지역 중 42곳에서 추석 떡류 절식이 출현했으며, 떡류가 출현한 지역에서는 예외 없이 송편이 빚어졌다. 이 같은 출현 빈도는 93%로 충북 다음으로 높다. 송편 외에 시루떡, 기주떡 등이 1회씩 출현했다. 추석 절식과 송편이 나타나지 않은 지역은 아산 영인, 태안 태안, 태안 소원이다. 충남 지역도 전남, 전북과 마찬가지로 일반 송편 외에 모시송편과 쑥송편이 출현하지만 그 빈도는 낮아 1회씩이다. 쑥송편과 모시송편은 청양 청양에서 출현했다.

송편 외에 홍성 은하에서는 쌀가루를 막걸리에 발효시켜 만든 기주떡이

---

596 『제주도 세시풍속』, 남제주 대정, p.64.
597 『제주도 세시풍속』, 서귀포 보목, p.124.

빚어지고,[598] 청양 정산 내초리에서는 팥, 밤, 콩 등을 섞어 넣고 찐 '버무리떡'이 출현했다.[599] 이외에 서천 기산에서도 송편과 함께 시루떡이 빚어졌다. 이밖에 부여 부여에서는 설기떡으로 보이는 설개떡이 빚어지고,[600] 당진 송악에서는 무리떡과 함께 찹쌀 및 멥쌀을 반씩 섞어 햇콩, 햇팥 등으로 송편을 만든다.[601]

송편의 소는 깨가 가장 많은 14회의 출현 빈도를 보였으며, 이어 콩, 밤, 팥의 순서를 나타냈다. 전남 지역에서 가장 높은 출현 빈도를 보인 팥이 충남에서도 여전히 주요한 소의 재료로 사용되고 있지만 깨와 밤에 이은 순서를 보이고 있다. 이밖에 송편 소로 녹두, 꿀, 소금, 동부, 계피 등을 비롯한 다양한 재료가 쓰이고 있다. 연기 전의에서는 올겨벼로 햅쌀 송편을 빚어 소로 팥고물, 깨고물, 돈부, 밤 등을 달게 해 넣는다.[602] 또한 아산 도고와 송악에서는 송편의 소를 주로 팥을 섰으나 요즘은 팥, 깨, 소금, 꿀 등을 사용한다.[603]

이상을 통해 충남의 추석 출현 떡류 절식은 송편으로, 이 송편에는 깨와 콩, 밤, 팥 등이 소로 들어감을 살필 수 있다.

---

598 『충청남도 세시풍속』, 홍성 은하, p.700.
599 『충청남도 세시풍속』, 청양 정산 내초리, p.609.
600 『충청남도 세시풍속』, 부여 부여, p.416.
601 『충청남도 세시풍속』, 당진 송악, pp.369~370.
602 『충청남도 세시풍속』, 연기 전의, p.539.
603 『충청남도 세시풍속』, 아산 송악, p.180. ; 아산 도고, p.209.

9) 충청북도

충청북도의 추석 출현 떡류 절식은 송편과 기정떡이다. 전체 33개 조사 지역 중 31개 지역에서 떡류 절식이 출현했으며, 이들 지역 모두에서 송편이 나타났다. 이 같은 출현 빈도는 94%로 전국에서 가장 높다. 송편이 출현하지 않은 지역은 괴산 장연 조곡리와 방곡리 2곳이다. 송편 외에 추가적인 떡류가 출현한 지역은 제천 금성, 단양 영춘 용진리 2곳이다. 제천 금성에서는 부침개와 깨, 밤, 대추, 맨드라미꽃, 떡비르미 등을 올려 오색으로 무늬를 놓은 기정떡을 만든다. 기정떡의 오색은 오복과 집안에 화목을 가져온다고 여긴다.[604] 단양 영춘 용진리에서는 대추와 떡비름을 넣은 기정떡이 나타났다.[605] 청주 흥덕과 음성 원남 등에서는 한가위를 송편 차례라 할 정도로 반드시 송편을 올리며, 햇곡이 나지 않을 때는 묵은 쌀로 송편을 만든다.[606]

송편의 소는 팥이 12회로 가장 많이 쓰이며, 이어 깨고물과 밤이 각각 9회와 4회 출현한다. 옥천 동이에서는 송편의 소로 콩, 팥, 대추, 밤, 깨고물을 사용하며,[607] 영동 영동과 청원 미원은 팥, 깨고물, 밤을 소로 넣고 있다.[608]

이상을 통해 충북의 추석 출현 떡류 절식은 송편으로, 이 송편에는 주로 팥과 깨고물이 들어감을 살필 수 있다.

---

604 『충청북도 세시풍속』, 제천 금성, p.28.
605 『충청북도 세시풍속』, 단양 영춘 용진리, p.175.
606 『충청북도 세시풍속』, 청주 흥덕, p.66. ; 음성 원남, p.339.
607 『충청북도 세시풍속』, 옥천 동이, p.283.
608 『충청북도 세시풍속』, 영동 영동, p.253. ; 청원 미원, p.412.

다. 절식의 특징과 대표 절식

추석의 대표 절식인 송편은 한국의 중부와 남부 162개 시·군 471개 조사 지역 중 모두 386개 지역에서 출현해(출현 비율 82%) 10곳 중 8개 지역에서 추석에 송편을 빚고 있는 것으로 나타났다. 〈아래 [표] 참조〉 이는 송편이 한국 추석을 대표하는 절식임을 살피게 한다. 지역별로는 충청북도의 송편 출현 비율이 94%로 가장 높으며, 다음이 충청남도와 강원도로 각각 93%의 출현 비율을 나타낸다. 대표적인 쌀 생산 지역인 전남과 전북 및 경기는 각각 91%와 90%의 출현 비율을 보여준다. 반면 경남과 경북은 각각 61%와 79%의 송편 출현 비율을 나타내며, 제주도의 경우 송편 출현이 전무하다. 이는 제주를 제외한 육지에서 가장 낮은 출현 비율을 보인 경남의 경우 10개 지역 중 4개 지역에서는 추석 송편이 나타나지 않음을 의미해, 출현 빈도상『세시풍속』조사가 실시된 무렵까지 추석 송편의 대중화가 이뤄지지 않았다고 할 수 있다.

송편의 종류는 쌀에 소만을 넣어 흰색인 일반 송편과 모시나 쑥을 넣은 송편이 나타났으며, 모시송편은 전남과 전북에서 주로 빚어지고, 충남에서도 출현했다. 송편의 소는 팥이 모두 98회 출현해 가장 일반적으로 쓰이고 있으며, 다음이 콩과 깨로 각각 88회와 64회 출현 했다. 따라서 한국 추석 송편의 소는 팥과 콩, 깨라고 할 수 있을 것이다.

송편 외의 추석 출현 떡류는 시루떡이 30회로 가장 많으며, 기정떡과 찰떡이 8회와 6회의 출현 빈도를 나타낸다. 시루떡은 경남과 전남에서 각각 13회와 9회 출현해 이들 지역은 송편과 함께 시루떡도 추석의 대표적인 떡류임을 살필 수 있다.

광역 지역별 추석 출현 떡류는 강원도가 송편, 감자송편, 꽃떡(술떡), 기정
떡 등이며, 이들 떡 중 팥과 콩, 밤이 소로 들어간 송편이 일반적인 강원도
추석의 대표 절식으로 집계됐다. 경기도의 경우 일반 송편과 감자송편이 출
현하며, 일반적인 송편은 팥, 콩과 함께 밤과 깨가 들어간다. 경상남도의 추
석 출현 떡류 절식은 송편, 시루떡, 절편, 찰떡, 인절미 등이며 특히 송편 외에
시루떡이 가장 많이 등장한다. 이는 경남 지역의 추석 떡류 절식이 송편과 시
루떡이며, 소로는 콩과 팥이 들어감을 살피게 한다. 경북의 출현 떡류는 송
편과 시루떡이며, 대표 절식은 송편으로 콩과 팥이 주요한 소를 이루고 있다.

다음으로 전남의 추석 출현 떡류는 송편, 시루떡, 백설기 등이며, 추석 대
표 절식은 송편으로 특히 전남 지역에서는 모시송편이 많이 빚어진다. 송편
의 소는 팥과 함께 깨, 콩이 대부분을 차지한다. 전북은 추석에 송편, 시루떡
등이 출현하며, 대표 절식은 송편으로, 팥과 콩, 깨가 주로 소로 쓰인다. 제
주도의 경우 송편이 나타나지 않으며, 추석을 기념하는 특별한 떡류가 정착
돼 있지 않다. 충남은 송편이 절대적인 추석의 대표 절식이다. 이 지역 송편
에는 깨가 가장 많이 쓰이며, 이어 콩, 밤, 팥 등이다. 충북은 추석에 송편과
기정떡이 출현하며, 대표 절식은 송편으로 이 송편에는 팥과 깨고물 등이 들
어간다.

이상으로 한국 추석의 떡류 대표 절식은 송편이며, 이 송편은 팥, 콩, 깨,
밤이 소로 들어간다고 요약할 수 있다.

[표15] 추석 송편 출현 지역과 송편 및 소의 종류

	조사 지역	송편 출현 지역 수/%	송편 종류				송편 소의 종류							
			일반	모시	기타	소계	팥	콩	깨	밤	녹두	동부	대추	기타
강원	54	50/93	49		3	52								
경기	82	74/90	74		2	76	21	20	12	12	7	4	3	6
경남	66	40/61	40			40	6	7	2	1				4
경북	71	51/72	51			51	11	19	6					5
전남	66	60/91	49	9	2	60	32	22	24	3	2	1	1	
전북	42	38/90	32	5	1	38	8	7	5	2			1	4
제주	12	0				0								
충남	45	42/93	41	1	1	43	8	12	14	10	5	2		6
충북	33	31/94	31			31	12	1	1	4			1	1	10
합계	471	386/82	367	15	9	391	98	88	64	32	14	9	5	35

*출전: 〈국립문화재연구소, 『세시풍속』〉 지역 편 9편 전체에 출현한 추석 절식을 추출해 통계 수치화함. 백분율은 지역별 조사 지역 수 또는 전체 조사 지역 대비의 퍼센티지임.

[표16] 추석 출현 떡의 종류 및 출현 지역

조사지역	떡류/%	송편	송편 외 출현 떡 종류						
			시루떡	떡	절편	기정떡	찰떡	기타	소계
강원 54	50/93	50		3	1	3		7	14
경기 82	74/90	74							0
경남 66	66/100	40	13	17	3	1	4	1	39
경북 71	70/99	51	3	5		1		10	19
전남 66	61/92	60	9	2			1	4	16
전북 42	39/93	38	4				1	1	6
제주 12	3/25	0		3				1	4
충남 45	42/93	42	1			1		3	5
충북 33	31/94	31				2		1	3
합계 471	436/93	386	30	30	4	8	6	28	106

*출전: 〈국립문화재연구소, 『세시풍속』〉 지역 편 9편 전체에 출현한 추석 송편과 떡류 출현 지역을 추출해 통계 수치화함. 백분율은 지역별 조사 지역 수 또는 전체 조사 지역 대비의 퍼센티지임.

4. 동지

가. 의례

양력으로 기념되는 동지는 한국의 추석, 설 등의 명절과는 다른 점을 많이 지니고 있다. 동지는 양력 기념이면서 또 이를 음력으로 환산해 그 시기에 따른 기념 방법이 달라지며, 의례 면에서도 유교 의례에 의한 차례 기념보다는 한국 고유의 민간신앙에 의한 기념 비율이 월등하게 높다. 또한 명절을 대표하는 대체재의 절식이 존재하며, 절식인 팥죽을 집안 곳곳에 뿌려 사악한 기운과 잡귀를 물리치는 제액과 벽사 의례가 행해진다. 이와 함께 동지는 대체 절식에서 나타나듯, 한국 명절 중 가장 높은 절식 출현 빈도를 보인다.[609]

동지의 이 같은 특징 중, 먼저 양력 동지의 음력 기준 기념 방식이다. 동지는 낮의 길이가 가장 긴 양력 12월 22일 무렵에 위치하지만 다수의 한국인들은 이 동지를 음력으로 환산해 기념하는 풍속을 가지고 있다. 동지가 음력일을 기준으로 대개 11월 초순에 위치하면 이를 '애(기)동지', 중순께에 위치하면 '중동지', 그리고 이후 하순에 위치하면 '노동지'로 칭한다. 물론 이 같은 명칭은 지역과 집안에 따라 부르는 명칭이 달라진다. 일부 지역이나 집안에서는 '아그동지', '노인동지', '일반동지' 등으로 부르는 것이 그 한 예다. 동지의 기념 방식이 달라지는 시기는 동지가 음력으로 초순에 드는 애기동지 때이다. 이 애동지의 시기 또한 지역과 집안에 따라 달라 일부에서는 20일

---

609   김용갑(2018b), 위의 논문, p.280.

무렵까지를 애동지로 보기도 하지만 대체로 음력 11월 초순이 애(기)동지 시기다. 애동지 시기의 특이한 기념 방법은 이를 구분해 지내는 대다수의 지역에서 이날은 동지의 대표 절식인 팥죽을 끓이지 않거나 이의 대체 절식으로 팥시루떡 등을 마련한다는 점이다. 한국 명절 의례에서 기념 시기를 음력과 양력으로 환산하고 그 시기 등에 따라 절식이 달라지는 명절은 동지가 유일하다.

『세시풍속』에 나타난 조사 대상 471개 지역 중 동지를 애동지로 구분하고 기념해 이날 팥죽을 쑤지 않는 '무(無)팥죽' 지역은 모두 286곳이다. 이는 전체 조사 지역 10곳 중 6곳 이상이 애동지를 기념하고 있음을 의미한다. 또한 애동지를 구분해 기념하지만 이날은 팥죽을 다른 동지보다 일찍 쑤거나, 팥죽을 쑤도 어린 아이들에게 먹이지 않는 지역도 9곳 이상에 달한다. 이와 함께 애동지를 구분해 기념하는 지역 중 115곳에서는 팥죽을 대신해 떡을 마련해 동지를 기념한다. 이는 애동지에 팥죽을 쑤지 않거나 떡을 하지 않는 지역인 170여 곳 가량은 무(無)의례와 무(無)절식을 통한 명절 기념이라고 할 수 있다. 논산 연산에서는 11월 초순에 드는 애동지에는 떡을 하고, 11월 하순에 드는 노동지에는 팥죽을 쑨다. 애동지에 팥죽을 먹으면 아이들이 죽어서 상복을 입는다고 하여 팥죽을 쑤지 않는다.[610] 경북 경산 용성에서는 초순에 동지가 들면 '애기 동지'라고 해 이때에는 아이들에게 좋지 않다고 하여 팥죽을 쑤지 않는다.[611] 강릉 주문진에서는 애동지 때 팥밥을 지어 먹는 사람도 있으나 대체로 팥죽을 쑤지는 않으며, 애동지를 '남의 동지'라 해

610 『충청남도 세시풍속』, 논산 연산, p.86.
611 『경상북도 세시풍속』, 경산 용성, p.54.

아침 팥죽을 먹기 전에 먼저 팥죽 그릇에 숟가락을 꽂아 놓고 차례를 올리기도 한다.[612] 이들 지역의 애동지 의례는 동지의 명절을 기념하되 기념 의례를 행해서는 안 되는 이유로 의례를 의도적으로 생략하는 의례인 셈이다. 한국 명절에서 의례 자체를 생략하는 경우는 애동지가 유일하다고 할 수 있다.

[표17] 동지 및 애동지 출현 절식의 종류와 출현 지역

조사 지역	조사 지역	동지 팥죽 출현 지역 수 / (%)	애동지 無 팥죽	애동지 출현 떡의 종류 및 출현 지역 수						
				팥시루떡	시루떡	팥떡	떡	기타	출현 지역 수	출현 횟수
강원	54	54/ (100)	35(65)				1		1	1
경기	82	78/ (95)	57(70)	2			1		3	3
경남	66	66/ (100)	25(38)			1	7		8	8
경북	71	71/ (100)	38(54)	1		2	9	2	13	14
전남	66	66/ (100)	35(53)	4	1	2	19		26	26
전북	42	41/ (98)	28(67)	1	11	2	13	2	28	29
제주	12	11/ (92)	5(42)						0	0
충남	45	45/ (100)	34(76)	3			17	2	23	23
충북	33	33/ (100)	29(88)				13		13	13
합계	471	465/ (99)	286(61)	11	12	8	80	6	115	117 (25)

---

612 『강원도 세시풍속』, 강릉 주문진, p.29.

*출전: 〈국립문화재연구소, 『세시풍속』〉 지역 편 9편 전체에 출현한 애기동지의 절식을 추출해 통계 수치화함. 백분율은 지역별 조사 지역 수 또는 전체 조사 지역 대비의 퍼센티지임.
**애기동지의 기념 지역 수는 한 지역에서 기념하거나 기념하지 않는 집안이 혼재해 나타날 경우 이를 기념에 포함함. 無팥죽은 애동지에 팥죽을 하지 않음을 의미.

다음으로 한국의 동지 기념에서는 대표적 명절 의례인 차례 보다는 민간신앙 의례의 기념 비율이 높게 나타난다.

동지에서 유교식 차례나 제사 등의 방식으로 기념하는 지역은 모두 33곳으로 전체 조사 지역 471곳의 7% 가량에 지나지 않는다. 반면, 민간신앙 의례 형식으로 동지를 기념하는 지역은 전국에서 무려 196곳에 이르러 전국 조사 지역 대비 42%의 높은 출현 비율을 보인다. 이는 유교식 의례에 비해 6배 가량 많은 수치로 한국인 10명 중 4명 이상은 동지 의례를 민간신앙 의례 방식으로 기념하고 있음을 보여준다.

유교식 의례가 출현한 지역은 강원이 강릉 왕산, 동해 망상, 속초 청호, 고성 죽왕, 평창 진부, 화천 하촌 등 18개 지역으로 가장 높은 출현 횟수를 나타내며, 다음이 경남으로 사천 동서동, 밀양 초동, 밀양 단장과 부북, 고성 하일에서 유교식 동지 의례가 출현했다. 이밖에 경북 3곳, 전남과 경기가 각각 2곳, 그리고 전북, 충남, 충북 지역에서 1곳씩이다. 이들 지역에서는 동지 의례의 명칭을 '동지차례', '팥죽제사', 제사 등으로 부른다. 강원 화천 하천에서는 팥죽을 쑤어 조상들 수대로 떠서 상 위에 올리고 적, 삼색실과, 술 등도 마련해 차례를 지낸다.[613] 경북 칠곡 왜관에서는 동지에 지내는 팥죽 차례의 경우 팥죽과 함께 통대구를 찌고 과일과 나물·술 등을 마련해 여느 제

---

613 『강원도 세시풍속』, 화천 하천, p.561.

사 때와 마찬가지로 차린다.[614] 강원 홍천 서석에서는 동지차례를 동짓날 날이 밝기 전에 지내며, 애동지 때에는 밥(메)을 해서 동지차사를 지낸다.[615]

민간 의례가 출현한 지역은 경남이 거제 거제, 사천 서포, 통영 욕지, 하동 양보, 김해 한림, 밀양 초동, 양산 물금, 진주 일반성, 진해 죽곡동, 창원 대상, 거창 가조, 고성 하일, 의령 부림, 창녕 이방 등 48개 지역으로 가장 높은 출현 분포를 나타낸다. 이는 경남의 전체 조사 지역 66곳의 73%에 이르는 출현 비율이다. 이어 민간 의례가 많이 출현한 지역은 전북으로 23곳에서 출현해 55%의 출현 비율을 나타내며, 남원 운봉, 정읍 입암, 무주 적상, 익산 함라, 무주 설천 등에서 행한다. 다음이 충남과 충북, 경북 순이며, 충남은 공주 우성, 보령 천북, 아산 도고, 공주 사곡, 당진 송악 등 22곳, 충북은 청주 흥덕 수의 2동, 괴산 장연 조곡, 제천 송악, 보은 내속리, 청원 문의 등 16곳, 경북이 구미 해평, 안동 풍산, 영천 대창, 고령 우곡, 군위 효령, 성주 초전, 예천 용문, 청도 풍각, 칠곡 칠곡, 안동 서후 등 33곳이다. 이어 전남은 목포 옥암, 고흥 대서, 곡성 삼기, 구례 산동, 함평 함평, 장성 삼계 등 23개 지역이며, 강원이 원주 부론, 춘천 서면, 영월 남면, 철원 근남 등 15곳, 경기가 양주 양주, 여주 대신, 용인 양지, 평택 팽성, 오산 갈곶 등 15곳, 제주는 남제주 성산에서 고사를 행한다. 한국인들은 동지에 민간신앙 의례를 통해 집안의 가신(家神) 중에서 최고의 신으로 가신을 통괄하고 집안의 안태(安泰)를 지킨다는 성주신[616]을 비롯, 터주신과 조왕, 삼신 등에게 팥죽을 올린다.

---

614 『경상북도 세시풍속』, 칠곡 왜관, p.910.
615 『강원도 세시풍속』, 홍천 서석, p.480.
616 『충청북도 세시풍속』, 제천 금성, p.29.

이 같은 성주 모시기는 동지는 물론, 설날과 추석차례에서도 빈번하게 등장하며,[617] 이를 통해 액운을 제거하고 집안의 안녕과 가족들의 건강 및 농사의 풍년을 기원한다.

다음은 동지에서 가장 널리 행해지는 팥죽 뿌리기다. 이는 제액을 위한 주술적 행위로도 볼 수 있지만, 동지를 맞아 기념되는 의식이라는 점에서 의례의 하나로 분류했다. 팥죽 뿌리기는 굳이 출현 지역 산출이 불필요할 정도로 동지를 기념하는 거의 대부분의 지역에서 행해진다.

강원도 영월 남면에서는 동지에 팥죽을 쑤면 성주나 조왕 등 집안에서 위하는 가신들에게 먼저 팥죽을 올리고 문에 뿌려 잡귀를 막는다.[618] 정선 남면에서는 팥죽을 쑤면 먹기 전에 팥죽을 세 숟가락 떠서 대문과 굴뚝, 외양간 등에 뿌리면서 대문으로 들어오는 '대문장군' 귀신을 막고, 굴뚝은 물론 외양간의 '마대장군(귀신)'을 막아 달라 기원했다.[619]

팥죽 뿌리기가 광범위하게 출현하는 경기도의 경우, 이천 설성에서는 잡귀가 들어오지 말라고 팥죽의 국물을 집안 곳곳과 집 밖의 도랑 등에도 뿌렸다.[620] 또한 수원 팔달과 권선, 의왕 왕곡, 양주 회천, 이천 마장에서는 액막이를 위해, 안성 도기와 죽산, 화성 우정, 가평 설악에서는 축귀를 목적으로 팥죽을 뿌렸다.[621] 광주 중부에서는 액막이뿐만 아니라 새집 짓고 이사 들어

---

617 한 예로 경남 함안 가야에서는 설날 차례를 지내기 전인 새벽에 한 해 동안 가족의 건강과 농사의 풍년을 기원하는 의미에서 집안 성주에게 먼저 떡국을 올린다. -『경상남도 세시풍속』, 함안 가야, p.781.
618 『강원도 세시풍속』, 영월 남면, p.329.
619 『강원도 세시풍속』, 정선 남면, p.402.
620 『경기도 세시풍속』, 이천 설성, p.596.
621 『경기도 세시풍속』, 가평 설악, p.735.

갈 때도 팥죽을 뿌리며,[622] 포천 가산에서는 노인 돌아가지 말라고 팥죽을 쒀 집안 곳곳에 뿌렸다.[623]

팥죽을 뿌려 제액과 축귀하는 의식은 경남에서도 폭넓게 나타나, 거제 일운에서는 모든 병을 막고자 팥죽을 뿌리며,[624] 밀양 초동에서는 팥죽을 뿌려 사악한 기운을 쫓고 새해 행운을 기원한다.[625] 또한 마산 진동과 하동 옥종은 제액 또는 액막이, 울주 언양은 축귀, 그리고 김해 생림은 병마와 잡귀를 쫓기 위해 팥죽을 뿌린다. 진주 일반성에서는 팥죽을 쑤면 조상과 삼신·성주·조왕 등의 가신에게 올리고 집안의 사방에 뿌린다. 이렇게 하면 나쁜 액운이 집으로 들어오지 못한다고 여긴다.[626] 한편 동지팥죽과 관련한 특이 풍속으로 고성 대가에서는 된장이 맛있으라고 장독대에 팥죽을 올려 동지 할머니를 대접하기도 한다.[627]

경북 문경 농암에서는 가마솥 가득히 팥죽을 쑤어 한 그릇 먼저 퍼서 솔잎에 팥죽을 묻혀 집안 곳곳에 뿌린다. 이렇게 하면 집안의 잡귀가 물러난다고 한다. 그리고 먹기 전에 용단지와 성주·터주단지에 한 그릇 떠다 올린다.[628] 안동 임하와 영주 장수에서는 액을 막기 위해 팥죽을 뿌린다. 봉화 물야와 소천 등에서는 귀신을 쫓기 위해 마당이나 벽에 뿌리며,[629] 예천 유천에서는 한 해 남은 묵은 액을 소멸시키기 위해 팥죽을 뿌린다. 청도 화양에서는

622 『경기도 세시풍속』, 광주 중부, p.78.
623 『경기도 세시풍속』, 포천 가산, p.916.
624 『경상남도 세시풍속』, 거제 일운, p.39.
625 『경상남도 세시풍속』, 밀양 초동, p.145.
626 『경상남도 세시풍속』, 진주 일반성, p.300.
627 『경상남도 세시풍속』, 고성 대가, p.517.
628 『경상북도 세시풍속』, 문경 농암, p.184.
629 『경상북도 세시풍속』, 봉화 물야, p.502.

액운을 없애기 위해, 영양 영양에서는 호랑이가 오지 말라고 팥죽을 뿌렸다.[630]

전남의 경우 광양 용강에서는 축귀와 액맥이를 위해,[631] 광양 광양읍 세풍은 잡신을 막기 위해, 광양 황길은 잡신이 집에 들어오는 것을 막기 위해 팥죽을 뿌렸으며, 목포 충무에서는 팥죽을 뿌리면 제액축귀와 함께 집안이 평안해 진다고 여겼다.[632] 목포 삼향에서도 축귀, 평안 기원을 위해 팥죽을 쑤면 동지시에 맞춰 성주 앞에 한 그릇 떠놓고 팥물을 집안 곳곳에 뿌린다.[633] 또한 해남 현산, 영광 백수는 제액, 해남 산이는 축귀, 영광 법성은 이듬해 액을 막을 수 있기에[634] 팥죽 의례를 행했다. 하지만 무안 청계에서는 팥죽을 뿌리면 집안이 더러워진다고 요즘은 뿌리지 않는다.[635]

전북 지역의 팥죽 뿌리기 의례는 군산 경암의 경우, 재수가 좋으라는 의미이며, 고창 고창, 임실 삼계, 군산 임피, 전주 완산 효자는 축귀, 김제 요촌과 교동은 제액이다. 또한 전주 완산 풍남은 동지시에 맞춰 팥죽을 쑤면 굿보다 낫다고 여긴다.[636] 장수 장계에서는 팥죽과 함께 팥이나 메밀을 같이 뿌리기도 한다.[637] 임실 관촌에서는 동지에 팥죽을 쑤는 것은 도깨비가 붉은색을 무서워 해 이를 쫓기 위해서다.[638]

제주 지역에서도 팥죽을 뿌린다. 서귀포 중문 하원리에서는 사악한 기운

630 『경상북도 세시풍속』, 영양 영양, p.606.
631 『전라남도 세시풍속』, 광양 용강, p.23.
632 『전라남도 세시풍속』, 목포 충무, p.105.
633 『전라남도 세시풍속』, 목포 삼향, p.123.
634 『전라남도 세시풍속』, 영광 법성, p.631.
635 『전라남도 세시풍속』, 무안 청계, p.503.
636 『전라북도 세시풍속』, 전주 완산 풍남, p.224.
637 『전라북도 세시풍속』, 장수 장계, p.556.
638 『전라북도 세시풍속』, 임실 관촌, p.485.

을 막기 위해, 중문 대포리에서는 축귀를, 남제주 표선에서는 액을 막기 위해 팥죽을 쑤며, 대문과 집안 곳곳에 뿌리지 않고 손으로 찍어 바른다.[639] 제주 노형과 제주 이호에서는 팥죽을 뿌려 액맥이 하면 다음 해에 운수가 좋다고 여긴다.[640]

충남 지역의 동지팥죽은 제액축귀의 기능과 함께 건강과 관련된다. 서산 기산에서는 애동지 때 팥죽을 쒀 액맥이로 뿌린다.[641] 논산 광석에서도 액맥이 풍속이 있었으나 현재는 팥죽만 쑨다.[642] 보령 웅천에서는 동짓날 팥죽을 쑤어 동지시에 맞추어 뿌리면 안택고사보다 좋다는 말이 있다. 그래서 지금도 팥죽을 쑤는 집이 많다. 팥죽을 쑤면 장독대, 안방 성주 앞 등 집안 곳곳에 놓는다.[643]

충북 지방은 팥죽을 뿌리는 풍속이 대부분의 조사 지역에서 나타날 정도로 제액축귀 의례가 강하게 나타난다. 충주 안림에서는 액을 막기 위해 팥죽 새알 수제비를 마당을 비롯해 사방에 뿌리는데 이를 '뱅이'라 한다.[644] 이같은 제액 의례적 팥죽 뿌리기는 음성 생극을 비롯해[645] 홍덕 장안, 충주 산척, 옥천 군북과 동이, 청원 미원 등에서 나타난다. 옥천 이원에서는 팥죽을 쑤기 전, 팥과 솔잎을 외양간이나 화장실 등 집안 구석구석에 뿌리며, "잡귀야 나가라! 잡귀야 나가라!"고 외치는 '뱅이' 행위를 한다.[646] 청주 흥덕구 수

639 『제주도 세시풍속』, 남제주 표선, p.53.
640 『제주도 세시풍속』, 제주 이호, p.39.
641 『충청남도 세시풍속』, 서산 기산, p.462.
642 『충청남도 세시풍속』, 논산 광석, p.66.
643 『충청남도 세시풍속』, 보령 웅천, p.114.
644 『충청북도 세시풍속』, 충주 안림, p.107.
645 『충청북도 세시풍속』, 음성 생극, p.312.
646 『충청북도 세시풍속』, 옥천 이원, p.274.

의에서는 도깨비를 쫓기 위해 팥죽을 뿌린다.[647] 이밖에 보은 내속리에서는 지붕을 이고 난 다음 저녁에 팥죽을 쒀 뿌리고, 장례에서도 부의금 대신으로 팥죽을 가져갔다.[648] 이를 통해 충북 지역은 팥죽을 활용해 액을 없애고 잡귀를 쫓는 의례가 타 지역에 비해 크게 발달했음을 살필 수 있다.

동지에 나타나는 이들 팥죽 뿌리기 의례는 지역에 따라 제액 중심이냐 축귀 위주냐의 차이는 있지만, 공통적으로 액을 막거나 귀신을 쫓는데 그 목적이 있음을 보여준다. 또한 지역에 따라 병을 막고 건강을 기원하기 위한 의례의 역할을 하고 있다. 따라서 이들 의례는 집안의 불운한 기운과 귀신을 쫓아 궁극적으로 건강과 행운을 맞이하는 의례라 할 수 있다.

동지의 의례는 이처럼 기념 방법, 절식, 그리고 기능 면에서 한국의 추석이나 설 등과 다르며, 복잡함을 살필 수 있다. 그 특징 중의 하나로 새해 기념일과의 연관성을 들 수 있다.

동지가 새해와 관련됨은 동지를 '작은설'로 부르는 지역이 다수 등장하고, 동지팥죽에 들어가는 둥그런 새알을 나이 수 개념으로 여기고 이를 먹음으로써 나이 한 살 더 먹는다는 인식이 많은 지역에서 출현한 것에서 뒷받침된다. 경남 통영 산양에서는 동지가 작은설이라는 관념이 있어 팥죽을 한 그릇 먹으면 나이 한 살 더 먹는다고 한다.[649] 전남 영암 덕진과 군서를 비롯해 경북 의성 점곡에서도 동지를 작은설로 여긴다. 또한 하동 옥종에서는 새알심은 자기 나이 수대로 먹어야 하며, 그래서 설을 쇠지 않아도 동지가

647 『충청북도 세시풍속』, 청주 흥덕 수의, p.54.
648 『충청북도 세시풍속』, 보은 내속리, p.202.
649 『경상남도 세시풍속』, 통영 산양, p.402.

지나면 나이 한 살 더 들게 된다고 한다.[650] 이처럼 동지팥죽과 나이의 관계는 둥근 새알심이 태양을 본 뜬 것이고, 이를 먹는 것은 해를 먹는 것이며, 해를 먹는다는 것은 나이를 한 살 더 먹는 것이라는 인식에서 비롯되고 있다. 이는 설날 떡국의 둥글고 하얀 떡 건더기를 먹는 것과 비슷한 것으로 떡국과 팥죽의 새알심은 모두 태양을 먹는 의식이며, 이는 태양숭배를 바탕으로 하고 있다고 할 수 있다.[651] 이 같은 태양숭배는 기본적으로 무속[무교(巫敎)]과 관계되며, 한민족의 조상인 동이족의 신앙이기도 했다.[652]

새알심을 먹음으로써 한 살을 더 먹는다는 인식과 함께 이를 나이 수대로 먹는 지역은 강원, 전북, 전남, 경남, 경북 등이며, 특히 경남과 경북, 전남 지역에 광범위하게 나타난다. 강원은 강릉 왕상, 고성 죽왕, 전남은 광양 황길, 곡성 삼기, 영암 군서, 경북은 구미 옥성, 김천 어모, 경남은 마산 진동, 화동 옥종 등이다.

이상에서 살폈듯, 동지팥죽과 절식은 크게 제액과 벽사의 주술적 기능과 함께 나이 한 살을 더 먹는 새해맞이 절식으로서의 의미를 지니고 있다. 이때문에 동지는 다른 명절과 달리 일정한 의례 없이 절식만으로도 명절이 기념되고 그 전통이 현재에까지 이어지는 것이 가능했다고 할 수 있다.

---

650   『경상남도 세시풍속』, 하동 옥종, p.737.
651   김정민(2015), 앞의 논문, p.58.
652   유소홍·양명모(2017), 앞의 논문, p.61.

나. 지역별 절식

1) 강원도

강원도의 동지 절식은 팥죽이다. 54개 전체 조사 지역에서 동지를 기념하는 팥죽이 출현했다. 하지만 타 지역과 달리 강원에서는 동지에 떡이 한 곳에서만 나타나며, 애(기)동지를 구분하는 지역에서는 이때 팥죽을 쑤지 않거나 팥밥 등을 차려 기념한다. 강원 지역에서 애동지를 구분해 애(기)동지에 팥죽을 쑤지 않는 지역은 36개 지역으로 65%에 달한다. 10지역 중 7곳 가량에서 애동지를 구분했다. 강원 지역의 애동지 시기는 지역마다 달라 속초 도문은 초사흘에 동지가 들면 '아동지'(애동지)라 하며,[653] 삼척 원덕은 5일 이전,[654] 양구 양구와 삼척 근덕은 10일 이전,[655] 삼척 미로는 10일 안쪽을 애동지로 여기지만 이 지역에서는 '소동지'라 부른다.[656] 또한 양구 남면에서는 보름 전에 드는 동지를 애동지라 하며,[657] 양양 서면도 중순이 지나야 팥죽을 쑨다.[658] 이를 통해 애동지 시기는 늦게는 보름까지임을 살필 수 있다. 이처럼 동지가 이른 시기에 드는 명칭은 강원도의 경우 대부분 애(기)동지로 불리며, 소동지와 아동지도 드물게 나타난다.

강원 지역의 경우, 동지 떡은 평창 평창에서 보통의 동지에 팥죽과 함께 팥떡이 빚어졌다. 팥죽은 영월 영월과 남면에서 나타나듯, 전염병으로 죽은 조상이 있는 지역에서도 쑤지 않았다. 반면, 홍천 서석에서는 애동지 때

---

653 『강원도 세시풍속』, 속초 도문, p.103.
654 『강원도 세시풍속』, 삼척 원덕, p.67.
655 『강원도 세시풍속』, 삼척 근덕, p.74.
656 『강원도 세시풍속』, 삼척 미로, p.80.
657 『강원도 세시풍속』, 양구 남면, p.268.
658 『강원도 세시풍속』, 양양 서면, p.293.

밥(메)을 차려, 동지차사를 지내고 팥죽을 쑤어 액막이용으로 집안에 뿌린다.[659] 또한 속초 도문에서는 제사를 올리는 집안의 경우 애동지에도 팥죽을 쑨다.

애동지에 팥죽을 쑤지 않는 이유에 대해 양양 강현에서는 애동지에는 팥이 잘 되지 않아 팥죽을 쑤지 않으며,[660] 정선 정선에서는 동지가 동짓달 초에 들면 팥 수확이 흉작이고 동짓달 늦게 들면 팥 수확이 풍작이기 때문에 팥죽 없이 지낸다.[661] 또한 철원 서면에서는 애동지에 팥죽을 쑤어 먹으면 어린이들이 병에 걸리게 되며,[662] 홍천 화천에서는 애동지는 아이에 비유돼 아무것도 이루지 못하는 유아기이고, 무언가 이룰 수 있는 나이를 중동지로 생각해 이때에 팥죽을 쑤어 먹는다.[663]

새알심의 재료는 대부분 찹쌀이며, 일부 지역에서 수수 등으로 빚기도 한다. 강원 역시 타 지역과 마찬가지로 동지팥죽의 새알심을 나이 수대로 먹는 지역이 몇 곳에서 출현한다. 평창 봉평에서는 찹쌀이나 수수를 빻아서 새알을 만들어 넣는다.[664] 고성 죽왕 오봉에서는 새알을 옹샘이라 하며, 고성 죽왕 문암에서는 옹심이라 해 이를 나이 수대로 먹으면 좋다고 한다.[665] 고성 현내에서는 찹쌀가루나 수수가루로 옹샘이를 만들어 팥죽에 넣고 끓이는데, 옹샘이를 자기 나이 수대로 먹으면 좋다고 한다.[666]

---

659 『강원도 세시풍속』, 홍천 서석, p.480.
660 『강원도 세시풍속』, 양양 강현, p.286.
661 『강원도 세시풍속』, 정선 정선, p.378.
662 『강원도 세시풍속』, 철원 서면, p.437.
663 『강원도 세시풍속』, 홍천 화천, p.511.
664 『강원도 세시풍속』, 평창 봉평, p.452.
665 『강원도 세시풍속』, 고성 죽왕 문암, p.247,
666 『강원도 세시풍속』, 고성 현내, p.236.

동지팥죽을 쑤는 이유에 대해 태백 상사미에서는 옛날부터 동지에 팥죽을 잘 끓여 먹으면 큰굿을 한 것보다 낫고 재수가 있다고 한다.[667] 횡성 우천에서는 팥죽을 하면 집안을 위하기 위해 장광, 부엌, 성주 등에 한 그릇씩 떠 놓기도 하고, 새집에 이사 갈 때는 잡귀를 쫓는데 쓴다.[668] 춘천 동산에서는 동지 이외에도 이엉을 엮을 때나 지붕을 이고 난 후에도 팥죽을 쑤어 먹는다. 또한 상례(喪禮) 때도 이웃집에서 팥죽을 쑤어 와서 먹으며, 이사를 가도 첫날 저녁에 팥죽을 쑤어 먹는다.[669] 이밖에 횡성 강림에서는 팥 농사가 풍년 든다고 여겨 애동지 때에 팥죽을 쑤어 먹는다.[670]

이상을 통해 강원 지역 동지의 대표 절식은 팥죽이며, 시기적으로 동지가 일찍 들 경우 팥죽을 쑤지 않고 있다. 특히 강원 지역의 경우 동지를 애동지와 어른동지 등으로 구분해 기념하는 인식이 강하고, 그만큼 동지에 팥죽을 하지 않는 이유가 분명하며, 팥죽의 용도가 다양함을 살필 수 있다.

2) 경기도

경기도의 동지 절식은 팥죽이다. 전체 82개 조사 지역 중 78곳에서 동지를 기념하는 팥죽과 떡이 출현했으며 4개 지역에서만 절식이 나타나지 않았다. 동지 절식이 출현하지 않은 지역은 안양 만안, 성남 분당, 김포 고촌 등이다. 애(기)동지를 구분하는 지역에서는 이때 팥죽을 쑤지 않거나 떡 등을 하며 기념했다. 경기 지역에서 애동지를 구분해 애(기)동지에 팥죽을 쑤지 않는 지

---

667   『강원도 세시풍속』, 태백 상사미, p.230.
668   『강원도 세시풍속』, 횡성 우천, p.577.
669   『강원도 세시풍속』, 춘천 동산, p.161.
670   『강원도 세시풍속』, 횡성 강림, p.592.

역은 57개 지역으로 70%의 출현 빈도를 보였다. 경기 지역의 애동지 시기는 11월 초순 이내 등으로 이때 대부분의 지역에서는 팥죽을 쑤지 않았으며, 일부 지역에서 떡을 하거나, 팥죽을 쑤었다. 특히 강화 교동에서는 동지에 팥죽을 쑤지 않지만 팥죽이 먹고 싶으면 동지 전후에 쑤어 먹었다.[671] 옹진 백령도와 평택 팽성, 그리고 오산 부산에서는 떡과 팥시루떡을 빚었다. 애동지에도 팥죽을 쑤는 지역은 수원 권선으로 이 지역에서는 애동지에 팥죽을 쑤되 아이들에게는 먹이지 않는다.[672]

애동지에 팥죽을 쑤지 않는 이유에 대해 수원 팔달은 팥죽을 쑤면 아이가 죽는다고 여기며,[673] 시흥 도창에서는 애들이 잘못되고, 안성 금광에서는 아이들에게 좋지 않으며, 여주 점동에서는 애동지에 팥죽을 쑤면 젊은 사람이 죽는다고 여긴다.[674] 광주 중부의 경우, 애동지에 팥죽을 쑤지 않지만 설령 끓인다 해도 아이에게 주지 않으며,[675] 오산 오산에서는 애동지에 팥죽을 쑤면 아이에게 나쁘다고 팥시루떡을 만들었다.[676] 이처럼 경기 지역의 애동지 때의 팥죽 안 쑤기는 어린이 또는 젊은이와 연관된다.[677]

새알심은 경기 지역에서는 주로 옹심이로 불리며 이를 만드는 재료는 대부분 찹쌀이지만 수수로 빚는 지역도 있다. 양주 양주에서는 30년 전까지는 팥죽을 쒔으며 당시 팥죽의 옹심이는 수수로 만들었다. 경기 지역의 경우,

671 『경기도 세시풍속』, 강화 교동, p.956.
672 『경기도 세시풍속』, 수원 권선, p.334.
673 『경기도 세시풍속』, 수원 팔달, p.321.
674 『경기도 세시풍속』, 여주 점동, p.852.
675 『경기도 세시풍속』, 광주 중부, p.78.
676 『경기도 세시풍속』, 오산 오산, p.471.
677 어린이에게 팥죽 안 먹이기는 노동지에까지 확대돼 용인 백암에서는 노동지에 팥죽을 쒀도 어린이에게 안 준다. -『경기도 세시풍속』, 용인 백암, p.524.

타 지역과 달리 팥죽 옹심이를 먹으면 나이 한 살을 더 먹는다는 풍속은 나타나지 않는다.

동지팥죽을 쑤는 이유는 제액 예방, 건강, 집안의 안녕이다. 옹진 백령도에서는 팥죽을 먹어야 농사 지을 때 쌓인 목구멍의 먼지가 씻기며,[678] 양주 양주에서는 성주신에게 팥죽을 차려 내년도의 무사를 기원했다.[679] 이밖에 팥죽 풍속과 관련, 시흥 신현에서는 집에서 팥죽을 끓이지 않고 절에서 먹기도 하며,[680] 의왕 고천에서는 집안에 열병으로 죽은 조상이 있으면 동지보다 일찍 팥죽을 쑨다.[681] 양평 용문에서는 장질부사로 죽은 조상의 경우 팥죽을 쑤면 오지 못한다고 여긴다.[682] 여주 점동은 '팥죽 솥 누룽지가 1년 액운 막는데 최고'라고 여기며,[683] 강화 내가는 애동지가 들면 그해는 풍년이 든다며 애동지 구분 없이 팥죽을 마련한다.[684]

이상을 통해 경기 지역 동지의 대표 절식은 팥죽이며, 시기적으로 동지가 일찍 들 경우 애동지로 여겨 팥죽을 쑤지 않는다. 일부 지역에서 떡을 빚기도 하지만 그 빈도는 매우 낮다. 따라서 경기도의 동지 절식은 대체재로써 떡이 없는 팥죽 단일임을 살필 수 있다. 또한 경기 지역의 경우 팥죽의 새알인 옹심이를 나이 수로 여기는 풍속은 출현하지 않는다는 특징을 나타낸다.

---

678 『경기도 세시풍속』, 옹진 백령, p.994.
679 『경기도 세시풍속』, 양주 양주, p.760.
680 『경기도 세시풍속』, 시흥 신현, p.345.
681 『경기도 세시풍속』, 의왕 고천, p.557.
682 『경기도 세시풍속』, 양평 용문, p.805.
683 『경기도 세시풍속』, 여주 점동, p.852.
684 『경기도 세시풍속』, 강화 내가, p.943.

3) 경상남도

경상남도의 동지 절식은 팥죽과 떡이다. 전체 66개 모든 조사 지역에서 동지를 기념하는 주식류 절식이 출현했다. 애동지를 구분해 애(기)동지에 팥죽을 쑤지 않는 지역은 모두 25곳이며, 8곳에서는 애동지에 떡을 빚는다. 일부 지역에서는 팥죽이나 팥죽과 함께 떡을 차려 애동지를 기념했다.[685] 경남 지역에서는 애동지 명칭이 대다수를 차지하지만 일부 지역에서 애기동지라 부른다.

애동지에 팥죽을 쑤지 않는 이유와 관련, 사천 서포 및 동서동과 남해 남면 등에서는 아이들에게 좋지 않기 때문이며,[686] 함안 가야에서는 아이에게 좋지 않은 일이 생긴다고 여긴다.[687] 고성 하일에서는 아이들이 일찍 죽는다는 속신이 있다.[688] 이에 따라 애동지에 팥죽 대신 떡을 하는 지역은 하동 양보, 거창 거창 및 가조, 주상, 남해 남면, 산청 신등 등 10개 지역이다. 이와 함께 함양 함양은 팥죽이나 떡 중 하나를 차리며 함양 서하에서는 팥죽과 떡을 함께 차린다.[689] 또한 산청 단성에서는 애기동지에 떡을 하거나 아무것도 해먹지 않는다.[690]

동지팥죽에 넣는 새알심은 다수의 지역에서 출현해 경남의 팥죽은 새알 동지죽이라 할 수 있다. 새알 재료는 찹쌀이 가장 높게 나타났으며, 이 새알

---

685 함양 함양에서는 애기동지에 팥죽이나 떡을 하며, 함양 서하에서는 떡과 팥죽을 함께 한다. -『경상남도 세시풍속』, 함양 함양, p.802 및 함양 서하, p.831.
686 『경상남도 세시풍속』, 사천 동서동, p.197. ; 남해 남면, p.564.
687 『경상남도 세시풍속』, 함안 가야, p.779.
688 『경상남도 세시풍속』, 고성 하일, p.503.
689 『경상남도 세시풍속』, 함양 함양, p.802. ; 함양 서하, p.831.
690 『경상남도 세시풍속』, 산청 단성, p.580.

심은 새해 기념과 관계된다. 특히 경남에서는 동지를 작은설로 인식하는 경향이 강하게 나타나 새알을 나이 수대로 먹는 풍속이 거의 대부분의 지역에서 출현한다. 마산 진동에서는 새알을 나이 수대로 먹고 이렇게 하면 한 살 더 먹은 것으로 여긴다. 남해 설천과 사천 서포는 팥죽 먹는 동지를 설날처럼 인식하며,[691] 통영 산양은 동지를 작은설로 여겨 이때를 지나면 한 살 더 먹는다고 본다.[692] 밀양 단장과 하동 화개 역시 새알을 나이 수대로 먹으며 동지가 지나면 설을 쇠지 않아도 나이를 먹은 것으로 간주한다.[693] 울주 언양도 동지가 지나면 한 해 다간다고 생각하며,[694] 밀양 부북은 팥죽을 먹으면 설이 안 지나도 한 살 더 들었다고 여긴다.[695] 이 같은 새해 인식에 따라 사천 동서에서는 애동지에 팥죽을 쑤지만 새알은 넣지 않는다.[696] 의령 용덕에서는 새알심을 넣는 이유에 대해 이를 먹고 더욱 건강하며 장수를 기원하는 의미를 담고 있다.[697]

이상을 통해 경남 지역 동지의 대표 절식은 팥죽이며, 동지를 작은설로 여기는 경향이 강하다. 이에 따라 동지의 새알을 나이 수대로 먹고, 이를 먹음으로써 나이를 한 살 더 먹는다고 여기는 지역이 많음을 살필 수 있다. 이는 팥죽이 설날 절식인 떡국과 비슷한 기능을 하고 있음을 보여준다.

이밖에 경남 지역의 경우 동지를 애동지와 어른동지 등으로 엄격히 구분

691   『경상남도 세시풍속』, 사천 서포, p.216.
692   『경상남도 세시풍속』, 통영 산양, p.402.
693   『경상남도 세시풍속』, 하동 화개, p.752.
694   『경상남도 세시풍속』, 울주 언양, p.952.
695   『경상남도 세시풍속』, 밀양 부북, p.163.
696   『경상남도 세시풍속』, 사천 동서, p.197.
697   『경상남도 세시풍속』, 의령 용덕, p.640.

하는 인식이 타 지역보다는 덜하며, 이에 따른 애동지 시의 팥죽 쑤지 않는 속신도 많이 나타나지 않는다.

4) 경상북도

경상북도의 동지 절식은 팥죽과 떡이다. 전체 71개 조사 지역에서 동지를 기념하는 팥죽 또는 떡 등이 출현했다. 애동지를 구분해 애(기)동지에 팥죽을 쑤지 않는 지역은 38곳이었으며, 13개 지역에서는 애동지에 팥죽을 대신하는 대체 절식 등으로 떡을 빚었다. 또한 몇몇 지역에서 애동지에도 팥죽을 끓이거나 집안에 따라 팥죽을 쑤거나 쑤지 않는 등 혼재된 양상을 나타냈다. 팥죽에 들어가는 새알은 찹쌀이 주류를 이루는 가운데 수수로는 새알심을 빚지 않았다. 울릉 북면에서는 예전에 감자를 으깨어 팥죽 새알을 만들었으며,[698] 울릉 울릉에서는 감자나 밀가루로 새알을 만들었다.[699]

동지에 출현하는 떡은 모두 14회로 이중 팥떡이 2회, 팥시루떡과 호박떡, 송편이 각 1회이며, 떡 명칭이 구체적으로 드러나지 않은 '떡'이 9회 출현했다. 떡을 빚는 지역은 구미 옥성, 김천 농소와 구성, 문경 문경과 농암 및 동로, 영주 장수와 단산 및 풍기, 성주 초전, 예천 용문으로 대부분 문경과 영주 지역 등 경북 산간 지역에 집중돼 있다.

경북 지역 동지팥죽의 특징은 팥죽 안에 들어가는 떡을 새알과 함께 수제비라는 이름으로도 부른다는 점이다. 이 같은 명칭은 영주 단산, 포항 죽장, 군위 부계, 칠곡 북삼 등 경북 전역에 걸쳐 광범위하게 분포한다. 새알이란

---

698   『경상북도 세시풍속』, 울릉 북면, p.667.
699   『경상북도 세시풍속』, 울릉 울릉, p.678.

이름은 김천 구성, 문경 문경, 안동 풍산, 영주 풍기, 영덕 창수, 울진 평해, 달성 유가 등으로 역시 고르게 분포한다.

새알(수제비)을 나이 수대로 먹는 풍속도 거의 모든 지역에서 나타난다. 포항 죽장에서는 팥죽에 넣는 떡은 수제비라고 부르며, 이 수제비를 나이 수대로 먹으면 좋다는 말이 있다.[700] 또한 청도 매전에서는 동지 수제비를 먹으면 나이 한 살 더 먹고, 동지 지나면 곧바로 신년이 된다.[701]

동지에 팥죽을 쑤는 이유와 관련, 영천 대창에서는 팥죽을 먹으면 어지럼증이 없으며,[702] 포항 죽장에서는 팥죽을 쑤어 집안에 드는 액을 막는다.[703] 또한 군위 효령에서는 팥죽은 약이 된다.[704]

애동지에 팥죽을 하지 않는 이유와 관련, 경산 용성과 상주 사벌, 청도 매전에서는 아이에게 안 좋다고 쑤지 않으며, 달성 옥포에서는 애동지에 팥죽 쑤면 애가 많이 죽는다고 한다.[705] 포항 죽장에서는 애동지에 애가 있는 집에서는 팥죽을 쑤지 않지만 쑤기도 한다.[706]

이밖에 경북 지역의 동지 풍속으로, 경산 남천에서는 팥죽이 동지 음식과 함께 상갓집 부조 음식으로 쓰이고,[707] 구미 옥성은 예전에는 애동지를 구분해 주로 떡을 빚었으나 요즘은 구분 없이 팥죽을 쑨다.[708] 영천 대창은 팥죽

700 『경상북도 세시풍속』, 포항 죽장, p.379.
701 『경상북도 세시풍속』, 청도 매전, p.824.
702 『경상북도 세시풍속』, 영천 대창, p.354.
703 『경상북도 세시풍속』, 포항 죽장, p.379.
704 『경상북도 세시풍속』, 군위 효령, p.476.
705 『경상북도 세시풍속』, 달성 옥포, p.942.
706 『경상북도 세시풍속』, 포항 죽장, p.379.
707 『경상북도 세시풍속』, 경산 남천, p.25.
708 『경상북도 세시풍속』, 구미 옥성, p.127.

에는 찹쌀수제비를 넣으며, 동지에는 반드시 팥죽을 끓여서 일주일 동안 먹는다.[709] 포항 흥해에서는 동지가 초승(순)에 들면 절대 팥죽을 쑤지 않는다. 마을 동제에 신령이 못 오기 때문이다.[710] 울릉 북면에서는 팥죽을 동네에서 나눠 먹었으며, 이때문에 팥죽은 아홉 집 것을 먹어야 좋다고 한다.[711] 울진 울진에서는 동짓날 팥죽에 넣는다고 예전에는 대밭에 새알을 주우러 다녔다.[712] 칠곡 왜관에서는 예전에는 애동지 구분이 없었지만 방송을 보고 구분하게 됐다.[713]

이상을 통해 경북 지역 동지의 대표 절식은 팥죽이며, 팥죽에 들어가는 떡 명칭으로 수제비도 사용하고 있음을 살필 수 있다. 또한 팥죽을 먹음으로써 나이 한 살을 더 먹는다는 인식이 여러 지역에서 나타나고 칠곡 왜관에서 보이듯, 명절 절식에 매체의 영향이 있음을 보여준다. 이와 함께 동지팥죽이 제액축귀는 물론, 건강과 약의 기능으로, 그리고 위해 짐승으로부터 보호받기 위한 주술적 의례식품으로까지 확대되고 있음을 살필 수 있다.

5) 전라남도

전라남도의 동지 출현 주식과 떡류 음식은 팥죽, 팥시루떡, 팥떡과 떡이다. 전체 66개 조사 지역에서 동지를 기념하는 절식이 출현했다. 다만 애(기) 동지를 구분하는 지역에서는 이때 팥죽을 쑤지 않거나 떡 등을 마련해 기념

---

709 『경상북도 세시풍속』, 영천 대창, p.353.
710 『경상북도 세시풍속』, 포항 흥해, p.406.
711 『경상북도 세시풍속』, 울릉 북면, p.667.
712 『경상북도 세시풍속』, 울진 울진, p.697.
713 『경상북도 세시풍속』, 칠곡 왜관, p.910.

했다. 전남 지역에서 애동지를 구분해 애(기)동지에 팥죽을 쑤지 않는 지역은 35곳으로 전체 조사 지역의 절반을 넘었으며, 애동지 시기는 대부분 음력 11월 초순 이내 또는 지역에 따라 보름 이전에 들면 이를 애동지나 애기동지 등으로 칭했다. 순천 주암에서는 닷새나 초승 이내를 애동지라 하고 닷새 이후부터는 팥죽을 쑨다.[714] 일부 지역에서는 20일 이전까지를 애동지로 여기기도 한다. 나주 남평은 20일 안에 동지가 들면 애기동지로 여겨 팥죽 대신 떡을 빚었다.[715] 동지가 이른 시기에 드는 명칭은 애(기)동지 명칭이 가장 많아 광양 황길, 나주 왕곡, 순천 낙안, 영광 묘량 등에서는 애기동지로, 무안 해제, 보성 득량, 순천 서면에서는 애동지로 불렸으며, 이밖에 보성 벌교에서는 아동지, 장성 삼계에서는 아그동지, 장성 북하에서는 소동지라 칭했다.

애동지에는 팥죽 대신 떡을 빚는 지역은 모두 26곳으로, 이때 빚어지는 떡의 종류는 팥시루떡과 팥떡이 대부분이며, 이름이 구체적으로 드러나지 않은 떡이 19개 지역에서 출현했다. 떡을 빚는 지역은 영광 묘량과 법성포가 각각 시루떡과 팥떡이며, 장성 삼계, 북하, 화순 춘양, 구례 구례에서는 팥시루떡을 빚는다.

애동지에 팥죽을 쑤지 않는 이유에 대해 장성 북하와 함평 학교에서는 아이들에게 좋지 않기 때문이라 여긴다.[716]

새알심의 재료는 대부분 찹쌀이며, 일부 지역에서 쌀로 빚기도 하며, 전

---

714 『전라남도 세시풍속』, 순천 주암, p.165.
715 『전라남도 세시풍속』, 나주 남평, p.88.
716 『전라남도 세시풍속』, 함평 학교, p.821.

남 역시 타 지역과 마찬가지로 동지팥죽의 새알심을 나이 수대로 먹는 지역이 대다수를 차지했다. 구례 구례에서는 동지를 지나면 한 살 더 먹는 것으로 여겼으며,[717] 구례 문척에서는 팥죽을 떡국 먹는 것과 같이 여겼다.[718] 목포 옥암에서는 쌀로 새알심을 빚고,[719] 목포 충무에서는 찹쌀과 멥쌀을 섞어 새알심을 만들고 이를 '밤땡이'이라 부른다.[720] 보성 노동에서는 애동지에 대개 팥죽을 쑤지 않고, 찹쌀 새알심을 나이 수대로 먹으며, 애동지에는 팥죽을 해도 뿌리지 않는다.[721] 영암 군서에서는 동지를 작은설이라 여기며, 이때문에 새알을 나이 수대로 먹는다.[722] 진도 조도에서는 특이하게 아동지에 팥죽 대신 밀가루 반죽으로 동물 모형을 만들어 죽을 쑨다.[723] 이밖에 담양 무정에서는 애동지에 팥죽을 일찍 쑤고, 어른동지에는 늦게 쑤며,[724] 함평 학교에서는 동지시에 팥죽을 먹으면 보약보다 낫다고 여긴다.[725] 신안 비금에서는 백 가지 살을 제거하기 위해 나물 등과 팥죽을 조상께 올렸다.[726]

이를 통해 전남 지역 동지의 대표 절식은 팥죽이며, 시기적으로 동지가 일찍 들 경우 팥죽을 대신해 떡을 빚고 있다는 점에서 이때의 떡은 팥죽의 대체재임으로 떡 또한 전남 동지의 대표 절식이라 할 수 있다. 따라서 전남의 동지 절식은 팥죽과 팥시루떡 등임을 살필 수 있다.

717 『전라남도 세시풍속』, 구례 구례, p.377.
718 『전라남도 세시풍속』, 구례 문척, p.396.
719 『전라남도 세시풍속』, 목포 옥암, p.139.
720 『전라남도 세시풍속』, 목포 충무, p.106.
721 『전라남도 세시풍속』, 보성 노동, p.521.
722 『전라남도 세시풍속』, 영암 군서, p.640.
723 『전라남도 세시풍속』, 진도 조도, p.778.
724 『전라남도 세시풍속』, 담양 무정, p.452.
725 『전라남도 세시풍속』, 함평 학교, p.821.
726 『전라남도 세시풍속』, 신안 비금, p.561.

이와 함께 전남 지역의 경우 동지를 애동지와 어른동지 등으로 구분해 기념하는 인식이 강하지만 타 지역과 달리 애동지 시에 팥죽을 쑤지 않는 금기 인식은 크지 않은 것으로 나타났다.

6) 전라북도

전라북도의 동지 출현 절식은 팥죽, 떡, 시루떡이다. 전체 42개 조사 지역 중 41곳에서 동지를 기념하는 팥죽과 떡이 출현했다. 애동지를 구분해 애(기)동지에 팥죽을 쑤지 않는 지역은 28곳(출현 비율 67%)이며, 이들 지역 전체에서 팥죽 대신 떡을 빚었다.

전북 지역에서는 음력 11월 초순께 드는 동지를 대부분 애동지나 애기동지로 부르며, 이때 이들 지역에서는 팥죽을 쑤지 않고 대신 떡을 빚는다. 구체적 이름이 나타나지 않은 떡은 13곳에서, 시루떡은 11곳에서, 그리고 팥떡은 2곳, 찰떡 및 메떡이 각각 한 곳에서 빚어졌다. 이 같은 떡의 지역 출현 빈도는 67%에 달한다. 시루떡을 빚는 지역은 군산 경암, 김제 금산, 정읍 입암, 고창 고창, 부안 상서, 순창 인계, 임실 관촌 등이며, 팥떡은 김제 교동과 남원 대강에서 빚어졌다. 또한 팥시루떡은 전주 덕진에서 출현했다. 남원 운봉에서는 애기동지에 팥떡이나 메떡을 빚으며, 김제 교동에서는 애기동지에 팥떡을 하는 것은 물론, 집에 따라 중년동지에도 팥떡이나 팥죽을 쑨다.[727] 인접한 익산 함라에서는 애동지에 떡을 하고 중동지에는 팥죽도 떡도 빚지 않으며,[728] 임실 관촌에서는 아동지 때 떡을 하고, 동지가 보름께 들면 젊은이

---

727 『전라북도 세시풍속』, 김제 교동, p.66.
728 『전라북도 세시풍속』, 익산 함라, p.159.

들이 많이 죽는다고 이때 또 시루떡을 한다.[729] 애동지에 떡을 빚는 것과 관련, 진안 부귀에서는 애동지에 팥죽을 쑤면 아이가 죽는다고 여긴다.[730]

전북 지역에서는 팥죽에 들어가는 떡을 새알, 새알심, 또는 찹쌀수제비라고 하며, 이 새알심의 주재료는 대부분 찹쌀이며, 찹쌀과 멥쌀을 섞어 빚는 지역은 2곳이다. 부안 진서에서는 애기동지에 새알심 없이 팥과 쌀로만 팥죽을 쑨다.[731] 무주 무주에서는 동짓날 찹쌀수제비를 만들어 후손이 없는 사람들의 제사를 지내는데 이때, 접시처럼 크게 수제비 1장을 굽고, 다시 찹쌀가루를 조그맣게 뭉쳐서 지추로 붉은색이 물들게 6~7개를 지진 다음, 앞서 부친 접시 크기의 수제비 위에 올린다. 이를 조상들이 제물을 싸 가는 보자기라 한다.[732]

이와 함께 이 지역에서도 팥죽 새알심을 먹는 것을 나이 한 살 더 먹는 것으로 여긴다. 무주 적상에서는 찹쌀 새알 수제비를 먹으면 한 살 더 먹는 것이고 동지는 설 쇠는 것과 같다.[733] 이 같은 팥죽에 대한 나이 인식은 익산 금마, 익산 웅포, 전주 완산 풍남동, 정읍 입암, 무주 무주와 설천, 부안 상서, 완주 고산, 장수 장계, 진안 진안 등으로 넓게 나타난다.

이를 통해 전북 지역 동지의 대표 절식은 팥죽과 팥시루떡이며, 전남 지역과 비슷하게 떡을 팥죽의 대체재로써 빚고 있다. 시기적으로 동지가 일찍 들 경우 팥죽을 대신해 떡을 빚고 있다는 점에서 이때의 떡은 팥죽의 대체재임

729 『전라북도 세시풍속』, 임실 관촌, p.485.
730 『전라북도 세시풍속』, 진안 부귀, p.633.
731 『전라북도 세시풍속』, 부안 진서, p.384.
732 『전라북도 세시풍속』, 무주 무주, p.320.
733 『전라북도 세시풍속』, 무주 적상, p.338.

으로 떡 또한 전북 동지의 대표 절식이라 할 수 있다. 이와 함께 전북 지역의 경우 팥죽을 떡국과 같이 한 살 더 먹는 상징 음식으로 인식하는 경향이 강하지만 애동지 때에 팥죽을 쑤지 않는 금기에 대해서는 이유가 잘 나타나지 않는다. 이는 팥죽의 대체재로서 70%에 가까운 떡의 출현 빈도에서 살필 수 있듯, 애동지의 떡 하기가 관습화됐기 때문이라는 해석도 가능하다고 할 수 있다.

7) 제주도

제주도의 동지 출현 절식은 팥죽이다. 전체 12개 조사 지역 중 11곳에서 동지에 팥죽을 쑨다. 이들 지역 중 애동지를 구분해 애(기)동지에 팥죽을 쑤지 않는 지역은 5곳이지만 육지의 일부 지역과 달리 팥죽의 대체재로서 떡을 빚는 지역은 나타나지 않는다.

남제주 성산에서는 밭벼가 없으면 흐린 좁쌀(차조)로 팥죽을 쑤며, 애동지에 팥죽을 쑤지 않듯, 중동지에도 팥죽 대신 밥(메)을 차려 고사를 지낸다.[734] 제주 영평에서는 옹심이(찹쌀수제비)를 넣어 팥죽을 쑤고 애동지를 '오동지'라 한다.

제주도에서는 팥죽을 먹는 이유가 건강과 연결된다. 북제주 한경과 남제주 대정에서는 팥죽을 먹으면 감기에 걸리지 않으며, 북제주 구자에서는 밭벼쌀로 새알심을 만들어 팥죽을 먹으면 잔병이 없고 건강하게 된다.[735] 또한

---

734 『제주도 세시풍속』, 남제주 성산, p.76.
735 『제주도 세시풍속』, 북제주 구자, p.95.

제주 노형에서는 팥죽을 먹으면 질병이나 액을 방지한다.[736]

팥죽과 새해를 연결시키는 풍속은 북제주 구자에서 나타나 이 지역에서는 팥죽을 먹으면 나이 한 살을 더 먹는다.[737]

이상을 통해 제주 지역의 동지 절식은 팥죽이며, 애동지의 팥죽 대체재로써 떡이 출현하지 않음을 살필 수 있다.

8) 충청남도

충청남도의 동지 출현 절식은 팥죽과 떡이다. 전체 45개 조사 지역 전체에서 동지팥죽이 출현한다. 동지가 이른 시기에 드는 애동지를 구분해 애(기)동지에 팥죽을 쑤지 않는 지역은 34곳이며, 이들 지역 중 다수에서 팥죽의 대체재로써 떡을 빚는다. 서천 기산은 애동지를 구분하지만 상관없이 애동지에 팥죽을 쑨다. 애동지에 떡을 빚는 지역은 23곳으로 떡의 종류는 팥시루떡, 팥떡, 호박떡, 흰떡이며, 이밖에 구체적으로 이름이 등장하지 않은 떡이 17곳에서 출현한다. 애동지를 기념하는 지역은 공주 사곡, 보령 천북, 서산 해미, 아산 송악, 천안 수신, 금산 복수, 당진 순성, 부여 은산, 연기 전의, 청양 청양 등이며, 이들 지역 중 떡을 빚는 지역은 연기 금남이 호박떡, 당진 송악이 흰떡, 서산 부석, 보령 웅천 등이 팥시루떡을 마련한다.

팥죽에 들어가는 떡 종류인 새알의 재료는 찹쌀이 주류를 이루는 가운데 수수가루로 만드는 지역도 9곳에 달해 충남 전체 조사 지역의 20%에 달한다. 아산 영인은 수수는 액을 풀어 준다는 의미에서 수수로 새알을 빚으

---

736 『제주도 세시풍속』, 제주 노형, p.16.
737 『제주도 세시풍속』, 북제주 구자, p.95.

며,[738] 청양 정산 내초리에서는 동지팥죽에만 찰쌀맹이(씨알심)를 넣는다.[739] 홍성 서면에서는 찹쌀이나 수수로 새알심을 만들지만 밀가루 수제비를 팥죽에 넣기도 하며,[740] 당진 송악에서는 한 해 탈나지 말라고 새알심을 넣는다.[741]

애동지와 관련, 논산 광석에서는 애동지에 팥죽을 쑤지 않으며, 중동지에 팥죽이나 시루떡을 빚는다.[742] 이 같은 중동지의 팥죽과 떡은 아산 도고에서도 나타나 이 지역에서는 중동지와 노동지에 팥죽이나 떡 하는 집이 있다.[743] 서천 기산은 애동지에 팥죽을 쑤고 노동지에 시루떡을 빚는다.[744] 서천 서면은 애들이 다친다고 애동지에 팥죽을 쑤지 않으며,[745] 연기 서면과 부여 부여는 애동지에 애들이 떡을 좋아해 떡을 빚는다.[746] 예산 덕산에서는 애동지가 들면 이듬해 팥이 잘 여물지 않는다고 여겼다.[747]

동지팥죽을 쑤는 이유와 관련, 충남 지역은 주로 피부 질환 관련이 깊다. 연기 서면은 예전에는 팥죽을 먹어야 괴질을 예방할 수 있다고 여겼다.[748] 또한 예산 대술은 팥죽 먹으면 부스럼이 나지 않고,[749] 홍성 서면에서는 동지에 팥죽을 먹으면 종기가 없어진다고 여긴다.[750] 이밖에 금산 복수와 천안 직산

---

738 『충청남도 세시풍속』, 아산 영인, p.195.
739 『충청남도 세시풍속』, 청양 정산 내초리, p.610.
740 『충청남도 세시풍속』, 홍성 서면, p.681.
741 『충청남도 세시풍속』, 당진 송악, p.372.
742 『충청남도 세시풍속』, 논산 광석, p.65.
743 『충청남도 세시풍속』, 아산 도고, p.210.
744 『충청남도 세시풍속』, 서천 기산, p.462.
745 『충청남도 세시풍속』, 서천 서면, p.470.
746 『충청남도 세시풍속』, 부여 부여, p.419.
747 『충청남도 세시풍속』, 예산 덕산, p.575.
748 『충청남도 세시풍속』, 연기 서면, p.521.
749 『충청남도 세시풍속』, 예산 대술, p.556.
750 『충청남도 세시풍속』, 홍성 서면, p.681.

은 동지팥죽이 굿보다 낫다고 여기며,[751] 예산 삽교에서는 팥죽을 늙지 말라고 먹는다.[752] 천안 병산에서는 노동지에만 쌀을 넣어 팥죽을 쑨다.[753]

이상을 통해 충남 지역의 동지 절식은 팥죽과 떡이며, 팥죽에 새알심과 함께 밀가루 등으로 만든 수제비도 넣어지고 있음을 살필 수 있다. 또한 팥죽이 건강과 밀접한 연관을 맺고 있음을 보여준다.

9) 충청북도

충청북도의 동지 출현 절식은 팥죽이다. 전체 33개 조사 지역 전체에서 동지에 팥죽을 쒀 기념했으며, 동지가 음력을 기준으로 이른 시기에 위치하는 애동지를 구분해 애(기)동지에 팥죽을 쑤지 않는 지역은 29곳이며, 떡을 빚는 지역은 13개 지역이다. 이들 지역에서 빚는 떡의 종류는 구체적으로 나타나지 않으며, 떡을 빚는 지역은 충주 산척, 청주 상당, 영동 매곡, 청원 강내 등이다. 애동지팥죽 출현 여부와 관련, 진천 백곡의 경우 조사 지역 내에서 애동지를 구분해 팥죽을 쑤지 않는 집과 구분 없이 팥죽을 쑤는 집이 혼재돼 나타난다. 애동지를 구분하지 않고 팥죽을 쑤는 지역은 단양 영춘 의풍리, 보은 보은, 옥천 이원이다.

팥죽에 들어가는 새알은 찹쌀이 주를 이룬다. 괴산 장연 광진에서는 팥죽 안에는 반드시 찹쌀로 만든 새알수제비를 넣으며,[754] 단양 영춘면 용진리

---

751 『충청남도 세시풍속』, 금산 복수, p.310. ; 천안 직산, p.272.
752 『충청남도 세시풍속』, 예산 삽교, p.594.
753 『충청남도 세시풍속』, 천안 병산, p.232.
754 『충청북도 세시풍속』, 괴산 장연 광진, p.132.

에서는 아이들에게 팥죽에 넣을 새알을 주워오라고 했다.[755]

충북에서도 팥죽은 새해 절식적 성격이 드러난다. 청원 문의에서는 팥죽을 먹으면 설날 떡국과 마찬가지로 한 살 더 먹는다고 여기며,[756] 제천 한수에서는 동짓날 팥을 식구의 나이 수대로 계산한 후 팥죽을 쑤어 먹는다.[757]

애동지에 팥죽을 쑤지 않는 이유와 관련, 충북 지역은 죽음 및 아이들과의 연관성이 자주 등장한다. 진천 덕산에서는 팥죽 자체를 죽음과 연관시키며,[758] 충주 산척과 안림에서는 애동지의 팥죽이 아이들에게 우환과 질병을 가져오고,[759] 영동 영동에서도 아이들에게 우환과 잘못이 닥친다고 해 팥죽대신 떡을 한다. 음성 원남에서는 애동지에 팥죽을 쑤면 젊은 사람이 죽고,[760] 진천 백곡에서는 대체로 애동지를 구분하지 않지만 일부에서 팥죽을 쑤면 아이들이 죽는다고 생각한다.[761] 이 같은 인식은 괴산 장연면 광진리와 조곡리, 청원 문의에서도 유사하게 나타난다. 반면, 옥천 군북, 영동 매곡에서는 애동지를 아이들의 동지로 여겨 떡을 한다.[762] 애동지 외에 단양 영춘면 용진리에서는 집안에 환자가 있을 경우 동지에 팥죽을 쑤지 않는다.[763]

이상을 통해 충북 지방의 동지 절식은 팥죽과 떡임을 살필 수 있다.

755 『충청북도 세시풍속』, 단양 영춘면 용진리, p.176.
756 『충청북도 세시풍속』, 청원 문의, p.389
757 『충청북도 세시풍속』, 제천 한수, p.41.
758 『충청북도 세시풍속』, 진천 덕산, p.365.
759 『충청북도 세시풍속』, 충주 산척, p.95 ; 충주 안림, p.107.
760 『충청북도 세시풍속』, 음성 원남, p.340.
761 『충청북도 세시풍속』, 진천 백곡, p.353.
762 『충청북도 세시풍속』, 옥천 군북, p.297. ; 영동 매곡, p.242.
763 『충청북도 세시풍속』, 단양 영춘면 용진리, p.176.

다. 절식의 특징과 대표 절식

동지에 쑤어지는 절식인 팥죽은 한국의 중부와 남부 162개 시·군 471개 조사 지역 중 465곳에서 출현했다. 〈아래 [표] 참조〉 이 같은 절식 출현 빈도는 99%로 사실상 거의 모든 한국인이 동지를 명절로 인식하고 특별한 기념 의례를 행하는 것과는 상관없이 양력으로 12월 22일 무렵의 동지에 팥죽을 쑤고 있음을 의미한다. 이 출현 비율은 한국의 2대 명절인 설과 추석의 절식 출현 비율보다 각각 10%와 17% 가량 높은 것이다. 한국인은 다른 명절과 달리 많은 지역에서 동지를 특별한 방법으로 기념한다. 먼저 기념 시기와 절식이 동지의 위치 시기에 따라 달라진다. 그레고리력을 쓰는 현대의 역법 체계 하에서 양력으로 기념되는 동지일은 매년 거의 달라지지 않지만 한국인은 추석과 설날 등의 명절을 음력으로 쇠는 관념과 풍습에 따라 동지를 음력으로도 기념한다. 대다수 한국 지역에서는 양력으로 12월 22일 무렵에 위치하는 동지의 시기를 음력일과 대비해 양력 동지가 음력 11월 초순 이전에 들면 이를 '애(기)동지'라 해 이 시기 외의 일반동지(노동지, 중동지, 어른동지 등)에 만드는 팥죽을 이때는 쑤지 않는다. 또한 상당수 지역과 집안에서는 팥죽의 대체재로써 시루떡 등을 빚는다. 애동지 시기와 이때 빚는 떡의 종류는 이상에서 살펴본 바와 같이 지역과 집안에 따라 다르며, 팥죽을 쑤지 않거나 떡을 빚는 이유도 다양하다. 하지만 상당수 지역에서 붉은팥이 들어간 떡을 한다는 점에서 절식을 마련해 사악한 기운을 물리친다는 절식적 목적

은 팥죽과 유사하다고 할 수 있다.[764]

동지의 떡류 절식은 이처럼 한국인 특유의 양력 절기를 음력으로 환산해 기념하는데 따른 것으로 전체 471개 조사 지역 중 115개 지역에서 출현했다. 지역적으로는 전북이 28개 지역으로 가장 많고 전남이 26개, 충남이 23개, 충북이 13개 지역이다. 그렇지만 조사 지역 대비 출현 지역 비율은 다소 달라 전북이 67%의 출현 비율을 보이고, 충남이 51%, 전남과 충북이 각각 39%의 출현 비율을 나타낸다. 이는 전북 지역의 경우, 10명 중 7명이 애동지 절식으로 떡을 빚고 충남은 절반가량이, 그리고 충북과 전남은 10명중 4명가량이 애동지를 떡으로 기념함을 의미한다고 할 수 있다. 이에 따라 한국의 동지 절식은 팥죽과 함께 떡이라고 규정하는 것이 가능하다. 한반도 서남부의 이들 4개 지방은 해당 조사 지역의 절반이 넘거나 10명 중 4명가량에 해당하기 때문이다. 또한 애동지 떡이 출현하는 지역이 비록 그 출현 비율은 낮지만 제주를 제외한 모든 지역에서 나타나고 경상도 지역 역시 출현 지역 수가 10곳을 넘는데서 근거한다.

팥죽에 들어가는 새알의 경우 그 재료는 대부분 찹쌀이며, 다음으로 수수가 이용되고 있다. 거의 대부분의 지방에서 공통적으로 팥죽에 들어가는 이 새알을 나이 수대로 먹거나, 이를 먹음으로써 한 살 더 먹는다고 여기고 있다. 이에 따라 동지를 작은설이나 새해와 연관 짓는 풍속도 광범위하게 나타나며, 이는 팥죽(새알)이 설날의 절식인 떡국과 비슷한 역할을 하고 있

---

764 『경상북도 세시풍속』, 구미 해평, p.113. "귀신이 본래 붉은 것을 싫어하기 때문에 이사를 갈 때도 귀신이 따라오지 못하도록 붉은팥을 넣어 떡을 찌고 팥죽을 뿌린다."

음을 살피게 한다.

한국의 지역별 동지의 대표 절식은 강원도와 경기도의 경우 팥죽이며, 이들 지역은 애동지를 구분하지만 떡의 출현 비율은 낮다. 경남과 경북은 팥죽이며, 동지를 작은설로 여기는 경향이 강해 팥죽의 새알을 먹음으로써 나이 한 살 더 먹는다고 여기는 지역이 많다. 전남과 전북은 팥죽과 함께 (팥)시루떡이다. 그만큼 애동지 일 때 떡 하는 지역이 많으며, 애동지에 팥죽을 쑤지 않는 이유가 잘 나타나지 않아, 팥죽을 대신한 '동지떡' 빚기가 관습화한 양상을 보여준다. 충남과 충북의 대표 절식은 팥죽과 떡이며, 충남의 경우 타 지역에 비해 애동지 시 팥죽 금기의 부정성이 덜하다는 특징을 보여준다. 제주의 동지 절식은 팥죽이다.

다음으로 한국인이 동지에 팥죽을 쑤는 이유는 제액축귀와 함께 건강과 행운 기원으로 요약된다. 충남, 전북의 일부 지역에서는 팥죽을 먹는 것이 굿보다 낫고 1년 액운을 막는 데는 팥죽이 최고라고 여긴다. 팥죽은 또한 약용과 건강 음식으로 어지럼증과 괴질을 예방하고 종기를 없애주며 감기를 막아준다고 믿고 있다. 이와 함께 늙지 말라고 팥죽을 먹는 지역도 있다.

애(기)동지에 팥죽을 하지 않는 이유는 그 명칭에서 추정할 수 있듯, 아이들과 관련한 부정적 속신이 주류를 이룬다. 가장 높은 애동지 떡 출현 비율을 보이는 전북의 일부 지역은 애동지에 팥죽을 쑤면 젊은이와 아이가 죽는다고 여기며, 이 같은 속신은 경북, 전북, 충북에서도 유사하게 나타난다. 전남과 충남, 충북 등의 일부 지역의 경우, 아이들에게 우환과 질병이 생기는 등 안 좋다고 여긴다. 반면 강원과 충남의 일부 지역은 팥 농사가 잘되지 않거나 애들이 떡을 좋아하기 때문이다.

이상으로 한국 동지의 대표 절식은 팥죽과 함께 팥이 들어간 떡 등이며, 이 팥죽에는 나이 한 살을 더 먹는 것을 의미하는 둥근 새알심이 들어간다고 결론지을 수 있다.

[표18] 현대 한국 4대 명절의 지역별 의례 출현 지역

조사 지역		의례 출현 지역 수/(%)						
		설날	그믐	단오	추석	동지		
						차례 (제례)	민간 신앙	합계
강원	54	54 (100)	35(65)	15(28)	52/ (96)	18	15(28)	33
경기	82	82 (100)	3(4)	6(7)	80/ (98)	2	15(18)	17
경남	66	66 (100)	12(18)	7(11)	66/ (100)	5	48(73)	53
경북	71	71 (100)	8(11)	12(17)	70/ (99)	3	33(46)	36
전남	66	66(100)	24(36)	8(12)	66/ (100)	2	23(35)	25
전북	42	42 (100)	7(17)	5(12)	42/ (100)	1	23(55)	24
제주	12	12 (100)	0	9(75)	9/(75)	0	1(22)	1
충남	45	45 (100)	5(11)	3(7)	45/ (100)	1	22(49)	23
충북	33	33 (100)	0	9(27)	33/ (100)	1	16(48)	17
합계	471	471/ (100)	94/ (20)	74/ (16)	463/ (98)	33/(7)	196/ (42)	229/ (49)

*출전: 〈국립문화재연구소, 『세시풍속』〉 지역 편 9편 전체에 출현한 의례를 추출해 통계 수치화함.

백분율은 지역별 조사 지역 수 또는 전체 조사 지역 대비의 퍼센티지임.

**설날, 섣달그믐, 단오 및 추석 의례에는 해당 조사 지역에서 명절 기념을 위해 행한(출현한) 성묘, 산소차례, 단오제, 제사, 차성, 고사, 쑥걸기, 민간신앙 의례 등과 같은 모든 기념 의례가 포함됨. 특히 단오는 단오빔 입기, 하루 쉬기 등과 함께 명절 인식이 드러날 경우 의례 출현에 포함함.

[표19] 현대 한국 4대 명절의 지역별 절식 출현 지역

지역	조사 지역	설날		단오	추석	동지	
		주식류/ %	떡류/ %	떡류/ %	송편 / %	팥죽/ %	떡류/ %
강원	54	53/98	21/39	34/63	50/93	54/100	1/2
경기	82	73/89	21/26	21/26	74/90	78/95	3/4
경남	66	62/94	32/48	20/30	40/61	66/100	8/12
경북	71	63/89	27/38	26/37	51/72	71/100	13/18
전남	66	56/85	33/50	20/30	60/91	66/100	26/39
전북	42	36/86	12/29	18/43	38/90	41/98	28/67
제주	12	2/17	6/50	6/50	0	11/92	0
충남	45	43/96	13/29	4/9	42/93	45/100	23/51
충북	33	33/100	3/9	16/48	31/94	33/100	13/39
합계	471	421/89	168/36	165/35	386/82	465/99	115/24

*출전: 〈국립문화재연구소, 『세시풍속』〉 지역 편 9편 전체에 출현한 절식 출현 지역을 추출해 통계 수치화함. 설날 절식은 떡국, 만둣국, 밥 등을 지칭함. 백분율은 지역별 조사 지역 수 또는 전체 조사 지역 대비의 퍼센티지임.

IV. 한국 명절의 대표 절식 발달 배경

1. 절식 공통의 발달 배경

가. 민간신앙[무속]의 영향

한국 명절과 대표 절식의 발달에는 무속을 비롯한 민간신앙이 핵심적 요인으로 작용했다.[1] 이는 한국의 4대 명절 모두에서 민간신앙의 기념 방식이 출현하고, 대표 절식인 설날의 떡국, 단오의 쑥떡, 추석의 송편, 그리고 동지의 팥죽과 '동지떡'에도 민간신앙적 믿음관이 담겨 있는 것은 물론, 일부의 절식은 신앙 행위의 의례물로 사용되기 때문이다.

민간신앙은 기층 일반인에 의해 믿어지는 신앙으로 성주신, 조왕신 등과 같은 한국 고유의 가신(家神)신앙을 비롯해 조상과 곡령, 토지 숭배, 자연신 및 토템 신앙, 그리고 불교와 도교, 무교 등의 종교 영향을 받은 신앙 등이라고 할 수 있다. 따라서 무당[샤먼]에 의한 무의례(巫儀禮)를 제외한 무속(巫俗)도 넓은 의미의 민간신앙에 속하며,[2] 한국의 민간신앙은 사실상 무속이 핵심을 이룬다.

한국 명절과 절식이 민간신앙과 관련됨은 먼저 명절 의례에서 살필 수 있다.

---

1 이화형(2015), 앞의 논문, p.322, p.330. -"한국 명절의 경우 외래적 신앙과의 융합에서 무속적 성격이 강하며, 유교적 의례도 민간 고유의 무속이 기반이 되어 있다."
2 일부에서는 무교적 제의도 무속 신앙으로 보기도 한다.

설과 추석 등의 한국 명절 의례는 차례로 대표된다. 그럼에도 많은 지역과 집안에서는 이들 유교 의례와 함께 성줏상 차리기 등과 같은 민간신앙 의례를 병행한다. 이는 한국 명절의 의례가 유교 등과의 융합 관계에서 주로 차례 형식으로 치러지지만 그 기반은 무속성이거나 무속[무교]이 핵심적 위치에 있음을 보여준다고 할 수 있다.[3] 한국인들은 이들 의례를 통해 조상 등과 같은 신에게 감사를 드리고 건강과 장수, 풍년을 기원하며 액을 물리쳐 원하는 바를 이루고자 한다. 따라서 이를 이루기 위해 의례물을 정성 드려 준비한다. 그런데 의례와 의례물에 정성을 드리는 것 자체가 신은 대접한 만큼 보답한다는 무속적 신앙관에 기반 한다고 할 수 있다.

다수의 지역에서 차례와 함께 성주나 터주, 삼신 등에게 행해지는 민간신앙 의례는 한민족 고유의 신앙이자 이들 신이 무속에서도 섬기는 대상이란 점에서 무속에 해당된다. 지역과 집안에 따라 다르지만 민간신앙 의례는 모시는 대상에게 별도의 상을 차리거나 상차림 없이 음식을 가져다 놓는 방식으로 행해지며, 성주위하기, 가신 위하기 등으로 불린다. 이 같은 민간신앙 의례는 유교의 차례 대상이 조상이라는 점을 고려할 때 한국 명절 의례의 핵심 대상과 목적은 자신에게 생명의 주고, 후손을 잇게 하며, 먹을 것과 집안의 대소사를 관장하는 신들에게 감사를 드리고 복을 구하는데 있음을 보여준다. 따라서 제사의 본래 목적이 신에게 복을 구하고 액을 면하는데 있다

---

3 흔히 샤먼과 연관되는 한민족의 토속적 신앙 풍속을 무속으로 일컫는다. 이에 대해 일부에서 이 같은 무속 용어 사용은 기성 종교에 대비해 얕잡아 보는 시각적 용어라고 비판한다. 이에 본 연구도 이 같은 주장을 수용해 무속이 한국 전통문화의 토대를 이루고 있다는 점에 비춰 무속을 하나의 종교적 현상으로 수용했다. 다만 이해를 위해 무속과 무교를 혼용했다.

는 점과[4] 유교 의례의 제례 대상인 조상 또한 무속에서 숭배하는 조상신이라는 점에서 민간신앙 의례는 유교의 차례보다 제사목적에 더 부합한다고 할 수 있으며, 이런 이유로 차례에 더해 민간신앙 의례가 행해진다고 할 수 있다. 고대인의 시각에서 조상 제사만으로는 현실 생활에서 요구되는 신의 조력과 불행의 회피는 불가능하다고 여겼을 수 있기 때문이다.

민간신앙 의례를 대표하는 성주와 관련, 충남 홍성 은하에서는 설날 떡국을 끓이면 먼저 성주에게 올리는데 그 이유는 성주는 집안의 제일 어른이므로 조상보다 먼저이기 때문이다.[5] 충북 보은 보은에서는 설날 차례를 지내기 전 장광, 성주 등에게 음식을 올리며,[6] 아산 송악에서는 차례를 지낸 후에 조왕에게 청수(냉수)와 떡국을 한 그릇 올리며, 성주 앞에는 쌀 한 그릇, 물한 대접, 촛불을 켜둔다. 부엌을 현대식으로 개조한 이후에도 떡국상은 반드시 올려둔다.[7] 전북 정읍 옹동에서는 단오를 명절로 지내지는 않지만 간단히 성주 밥(메)을 올리기도 하며,[8] 충남 부여 부여에서는 추석차례를 모시기 이전에 송편 한 접시를 담아서 성주 앞에 가져다 둔 다음 성줏상을 치우고 조상 차례상을 올린다.[9]

이 같은 민간신앙 의례를 행하는 지역은 동지에만 무려 196개 지역으로

---

4 염정삼(2009), 「점.복.(占卜)과 제사(祭祀)에 관한 문자 연구 -중국 문화의 종교적 기원과 그 연속성에 대하여」, 『서강인문논총』 제26집, P.241.
5 『충청남도 세시풍속』, 홍성 은하, p.683.
6 『충청북도 세시풍속』, 보은 보은, p.216.
7 『충청남도 세시풍속』, 아산 송악, p.160.
8 『전라북도 세시풍속』, 정읍 옹동, p.235.
9 『충청남도 세시풍속』, 부여 부여, p.416.

전체 조사 지역 10곳당 4곳 이상이다.[10]

의례와 함께 명절 절식 자체에서도 민간신앙적 요소를 찾을 수 있다. 정월 대보름의 찰밥, 동지의 팥죽, 단오의 쑥떡은 물론 설날 떡국과 이들 절식의 재료 또는 명절과 관련되는 팥, 수수, 쑥, 창포, 익모초 등은 모두 무속이 중심이 되는 민간신앙관을 담고 있다.[11]

동지는 앞서 살폈듯, 절식이 기념 시기의 위치에 따라 달라진다. 일반동지에는 팥죽을 쑤지만 애동지에는 상당수 지역에서 동지떡을 대체 절식으로 마련한다. 다수의 지역에서 동지가 음력 상 11월 초순에 위치하는데도 팥죽을 쑤면 아이가 아프거나 심지어 죽을 수 있다는 속신과 두려움 때문에 팥죽을 쑤지 않거나 팥이 들어간 떡을 한다. 이는 비록 제액적 성격을 지닌 붉은팥으로 끓이지만 팥죽의 쓰임새가 상갓집의 부조 음식이라는 이유 때문인 것으로 풀이된다. 세상에서 가장 소중한 자식(아이)과 관련해서는 '죽음'을 떠올릴 수 있는 음식마저도 피하려고 하는 언어적 금기가 깔려있다고 할수 있다. 이처럼 팥과 팥죽은 무속적 신앙과 관련되며, 수수 역시 일부 지역에서 액을 풀기 위해 팥죽의 재료로 사용된다. 이 같은 결과로 『세시풍속』에

---

10 동지 의례에서 제물이 차려지는 신앙 대상은 성주, 조왕 조상, 삼신, 터주신 등이다. 이들 신 중 성주신은 가신(家神) 중에서 최고의 신으로 여러 가신을 통괄하고 집안의 안태(安泰)를 지키는 신이며, 터주는 택지를 다스리는 신으로, 사방신(四方神)을 통괄하고, 택지의 안녕과 보호를 맡는다. 또한 조왕은 취사(炊事)와 음식물을 관장하는 화신(火神)이다. -『충청북도 세시풍속』, 제천 금성, p.29. ; 또한 조상(祖上)은 후손을 보살피는 신으로 안방 윗목의 벽에 있으며, 삼신은 생산과 아이들을 돌보는 신으로 안방 아랫목에 있고 용왕신은 부뚜막 뒤에 있다고 보았다. -허상녕, 『한국 정신문화의 3가지 DNA』, 서울: 도서출판 어드북스, 2012, p.49.

11 권순형(2007), 앞의 논문, p.173. ; 단오를 맞아 창포물에 머리를 감고 쑥과 익모초 등의 약초를 채취한 것 등도 제액과 벽사의 의미를 담고 있다. -『경상남도 세시풍속』, 진주 일반성, p.297. ; 김해 주촌, p.65.

의하면, 애동지 시기에 팥죽을 쑤지 않는 무팥죽 지역과 팥죽 대신 떡을 하는 지역이 각각 286곳과 115곳에 달한다.

동짓날 팥죽의 의미는 팥의 붉은색에서 나타나듯, 액을 제거하고 사악한 귀신을 물리친다는 제액과 벽사의 의미다. 때문에 한 해 중 밤의 길이가 가장 길어 사악한 음의 기운이 집중된다고 여겨지는 동짓날 팥죽을 끓이고, 비슷한 의미로 상갓집이나 이사 집에서 부정한 기운을 막기 위해 팥죽을 차렸다. 사악한 기운을 쫓는 이 같은 팥죽의 무속적 용도는 애기동지의 속신과 연결돼 동지의 시기가 이른 경우 팥죽 대신 떡을 하는 풍속으로 발달했다고 할 수 있다. 어둠을 사악하고 두려운 것으로 여기는 풍속은 서구의 핼러윈(Halloween) 풍속 등에서도 찾을 수 있으며, 이는 어둠을 죽음과 결부시키고 죽음은 악이자 부정한 것이라는 무속의 연관성 또는 그 영향의 결과라고 할 수 있을 것이다.

무속[교]이 중심이 되는 이 같은 민간신앙은 도교와 불교의 유입 이전부터 한민족과 함께 한 토속적 신앙이었다. 따라서 한국 명절 의례의 시작은 민간신앙 의례에서 비롯됐다고 할 수 있으며, 이후 도교, 불교 등의 영향과 함께 유교 의례가 유입되면서 민간신앙 의례와 혼합됐고, 지역과 집안에 따라 두 의례가 공존하는 형태로 유지되거나 무속 의례가 약화 또는 탈락했다고 할 수 있다. 이는 불교가 사찰에 산신각과 칠성각 등을 지어 무속 및 도교 등을 수용한 것처럼 유교 의례가 주류를 이루고 있는 한국의 명절도 무속 위주의 민간신앙과 유교의 결합에 의해 발전됐다고 볼 수 있기 때문이다.[12] 따라서 민간신앙은 한국 명절 의례의 토대 역할을 했고, 이 신앙의 중심인 무속 의례에서 팥시루떡 등이 필수적으로 쓰이고 있음을 고려할 때, 무속 의례의 떡 전통은 한국 명절의 떡류 절식 전통에 직접적 영향을 미쳤으며, 그 결과 한국 명절의 절식이 떡 중심으로 발달되는 요인이 됐다고 할 수 있다. 또한 무속의 신앙관은 부정한 것이 섞이지 않은 흰색의 떡국과 벽사를 상징하는 붉은색의 팥죽 발달에 영향을 미쳤다고 볼 수 있다. 이는 많은 지역에서 명절에 절식과 함께 팥시루떡(팥떡)을 하며, 특히 동지의 경우 팥죽과 시루떡(팥떡)이 대표 절식인 것에서 뒷받침된다.

이상을 종합하면 무속이 주를 이루는 한국의 민간신앙 전통은 한국 명절 절식 발달의 핵심적 역할을 했고, 이 같은 신앙관에 따라 흰색의 설날 떡국으로 새해 첫날을 정화하고 추석에는 송편에 팥고물을 넣어 풍년농사에 사악한 기운이 깃들지 않기를 기원했다고 할 수 있다.[13] 또한 동지에는 한 해 중 가장 밤이 긴 날을 맞아 붉은색의 팥죽으로 벽사와 제액초복 의례를 행했다. 특히 설날 흰색 떡국은 흰색으로 새해 첫날을 열어 부정한 것을 물리치고 깨끗하게 정화한다는 의미에서 무속의 핵심 의례이자 굿의 맨 처음 순서인 '부정거리'와 닮았다고 할 수 있다.[14] 또한 명절 의례에서 조상신과 성주신 외에 샘이나 마구간, 부엌신 등에게도 음식을 올린 것은 하찮은 신령도 대접하는 굿의 마지막 거리인 '뒷전거리'의 신앙관과 유사하다고 할 수

---

12 강상순(2016), 「조선사회의 유교적 변환과 그 이면: 귀신과 제사공동체」, 『역사민속학』 제50호, p.126.

13 송편의 소로 팥이 가장 폭넓게 쓰이는 점도 무속과의 연관성에서 살필 수 있다.

14 최준식, 앞의 책, 2009, p.55.

있다.[15] 무속이 중심이 된 민간신앙은 이처럼 한국 명절의 절식에 대한 인식과 활용에 큰 영향을 미쳤고 절식이 발달하는 핵심적인 배경이 됐다.

나. 정월을 세수(歲首)로 하는 역법의 시행

한국의 4대 명절은 동지를 제외하고는 음력으로 기념되며, 고대 시기 한민족의 역법은 시대와 국가에 따라 달랐다. 따라서 한국 명절의 기념 시기는 음력 정월을 세수로 취한 역법에서 비롯된다고 할 수 있다. 고대 시기 한민족은 부여 영고, 동예 무천, 고구려 동맹 등과 같은 '국중대회'를 개최했지만 그 시기가 정확히 언제인지는 확인되고 있지 않다. 다만 부여에서 '영고'를 '은나라 정월(12월)'[16]에 열었다는 『삼국지』 기록과 같은 행사에 대해 『후한서』가 이를 '납월(12월)'[17]로 기록한 것으로 미뤄 이들 두 역사서가 기록된 시기에는 정월 1월을 세수로 하는 역법을 사용하고 있고, 이들 기록은 정월을 기준해 시기를 계산하고 있다고 볼 수 있다. 이는 부여가 12월을 새해 첫 달로 삼아 이때 '국중대회'를 개최됐으며, 이 행사는 아마도 새해 기념일일 가능성이 있음을 의미한다고 할 수 있다. 반면 이들 두 역사서는 같은 한민족의 조상인 고구려나 마한에 대해서는 따로 역법에 대한 추가적인 설명을 달고 있지 않다. 이는 부여의 역법이 중국 및 다른 한민족의 고대국가와 달

---

15 『전라북도 세시풍속』(진안 부귀, p.633.)은 하찮은 귀신도 대접하는 풍속을 보여준다.
   - "(동지에)치성을 마친 후에는 마당에 깔았던 짚을 조금 가져다가 대문 밖에 놓고 팥죽을 조금 부어 놓는다. 이를 '물합'이라고 한다. 물합은 못 들어온 잡귀에게 나누어주는 것이다."
16 『삼국지』 부여. "以殷正月祭天 國中大會."
17 『후한서』 부여. "以臘月祭天大會."

랐음을 추론케 한다. 따라서 최소 서기 3세기 이전 한민족의 대다수 고대국가는 중국 한나라 시기의 역법을 사용하고 있었으며, 그 새해는 정월인 1월이라고 볼 수 있다. 중국의 역법은 왕조의 교체 등으로 자주 바뀌었으며, 중국 문물 수입에 적극적이었던 신라를 비롯해 백제, 고구려 등도 중국의 역법을 수용했고,[18] 이에 관한 기록이 『삼국사기』 등에 등장한다. 따라서 기록상 최소 3세기 이전 고대 한민족의 명절은 국중대회가 열린 1월을 비롯해, 파종 뒤인 5월과 수확 뒤인 10월임을 살필 수 있다. 이를 현대의 한국 명절과 대입하면 설날과 단오, 그리고 상달이나 추석 등이 그 시기나 내용면에서 관계된다고 할 수 있다.[19] 이후의 명절은 『삼국사기』의 기록을 통해 고구려, 백제, 가야, 신라의 명절을 유추할 수 있고, 그 명절은 설과 정월대보름, 삼짇날, 유두, 8월 가배(한가위·추석), 9월 중구, 10월 제천 등으로 볼 수 있다.[20]

한민족의 세수는 기록상 수차례 변동이 있었지만 한반도의 중부 이남 지역을 정복한 신라가 700년부터 인월(1월)을 새해 첫 달로 채택한[21] 이후, 거의 음력 1월로 고정됐다. 따라서 설날을 비롯한 고대 한민족의 명절 날짜가 부여된 것도 이때부터라고 할 수 있다. 한국 역법의 모태가 된 중국의 역법에 대해 「논어」는 기원전 16세기 무렵의 하(夏)나라가 인월(寅月)인 1월을 새해 첫 달로 삼았다고 기록하고 있다.[22] 이 기록에 따르면 기원전 11세기 이전의 은(殷)나라는 축월(丑月·12월)을, 그리고 이후의 주(周)나라(기원전 3세기까

---

18 장주근, 앞의 책, 2013, p.48. "백제는 5세기 이후 송의 원가력을 받아들였고 이를 일본에 전함. 고구려는 영류왕 7년(624년)에 당에서 역서를 구함."
19 장주근, 앞의 책, 2013, p.33.
20 선희창, 앞의 책, 2010, p.137.
21 『삼국사기』 권8, 「신라본기」 8, 효소왕 9년(700년). "復以立寅月爲正."
22 장주근, 앞의 책, 2013, p.47.

지 존속)는 자월(子月- 11월)로 세수를 삼았다. 이후 중국은 기원전 104년 한
나라 무제 시기에 하나라의 인월을 세수로 한 '태초력'을 제정한 뒤[23] 새해의
첫 달이 대부분 음력 1월로 고정됐다.[24]

　　이 같은 세수의 정월(음력 1월) 고정은 명절의 안정적 주기성을 가져와 명
절이 한민족 대다수에 의해 기념되는 민족 명절로 성장하고, 명절 기념에 맞
춰 절식이 마련되는 등 명절 절식 발달의 기초 역할을 했다고 할 수 있다. 또
한 이미 삼국 시기에 절편, 가래떡, (콩, 팥)시루떡 등이 있었음[25]이 〈정창원문
서〉 등을 통해 나타나, 최소한 이들 떡이 명절 떡으로 쓰였다고 할 수 있다.
따라서 정월을 세수로 한 역법의 시행과 고정은 명절 절식 발달의 토대 역할
을 했다.

[표20] 고대 중국과 한국의 역법

중국		한국	
국가 (존속 시기 또는 시행시기)	달력 및 세수	국가	달력 및 세수
하나라 (기원전 16세기까지)	인월 (寅月-음력 1월)	고조선	추정 (음력 11월 또는 1월)
은나라 (기원전 11세기까지)	축월 (丑月-섣달- 음력 12월)		

23　장주근, 앞의 책, 2013, p.42.
24　이이화, 앞의 책, 2000, p.109.
25　선희창, 앞의 책, 2010, p.73. ; 윤서석, 앞의 책, 2001, p.216.
26　『수서』, 『북사』의 백제 편에도 '行宋元嘉曆 以建寅月爲歲首.'라 하였다. 송의
　　원가력은 송 文帝 元嘉 20년(443)에 하승천 등이 찬정하여 2년 후인 22년에 널리
　　쓰였다.

주나라 (기원전 3세기까지)	자월 (子月-동짓달-음력 11월)	부여	축월(음력 12월)
한나라 (기원전 104년)	태초력(음력 1월)		
서(전)한(23년까지)	정월 초하루 (음력 1월)	고구려, 백제, 신라	중국과 같을 것으로 추정 (음력 11월 또는 1월)
동(후)한(220년까지)	동지가 세수 (음력 11월)		
삼국시대 위나라 (265년까지)	정광력 (24절기 수용) (음력 1월)	백제 (445년)[791]	음력 1월 (송의 원가력 채택)
당나라(822년)	선명력(음력 1월)	백제 (660년까지)	설날이 중국과 같음 (음력 1월)
		신라(695년)	자월(음력 11월)
		신라(700년)	인월(음력 1월)
		신라(말기)	선명력(음력 1월)
원나라(1281년)	수시력(음력 1월)	고려(1309년)	수시력(음력 1월)
명나라(1368년)	대통력(음력 1월)	고려(1370년)	대통력(음력 1월)
청나라(1645년)	시헌력(음력 1월)-서양 역법체계와 결합시도	조선(1653년)	중국 시헌력 채택
		1894년 11월	태양력 공식 사용

*장주근, 『장주근 저작집IV 세시풍속편』, 민속원, 2013, p.48. ; 『삼국지』, 『후한서』, 『삼국사기』, 『구당서』 등 참조.

다. 떡을 의례의 대표 음식으로 하는 전통

떡은 명절을 대표하는 절식이자, 생일이나 혼인, 환갑 등과 같은 경사는 물론,[27] 제례의 중요한 음식이다.[28] 그만큼 한국의 떡은 전래 음식 중 의례성과 함께 토착성 및 전통성, 그리고 보편성이 깊은 음식이다.[29] 이때문에 전통시기 한국인들은 절기에 따르는 명절에 떡을 먹어야 명절을 쇠는 것 같다고 해 떡을 만들어 먹기 위해 애썼으며,[30] 떡이 없는 명절은 생각할 수 없을 정도로 떡은 중요한 음식이었다.[31] 이에 따라 떡국차례와 송편 차례, 팥죽제사 등의 이칭이 있을 만큼 한국 명절은 그 명절을 대표하는 떡류 절식이 있음에도 지역과 집안에 따라 설, 추석, 동지, 단오에는 추가적으로 떡을 더 빚었다.

먼저 설날에는 제주와 충북을 제외한 경기, 강원, 전남 등 전국 7개 광역지역에서 시루떡이 빚어졌으며, 경남과 강원, 전남 등에서는 찰떡을, 그리고 전북과 경기 등에서는 인절미를 만들어 차례상에 올리거나 손님 대접 등에 사용했다. 설날에 출현한 떡류(떡류 명칭)는 39종 이상이다. 단오에는 쑥떡과 취떡 외에 찔레꽃떡, 송편, 시루떡, 인절미가 빚어졌고, 추석에도 송편 외에 시루떡, 기정떡, 찰떡 등을 만들어 차례상 등에 올렸다. 팥죽으로 대표되는 동지에도 다양한 떡이 빚어졌다. 동지가 이른 시기에 드는 애동지에는 팥죽

---

27 사단법인 평화문제연구소, 앞의 책, 2005, p.32. ; 최운식 외 5인, 앞의 책, 2002, p.55.
28 주강현, 『우리 문화의 수수께끼』, 한겨레신문사, 1996, p.87. ; 유교를 숭상하는 조선시대에는 혼례, 빈례, 제례 등 각종 행사와 대소연회에 떡이 필수적인 음식으로 자리 잡았다. -최은희 외 4인, 앞의 책, 2008, pp.10~11.
29 최인학 외, 『비교연구를 통한 한국민속과 동아시아』, 민속원, 2004, p.140, p.473.
30 사단법인 평화문제연구소, 앞의 책, 2005, p.33.
31 최운식 외 5인, 앞의 책, 2002, p.55. ; 임영정, 앞의 책, 2002, p.224.

을 쑤지 않고 대체 절식으로 팥이 들어간 시루떡 등을 만드는 지역이 많다.

명절 외의 의례에서도 다양한 떡이 빚어졌으며, 특히 제례에서는 조상에 대한 후손의 정성과 성의를 최대한 나타내게 됨으로 떡 중에서도 고급 떡에 속하는 빚는 떡류가 주로 사용됐다. 『성호사설』은 제향의 풍속이 차츰 사치해져 18세기 중엽 무렵의 제향에는 인절미를 쓰지 않고 가루 떡인 '자고'를 쓰며, 그 한 종류에 송편이 있음을 기록하고 있다.[32] 이 같은 풍속에 따라 송병은 왕실의 전작례와 정조 다례에 사용됐으며,[33] 일반인의 제례에도 쓰였다.[34] 또한 유교의 제례를 간소화한 차례 형태로 기념되는 한국 명절에서도 빚는 떡의 사용이 숭상됐다. 추석 송편이 대표적 예이며, 송편은 추석날 외에 설날과 단오에도 지역과 집안에 따라 빚어졌다. 이처럼 떡을 의례의 대표 음식으로 여기는 전통은 한국 명절에서 떡류 절식의 발달을 가져와 설날 가래떡을 활용해 떡국을 만들고, 추석에는 송편을 빚으며, 단오에는 쑥떡과 취떡, 그리고 동지에는 찹쌀떡(경단- 새알심을 활용한 동지팥죽과 함께 동지떡의 발달에 영향을 미쳤다.

떡류의 쓰임새는 제례 외의 의례에서도 폭넓게 사용돼, 통과의례의 경우 백설기, 콩설기, 가래떡, 팥시루떡, 송편, 절편 등이 쓰였으며, 고사와 굿 등과 같은 민간신앙과 의례에서는 백설기와 팥설기, 절편을 비롯해 송편 등이 올려졌다.[35] 이는 떡류가 명절은 물론, 통과의례와 세시절기를 비롯해 고사 등

---

32 『성호사설』 제4권, 만물문 구이분자. "今之所尚者糕也 家禮所謂粢糕是也. 又旣餠而豆屑為餡間鋪松葉爛蒸者 謂松餠." ; 윤서석, 앞의 책, 2001, p.493.

33 『일성록』 정조 19년, 1월 21일 기사. "경모궁에 나아가 전작례(奠酌禮)를 행했다." ; 『다례발기』(1850). "팔월츄석 다례 냥식송병."

34 『절사제품(節祀祭品)』. 『별차례등록』. "팔월츄석 송병."

35 김용갑(2017c), 앞의 논문, p.59.

과 같은 민간신앙 의례에서도 폭넓게 사용됐음을 보여주며, 이 처럼 떡을 의례의 대표 음식으로 하는 한민족의 식문화 전통이 한국 명절 절식의 발달에 크게 기여했다고 할 수 있다.

라. 수도작의 전래와 메성 및 찰성을 구분하는 민족적 식감

설날 떡국을 만드는 가래떡과 추석의 송편, 그리고 애동지에 마련되는 동지떡의 주 재료는 쌀이며, 이 쌀은 자포니카 계열의 멥쌀이다.[36] 또한 팥죽의 새알은 찹쌀을 주재료로 해 빚어진다. 따라서 이들 떡이 명절 음식으로서 발달할 수 있었던 근본적 배경은 수도작(水稻作)의 한반도 전래다. 수도작의 전래는 한국 떡의 발달에서 2가지 요소와 결합해 현재의 한국 명절 절식문화를 탄생케 했다. 그 하나가 '메성(non-waxy)' 선호의 선주민 식감이며, 다른 하나는 '찰성(waxy)'을 선호하는 수도작인의 식감이다. 한국 명절의 절식은 메성의 선호를 통해 떡국(가래떡)과 송편, 동지떡이 탄생했으며, 찰성의 선호를 통해서는 동지팥죽(새알)이 출현했다고 할 수 있기 때문이다.

먼저, 메성 선호의 선주민 식감이다. 한국인의 민족적 식감이 메성 선호임은 매일 먹는 주식이 멥쌀로 지은 밥이고, 쌀을 식용하는 전 세계 모든 국가 중 유일하게 한국에서만 멥쌀을 활용해 다양한 떡을 만드는데서 찾을 수 있다. 그런데 이 같은 메성 선호의 식감은 현재뿐만이 아닌 고대 시기부터 지속돼온 한민족 식문화의 전통으로 이해되며, 이는 북방계 한민족으로부

---

36 쌀은 Japonica type과 Indica type으로 나눌 수 있다. 자포니카 형은 쌀알의 모양이 굵고 둥글며 점성이 크다는 특징을 지닌다. -이경애 외 6명, 앞의 책, 2008, p.251.

터 비롯됐다고 할 수 있다. 앞서 살폈듯 한국의 수도작은 기원전 한반도에 유입됐다. 본 연구에서는 수도작을 동반해 한반도에 들어온 이주민을 '수도작인'으로 칭하며, 이와 달리 수도작이 한반도에 전래되기 이전부터 한반도와 그 주변에 거주했던 거주민의 집단을 '선주민'으로 일컫는다. '한(韓)민족'과 '한(韓)문화'는 이들 북방계의 밭농사 위주인 선주민과 남방계 수도작인의 결합과 융합에 의해 탄생하고 형성됐다고 할 수 있다.[37] 따라서 한국 문화의 하위 범주인 음식 문화와 명절의 절식은 이들 절식의 주재료가 쌀이란 점에서 수도작인의 한반도 도래에 의해 비롯됐다고 할 수 있다. 그런데 이들 두 집단의 식감은 서로 달랐던 것으로 보인다.

그 근거는 첫째, 북방계의 선주민들의 원류가 메성을 선호했다는 점이다. 수도작(벼농사) 이전의 고대 시기, 한반도와 주변의 북방 지역에서는 기장과 조를 주로 재배했다. 이들 곡물은 찰성과 찰기가 없는 메성으로 구분되는 특징을 지니며,[38] 한민족의 종족 구성에 참여한 선주민 역시 이들 곡물을 경작했다. 그런데 이들 선주민들은 찰성에 강한 집착을 보이는 동남아시아의 수도작(水稻作)인들과는 달리 메성을 선호했다.[39] 이 같은 메성 선호는 이들 선주민들의 기원이 메성 위주의 북유럽과 북방 아시아 지역에서 기원해 한반도에 도달한 종족일 가능성이 크기 때문이며, 또한 식물지 측면에서 찰성의 벼는 히말라야산맥을 경계로 중앙아시아와 유럽에 전파되지 못했고, 찰성의 기장은 아프가니스탄, 유럽, 그리고 중앙아시아에서는 나타나지 않는

37 김용갑(2017a), 앞의 논문, p.69.
38 메성과 찰성 형태의 전분이 나타나는 곡류는 7종으로 벼, 보리, 조, 기장, 수수, 옥수수, 율무다.
39 윤서석 외 8인, 앞의 책, 2000, p.111.

것에 근거한다.[40] 메성 선호의 전통은 이밖에 일본 법륭사의 제사 음식과 동남아의 찰성 선호 전통, 그리고 문헌 기록 등에서 뒷받침된다.

이 같은 선주민의 메성 선호의 식감 위에 기원전 10세기를 전후해 수도작이 한반도에 유입됐다. 그런데 초기 수도작은 찰성 품종 위주였다.[41] 이는 한반도에 벼를 전파한 것으로 유력시되는 중국 동남방 지역이 전통적으로 찰성의 곡물을 선호하는 지역이고, 벼 원산지와 전파 루트에 속할 수 있는 인도 아삼, 중국 운남, 그리고 중국 동남방, 타이완, 류큐 열도, 일본에 이르는 지역이 초승달 형태의 '조엽수림문화권'으로 이 문화권의 특징 중 하나가 찰성 곡류의 높은 재배 분포와 찰성 음식에 대한 강한 선호라는 데서 살필 수 있다.[42] 한반도에 전래된 초기의 벼가 찰성 위주였음은 문헌 기록에서도 뒷받침된다. 기록상 멥쌀이란 명칭이 기원전 3세기 이전에 편찬된 『주례(周禮)』에서 나타나기 때문이다.[43] 이전의 문헌인 「이아(爾雅)」(稌稻), 「시경(詩經)」(稌糯), 「예기(禮記)」(稻糯)에는 찰벼가 벼[稻]이고, 벼가 찰벼[糯]라고 기록돼,[44] 벼가 찰벼를 의미하고 있다.[45] '찹쌀이 벼이고, 벼가 찹쌀'이라는 기록과 함께 찹쌀 다음으로 멥쌀이란 단어가 출현한 것은 고대 시기 찹쌀이 쌀을 대표했고, 이어 멥쌀의 재배와 생산이 확대됐음을 보여준다고 할 수 있다. 따

---

40 윤서석 외 8인, 앞의 책, 2000, pp.234~236.
41 윤서석 외 8인, 앞의 책, 2000, p.111.
42 윤서석 외 8인, 앞의 책, 2000, p.236.
43 『주례(周禮)』. "稌(도)는 멥쌀(粳)." -농촌진흥청장(최한기 저), 『농정회요 I』, 수원: 농촌진흥청, 2005, pp.164~165.
44 농촌진흥청장(최한기 저), 앞의 책, 2005, pp.163~165.
45 물론, 이 당시에도 메벼는 존재했다. 하지만 메벼를 지칭하는 개별 한자 없이 찰벼가 이를 대신했다는 것은 그 만큼 메벼의 출현이 늦고 그 생산량이 적었다는 의미로도 해석된다. '도(稻)는 고대에 갱미(粳米)를 가리키고 또 나미(糯米)를 가리키기도 한다.' -위안리(苑利). 앞의 책, 2005, p.54.

라서 수도작의 한반도 전래가 기원전 10세기 무렵 1차로 있었고, 이어 기원전 3세기 무렵 재차 한반도에 전해졌다고 볼 때,[46] 초기 전래 당시의 벼 품종은 찰성임을 살필 수 있다. 수도작의 전래 시기인 기원전 10세기 무렵은 고고학적으로 빗살무늬 토기와 무문토기의 교체시기와도 맞아떨어지며[47], 중국 대륙 거주민들의 한반도 중남부로의 이주는 중국 역사서인『후한서』등의 기록[48]에서도 확인된다.

그런데 찰성으로 한반도에 전래된 수도작은 선주민의 메성 선호와 한반도의 기후,[49] 벼의 생태적 특성,[50] 주식으로 정착시키려는 국가적 정책과 노력[51] 등으로 인해 자포니카 계열의 메성 위주로 발달하게 됐다. 여기에 쌀은 식감이 뛰어나고, 수확량도 많아, 점차 지배계층을 중심으로 기장과 조 등을 대체하는 주된 식량으로서 역할과 위치를 차지하게 되고, 기존의 잡곡을 대신해 멥쌀이 발달하게 됐다고 볼 수 있다.

멥쌀에 기초한 메성 식문화의 발달은 1400여년의 전통을 보이는 일본 법륭사의 '성덕태자' 제사에서도 확인된다. 이 제사의 제물로 쓰이는 떡은 봉

---

46 위안리(苑利). 앞의 책, 2005, p.326.
47 박경신(2004),「韓半島 中部以南地方 土器 시루의 發展過程」,『숭실사학』, 17, p.59. ; 천선행(2015),「청동기시대 조기설정 재고」,『호남고고학보』, 51, p.24. ; 위안리(苑利), 앞의 책, 2005, p.21
48 『후한서(後漢書)』東夷列傳, 辰韓. "耆老自言秦之亡人, 避苦役, 適韓國."
49 중국 운남성의 벼 품종 재배시험에서 나타나듯, 벼는 기온에 따라 품종 재배지가 달라지며, 한반도는 자포니카 계열의 재배지에 속한다. -윤서석 외. 앞의 책, 2000, p.100.
50 벼는 찰성이 열성이라는 유전적 특성을 지녀 인간의 선택적 재배에 의해서만 찰성이 유지된다. 또한 찰벼에 비해 메벼의 생산량이 높다.
51 수리시설, 농사, 천문기술 보급 등. -권영국(1999), 앞의 논문. ; 강인희, 앞의 책, 2000, p.112.

황떡, 수선떡, 매화떡, 네모난떡, 쥐귀떡, 고양이귀떡 등으로 모두 멥쌀가루로 만들어진다.[52] 그런데 이들 멥쌀떡은 찹쌀로 떡을 빚는 현재의 일본 식문화와 다른 것이다. 일본의 불교제사가 당시 백제, 신라, 고구려의 영향이란 점을 고려할 때 이들 멥쌀떡은 삼국의 식문화로 이해되며, 또한 600년 무렵 이미 한민족이 멥쌀로 다양한 떡을 빚는 등 메성의 식문화를 꽃피우고 있었음을 의미한다고 할 수 있다.

명절의 절식인 가래떡과 송편은 이 같은 메성의 식문화 토대 위에서 발달했으며, 이들 절식은 다른 떡류 음식에 비해 만드는 과정이 복잡하다. 특히 송편은 팥과 콩, 깨 등의 다양한 부재료를 소로 사용해 손으로 빚는다는 점에서 정교하며 고급스런 떡이며, 발달 과정상 후기에 속한다고 할 수 있다. 결과적으로 떡국의 가래떡과 송편, 그리고 동지떡은 북방의 잡곡 문화로부터 쌀이 지닌 메성적 식감이라는 내면적 요소를 취하고 남방의 수도작 문화로부터는 주재료가 쌀이라는 외형적 요소를 취해 탄생했다고 할 수 있다.

이와 함께 팥죽의 새알(심)은 그 주재료가 찹쌀이란 점에서 남방계 수도작인의 찰성 식감과 관계된다고 할 수 있다. 앞서 살폈듯, 한반도에 처음 전래된 수도작의 품종은 찰성이었고, 이를 동반한 도래인(수도작인)들 또한 찰성을 선호했다. 여기에 이들이 한반도로 이주한 시기는 주나라 시기로 이때의 역법상 세수는 동짓달(음력11월)인 자월이었다. 따라서 자월에 위치한 동지는 '작은설'이라는 명칭에서 나타나듯, 실제 태양의 공전에 따른 자연력에

---

52 김천호(1991), 「일본 법륭사 성덕태자제사 공물을 통한 한국 고대식 추정연구(Study on Korean ancient diet by the sacrificial offerings of Japanese temple)」, 『한국식생활문화학회지』 6(2), p.227.

가장 부합하는 새해 시작이자 설날이었다.[53] 이는 당시 한반도에 도래한 찰성 선호의 수도작인들이 새해 기념의 음식에 찰성을 사용했을 가능성이 높음을 시사한다. 이 기념 음식(팥죽)은 수도작인들의 도래와 함께 한반도로 유입됐거나,[54] 또는 죽을 선호하는 남방의 음식 전통에 따라[55] 찹쌀과 팥을 섞어 습성 음식 형태로 만들어졌을 가능성이 있다. 특히 팥은 자포니카 계열의 수도작이 한반도에 확산되기 이전인 기원전 2천 년 전부터 한반도에서 재배됐다.[56] 따라서 동지팥죽의 주재료인 찹쌀과 팥이 수도작인의 도래 시기에는 모두 한반도에서 재배됐다는 점에서 쌀과 잡곡인 팥, 콩의 만남은 자연스럽게 북방과 남방계 작물의 혼합에 의한 새로운 음식 문화 탄생으로 이어졌다고 할 수 있으며, 이는 문헌 기록상 두죽으로 등장하는 콩죽이나 팥죽이 이중 하나였다고 볼 수도 있다. 따라서 수도작 문화의 한반도 유입은 북방계와 남방계 민족 및 문화의 결합에 의한 한민족 탄생과, 한문화의 형성이라는 민족적, 문화사적 의의와 함께 음식 문화적 측면에서도 떡의 주재료인 쌀을 한민족에게 소개했다는 의미를 지닌다. 또한 메성과 찰성의 식감은 한국 4대 명절의 대표 절식 발달의 핵심적 요인이 됐다고 할 수 있다.

---

53 김정민(2015), 앞의 논문, pp.65~66.
54 이와 관련 일본인 학자 웅곡치는 한반도 중. 남부에서의 붉은팥 의례가 중국 강남으로부터 전파된 것으로 보고 있다. -김상보(2007), 앞의 논문, p.198. "조선반도 중남부는 중국 강남의 고대 문화와 친연(親緣)관계에 있으며 계보적으로 연결돼 있다. 소두(팥)를 동반하는 의례를 포함하는 농경의례 등은 곡물 재배 방법이 전파되었을 때 그 의례도 민중의 수준에서 수용되었다."(熊谷治(1979), 「朝鮮半島におけるアズキに関する儀礼・習俗」, 『朝鮮学報』92, 朝鮮学会.)
55 왕런샹 지음·주영하 옮김, 앞의 책, 2010, p.227, p.47. ; 장혜영, 앞의 책, 2010, p.146.
56 안완식, 앞의 책, 2009, p.13. ; 최덕경(2005), 앞의 논문, p.195.

마. 팥의 다양한 활용성과 자생지로서의 이점

앞서 살폈듯, 한국 4대 명절의 대표 절식에는 떡국, 송편, 팥죽 등과 함께 설날의 시루떡과 동지의 팥떡 또한 포함된다. 이는 한국 명절 떡의 주재료가 쌀과 함께 팥임을 보여준다. 팥은 주로 떡의 고물이나 소로 사용되며, 한 예로 송편 소의 경우 팥이 전체 소 출현 횟수인 345회의 98회를 차지할 정도로 사용 빈도가 높다. 따라서 팥이 없었다면 한국 명절의 떡류는 다른 형태와 맛을 띠었을 수 있으며, 떡을 사용한 의례의 목적 또한 달라졌을 수 있다고 할 수 있다. 팥이 들어가는 떡은 대부분의 의례에서 붉은팥 그대로 사용되며,[57] 명절은 물론, 돌과 생일, 회갑 등의 축하 의례, 그리고 속절제와 같은 세시절기의 제사에서도 쓰인다.[58] 팥은 또한 불교식으로 지내는 사찰의 제사에 거피팥편으로 오르고, 무속의 제상에도 백설기 팥편으로 쓰여, 기원을 하거나 액을 막을 때에도 사용된다.[59]

팥이 떡의 재료로 쓰였음은 삼국시대 관련 기록에서도 살필 수 있다. 일본 〈정창원문서〉는 『삼국유사』에 나타난 설병(설기떡류)인 콩설기와 팥설기 떡류를 담고 있다.[60]

팥은 떡의 재료와 함께 밥의 재료로도 쓰였다. 『정조지(鼎俎志)』와 『규합총서』는 각각 혼돈밥(渾沌밥)과 팥물밥을 소개하고 있다. 혼돈밥은 멥쌀에

---

57   기제사와 불교 의례에서는 주로 거피한 팥이 쓰인다.
58   임국이·김선효(1988), 「떡의 이용실태 및 시판제품에 대한 평가」, 『한국식생활문화학회』 3권2호, p.166.
59   박춘옥(2003), 「한국전통 떡의 고찰」, 『부산여자전문대학 논문집』 Vol.25, pp.109~137.
60   윤서석, 앞의 책, 2001, p.497.

붉은팥, 삶은 밤 깐 것, 말린 대추를 섞어 지은 밥이며, 팥물밥은 팥을 진하게 삶은 물에 지은 밥이다.[61] 팥은 일제강점기의 경우 보리, 조 등의 곡물과 함께 하층민들이 먹는 주식에 포함됐다.[62] 팥은 죽의 주재료로도 활용돼 동지의 팥죽이 대표적이며, 『형초세시기』에 나타나듯 음식의 역할을 넘어, 역귀를 물리치는 의례의 도구로까지 활용됐다. 또한 팥죽은 초상집과 이사 후의 의례를 비롯해[63] 짚으로 지붕을 올린 다음에도 끓여 먹는 음식이었다. 이들 의례는 모두 귀신을 쫓거나 액을 물리치는 것과 관련이 있으며, 특히 동짓날 팥죽을 끓여 집안과 집 주변에 산포하면 병에 걸리지 않거나 액을 제거할 수 있다고 여긴다. 이 같은 팥죽 의례와 관련, 일부에서는 붉은팥 의례가 중국 강남으로부터 전파됐다고 보기도 한다.[64] 이는 팥죽이 이엉을 엮거나 지붕을 인 다음에 쒀 먹는 음식에서 나타나듯,[65] 벼의 부산물인 짚과 관련되고, 벼가 중국 동남방 지역의 자생지에서 한반도에 전래된 것으로 여겨진다는 측면에서 설득력을 지닌다고 할 수 있다. 이와 함께 팥죽 의례는 한민족의 오랜 신앙인 무속의 결과물로도 볼 수 있다. 무속의 시각에서 팥죽 의례가 행해지는 동지는 한 해 중 밤이 가장 긴 날로 이날은 어둠인 음의 기운이 강한 날이다. 따라서 사악한 기운이 넘치는 날, 귀신을 쫓고 액을 제거하

---

61 윤서석, 앞의 책, 2001, pp.356~357.
62 『중추원조사자료 雜記 및 雜資料』(基2) 衣食住.
63 충북 보은 내속리에서는 지붕을 이고 난 다음에도 팥죽을 먹었다. -『충청북도 세시풍속』, 보은 내속리, p.202.
64 김상보(2007), 앞의 논문, p.198. -붉은팥 의례는 중국의 초나라(기원전 704~202) 이후부터 삼한시대 사이에 한반도의 중남부에 들어온 것으로 보고 있다. 이와 관련 김내창은 "동짓날 팥죽을 가지고 미신행위를 한 것은 후세에 종교의 영향으로 가미된 것이고 원래 팥죽은 철음식으로 해먹는 별식이었다"고 설명한다. -김내창, 앞의 책, 1998, p.291.
65 『강원도 세시풍속』, 춘천 동산, p.161.

기 위한 벽사 의례를 하기 위해 닭의 피를 닮은 붉은색의 팥 국물을 사용하는 것은 자연스러운 일일 수 있기 때문이다. 이는 팥죽과 이의 의례가 수도작의 한반도 전래 시 동반했거나 팥과 찹쌀 등의 농작물을 바탕으로 한민족의 무속적 전통 속에서 발생한 결과나 또는 이 모두가 융합돼 동지의 절식으로 정착했다고 볼 수 있다.

이처럼 팥은 무속 의례의 도구는 물론, 곡물로써 활용 가능한 밥, 죽, 떡의 모든 재료로 다양하게 활용되고 있다. 이 같은 다양한 쓰임새는 팥이 지닌 특성과 함께 오랜 재배 역사와 식용 문화의 전통이 뒷받침 될 때 가능하다고 할 수 있다. 이런 측면에서 한반도가 팥의 기원지라는 곡물 자원적 장점은 한국의 떡과 절식 대다수가 팥을 부재료로 사용한다는 측면에서 명절 절식 발달의 중요한 요인이 됐다고 할 수 있다.

콩과 식물인 팥(small red bean, azukibean)은 한자로 소두(小豆)로[66] 중국 남부의 수림지대가 원산지이지만 한반도에서도 팥의 원종과 근연종이 자생해 한반도 역시 팥의 원산지에 가까운 것으로 보고 있다.[67] 팥의 자생지가 한반도임은 그 종자가 조선 초기에 이미 다수에 달하는 데서도 뒷받침된다. 『금양잡록』은 벼 27종과 함께 8종의 콩, 7종의 팥 품종을 기록하고 있다.[68] 팥이 한반도에서 재배된 것은 기원전 2천 년경 후반기로 이때 기장, 수수, 콩 등과 함께 재배됐다.[69] 이는 한민족이 주식으로 하는 자포니카 계열의 벼가 기원

---

66 성락춘·이철, 앞의 책, 2007, p.89. 팥은 소두와 함께 고려시대 일부 문헌 등에서는 두(豆)로도 나타난다.
67 안완식, 앞의 책, 2009, p.117.
68 윤서석, 앞의 책, 2001, p.292.
69 안완식, 앞의 책, 2009, p.13.

전 1천년 무렵 한반도에서 확산된 것에 비해 그 시기가 앞선다. 따라서 팥의 한반도 자생과 재배는 수도작의 한반도 전래와 함께 떡과 절식의 재료적 기반이 되거나 더욱 확대되는 근본적 요인이 됐다고 할 수 있다. 이는 명절 절식의 부재료 중 팥의 역사가 오래됐음을 살피게 한다. 팥이 수수와 콩 등을 제치고 떡의 부재료로 크게 발달한 데는 팥이 지닌 붉은색과 함께 귀신을 쫓기 위해 붉은팥을 넣어 떡을 찌고 팥죽을 뿌리는 것에서 나타나듯,[70] 한민족의 무속적 신앙 등이 큰 이유가 됐다고 할 수 있다. 수수도 붉은색을 띠지만 팥처럼 붉지가 못해 팥에게 떡의 부재료 자리를 넘겨준 것으로 보인다. 따라서 팥의 외형적 특성과 자생지로서의 이점이 팥시루떡, 송편, 팥죽 등과 같은 한국 명절 절식 발달의 중요한 배경이 됐다고 할 수 있다.

바. 쌀 증산 및 자급의 완성과 대중매체의 확산

명절은 그 집단 구성원의 축제이고 이 축제에는 풍부한 음식과 기념하는 의례가 따르게 된다. 한국의 의례에서는 필수적으로 떡이 쓰이는 전통이 있다. 이 떡은 쌀을 주재료로 해 팥, 콩 등의 곡물이 부재료로 쓰인다. 따라서 명절을 기념하기 위해서는 이의 축하 물이자 제물인 음식을 만들 수 있는 여유가 있어야 한다. 따라서 한국 명절에서는 떡이 필수품임으로 이의 재료인 쌀의 여유를 필요로 한다. 그런데 한국의 명절 중 추석과 단오는 이 같은 일반적인 현상과 맞지 않는다.

---

70 『경상북도 세시풍속』, 구미 해평, p.113. "이사할 때 귀신이 따라오지 못하도록 붉은 팥을 넣어 떡을 찌고 팥죽을 뿌렸다."

추석이 기념되는 음력 8월 15일은 송편의 주재료인 쌀과 관련해 그 수확 및 소비 시기와 반비례의 관계에 놓여있기 때문이다. 앞서 살폈듯, 한국에서 벼를 심는 시기(모내기)는 중부지방이 5월 중순~6월 중순이며, 남부지방은 5월 하순~6월 하순이다. 또한 이를 수확하는 시기는 중부가 9월 하순~10월 하순이며 남부가 10월 상순~11월 상순이다.[71] 음력의 일반적인 양력일이 한 달 뒤임을 고려할 때 추석이 위치하는 9월15일 무렵에 한반도에서는 대개 벼가 수확되지 않는다. 이 같은 벼 수확 시기는 현대 이전의 시기에도 엇비슷했다. 『임하필기(林下筆記)』는 "우리나라는 동쪽, 서쪽, 북쪽이 모두 지대가 높고 차가우므로 (음력) 9월에 수확하는데, 호남과 영남만은 지대가 따스하므로 반드시 10월에 수확을 한다"고 기록하고 있다.[72]

이는 한국 대부분의 지방에서 추석 무렵은 벼의 수확 이전이며, 따라서 쌀의 공급과 소비 측면에서 공급이 가장 부족한 때로 쌀이 더욱 귀할 수밖에 없다. 이런 시기에 쌀로 송편을 만들고, 이 음식이 추석을 대표하는 절식으로 자리 잡기는 사실상 곤란하다 할 것이다. 이는 19세기 세시기에서 추석 음식으로서 송편이 등장하지 않고, 〈농가월령가〉[73]의 경우 추석 송편으로 보통의 벼보다 일찍 수확되는 '올벼'[74]를 사용해 '오려송편'을 빚고 있는 데

---

71 성락춘·이철, 앞의 책, 2007, pp.82~90. ; 농사 시기와 관련 최남선은 '일년 내 지은 농사가 10월에 와 끝이 나고 새 곡식, 새 과실 등 먹을 것이 풍성해 10월을 상달'이라 한다고 적고 있다. -최남선, 『세시풍속 상식사전』, 온이퍼브, 2012, p.22.
72 『임하필기(林下筆記)』 제35권, 「벽려신지」.
73 "북어쾌 젓조기로 추석명일 쉬어 보세/ 신도주 오려송편 박나물 토란국을/ 선산에 제물하고 이웃집 나눠 먹세/ 며느리 말미 받아 본집에 근친 갈 제/ 개 잡아 삶아 건져 떡고리와 술병이라/ 초록장옷 반물치마 장속하고 다시 보니/ 여름내 지친 얼굴 소복이 되었느냐/ 중추야 밝은 달에 지기 펴고 놀고 오소." -〈농가월령가〉 팔월령.
74 충남 부여군 일부 지역에서는 '오려'라고 하며, 오려는 보통 벼보다 20일 정도 일찍 나온다. -『충청남도 세시풍속』, 부여 부여, p.417.

서도 직·간접적으로 드러난다. 또한 송편이 빚어지는 때가 2월 1일, 삼짇날, 한식 등 대부분 쌀의 공급이 여유로운 상반기에 집중되는 데서도 살필 수 있다. 따라서 송편이 추석 음식으로서 보편적으로 쓰인 시기는 쌀의 생산이 넉넉해져 추석 즈음에도 수요와 공급이 크게 불균형을 이루지 않는 것은 물론, 쌀의 여유가 뒷받침돼야 한다고 보는 것이 합리적일 것이다. 그리고 이같은 추론은 『세시풍속』 조사에서 뒷받침된다. 경북 의성군 사곡면 공정3 리 용소마을은 추석의 경우 햇곡을 수확한 데에 대해 조상에게 고마움을 표시하는 명절로 여겼다. 따라서 추석에 햇곡이 나지 않으면 송편 등을 올리지 못해 9월 9일 차례를 지냈고 1970년대 이후 통일벼가 나면서 추석 즈음에는 햇곡을 수확할 수 있어 이때부터 추석에 차례를 지내고 있다.[75] 강원도 태백시 상사미동 상사미 마을의 경우, 예전에는 쌀이 귀해서 추석에도 송편을 빚지 못하고, 대신 감자나 귀리쌀로 만두처럼 떡을 빚었으며,[76] 태백 구문소에서는 예전에는 쌀이 없어 서숙쌀을 찧어 송편을 빚었다.[77] 이들 조사 자료는 통일벼 생산이 식량 자급과 함께 추석 음식으로서 송편의 대중화에 끼친 영향을 단적으로 보여주는 사례다. 실제로 1970년대 한국 정부는 농정의 최우선 과제를 식량 증산에 두고 대단위 농업종합개발사업, 다수확 벼 품종의 개발 보급 등과 같은 다양한 시책을 추진했다. 특히 1971년 허문회에 의해 통일벼 품종이 개발돼 10a당 최고 624kg의 수확량으로 다른 벼 품종에 비해 평균 200여kg 더 많은 수확[78]이 가능하자 정부는 주곡 자급을 위한 노력을

---

75 『경상북도 세시풍속』, 의성 사곡, p.743.
76 『강원도 세시풍속』, 태백 상사미, p.229.
77 『강원도 세시풍속』, 태백 구문소, p.204.
78 김태호(2008), 앞의 논문, p.406.

더욱 경주했다. 그 결과 1976년 쌀의 자급이 달성됐다. 통일벼는 생산량의 획기적 증대와 함께 모내는 시기도 한 달 가량 앞당겼다.[79] 이는 통일벼 등의 벼 수확량 증대가 한민족의 식량 자급을 완성시켰고 벼의 추수시기를 앞당겨 송편이 추석 음식으로 자리매김하는데 기여했음을 보여준다.[80]

쌀의 공급과 자급이 추석의 송편을 가능하게 했듯, 한국 명절의 확산과 명절 절식인 떡의 확산과 대중화는 이처럼 식량의 여유와 경제력의 향상으로 가능했다고 할 수 있다. 쌀이 주재료로 쓰이는 설날 역시 다수의 지역에서는 경제적 이유로 인해 만들어지지 못했으며, 1970년대 이후에야 가능했기 때문이다. 경상북도 울릉 북면에서는 예전에 쌀이 귀해 떡국을 마련하지 못했다. 잡곡으로 메밥은 가능하지만 떡국을 올릴 정도로 넉넉하지 못했기 때문이다.[81] 충북 청원군 미원에서는 떡국이 1970년대 이후 보편화됐는데 그 이유는 돈이 없어 떡을 못하는 경우가 허다했기 때문이다.[82] 청원 강내에서도 사정은 엇비슷해 옛날에는 먹을 것도 없어 차례를 밥(메) 한술 떠 놓고 지내기도 했다.[83] 이를 통해 명절의 기념은 절식을 만들 수 있는 식량의 여유와 함께 경제력에 의해 좌우됨을 살필 수 있으며, 떡국의 전국적 확산도 송편과 마찬가지로 1970년대 이후라 할 수 있다. 따라서 쌀의 자급과 경제적 여유는 한국 명절 절식의 발달에 주요한 배경이 됐다고 할 수 있다.

다음으로 신문과 방송 등의 언론 매체 확산도 명절의 대표 절식 형성과

---

79   국가기록원 홈페이지 - 식량증산.
80   김용갑(2018a), 앞의 논문, pp.207~209.
81   『경상북도 세시풍속』, 울릉 북면, p.657.
82   『충청북도 세시풍속』, 청원 미원, p.402.
83   『충청북도 세시풍속』, 청원 강내, p.391.

음식화에 중요한 역할을 했다. 섬지역인 전라남도 여수시 초도의 경우, "빨라야 1970년대 초 텔레비전을 통해 추석에 송편을 만드는 것을 보고 송편을 빚게 됐다"고 보고되고 있다.[84] 또한 경북 칠곡 왜관은 예전에는 애동지의 구분이 없었으나 방송을 보고 애동지에 팥죽을 하지 않음을 알게 됐다.[85]

이들 조사 자료는 명절의 절식이 텔레비전 등과 같은 언론 매체의 영향을 받으며, 고정된 것이 아닌 변화하는 문화 요소임을 보여준다. 이는 방송이 공중의 인식과 태도의 형성에 영향을 주는 등 교육과 사회화의 기능을 수행할 뿐만 아니라,[86] '지상파 TV'의 경우 '일반 국민'에게 미치는 영향력이 가장 큰 매체이기 때문이다.[87]

텔레비전과 달리 신문의 경우 추석 의례의 절차를 알리는 방법으로 명절과 절식의 대중화에 기여했다. 1960~1970년대 이후 도시화와 산업화 등으로 대가족 체계가 무너지고 핵가족 사회로 변모하면서 분가해 핵가족의 가장이 된 제주들이 자체적으로 제사 모시기를 희망했고 당시 신문 등이 일부 유교가문의 제례 방법과 음식을 전통적인 한국 유교 제사법으로 소개했기 때문이다. 이를 통해 송편을 비롯한 한국 명절 음식의 발달과 대중화는 1970년대 이후 쌀의 자급과 함께 소득 수준의 향상, 그리고 대중매체의 발달에 큰 영향을 받았음을 살필 수 있다.

---

84 나경수 외(2011), 앞의 논문, pp.305~319.
85 『경상북도 세시풍속』, 칠곡 왜관, p.910.
86 정의철·이상호(2015),「방송의 선정적, 폭력적, 비윤리적 콘텐츠 이용에 관한 인식과 대안 연구 : 학부모와 청소년들의 인식과 제안을 중심으로」,『한국소통학보』제27호, 한국소통학회, p.255.
87 편집부 저(2013),「종이신문 및 미디어 영향력 평가 조사」,『리서치보고서』7월호, 마크로밀엠브레인, p.7.

사. 도시화·산업화 및 공휴일제도 등의 사회 변화

명절 절식의 발달 및 전국 확산은 미국의 민속학자 알란 던데스의 지적처럼[88] 농촌인구의 도시 이주가 중요한 요인이며, 이와 함께 한국의 경우, 추석과 설날 명절의 공휴일 확대, 가정의례 준칙의 강화, 그리고 가정요리서의 발간 증가 등과 같은 사회적 변동과 변화도 중요한 배경이 됐다.

먼저, 1960년대 후반, 한국 사회는 정부의 경제개발정책과 함께 점차 도시화와 산업화가 진행됐으며, 이로 인해 농촌인구의 도시집중이 급속도로 이뤄졌다. 통계청 자료에 의하면 도시화와 산업화 이전인 1955년 서울의 인구는 157만 여명이었지만 산업화가 진행된 1975년에는 689만여 명으로 4.4배가량 증가했다. 이 같은 증가는 수도권과 대도시에 집중돼 같은 기간 경기도가 404만여 명으로 2배가량 증가하고 부산도 1975년 245만여 명으로 인구가 늘어났다.[89] 반면 전통적인 논농사 지역인 전남과 전북, 충남은 같은 기간 각각 87만여 명, 33만여 명, 그리고 73만여 명 증가에 그쳤다. 이 같은 인구 변화는 1966년~1975년 사이 시도별 인구 유입 및 유출 자료에서 확연히 드러난다. 이 기간 동안 서울의 유입 인구는 224만여 명인 반면, 유출 인구는 77만여 명에 불과해 146만 명이 증가했다. 반면 전남과 충북은 유입 인구가 각각 12만여 명과 22만여 명이지만 유출 인구는 60만여 명과 59만여 명

---

88 주영하(2012), 앞의 논문, p.85. "미국의 민속학자 알란 던데스는 20세기 중반 이후 산업화되면서 농촌이 도시화됐으며, 세계 각 곳의 농민들도 도시민이 되었고, 그 과정에서 매스미디어의 영향으로 음식, 옷, 말 등이 획일화(standardization)됐다고 지적했다."

89 부산의 경우 광역시 승격 이전인 1995년의 자료가 없어 비교가 어렵지만 1970년 184만 여명에서 불과하던 인구가 5년 만에 61만 여명이 늘어날 정도로 폭증했다.

으로 48만여 명과 37만여 명이 10년 사이에 감소했다.[90]

이로 인해 도시화와 산업화 이전 한국 명절의 기념 주체이자 풍속의 행위자이며, 절식의 생산과 소비자인 농어촌(업) 인구가 크게 줄어들었다. 이 같은 농어촌 인구의 감소는 명절 기념의 목적인 조상숭배와 풍년 기원을 위한 시년제의, 농공 감사와 추수 감사, 천신, 그리고 제액초복의 기능과 의미의 약화를 가져오는 단점으로 작용했지만 명절 음식의 절식화와 대중화 측면에서는 긍정적 요소로도 작용했다고 볼 수 있다. 한 예로, 19세기 세시기에 나타나듯, 추석은 농촌 지역의 큰 명절이었다. 따라서 농촌 지역민의 도시 이주는 명절문화의 전파에 큰 영향을 미쳤다. 도시로 이주한 벼농사 지역의 농민이 자신의 고향에서 행했던 명절문화를 거주지인 도시에서 행하는 것은 자연스러운 일이며, 이는 민족의 이동은 문화를 동반한다는 통설에서 나타나듯, 이로 인해 송편 등과 같은 절식이 확산됐다고 보는 것은 합리적인 해석이기 때문이다.

이와 함께 도시화와 산업화에 따른 인구 이동도 핵가족화를 가져와 명절을 비롯한 생활 의례의 기념에도 큰 변화를 가져왔다고 할 수 있다. 전통 사회의 대가족 사회에서 명절 차례와 제사는 대부분 장손 집안에서 담당했고, 이하 차손들은 장손 집의 의례에 참여하는 것으로 갈음했기 때문이다. 그런데 도시 이주와 핵가족화가 진행되면서 차손들도 의례를 행해야 했고 이 과정에서 자연스럽게 떡국, 만두, 송편 등이 도시지역 등으로 전파되고, 수용되면서 대중화됐다고 볼 수 있다.

---

90 문현상 외 3인(1991), 「인구이동에 관한 연구」, 한국보건사회연구원, pp.21~22.

다음으로 공휴일제도[91] 또한 한국 명절과 절식 발달에 큰 영향을 미쳤다. 현대의 추석과 단오에서 나타나듯, 명절의 휴일이 길어짐으로써 추석은 전국적 명절로 확대됐지만 단오는 축소됐다고[92] 보기도 하기 때문이다. 명절의 부침은 절식의 발달에도 영향을 미쳐 벼농사 지역을 중심으로 크게 빚어지던 송편은 앞서 살펴본 바와 전국적으로 확산됐다. 이는 공휴일제도가 명절 절식의 발달과 관계됨을 보여준다.

이밖에 가정의례 준칙의 도입 또한 명절 절식 발달의 한 요인이 됐다. 1934년 일제의 조선총독부는 '의례준칙(儀禮準則)'을 만들고 제사의 경우[93] 기제와 묘제로 나눠 묘제는 한식, 추석, 중양 또는 적당한 시기에 행하라고 권장하고 있다. 이는 설과 추석의 대표적 의례가 차례라는 점에서 명절 기념의 준칙화는 당시 한국인들의 생활 의례에 큰 영향을 미쳤을 것이고, 이같은 의례의 시행에 따른 제물의 필요성 또한 명절 음식의 발달에 기여했다고 할 수 있다.[94]

---

91 명절의 공휴일과 관련, 임재해(『한국 민속과 오늘의 문화』, 서울: 지식산업사, 2003, p.68)는 지역의 명절이 공휴일로 지정되면 전국적인 명절로 확산되면서 일반화된다고 주장했다. : 김진곤은 (2010, 「법정 공휴일의 헌법적 의미와 입법형성의 한계」, 『공법연구』제39집 제1호, 사단법인 한국공법학회) "법정 공휴일은 국가 내지 사회공동체에 예로부터 유래됐거나 전승되어온 문화적 가치를 지닌 것으로 '기념할 만한 가치'를 가진 그 어떤 계기를 가지고 있어야 한다"고 했다.

92 임재해, 앞의 책, 2003, p.57.

93 혼장제의 의례준칙(관통첩 제39호) -祭禮一. 祭祀. (一) 忌祭 忌祭는 祖 禰에 限하여(不遷의 位는 此 限에 不在함) 別紙順序에 依하여 每年 忌日에 行함. (二) 墓祭 寒食 秋夕 重陽 又는 適當한 時期에 別紙順序에 依하여 行함. 二. 祭奠의 供物-- 祭尊의 供物은 左하 같음. 但 形便에 依하여 忌祭에도 飯 羹 酒 果, 墓祭에는 酒果에 끝여도 無妨함. (一) 忌祭 飯 羹 酒 果 鹽 脯 菜 醬. (二) 墓祭 酒 果 脯 餅 菜.

94 김용갑(2018a), 앞의 논문, pp.213~216.

2. 설날의 떡국

가. 흰색 선호와 태양숭배

설날의 대표 절식인 떡국은 새해가 밝았음을 상징하는 것과 함께 새로 시작하는 날이므로 엄숙하고 청결해야 한다는 의미를 담고 있다. 이때문에 떡국은 기다란 흰색의 절편(가래떡)을 사용하고 둥글게 썰어 만든다. 떡국의 흰색과 둥긂은 새해의 첫날을 시작하는 태양을 본 뜻 것이다. 따라서 떡국을 먹는 것은 태양을 먹는 것이고 태양은 한 해를 의미함으로 나이 한 살 더 먹는 것이 된다.[95] 이는 설날 떡국에 흰색 숭상과 태양숭배의 사상이 깃들어 있음을 보여준다.

먼저 한민족은 백의민족으로 불리듯 흰 것, 엄격히 말하면 자연 그대로의 색인 소색(素色)을 선호했으며, 이 같은 민족적 색상 선호는 중국의 고대 역사서에도 나타난다. 『삼국지』는 한민족이 흰옷을 숭상한다고 기록하고 있으며,[96] 『고려도경』은 한민족의 부녀자들이 밤낮으로 (깨끗하고 흰색을 유지하기 위해) 옷 빠는 수고를 다한다고 기록하고 있다.[97]

흰색 선호는 음식에서도 나타나 생일 등의 잔치에 순백색의 백설기를 마련하고 쌀밥을 옥밥으로 칭하며 귀하게 여긴 데서 살필 수 있다. 이 같은 흰

---

95 박혜숙(2007), 앞의 논문, p.48. ; 유소홍·양명모(2017), 앞의 논문, p.66. ; 이화형(2015), 앞의 논문, p.327.
96 『삼국지』 부여. "在國衣尙白."
97 『고려도경』 잡속, "浣濯衣服 漗浣絲麻 皆婦女從事. 雖晝夜服勤 不敢告勞."

색 선호는 한국 멥쌀떡의 발달 배경으로도 작용했다.[98] 이처럼 한민족의 흰색 선호 또는 숭상은 고대 시기 옥을 귀하게 여긴 마한계의 전통과 함께[99] 북방계의 태양숭배와도 관련된다고 할 수 있다.

설이 태양숭배와 관련됨은 앞서 살펴봤듯, 무속(무교)과도 관련된다. 무속은 그 주된 숭배 대상이 일월성의 3신인 것에서 나타나듯 태양을 숭배한다. 따라서 밤의 길이가 가장 길고 태양이 부활하는 동지를 맞아 무속에서는 태양신 부활 축제를 벌이며, 이의 핵심적 시간은 해 뜨는 시간이 된다. 따라서 무속에서의 동지는 새해 첫날과 관계되며, 이는 실제로 태양 공전에 의한 자연력에 가장 부합하는 새해의 시작일이다. 그러나 기원전 2세기 무렵 중국 한나라에 의해 정월인 1월이 새해의 첫 달이 되면서 동지는 새해 첫날의 지위를 상실했다고 할 수 있다. 그럼에도 동지의 새해 기념 인식은 기층민들에게 지속 또는 계승돼 한민족 일부는 현재에도 동지를 '작은설'로 부르며, 비록 설날로서의 명절 의례는 거의 사라졌지만 새해를 상징했던 둥근 새 알심이 들어간 팥죽을 끓이고, 엄숙하고 부정 없는 새해를 맞이하기 위해 팥죽 뿌리기 의례를 행한다고 볼 수 있다.

동지와 설날의 연관성은 이처럼 두 명절 모두 새해 첫날이라는 관념성이라고 할 수 있다. 따라서 정월은 실제 자연력의 새해는 아니었지만 새해로 받아들여지고, 이에 따라 동지에 행했던 태양숭배 의례와 음식 등이 정월 설날의 풍속으로까지 확산됐으며 그 결과물이 팥죽과 같은 둥근 형태의 건더기를 먹는 떡국이라는 해석도 가능하다고 할 수 있을 것이다.

---

98   김용갑(2017a), 앞의 논문, p.65.
99   『삼국지』 위서 30, 마한. "以瓔珠爲財寶,"

한국 제사 풍속에서 제례(기제사)는 전통적으로 조상이 생존했던 마지막 날의 밤중에 주로 모셔진다. 하지만 앞서 살폈듯, 설날을 비롯한 한국 명절의 차례(제사)는 그 형식이 완전한 기제사이건 일부 축소된 간소한 의례이건 지내는 시간은 밤이 아닌 주로 아침 시간이다. 이는 무속의 태양신 부활 축제의 기념 시간과 닮아 있다.[100] 또한 동지팥죽이 새알심을 먹음으로써 나이 한 살 더 먹는 의미를 갖듯, 떡국 또한 한 그릇 먹음으로써 나이 한 살 더 든다는 첨세(添歲)의 뜻을 갖고 있다. 이를 고려하면 동지팥죽과 설날 떡국은 그 형태와 의미면에서 거의 완전하게 일치하며,[101] 의례의 목적 또한 같음을 보여준다. 따라서 무속과 밀접한 관련성을 맺고 있는 동지의 기념이 태양숭배와 관련됨을 고려할 때, 설날 대표 절식으로서의 떡국 발달 배경에는 한민족의 흰색 숭상 전통과 무속의 태양숭배 신앙이 자리한다고 할 수 있다.

나. 중국 탕병 풍속의 영향

떡국이 중국의 영향을 받았을 것으로 보는 것은 탕병(湯餅)이란 명칭과 함께 중국과 한국의 설날 절식이 비슷하다는 점, 중국 역법을 수용해 정월을 세수로 기념했다는 점, 그리고 탕병으로 생일을 축하하는 풍속이 있었다는 점 등에서 근거한다.

먼저 설날의 대표 절식인 떡국은 치는 떡인 가래떡 등을 잘라 육수 등에 끓인 음식이다. 떡국은 병탕(餅湯) 또는 탕병(湯餅)으로 불린다. 중국의 경우

---

100   김정민(2015), 앞의 논문, p.69.
101   유소홍·양명모(2017), 앞의 논문, p.61.

탕병은 기원전 한나라 시기 증병과 함께 밀가루로 만든 병(餠) 중에서 가장 보편적인 음식이었다. 이 음식은 물에 삶은 작은 면 조각 또는 면 덩이를 가리키거나, 혹은 증병을 조각 내 물에 삶은 것을 일컬었다.[102] 한국의 고대 문화가 한사군의 영향과 관계될 수 있음을 고려할 때 이 같은 한나라 시기의 보편적인 음식 문화인 물에 음식물을 익히는 조리법은 고대 한국의 식문화에도 영향을 미쳤을 것이고, 설날 떡국 또한 그 명칭이 탕병 등으로 유사한 것에서 살필 수 있듯 중국의 영향이 컸다고 할 수 있다.

이 떡국과 관련, 장지연은 "육방옹의 세수서사시의 주석에 시골풍속에 설날에는 반드시 떡국을 사용했는데 이를 일러 연혼돈(年餛飩- 설에 먹는 떡(국))이라 하며 설날의 떡국이 당송시대로부터 이미 있었고 우리나라 또한 이와 같다"고[103] 적고 있다. 한국 설과 중국 춘절의 공통점은 이날 양국에서 모두 제사와 세배를 드리며, 대표 절식이 유사하다는 점이다. 이는 한국의 떡국이 중국의 영향과 관계됨을 보여주는 것으로, 양국은 모두 설날 연고와 떡국을 먹는 시기적 공통점을 지니고 있다. 또한 이들 떡을 만드는 방법이 거의 같다. 이들 연고와 떡국은 모두 가래떡을 사용하고 떡 써는 형태도 비슷하다.[104]

이와 함께 한국과 중국의 설날 떡국은 탕병으로 생일을 축하하는 중국의 전통과도 관련됐다고 할 수 있다. 중국 당나라의 시인 유우석의 시에 생일 축하와 관련한 탕병이 출현하고,[105] 17세기 중엽의 저술물인 『택당집』에 생일

102 왕런샹 지음·주영하 옮김, 앞의 책, 2010, p.226.
103 장지연 지음, 황재문 옮김, 앞의 책, 2014, p.565.
104 최준식·윤지원·이춘자·허채옥·이강민·김윤정·송혜나·최준·양세욱, 앞의 책, 2010, p.122.
105 『전당서』 제35권. "引箸擧湯餠 祝詞天麒麟."

날의 탕병이 나타나기 때문이다.[106] 생일날의 탕병은 어린아이가 돌을 맞거나 어른의 생일에 장수하라는 의미로 끓여졌다. 이 같은 생일 탕병 풍속은 조선시대 『동주집』과 『문곡집』에서도 나타난다. 이를 통해 설날 떡국은 새로운 것의 출발을 축하하고 잘되기를 기원하는 축복 의례물로써 시작됐으며, 새로운 첫날이기에 부정한 것이 없는 흰색을, 그리고 길게 장수하라는 의미로 기다란 가래떡을 사용하며, 부자로 여유로운 나날이 되라는 뜻에서 엽전 모양으로 썰어 만들었음을 살필 수 있다. 따라서 시기적으로 당송시대 탕병의 기록이 나타나는 중국의 춘절과 생일 탕병의 풍속은 한국의 설날 떡국 탄생과 발달에 영향을 미쳤다고 할 수 있다.

다. 습식 선호와 수저 사용의 음식 문화

한국 음식 문화를 대표하는 명절의 대표 절식 중 2가지는 국물이 있는 음식이다. 설날의 떡국은 고기 등을 우린 국물에 떡을 썰어 넣어 끓인 음식이고, 팥죽은 팥을 삶아낸 팥물에 둥그런 떡 덩이 등을 넣어 끓인 죽이다. 수분의 양이 많고 적음의 차이는 있지만 떡국과 죽은 모두 공통적으로 물이 많은 음식이다. 이 음식을 먹기 위해서는 자연히 숟가락이 있어야 하고, 숟가락은 젓가락과 함께 한국인의 필수 식도구다. 한국인은 이 수저(숟가락)를 주로 국물 있는 음식과 많은 밥알을 섭취할 때 사용한다. 한국인이 습기가 많은 음식을 좋아함은 한국 음식 문화의 특징 중 하나가 '습성 음식(濕性飲

---

106   『택당집』 속집 제4권, 시. "湯餠草茶供宴坐."

食'이란 데서 나타나며,[107] 국과 찌개, 물김치 및 수정과, 식혜, 숭늉 등에서도 찾을 수 있다. 숭늉은 뜸들이기를 필요로 하는 밥 문화권에서 출현할 수 있는 음식으로 밥을 짓고 난 뒤 솥에 눌어붙은 밥알에 물을 붓고 가열해 주걱으로 긁어내 얻어지는 음식이다. 누른 밥알과 물이 섞여 숭늉은 진하고 흡사 죽과 같이 되며, 고소한 맛을 낸다. 한민족이 이 같은 습기가 많은 음식을 섭취할 때 사용하는 숟가락은 고대 시기부터 출현했다.

한국과 일본, 그리고 중국 식문화의 공통점은 젓가락을 사용한다는 점이다. 여기에 더해 한국은 현대에까지 숟가락을 함께 사용한다. 숟가락은 고대 시기, 한국을 비롯해 중국, 일본이 공통적으로 사용한 식도구였다. 하지만 중국에서는 원나라 때까지 숟가락과 젓가락을 함께 사용하다 명나라시대에 숟가락이 식생활에서 분리됐으며, 현재는 수저와 국자의 기능을 겸한 도기재질의 '렝게'를 병용하고 있다. 일본도 12~14세기 무렵에 숟가락이 식생활에서 탈락됐다.[108] 따라서 중국이나 일본은 현재 젓가락 중심의 식사법을 채택하고 있다는 점에서 숟가락과 젓가락의 병용은 한국의 특징적인 식도구 문화라 할 수 있다.[109] 특히 한국은 식사 시 숟가락을 많이 쓰고 젓가락을 보조적으로 사용함으로써 진정한 의미의 수저식 문화를 형성하고 있다.[110] 이 같은 수저는 문헌 기록상 기원전 6세기 이전의 「시경(詩經)」에 처음 등장하며, 당시 수저는 왕후, 귀족 등과 같은 상류층의 식사도구였다. 한국

---

107   김천중(1994), 앞의 논문, pp.206~207.
108   배영동(1991), 「한국문화의 원형을 찾아서 : (2) 우리의 수저」, 『한국논단』 Vol.26,
       p.153.
109   정미선(2009), 「동아시아 3국의 공통 식사도구의 전파·수용 및 변화에 대하여」,
       『Journal of Oriental Culture&Design』 Vol.1(1), p.51.
110   배영동(1991), 앞의 논문, p.153.

은 기원전 6~7세기경의 유적으로 보이는 함경북도 나진 초도 패총에서 뼈로 만든 숟가락이 출토돼 최소한 이 무렵에는 한민족의 일부도 수저를 사용했음을 살필 수 있다. 한민족은 이 수저를 시대에 따라 그 외형을 바꿔가며 사용했다. 기원전에는 수저의 잎이 뭉툭하고 단순한 자루 형태를, 백제시대에는 타원형의 잎과 넓은 자루, 그리고 고려시대에는 가늘고 긴 잎과 길고 휘어진 자루를 사용했다. 조선시대에는 길쭉한 타원형의 잎과 직선의 자루를 거쳐[111] 현대의 다양한 숟가락으로 이어지고 있다. 이처럼 한민족이 오랜 세월에 거쳐 수저를 사용하는 독특한 식도구의 문화를 발달시킨 것은 명절의 절식에서 나타나듯, 국물이 포함된 음식이 많다는 점이 주된 요인이라고 할 수 있다. 즉, 국, 탕, 찌개와 같은 습성 음식이 많은 것이 배경이 됐다. 또한 한민족은 밥을 비롯, 국과 찌개를 따뜻하게 해서 먹는 온식을 선호한다.[112] 여기에 한민족은 양을 중시하는 대식의 민족이다. 이 같은 한민족의 대식 습성은 『삼국유사』에 김유신이 하루 식사로 쌀 서 말과 꿩 아홉 마리를 먹고,[113] 어린아이의 배를 두드려 다 채운 소리가 들릴 때까지 먹었다는 조선후기 선교사의 기록에서 살필 수 있다.

숟가락은 이 같은 한민족의 음식 조리와 섭취 문화에서 비롯됐으며, 이런 배경을 바탕으로 설날의 떡국과 동지의 팥죽은 가능했다고 할 수 있다. 따라서 한민족의 음식 문화에 숟가락과 습식 선호가 없었다면 떡국 및 팥죽과 같은 절식은 발달할 수 없었다고 할 수 있을 것이다.

---

111 배영동(1991), 앞의 논문, pp.152~153.
112 배영동(1991), 앞의 논문, p.155.
113 『삼국유사』 권1, 기이, 태종춘추공. "王膳一日飯米三斗雄雉九首."

3. 단오의 쑥떡

가. 한민족[발해민]의 쑥떡 전통

단오의 의례와 대표 절식인 쑥떡이 강원도를 비롯, 경남·경북, 그리고 충북에서 두드러지게 나타나듯, 단오는 밭농사 지역과 한반도 동부 지방에서 성했던 명절이다.[114] 따라서 단오의 대표 절식인 쑥떡도 북방계 한민족의 풍속 영향을 크게 받았다고 할 수 있다.

앞서 살폈듯, 쑥떡의 기록은 11세기 초에서 찾을 수 있다. 『송사』는 고려 사신의 전언을 통해 '상사일(上巳日- 음력 3월3일, 삼짇날)'에 쑥떡이 있으며, 이 음식을 최고로 친다고 기록하고 있다.[115] 이어 12세기 후반, 『거란국지(契丹國志)』(권27, 1180년 간행)는 발해 요리사의 쑥떡을 담고 있다.[116] 이는 쑥떡의 역사가 오래됐고, 단오 음식으로서의 발달이 북방계 한민족의 일파인 발해민과 관련됨을 보여준다.[117] 특히 『송사』에 나타난 '상사일(上巳日)'의 쑥떡 기사는 삼짇날이 이미 삼국 시기부터 명절이었기에,[118] 이에 따른 떡류 절식이 있었을 것이란 점에서 고려 전기 삼짇날의 쑥떡은 삼국시대의 전통일 가능성도 있다고 볼 수 있다. 쑥떡은 이후 15세기 후반의 『용재총화』와 『해동역

---

114 권순형(2007), 앞의 논문, p.170.
115 『송사』, 외국열전, 고려(1015). "上巳日, 以靑艾染餠爲盤羞之冠. 端午有鞦韆之戱."
116 양옥다(2006), 앞의 논문, pp.352~353. 『동국세시기』 단오 풍속에도 '요(遼) 지방 풍속에 5월5일 발해(渤海)의 주방에서 쑥떡을 올린다'는 내용과 함께 조선의 (쑥떡) 풍속이 여기서 비롯된 것 같다는 기록이 나온다.
117 『구당서』 백제국.
118 사단법인 평화문제연구소, 앞의 책, 2005, p.533.

사』에 인용된 『조선부』의 기록에[119] 나타나고, 17세기 중엽의 『택당집』은 삼진날의 시절 음식으로 쑥떡인 '애병설고(艾葉雪糕)'와 '애병(艾餠)'을 기록하고 있다. 또한 1611년경 간행된 『성소부부고』는 쑥떡을 봄철 시식의 하나로 소개하고 있으며 이후 쑥떡은 『경도잡지』에 '애고(艾糕)'로 나타난다.

이상의 기록은 쑥떡이 봄과 초여름 철에 나는 쑥을 재료로 빚어지고, 그 중심 시기는 삼진날에서 단오임을 살피게 한다. 이 같은 전통 위에 쑥떡은 이후 더욱 확대돼 한민족 일상의 떡 음식으로 확대됐다고 볼 수 있다. 따라서 단오 쑥떡 발달은 기록상, 고대 북방계 한민족의 한 부류인 발해민들의 쑥떡을 만드는 전통이 핵심적인 역할을 했다고 할 수 있다.[120]

나. 쑥을 약용과 식용으로 하는 풍속

단오는 중국 남방에서 기원한 세시풍속으로 『형초세시기』는 쑥이 질병을 치료할 풀이며, "(단오 무렵의) 하지에는 절기의 음식인 종을 먹는다"[121]고 적고 있다. 이어 『동경몽화록』은 단오에 쑥으로 만든 '애인(艾人)'을 문 위에 건다는 기록과 함께 절식인 종자와 오색수단(水團)[122]에 대해 소개하고 있다. 이들 기록에 나타난 각서, 통종, 종자 등과 같은 떡은 단오 풍속과 함께 고대 시기 한국에 유입된 것으로 보인다. 하지만 한국의 기후와 식물지 여건

---

119 『조선부(朝鮮賦)』의 기록을 15세 후반으로 규정한 것은 명나라 사신 동월이 성종 19년인 1488년 조선을 다녀갔기 때문이다.
120 김용갑(2018c), 앞의 논문, pp.53~54.
121 "夏至節日食糉."
122 쌀가루, 밀가루 등으로 경단 같이 만들어서 꿀물이나 오미자 물에 담가 먹는 음식. 흔히 유두에 먹음.

상 잎으로 감싸는 떡류를 만들기 어려워 고대 한국에서는 봄, 여름의 시절 음식인 쑥이 단오의 떡으로 자리 잡았다고 볼 수 있다.[123] 이는 『세화기려보』의 통반(筒飯)[124]에서 살필 수 있듯, 이들 떡을 감싸고 찔 수 있는 재료가 되는 줄풀이나 넓은 식물의 잎이 한국의 풍토에서는 쉽게 나지 않았기 때문이다. 이와 함께 중국 단오의 '오독병(五毒餠)'[125]에서 나타나듯, 한국의 단오떡 역시 본격적인 여름철을 맞아 강한 양기를 담은 쑥을 떡으로 섭취해 건강하게 여름을 보내려는 절식의 목적은 같다고 할 수 있다. 특히 한국 단오의 경우, 쑥 관련 민간신앙이 두드러져 쑥 걸기 등에서 살필 수 있듯 쑥의 강한 양기로 귀신을 쫓고 나쁜 기운을 몰아내는 것은 물론, 치료약이라는 인식이 강하다. 이는 한국 대부분의 지방에서 단오에 쑥을 뜯어 식용으로 쓰고 다수의 지역에서 약용으로 사용하는 데서 뒷받침된다. 경북 영주 단산에서는 쑥이 남녀 모두에게 좋지만 특히 부인병에 효과가 현저해 상비약으로 준비해 두며,[126] 경남 창녕 이방에서는 단옷날 약쑥을 찧어 그 물을 먹으면 더위를 먹지 않고 배앓이를 하지 않는다고 여긴다.[127] 또한 합천 가야에서는 쑥에 내린 이슬을 받아 마시면 위장병이 낫는다고 해 이슬을 마시며,[128] 속초 대포동에서는 단오 새벽에 이슬 먹은 약쑥을 뜯어 말려놓았다가 속이 아프거나

---

123 쉬이·리슈원·최두헌(2015), 「(번역)한국 고대 단오의 활동 내용과 특징」, 『한자한문연구』 10, p.387. -"고대 한국에는 중국의 각서를 만드는 식재료가 없었기 때문에 중국의 각서(粽子)가 없었던 것이다."
124 줄풀 잎으로 찹쌀을 싸서 만든 음식, 후세의 떡과 유사함.
125 뱀, 두꺼비, 지네, 전갈, 도마뱀 등 5독충을 상징한 떡이다. -신미경·정희정(2008), 앞의 논문, p.285.
126 『경상북도 세시풍속』, 영주 단산, p.305.
127 『경상남도 세시풍속』, 창녕 이방, p.703.
128 『경상남도 세시풍속』, 합천 가야, p.865.

다리가 저릴 때 쑥을 쪄 그물을 마시거나 뜸을 뜨고,[129] 경기 포천 가산에서는 단옷날의 이슬을 맞은 약쑥을 말려 두었다가 산모의 몸을 씻기는데 사용했다.[130] 충북 청원 강내에서는 단오에 쑥떡을 먹어야 나쁜 기운이 물러간다고 여겨 '사사 떠는 떡'이라 하며,[131] 경남 기장 철마에서는 단오에 쑥으로 떡을 해먹으면 배가 아프지 않고 병에 걸리지 않는다고 보았다.[132] 이를 통해 쑥이 속병과 다리 저림은 물론 산후 관리 등의 약용과 건강관리에 쓰이고 있으며, 쑥을 재료로 한 떡은 제액과 함께 병 치료 및 예방의 음식 등으로 폭넓게 사용되고 있음을 살필 수 있다. 실제로 쑥은 병을 치유하는 '카테콜(catechol)' 성분이 함유돼 있으며, 세포, 간 보호, 혈당 강화, 항염증, 살균작용, 살충, 말라리아 치료 및 항종양에 효과가 있음이 밝혀졌다.[133] 이 같은 쑥의 약용과 식용, 그리고 예방약으로써의 풍속이 단오 쑥떡 발달의 한 요인이라 할 수 있으며, 이는 단오가 농경보다는 여름철을 건강하게 나려는 성격의 명절임을 보여준다고 할 수 있다.

---

129 『강원도 세시풍속』, 속초 대포, p.92.
130 『경기도 세시풍속』, 포천 가산, p.914.
131 『충청북도 세시풍속』, 청원 강내, p.397.
132 『경상남도 세시풍속』, 기장 철마, p.881.
133 안완식, 앞의 책, 2009, p.406.

4. 추석의 송편

가. 농공 격려와 감사의례 음식으로서의 전통

고문헌 자료에 나타난 송편의 쓰임새는 이웃 선물, 세시 및 제례 음식 등으로 다양하다. 그런데 이들 문헌에 등장하는 송편 쓰임의 시기는 대부분 유두(流頭) 이전이다. 유두(流頭)는 음력 6월 15일로 더위가 한창 기승을 부리는 시기다. 이때 한민족은 흐르는 물에 머리를 감아 나쁜 일을 떨치고 수단(水團) 등의 음식을 만들어 먹었다.[134] 농촌에서도 이날 하루를 쉬며 농사가 잘되라고 논밭에 나가 제사를 지냈다. 유두는 시기적으로 더워 농가의 경우 일하기가 힘들 뿐만 아니라 파종과 이식 등을 마쳐 농사의 가장 바쁘고 힘든 고비를 넘겼기에, 일하느라 지친 몸에 휴식과 기력의 보충이 필요했기 때문이다. 이에 따라 일꾼을 둔 주인들은 이날 송편 등의 음식을 차려 논밭에 나가 농사가 잘되기를 기원하는 고사나 제사를 지낸 다음, 제물은 주로 일꾼들에게 먹였다. 이는 유두일의 송편이 힘들여 농사를 지은 농부나 일꾼들의 노고에 대한 격려와 감사를 나타내는 의례의 음식으로 쓰임을 보여준다.[135]

---

134 『용재총화(慵齋叢話)』. "六月十五日曰流頭. 昔高麗宦官輩. 避熱於東川. 散髮于水. 浮沈而飲酒曰流頭. 世俗因以是日爲名辰. 作水團餅而食之."(6월 15일은 유두(流頭)라 하는데 옛날 고려의 환관들이 동천에서 더위를 피했다. 머리를 풀어서 물에 씻고 잠기며 술을 마신다고 해 유두라 했다. 세속에서 이로 인하여 이날을 명절로 삼고 수단떡을 만들어 먹었다.)

135 김용갑(2018a), 앞의 논문, p.202.

[표21] 송편〔松餠〕 관련 주요 기록과 쓰임새

시기	문헌명	내용	쓰임새
1611년	『성소부부고』 「도문대작」[901]	松餠	봄철 시식
17세기 초	『상촌집』 제10권, 시, 유두일제	松餠餒鄕鄰	유두일
1680년경	『요록』	송편	
1740년께	『성호사설』 권4, 만물문(萬物門)	松葉爛蒸者爲松餠	제례
1816년	〈농가월령가〉	송편	추석
1827년경	『임원십육지』		기자(祈子)
1849년	『동국세시기』 2, 8월 풍속	賣餠家造早稻松餠	2월 노비일, 8월 세시
1864년	『운양집』 4권, 시	葉餠	추석

  이 같은 농공 격려와 감사 음식으로서의 송편 전통은 『세시풍속』 조사 자료에 의해서도 뒷받침된다. 충북 영동과 청원에서는 이날 송편과 밀전병을 준비해 논에서 풍년 기원을 비는 고사를 지내고 일꾼들을 위로했으며,[137] 전북 정읍에서도 농사일을 잠시 멈추고 마을 사람들이 모여 술과 송편 등의 음식을 먹으며 즐겼다.[138] 이 같은 농공 격려와 감사 성격의 송편 만들기는

---

136 허균의 시문집인 『성소부부고』는 1613년(광해군 5)에 쓴 서문으로 미루어 그해 봄이나 그 전해에 이루어진 것으로 보이며, 이중 음식 관련 내용이 많은 「도문대작」은 1611년 유배지 함열에서 지어졌다.

137 『충청북도 세시풍속』, 영동 매곡, p.239. ; 청원 미원, p.411.

138 『전라북도 세시풍속』, 정읍 입암, p.248.

유두일 외에 2월 1일, 7월 7일 칠석, 그리고 7월 15일 백중과 복날의 세시풍속에서도 나타난다.[903] 2월 1일은 지역에 따라 '노비날, 머슴날, 영등날, 일꾼의날' 등으로 불린다. 강원도 원주에서는 이날 '나이떡'이라고 해서 송편을 빚어 먹는다. 송편을 먹는 이유는 어른들의 무병장수와 함께 2월부터 8월의 추석까지 힘든 농사일만 계속돼 이를 대비해 먹어둔다[904]는 의미다. 홍천군에서는 이날 일꾼에게 의복을 한 벌 장만해주고, 송편과 용돈을 주는데 이는 이날 이후부터는 본격적으로 농사일이 시작되기 때문에 일꾼들을 대접했다.[905] 횡성에서는 이날 뿌리가 3개 달린 보리를 넣고 송편을 만들어 한 해 운수대통을 기원하고 일꾼들에게 하루 휴식을 주는 한편, '좀생이떡'이란 이름의 송편을 빚어 소에게 먹였다. 이는 소가 농사에서 큰 일꾼이라 한 해 농사를 잘 지을 수 있도록 건강하라는 의미였다.[906] 충청북도 충주에서는 손바닥만 한 송편을 만들어서 일꾼들에게 각자 나이만큼씩 먹게 했다. 이렇게 함으로써 일꾼들에게 힘이 붙어 농사를 잘 짓게 하기 위한 것이었다.[907] 충주의 경우 농공의 대상이 사람뿐만이 아닌 짐승에까지 확대되고 있음을 보여준다.

이 같은 농공 격려 성격의 송편 빚기는 음력 7월이 넘어가면서 농공 감사의 의미로 바뀐다. 7월이 되면 세벌매기가 끝나는 등 어느 정도 농사일이 마무리되고 곡식이 여물어 수확만을 기다리는 시기로 바뀌기 때문이다. 이에

903   김용갑(2018a), 앞의 논문, pp.200~202.
904   『강원도 세시풍속』, 원주 부론, p.116.
905   『강원도 세시풍속』, 홍천 서석, p.491.
906   『강원도 세시풍속』, 횡성 우천, pp.570~571.
907   『충청북도 세시풍속』, 충주 산척, p.89.

따라 7월 칠석과 15일 백중[144], 그리고 7월 중의 복날 농가에서는 힘든 농사일이 큰 고비를 넘긴데 대한 일꾼의 노고에 감사하는 행사를 가졌다. 먼저 7월 7일의 칠석에 전남 장성과 전북 고창에서는 송편(고창군은 쑥개떡·쑥송편·시루떡) 등의 음식을 장만해 마을 잔치를 가졌다.[145] 이어 주로 백중날, 강원도 강릉에서는 세벌매기가 끝났다 하여 호미씻이인 '세서회(세서연)' 행사를 동네잔치로 가졌다. 주민들은 이날 송편을 빚어 꼬챙이에 끼어 하나씩 돌리고, 큰상을 차려 지신밟기 등을 하며 하루를 놀았다.[146] 전라남도 장성에서도 이날을 농부 날이라 하여 농사일을 어느 정도 끝내고 논에서 발을 씻고 나오는 날이라 해 음식을 장만해 하루를 쉬었다. 특히 머슴을 가진 주인은 닭을 잡아먹으라고 내줬다.[147] 경상북도 울진에서도 '소머듬 먹는다' 하여 이날 송편 등을 만들어 여름내 일해준 일꾼들을 잘 먹였다.[148]

7월 중 복날의 경우, 경상북도 문경과 상주에서는 송편을 만들어 용제를 지내고 농사일을 하느라 수고한 일꾼들을 먹였다. 경북 상주에서 용제에 송편을 쓰는 이유는 다른 떡보다 송편이 맛있고 사람들과 나누어 먹기도 좋기 때문이었다.[149] 특히 상주에서는 세벌 논매기가 끝나고 나면 일꾼들이 7월 중 하루를 택하여 노는데 이것을 '풀꾸믹이'라고 하며, 이는 고된 농사일이 어느 정도 수월해지기 시작하는 시기를 맞아 주인집에서 그 동안의 농

---

144 백중(百中)-7월15일. -이때쯤이면 농사의 김을 다 마치고 잔손질이 없어져 농부에게 여유가 생긴다. -최남선, 앞의 책, 2012, p.21.
145 『전라북도 세시풍속』, 고창 성내, p.273. ; 『전라남도 세시풍속』, 장성 삼계, p.702.
146 『강원도 세시풍속』, 강릉 왕산, p.20.
147 『전라남도 세시풍속』, 장성 북하, p.716.
148 『경상북도 세시풍속』, 울진 평해, p.722.
149 『경상북도 세시풍속』, 상주 함창, pp.251~252. ; 문경 문경, p.195.

사일을 돌본 일꾼을 위로하고 대접하기 위해 행해졌다.[150]

이상에서 살필 수 있듯, 송편은 추석의 대표 절식으로 자리 잡기 이전 농사일과 밀접하게 관련되고 있다. 그리고 그 기능과 역할 중의 하나가 농사일에 애쓴 일꾼을 격려하고 감사하는데 있음을 보여준다. 이는 추석 기념 의례가 풍년 기원, 추수 감사와 함께 농공감사제[151]의 성격에 기반하며 의례 음식으로써 송편을 마련하고 있음을 고려할 때 추석 음식으로서 송편의 절식화는 이처럼 송편을 농공 격려와 감사의 음식으로 여기는 전통에서 비롯됐다고 할 수 있다.

나. 풍년의 상징과 기원

송편은 농공 격려와 감사 외에 풍년을 기원하는 의례에서도 빚어졌으며, 이에 따라 그 형태 또한 초승달이 보름달처럼 차오르도록 형상화됐다.

먼저 송편을 차려 풍년을 기원하는 의례는 정월 14일, 2월 1일, 유두일, 그리고 7월 복날에 행해졌다.[152] 강원도 평창에서는 정월 열 나흗날 그 해 농사가 잘 돼 곡식을 많이 거두기를 기원하며 '섬(송편)'을 빚어 먹는다.[153] 2월 1일, 경북 영덕에서는 나리떡이나 송편·쑥떡·수구떡·흰떡 등을 마련, 한 해 농사가 잘되게 해달라고 영등제를 지냈으며,[154] 영천에서도 이날 새알 7개를

---

150 『경상북도 세시풍속』, 상주 함창, pp.251~252.
151 장주근, 앞의 책, 2013, p.318.
152 김용갑(2018a), 앞의 논문, pp.203~205.
153 『강원도 세시풍속』, 평창 진부, p.459.
154 『경상북도 세시풍속』, 영덕 창수, p.556.

넣은 '섬떡'이라 불리는 커다란 쑥 송편 3개를 빚어 각각 뒤주(두주)·조왕·성주에게 갖다 놓아 1년 농사가 잘되기를 기원했다.[155] 유두인 6월 15일의 경우 충남 금산에서는 부침개나 송편을 만들어 나락이 잘 여물도록 논의 귀퉁이에 놓아두었으며,[156] 충북 영동과 청원에서는 이날 송편과 밀전병을 준비해 일꾼들을 위로하는 한편, 논배미 수멍(논으로 물이 들어오는 곳)에 음식을 진설해 풍년 기원을 빌거나 절을 했다.[157] 또한 전북 진안에서는 유두날 아침에 떡(송편)과 적(배추·파)을 부쳐 논에 나가서 제를 지냈으며,[158] 무주에서는 이날 송편과 부침을 만들어 '논 고사'를 지내고 남자가 일찍 논의 물고에 가서 짚을 깔고 떡과 부침을 놓아 농사가 잘되게 해달라고 빌며 절을 했다.[159] 경남 거창에서는 삽이나 솔가지 위에 송편이나 수수떡을 차린 다음 농사가 잘되라고 논 고사를 지냈으며,[160] 함양에서는 송편을 논에 가져가 농사가 잘되게 해달라고 용신에 절하고 기원했다.[161]

7월 중 복날에는 경북 예천의 경우 참외가 많이 열리라고 밭에 송편을 가져다 놓았으며, 또한 이날 용제를 지내 농사에 물이 부족하지 않기를 기원했다.[162] 상주에서는 중복을 '징할 때'라 부르며, 이는 농사를 다 지어놓고 두벌논도 다 매어둔 상태로, 세벌 논매기가 끝나면 이제 수확만 바라면 되기 때문이었다. 이때 수확을 바라는 의미에서 용제를 지내는데 가장 중요한

---

155 『경상북도 세시풍속』, 영천 야사, p.334.
156 『충청남도 세시풍속』, 금산 복수, p.306.
157 『충청북도 세시풍속』, 영동 매곡, p.239.
158 『전라북도 세시풍속』, 진안 동향, p.593.
159 『전라북도 세시풍속』, 무주 적상, p.334.
160 『경상남도 세시풍속』, 거창 주상, p.465.
161 『경상남도 세시풍속』, 함양 서하, p.828.
162 『경상북도 세시풍속』, 예천 유천, p.638. ; 예천 예천, p.652.

제물은 송편이었다.[163]

　다음으로 송편의 추석 대표 음식화는 그 모양에서도 찾을 수 있다. 추석 송편은 달을 형상화 한 것으로[164] 이는 초승달이 보름달이 되듯, 성장과 흥함, 풍년 기원의 의미를 담고 있다.[165] 따라서 송편의 모양도 반달이 아닌 온달 형태가 존재한다. 경북 경산에서는 추석에 반달 모양의 송편을 미리 만들어 놓고 나중에 온달 떡을 만든다. 보름은 반달이 온달로 바뀐 것이기 때문이다. 그래서 반달 떡은 그릇 아랫부분에 놓고 그 위에 온달 떡을 올려놓는다.[166] 경북 청도에서는 추석 송편을 주로 식구들이 모여 같이 만드는데 그 모양은 반달 떡과 온달 떡이 있으며, 주로 반달 떡을 많이 만들었다.[167] 강원 속초에서는 추석차례에는 반드시 송편을 빚는데 이북 이주민들은 만두 형태의 반달 모양으로 빚는 반면에, 속초 원주민은 그냥 동그랗게 손자국 내면서 빚었으며,[168] 경남 함양에서는 유두날 보름달 모양의 송편을 꼬챙이에 꽂아 논에 가서 물꼬에 꽂은 다음 농사가 잘 되게 해달라고 용신에게 절을 하고 빌었다.[169] 강원 속초에서는 송편 속에 콩·팥 등을 넣어 두 손을 아래위로 서로 포개서 손금이 나타나도록 납작하게 만들었다.[170]

　송편이 풍년과 관련돼 있음은 이의 속신에서도 살펴볼 수 있다. 송편을 예쁘게 빚으면 예쁜 딸 또는 아들을 낳거나, 신랑을 만날 수 있고, 임신 중

163　『경상북도 세시풍속』, 상주 함창, pp.251~252.
164　『전라남도 세시풍속』, 영광 묘량, p.596. ; 무안 운남, p.486.
165　『삼국유사』 제1권 태종춘추송. "百濟圓月輪 新羅如新月."
166　『경상북도 세시풍속』, 경산 용성, p.52.
167　『경상북도 세시풍속』, 청도 매전, pp.822~823.
168　『강원도 세시풍속』, 속초 청호, p.88.
169　『경상남도 세시풍속』, 함양 서하, p.828.
170　『강원도 세시풍속』, 삼척 신남, p.67.

의 태아 감별은 송편 속에 넣은 바늘이나 솔잎으로 알 수 있다는 믿음과 함께[171] 송편이 여성의 성기를 닮았다고 여기는 인식에서 나타난다.[172] 전북 진안에서는 송편을 예쁘게 빚으면 예쁜 딸을 낳는다고 믿으며,[173] 이는 경북 포항, 경남 거창, 충남 천안 등 전국의 여러 지역에서 엇비슷하게 출현한다. 이들 속신은 소를 넣어 빚는 송편이 태아를 잉태하는 여성의 몸 구조와 같다는 인식에서 비롯됐다고 볼 수 있으며, 따라서 여성이 아이를 출산하듯, 씨앗을 품은 대지가 풍요한 결실을 거두기를 송편이란 상징물을 통해 기원하는 마음에서 이 같은 속신이 탄생하고 풍속화 됐다고 볼 수 있다.

이상에서 살필 수 있듯, 송편은 정월 초나흘 날부터 7월 복날까지 풍년을 기원하는 의례의 음식으로 사용됐으며, 그 형태가 반달과 온달 2가지로 나타나듯 달을 상징하고 있다. 따라서 달의 형상을 본떠 풍년을 기원하는 풍속은 송편이 추석의 대표 음식으로 발달하는 주요한 배경이 됐다고 할 수 있다.

---

171 「총괄편 세시풍속」 p.402. -"송편 속에 바늘이나 솔잎을 가로 넣고 찐 다음 한쪽을 깨물어서 바늘의 귀쪽이나 솔잎의 붙은 곳을 깨물면 딸을 낳고 바늘의 뾰족한 곳이나 솔잎의 끝 쪽을 깨물면 아들을 낳는다." 충남 당진과, 익산시에도 같은 속신이 있다.
172 『충청남도 세시풍속』, 서천 기산, p.462. -"송편은 여자의 성기 모양과 같기 때문에 추석차례음식에는 대신 시루떡을 사용한다."
173 『전라북도 세시풍속』, 진안 부귀, p.632.

5. 동지의 팥죽

가. 작은설 전통

설날의 떡국과 동지의 팥죽은 새해 기념의 의례물이고 이를 먹음으로써 한 살 더 든다는 절식의 목적과 인식은 물론, 태양을 본뜬 둥근 모양이라는 형태면에서도 닮아있다. 이는 동지의 팥죽과 설날 떡국의 발달 배경이 유사함을 의미하며, 두 명절이 공통적으로 새해 기념이라는 인식을 갖는데서 비롯됐다고 할 수 있다.

동지가 고대 시기 새해의 기념일과 관련됨은 앞서 살펴봤듯, 경남 통영 산양, 전남 영암 덕진과 군서를 비롯한 다수의 지역에서 동지를 '작은설'이라고 칭하는 데서 살필 수 있다.

동지가 새해와 관련됨은 먼저 동지가 기념되는 시기가 양력 12월 22일 무렵으로 절기상 일 년 중 밤이 가장 길고 낮이 가장 짧은 날이라는 데서 뒷받침된다. 이는 실제 태양의 운행에 의한 자연력의 새해 첫날은 동지 다음날이 되기 때문이다. 이 같은 자연력을 역법에 채택한 나라는 중국의 주나라로 주나라는 동지가 든 음력 11월인 자월(子月)을 새해 첫 달로 삼았다.

주나라는 '기자조선'과 관련한 논의는 차치하더라도 한민족의 고대 문화와 연관된 부분이 적지 않다고 할 수 있다. 따라서 문헌 기록을 통해 살필 수는 없지만 '고조선'은 아마도 동짓달을 세수로 하는 역법을 사용했을 가능성이 높다고 여겨진다.[174] 동짓달 세수 기념은 이후 기원전 104년 중국 한나라 무제 시기에 이르러 음력 1월을 새해 첫 달로 하는 '태초력'이 제정되면서[175] 변경됐고, 이후 세수에 관한 역법의 변경이 있었지만 이후 새해는 대부분 1월로 고정됐다.[176] 한국 역시 국가와 시대에 따라 역법의 변경이 있었고, 한 예로 695년에는 동지가 있는 음력 11월이 새해 첫 달이었으며,[177] 700년부터 인월(1월)이 새해 첫 달로 쓰였다.[178] 이를 고려하면 설날을 비롯한 고대 한민족의 명절 날짜가 부여된 것도 이때부터라고 할 수 있다. 따라서 동짓달 세수의 풍속은 기원전 10세기 무렵으로 거슬러 올라가는 오랜 역사성을 지닌다고 할 수 있으며, 이의 유습이 현재까지 이어져 '작은설' 인식과 동지팥죽의 한 살 더 풍속이 출현한다고 할 수 있다.

하지만 동지팥죽은 설날의 떡국과 달리 무속 신앙적 성격이 보다 강하다고 할 수 있다. 동지는 한 해 중 밤이 가장 긴 날로 고대인들을 이날 음의 기운이 가장 강하다고 여겼다. 이는 서구의 핼러윈 풍속과 닮아 있다. 다만 핼러윈은 겨울이 시작되는 시기라는 점에서 새해와 봄을 알리는 동지의 시기와는 차이를 보인다. 따라서 밤이 가장 길어 음의 기운이 강한 이날은 악한 잡귀들이 왕성하게 활동한다고 믿어 이를 막기 위한 의식이 필요했다. 어둠

174　3세기 중엽까지의 기록이 나타나는 『삼국지위지』「동이전」은 부여의 역법과 관련 '은나라 정월(12월-以殷正月祭天)'이라 기록해 부여가 한민족의 다른 고대국가와 다른 세수(역법)를 사용했음을 보여준다. 이는 기원전 한민족 관련 고대 국가들이 자신들의 토착적 역법과 함께 중국의 하, 은, 주 시대 역법 영향을 받았고, 특히 8조법금 등의 기록으로 미루어 주나라의 영향이 컸음을 살피게 한다.

175　장주근, 앞의 책, 2013, p.42.

176　이이화, 『이이화의 역사풍속 기행』, 서울: 역사비평사, 2000, p.109.

177　『삼국사기』 신라본기 효소왕 4년(695년). "以立子月爲正."

178　『삼국사기』 권8, 「신라본기」 8, 효소왕 9년(700년). "復以立寅月爲正."

인 음을 이길 수 있는 가장 효과적인 것은 태양이다. 하지만 태양은 동짓날에 이르러 가장 짧다. 따라서 태양의 역할을 하고 힘을 보태 줄 그 무엇이 필요했고, 이것이 붉은색의 태양 빛 국물에 태양을 형상화한 새알심을 넣은 동지팥죽이라고 할 수 있다. 이 죽을 먹음으로써 태양의 힘을 보충해 사악한 기운을 막고 한편으로 이 팥 국물을 사방에 뿌려 잡귀와 액을 물리칠 수 있기 때문이다.

동지팥죽은 벽사의 역할과 함께 태양의 부활을 축하하는 의례의 제물로도 쓰였다. 동지를 기점으로 점차 낮의 길이가 길어져 이를 죽은 태양이 부활하는 것으로 여겼기 때문이다.[179]

반면 설은 역법에 의한 새해 첫날로 양기가 충분한 태양처럼 건강하고 밝게 한 해를 보내려는 의미가 강하다고 할 수 있다. 따라서 벽사를 위한 붉은색 대신 희망과 밝음의 흰색이 절식의 색채로 활용된다. 흰색은 신앙적으로 신성을 의미하며, 특히 태양숭배가 문화의 핵심으로 자리 잡은 지역에서는 태양의 광명을 표상하는 절대 신성의 의미를 갖는다.[180] 이런 이유로 설날의 절식인 떡국은 팥죽과 달리 맑은 국물을 사용한다. 이는 대부분의 지역에서 설날 떡국의 맛을 내기 위해 닭이나, 굴, 소고기 등으로 떡국새미를 넣지만 일부 지역에서 국물의 탁함을 막기 위해 소금 간만을 해 떡을 끓이는데서 드러난다고 할 수 있다. 부여 은산에서는 설날 마른 떡국이라 하여 맹물에 간을 하고 달걀로 지단만 부쳐 올렸다.[181] 천안 수신에서는 닭을 삶아 그 국물

179   김용갑(2018b), 앞의 논문, p.283.
180   윤서석, 앞의 책, 2001, p.432.
181   『충청남도 세시풍속』, 부여 은산, p.421.

로 끓이지만 여의치 않을 경우 소금 간만을 해서 끓이기도 했다.[182]

동지의 팥죽은 이처럼 자연력의 새해를 기념하고자 하는 태양숭배와 관련되며, 이에 따른 작은설 인식과 풍속이 절식 발달의 주요한 배경이 됐다고 할 수 있다.

나. 질병 예방과 건강 음식의 풍속

앞서 살펴봤듯, 한민족이 동지에 팥죽을 쑤는 이유는 제액축귀와 함께 음기가 극에 달한 동짓날에 이를 끓여 먹어 음기에 의해 손상된 기운을 회복하는[183] 건강과 행운을 기원하는데 있다고 할 수 있다. 이 같은 팥죽의 쓰임새는 고대 시기부터의 풍속으로 이해된다. 『후한서』(권17)는 힘들고 피곤할 때 두죽을 먹고 기한(飢寒- 배고픔과 추위)을 해결했다고 기록하고 있다.[184] 또한 『목은집』은 팥죽[두탕- 豆湯]을 쒀 더위 철에 심장과 위 등의 내장 열기를 식히고 목과 눈, 코 등에 맑은 기운을 소통시킨다고 읊고 있다.[185] 또한 『동의보감』에는 팥죽이 약용죽으로 소개돼 있다. 이어 『동국세시기』와 『열양세시기』는 팥죽이 여름 복날의 좋은 음식이자, 전염병 등의 질병을 없애주는 음식이라고 기록하고 있다.[186]

이는 팥죽[두죽]이 중국 한나라 시기부터 배고픔과 추위를 해결하는 건

---

182 『충청남도 세시풍속』, 천안 수신, p.234.
183 최덕경(2005), 앞의 논문, p.192.
184 최덕경(2005), 앞의 논문, p.193.
185 『목은집』 권24, 팥죽. "小豆烹爲粥…淨掃三焦熱."
186 『동국세시기』 삼복. "三伏佳饌 煮亦小豆粥以爲食." ; 『열양세시기』 복날. "黃豆爲粥以禳癘."

강 음식으로 쓰였고, 여름에도 건강을 지키는 음식의 풍속이 있었음을 살피게 한다. 이 같은 음식을 통한 동지 무렵의 질병 예방 풍속은 일본에서도 나타난다. 일본 민간에서는 동지에 경단이나 떡을 먹고 재앙의 그침과 무병을 기원했다.[187] 따라서 동지팥죽의 건강 음식으로써 풍속은 고대 시기부터 있었으며, 후한 시기 동지의 절식 풍속으로 확대돼,[188] 중국과의 교류를 통해 유입된 후 한민족의 명절 풍속으로 자리 잡았다고 볼 수도 있다.

이 같은 건강과 질병 예방 음식으로써의 팥죽 풍속은 한민족의 동지팥죽 속신에서 분명하게 드러난다. 먼저, 팥죽을 뿌려 제액하고 축귀하는 의례 또한 결과적으로는 건강과 행운 기원이 그 목적이란 측면에서 이 풍속에 속한다고 할 수 있다.

다음으로 질병 예방 측면에서 충남 연기 서면은 팥죽을 먹어야 괴질을 예방할 수 있다고 여겼으며,[189] 예산 대술은 팥죽을 먹으면 부스럼이 나지 않고,[190] 홍성 서면에서는 동지에 팥죽을 먹으면 종기가 없어진다고 여겼다.[191] 경북 영천 대창에서는 팥죽을 먹으면 어지럼증이 없으며,[192] 북제주 한경과 남제주 대정에서는 팥죽을 먹으면 감기에 걸리지 않는다고 보았다. 또한 북제주 구자에서는 밭벼쌀로 새알심을 만들어 팥죽을 먹으면 잔병이 없고 건강하게 되며,[193] 제주 노형에서는 팥죽을 먹으면 질병이나 액을 방지한다고

187　최덕경(2005), 앞의 논문, p.218.
188　최덕경(2005), 앞의 논문, p.201.
189　『충청남도 세시풍속』, 연기 서면, p.521.
190　『충청남도 세시풍속』, 예산 대술, p.556.
191　『충청남도 세시풍속』, 홍성 서면, p.681.
192　『경상북도 세시풍속』, 영천 대창, p.354.
193　『제주도 세시풍속』, 북제주 구자, p.95.

믿었다.[194] 이밖에 함평 학교에서는 동지시에 팥죽을 먹으면 보약보다 낫다고 여겼으며,[195] 군위 효령에서는 팥죽은 약이 됐다.[196]

다음으로 행운 기원과 관련, 충남 금산 복수와 천안 직산은 동지팥죽이 굿보다 낫다고 여기며,[197] 강원 태백 상사미에서는 옛날부터 동지에 팥죽을 잘 끓여 먹으면 큰굿을 한 것보다 낫고 재수가 있다고 여겼다.[198] 전남 신안 비금에서는 백 가지 살을 제거하기 위해 나물 등과 팥죽을 조상께 올렸으며,[199] 충남 예산 삽교에서는 팥죽을 늙지 말라고 먹었다.[200]

이를 통해 팥죽이 동지 무렵의 질병 예방과 건강 기원음식으로 쓰임을 살필 수 있으며, 중국과 일본에도 이와 관련된 풍속이 있다는 점에서 고대부터 이어진 한·중·일의 동지 관련 풍속이라고 할 수 있다. 따라서 동지팥죽의 발달 배경에는 팥죽을 질병 예방과 건강 음식으로 여기는 약식(藥食)의 전통과 인식이 자리한다고 할 수 있다.

다. 나례(儺禮)의 영향

팥죽은 쌀과 팥의 영양과 함께 사악한 귀신을 물리치고 제액초복하는 성격을 담고 있다. 이 같은 동지 절식의 의미는 기원전 3세기 이전의 기록에서

---

194 『제주도 세시풍속』, 제주 노형, p.16.
195 『전라남도 세시풍속』, 함평 학교, p.821.
196 『경상북도 세시풍속』, 군위 효령, p.476.
197 『충청남도 세시풍속』, 금산 복수, p.310. ; 천안 직산, p.272.
198 『강원도 세시풍속』, 태백 상사미, p.230.
199 『전라남도 세시풍속』, 신안 비금, p.561.
200 『충청남도 세시풍속』, 예산 삽교, p.594.

살펴 수 있다. 「주례」를 비롯해 「여씨춘추」에는 설 전날에 북을 울려서 역신을 쫓는 것을 축사(逐邪) 또는 나(儺)라 한다는 기록이 나타난다.[201] 이는 19세기의 세시기에 나타나는 조선시대의 나례(儺禮) 풍속과 의례의 목적 및 행위에서 거의 유사하다. 『동국세시기』는 섣달그믐 전날부터 대궐에서 대포를 발사하고 불화살에 바라와 북을 치는 풍속이 있음을 소개하고 있으며, 이는 역귀를 쫓는 대나(大儺)의 옛 흔적이라고 기록하고 있다.[202] 이어 이 세시기는 이 같은 풍속을 중국의 경우 일반인들도 행하지만 한양에서는 대궐에서만 한다고 덧붙이고 있다. 이는 동지팥죽 의례와 섣달그믐의 나례 의식 간에 연관성이 있음을 살피게 한다.

먼저 팥죽 의례와 나례는 그 목적이 축귀라는 점에서 동일하다고 할 수 있다. 또한 두 의례는 표면상 시행시기가 동지와 섣달그믐으로 별개로 보이지만 이를 행하는 민중들이 받아들이는 관념적 시기는 일치한다고 할 수 있다. 동지는 여러 시대, 여러 기록에 등장하듯, 고대 시기 한 때 설날이었고, 이후 정월이 세수로 되면서 설날의 위치를 상실했지만 현재에 이르기까지 일부의 한국인들은 설날로 받아들이고 있기 때문이다. 동지를 작은설로 여기는 '아세(亞歲)'란 기록은 13세기 초의 문헌인 『동국이상국집』에 출현하는 것은 물론,[203] 이후 『동국세시기』, 그리고 현대의 『세시풍속』에도 '작은설'로 나타난다.[204] 따라서 나례와 팥죽 의례는 새해가 밝기 전 사악한 귀신과 액

---

201 나정순(2014), 「『시용향악보』 소재 〈성황반〉 〈나례가〉의 무불 습합적 성격과 연원」, 『대동문화연구』 제87집, p.227.
202 『동국세시기』 제석(섣달그믐) 풍속.
203 『동국이상국집』 제5권 고율시. "坐更冬至這廻幾 冬至曆故云 才得今春旋到明."
204 『경상북도 세시풍속』, 의성 점곡, p.772. ; 『경상남도 세시풍속』, 통영 산양, p.402 등.

운을 제거하기 위해 행해진 의례였다. 차이점이 있다면 나례는 악사까지 동원해 다수의 인원이 참여해 행해지는 반면, 팥죽 의례는 음식으로 개인 차원에서 진행된다는 점이다. 또한 중국에서는 나례를 일반 중국인까지 민간에서도 행하지만 한국(조선)에서는 대궐에서만 진행된다는 차이다. 동지의 팥죽 의례는 중국과 한국 모두에서 나타난다. 중국의 동지 세시음식은 혼돈 또는 탕원을 넣은 팥죽으로 한국의 새알심을 넣은 팥죽과 유사하다. 또한 팥죽 먹는 것을 첨세라 하며 상서롭지 못한 것을 물리치기 위해 문 등에 뿌리는 것을 '향모'라 한다.[205] 이를 통해 중국과 한국의 동지 세시음식 및 의례가 거의 같음을 살필 수 있다. 따라서 새해 시작과 관련한 동지와 정초의 벽사 의례 중 중국과 한국의 차이는 섣달그믐에 한국(조선)의 민간에서는 중국의 민간에서 행하는 나례 의례를 행하지 않는다는 점으로 모아진다. 이는 동짓날 행하는 팥죽 의례가 섣달그믐의 나례 의례까지 포함하기에 나타나지 않는다는 해석을 가능하게 한다고 할 수 있다. 중국에 비해 동짓날 팥죽 의례를 크고 의미 있게 기념하는 한민족의 입장에서는 동짓날을 작은설로 인식해 축귀 의례를 행했는데 얼마 지나지 않은 시점에 또다시 비슷한 의례를 행한다는 것은 중복이자 낭비란 인식과 함께 그 필요성을 느끼지 못했을 수도 있다. 특히 한국의 팥죽 의례는 경제력이 뒷받침되는 양반 등의 지배계층보다는 일반 민간층에 의해 주도적으로 행해졌기 때문이다. 이는 조선시대 후기 4대 절사에 동지가 포함되지 않고, 조정에서만 동지를 5대 절향으로 기념한다는 『동국세시기』의 기록에서 뒷받침된다. 또한 중국과 달리

---

205   신미경·정희정(2008), 앞의 논문, p.290.

한민족의 경우 사악한 기운을 물리치기 위해 방술 등을 사용하는 도교가 크게 성행하지 않은 것도 폭죽을 터트려 축귀를 행하는 나례의 민간 풍속화 여부의 차이점으로 작용했다고 할 수 있다.[206] 나례는 신앙적 측면에서 원시 신앙인 무속이 바탕이 되고 여기에 팔관회 등에서 살필 수 있는 불교의 습합,[207] 그리고 도교와의 상호 관계 속에서 탄생되고 발전한 의례이기 때문이다.

이상을 고려하면, 한민족이 동짓날 팥죽을 쒀 역신 등의 잡귀와 사악한 기운을 쫓아내는 팥죽 의례는 섣달그믐의 나례 의식까지를 겸하고 있는 것으로 이해할 수 있으며, 이는 동지팥죽의 배경에 고려시대 성행한 나례가 있음을 살피게 한다. 따라서 동지팥죽은 나례의 영향에 의해서도 발달했다고 할 수 있다.

---

206 중국에서는 다른 사상과의 융합 속에서 설을 원단이라 하여 악귀와 역질을 퇴치하는 도교적 주술이 베풀어졌다. 〈폭죽놀이〉는 악귀가 물러가도록 위협하는 주술적. 도교적 제의다. - 이화형(2015), 앞의 논문, p.332.
207 팔관회는 개인 구복과 치병을 위한 인도의 의례에서 출발해 중국과 한국을 거치면서 국가 차원의 의례로 발달했으며, 고려시대 불교를 통해 정치적 안정과 사회질서를 유지하려던 집권층의 의지와 불교계의 불교 확산이라는 이익이 서로 부합해 국가 차원에서 행해졌다. - 이광수(2002), 「삼국과 고려 불교 벽사 의례의 정치학」, 『역사와 경계』 43, p.19.

[표22] 절식 발달 배경의 인과 관계

분류		결과
자연/기후/지리	반도 및 동고서저의 지형	북쪽 및 산간은 만두, 평야지대 (쌀)떡 발달
	자포니카 쌀의 한반도 기후 적합성	떡 발달의 토대 역할
	뚜렷한 4계절	-사시제 의례 성행→ 추석 발달(송편) -여름(단오) 쑥떡, 가을(추석) 송편 발달 -쌀과 보리 2모작 가능→ 떡 발달 토대
정치/역사/제도	고대 시기 한민족 축제	명절 및 떡류 탄생의 토대 역할
	고대 중국과의 교류 및 영향	명절 의례 및 절식에 영향
	신라의 백제 병합	추석 명절의 탄생→ 송편 출현의 토대
	정월 역법의 수용	-정월 설의 시작→ 떡국 탄생의 토대 -동지의 축소
일반	수도작 문화의 한반도 유입	떡의 주재료 변화 잡곡→ 쌀 *멥쌀떡 발달의 토대 역할
	음력문화	달 숭배→ 송편의 모양에 영향
	양력문화	태양숭배→ 떡국, 팥죽 새알 형태에 영향
	농경문화	풍년 기원→ 송편 모양
	명절 풍속(설화) 유입	-동지팥죽의 수용 -설날 떡국의 탄생

문화	**작물**	콩과 팥의 기원지 한반도	팥죽, 송편 소, 떡 고물 발달에 영향 *떡 부재료 발달의 토대 역할
		자포니카 쌀의 가공적성	다양한 멥쌀떡(송편, 가래떡, 팥떡)의 발달
	음식	입식(낟알)선호	밥(메), 친떡(가래떡) 발달
		메성 선호 민족적 식감	-멥쌀 활용 절식의 발달 -메(밥)의 절식화 *찰성→ 팥죽 새알심 발달
		온식과 국물 선호	탕문화(떡국, 팥죽) 발달
		수저 사용	떡국, 팥죽 발달
	종교	민간신앙의 성행	-벽사, 제액초복→ 팥죽, 팥(시루)떡 발달 -민간신앙 의례의 토착화→ 시루떡 발달
		유불도의 유입	의례 발달→ 의례떡 발달
		유교 의례	-추석, 설날 차례 정착→ 송편, 가래떡 *떡의 필수 제물화
사회		농촌인구의 도시 이주	-명절의 확산→ 송편, 떡국의 전국 확산 -2대 명절화→ 단오(떡)의 쇠퇴
		매스미디어의 발달	송편, 만두, 떡국의 확산
		공휴일 확대	-추석 명절의 확대→ 송편의 확산 -단오의 쇠퇴→ 단오떡의 축소
경제		쌀의 자급 실현	명절 절식의 확산→ 떡국, 송편의 대중화
		산업화	경제력 향상→ 절식의 확산

V. 명절의 전망과 계승 방향성

1. 명절의 미래 전망

가. 의례

한국 명절의 대표 의례인 차례는 참례(參禮)에서 비롯됐다. 이 참례는 설날과 동지, 매월 초하루 및 보름에 사당에서 행했던 제사로 조선 후기, 민간에서 차례라는 이명(異名)으로 지칭됐으며, 16세기부터는 차례가 제사를 뜻하는 어휘로 정착됐다. 이어 조선 후기에 들어서는 명절 등의 속절(俗節)에 간소하게 지내는 제사의 의미로도 쓰였다.[1] 따라서 명절의 기념 의례인 차례는 유교의 제례 형식 중 하나라고 할 수 있다.

한민족의 제사 의례는 기록상 고대로까지 거슬러 올라간다. 하지만 이 시기의 제사는 왕실 등의 지배층이 시조나 자연신 등에 올리는 제사였다.[2] 일반 한국인이 부모 제사를 지낸 것은 『고려도경』과 『고려사』[3]의 기록으로 미뤄 14세기말 무렵 또는 이전으로 여겨진다. 이는 고려시대 제사를 규정한 시기가 유교의 도입 이후인 조선의 건국에 인접한 시기이며, 특히 『고려도경』

---

1 최배영(2017), 앞의 논문, pp.8~11.
2 『구당서』 고(舊) 려. "其俗多淫祀 事靈星神·日神·可汗神·箕子神."
3 고려시대에는 대부 이상은 증조, 6품 이하는 조부, 7품 이하에서 서인은 부모의 가묘와 제사로 규정됐다.(공양왕 2년(1390년)). -『고려사』 지 권17, 예5(禮 五). "判大夫以上祭三世, 六品以上祭二世, 七品以下至於庶人, 止祭父母. 並立家廟, 朔望必奠."

은 12세기 초 개경 주변의 가난한 사람들이 시신을 들판에 방치했다고 기록

해[4] 이들의 경우 제사를 지내지 않았을 가능성이 높기 때문이다. 따라서 일

반인의 조상제사는 고려 말에 이어 조선의 건국에 참여한 신진 사대부들이

주체가 돼 무속과 불교식 의례를 대체할 새로운 생활 의례로 『주자가례』의

의례를 채택할 무렵부터라고 할 수 있다.[5] 이어 15세기 말 반포된(1485년) 『경

국대전』((『禮典』 奉祀條)은 고려말의 제도를 큰 차이 없이 수용해 6품 이상의

관리는 3대까지, 7품 이하는 2대, 그리고 서인은 부모만을 제사 지내도록 했

다. 하지만 법령과 달리 아들, 딸 구별 없이 제사를 모시는 윤회봉사와 외손

봉사 등이 조선 중기(16세기)까지 지속된 점을 고려할 때,[6] 당시의 보편적인

제례 문화는 아닌 것으로 여겨진다. 『주자가례』의 4대 봉사(종손 중심)는 조

선 중기에 이르기까지 사대부가에서도 지켜지지 않다가 18세기가 되면서 서

민에게도 보편적으로 수용됐으며, 이 같은 의례의 확산은 19세기 조선의 자

칭 양반 인구가 80% 이상을 차지하는 사회 환경 속에서 조선의 일반적인 제

례문화가 됐다.[7]

이는 명절 차례가 제례라는 점과 19세기 무렵의 『열양세시기』와 『동국세

시기』 모두에서 추석의 차례 풍속이 나타나지 않은 점에 비춰 한국 명절의

차례 확산과 정착도 『주자가례』의 수용 후인[8] 조선 후기라고 할 수 있다.

이를 통해 한민족의 오랜 전통으로 여겨지는 4대봉사의 제례와 명절의 차

---

4 『고려도경』 잡속. "若貧人無葬具 則露置中野 不封不植."
5 『태종실록』 태종 6년 6월(1406년). "第六條論家廟事 …乞以來丁亥年十二月爲限."
6 권오영(2010), 앞의 논문, p.473. ; 이인숙(2006), 「『주자가례』와 조선 중기의 제례문화
　-결속과 배제의 정치학-」, 『정신문화연구』 제29권 제2호(통권103호), p.48.
7 이인숙(2006), 앞의 논문, p.41, p.46.
8 임영정, 앞의 책, 2002, p.154.

례문화 역사가 2백여 년 내외에 불과함을 보여주며, 이는 수천 년을 지닌 한 민족 문화의 극히 일부이자 한 시대를 풍미하는 종교적 풍속임을 살피게 한다. 따라서 고려시대의 무속과 불교 의례가 유교를 숭상한 조선에 이르러 유교적 의례로 대체됐듯, 현대에 이르러 제례의 한 종류인 차례가 과거에 비해 크게 약화되고 점차 소멸해가는 것은 명절 의례의 변화 측면에서 자연스러운 현상이라 할 수 있다.

명절 차례 또한 유교 의례 측면에서 제사라는 점을 고려할 때, 차례(제사)에는 유교의 기본적 이념과 가치를 실행하기 위한 특유의 질서가 담겨있다. 장자에 의해서 제사[9]가 주도돼야 한다는 '종법(宗法)'이 바로 그것으로, 이 종법은 유교의 혈연적 위계질서를 제도적으로 보증한다.[10] 친족 내부의 종가와 방계, 종손과 지손, 남성과 여성의 지위와 역할을 수직적 질서로 규정하고 항상 전자가 후자보다 앞서고 우월하다는 지위를 관습법의 형태로 부여해 사회적으로 공인받게 하는 역할을 하기 때문이다.[11] 유교의 이 같은 가치와 질서를 사회적 인간관계로 확대시킨 것이 바로 예(禮)로, 예는 사회 구성원들에게 수직적 지위와 역할을 구조화 한다. 이 같은 규범과 가치는 조선사회의 신분제와 남성 우위 등과 같은 불합리한 제도와 사상을 정당화하고 고착화시키는 이념과 논리로 작용했다. 따라서 성리학[사대부들]이 추구한 예의와 교화로 다스려지는 예교사회 건설이란 이상적 가치에도 불구하

---

9   강상순(2016), 앞의 논문, p.123. -"제사는 유교가 지향했던 예교사회, 종법적 가족주의를 정착시키고 재생산하는 데 매우 중요한 기능을 수행하는 의례였다."
10   박원재(2002), 「제례문화를 읽는 몇 가지 시선」, 『제사와 제례문화』, 안동: 한국국학진흥원, p.25.
11   박원재(2002), 앞의 논문, p.26.

고 부계와 적장자 중심의 종법적 친족주의[12]의 유교적 가치와 질서는 현대의 민주적 가치와 거리가 있다고 할 수 있다. 이는 부계와 모계의 동등한 위상, 가족과 사회 구성원의 자유와 평등, 행복 추구 및 개인의 능력을 중시하는 현대의 보편적 가치나 정서에 부합하기 어렵기 때문이다. 따라서 명절의 차례는 점진적으로 약화되고 소멸화에 접어들 것으로 전망된다.

다음으로 성줏상 차리기 등의 민간신앙 의례는 주로 동지와 단오에서 노인층에 의해서 행해지고, 추석과 설날의 경우 단독으로 행해지기보다는 대부분 차례와 동반해 출현한다. 따라서 민간신앙과 유교 의례의 쇠퇴 및 이를 기념하는 노인인구의 감소와 함께 이들 의례 역시 점차 소멸될 것으로 예상된다.

나. 절식

명절의 절식이 의례의 퇴색에도 불구하고 명절을 대표하고 유지시키며 상징물로써 역할을 하거나 일상의 별식으로 지속된다고 전망하는 근거는 동지의 팥죽에서 찾아진다. 동지는 유교적 차례 출현 빈도는 가장 낮은 반면, 절식의 출현 비율은 가장 높게 나타난다.[13] 팥죽의 높은 출현 빈도는 앞서 살폈듯, 팥죽이 약용과 식용은 물론 귀신을 쫓고 액을 제거해 행운과 건강을 가져오는 의례물로 쓰이는 등 그 쓰임새가 다양한 것에서 비롯된다. 절식이 이처럼 의례물로 직접 쓰이는 사례는 동지가 유일하며, 많은 한국인들

---

12   강상순(2016), 앞의 논문, p.102, p.125.
13   전체 471개 조사 지역 중 6곳을 제외한 465곳에서 동지팥죽이 출현했다.

은 동지를 맞아 차례 등과 같은 의례 없이 팥죽을 쑤고 이를 뿌리는 행위로써 동지를 기념한다. 이는 명절의 음식이 일단 한 집단이나 민족에 의해 절식으로 발달되면 해당 명절의 기념 의미와 역할이 쇠퇴 또는 소멸해도 생명력이 지속됨을 보여주는 사례라고 할 수 있다. 특히 동지팥죽처럼 새해 기념적 성격의 제물에 더해 영양음식, 행운과 건강 기원이라는 의미와 기능이 추가될 경우 이 절식은 해당 민족의 문화와 함께 오랜 생명력이 유지됨을 살피게 한다. 따라서 명절의 형식인 의례의 경우 종교와 사회, 문화적 여건 등에 의해 시대와 지역을 달리해 변하고 생략될 수 있지만 절식의 경우 음식이라는 문화적 보수성과 함께 해당 명절의 필요는 물론 집단 구성원들의 현실적 요구에 의해 탄생하고 의미가 부여됐다는 점에서 쉽게 변하거나 사멸하기 어렵다고 할 수 있다.

명절 절식의 지속 전망에 대한 또 다른 근거는 음식으로서 절식의 속성, 쌀 제분법 및 떡 가공법의 발달, 그리고 떡에 대한 한국인의 긍정적 인식 등에서도 찾아진다.

먼저 절식이 갖는 음식으로서의 보수성이다. 한 민족의 음식은 기후와 자연 환경, 재배 작물 및 해당 문화와 구성원의 식감(性)에 따라 오랜 세월에 걸쳐 취사선택되며 발달했다. 따라서 음식은 그 어떤 문화적 현상보다 변화가 더딘 보수성을 지닌다. 특히 명절을 대표하는 절식의 경우 이 같은 일반적 특성에 더해 절식을 마련함으로써 해당 명절 공동체 문화의 일원이 된다는 문화적 정체성과 소속감까지 부여하는 특성을 지닌다. 이는 한국 설날의 대표 절식이 떡국이지만 일부 지역에서는 떡국과 함께 밥(메)을 같이 올리거나,[14] 떡국에 만두를 넣어 함께 끓이고 팥죽에 새알심 외에 쌀을 넣는 것에서 나타나듯, 해당 문화권의 고유한 전통성을 고수하는 가운데 새로운 문화적 요소(음식)를 수용하는 완고함에서 살필 수 있다.

다음으로 명절의 보편적 절식인 떡은 1970년대 이전 많은 시간과 노동력, 그리고 경제력이 뒷받침돼야 만들 수 있는 고급 음식이었다. 이는 한국의 다수 지역에서 경제적 이유로 떡을 빚지 못했고[15] 조선시대에도 떡 가게에서 떡을 판매한 것에서 뒷받침된다.[16] 하지만 현대에 들어 떡 제조업체는 빵을 만드는 가게보다 더 많다. 통계청 자료에 의하면 2006년 국내 떡류 식품 제조업체의 수는 96년 무렵에 비해 3.3배 증가해 같은 기간 2.5배 감소한 제과점과 대조됐다.[17] 이와 함께 쌀가루를 만드는 제분법의 발달은 떡이 기본적으로 쌀이나 가루를 덩이지게 해 끈적끈적함이 하나의 특징이라는 개념마저도 바꾸며 떡의 발달을 이끌고 있다. 쌀가루는 밀가루와 달리 가루를 물에 반죽해 원하는 모양을 만들기가 쉽지 않다는 특성이 있다. 즉, 가공적성이 떨어진다는 것이다. 이는 곡물이 서로 엉겨 형태를 만들도록 해 주는 '글루텐' 성분이 없거나 부족한데서 기인한 것으로, 식품가공과 쌀 제분법 분야에서는 그간 이 문제의 해결에 주력했다. 그 결과 현재는 밀가루와 같은 가공적성을 지닌 쌀가루의 생산이 가능해졌다. 이 제분법은 쌀알을 물에 담그

---

14 전남 곡성 석곡(『전라남도 세시풍속』, p.333.) 등에서는 설날 차례에 떡국과 메를 함께
    올린다.
15 『제주도 세시풍속』, 남제주 대정, p.57. - "설에 형편이 좋으면 떡을 한다."
16 고려 가요 〈쌍화점〉을 비롯, 『동국세시기』에는 떡을 파는 가게가 등장한다.
17 김옥희(2008), 「우리나라 떡 산업의 현황과 전망」, 『동아시아식생활학회
    학술발표대회논문집』, pp.49~50.

고 낟알 상태로 저온 건조하는 방식으로 만들어지며,[18] 이에 따른 쌀가루는 밀가루로 서양의 베이커리 제품을 만들 듯, 떡을 구울 수 있을 뿐만 아니라, 제조 시간, 위생 문제, 그리고 필요한 소량만을 만들 수 있다는 장점을 지닌다.[19] 현대 제분법의 발달에 의해 만들어지는 이들 떡 중 오븐에 구워서 가공되는 떡은 '구운떡[자고병(炙烤餠)]'으로 명명됐다.[20] 이 같은 제분법의 발달은 멥쌀떡이 주류를 이루는 한국 명절 절식과 떡 발달에 크게 기여할 것으로 전망되고 있다. 새 제분법에 의해 제조된 떡의 경우 기름과 설탕을 덜 넣고도 서양의 케이크와 같은 질감과 맛, 그리고 모양을 낼 수 있으며 소비자들이 선호하는 저칼로리의 식품이기 때문이다.[21] 또한 쌀에는 소화 장애를 일으키는 알레르기 유발 물질인 글루텐이 없어 밀 알레르기인 셀리악병을 유발하지 않으며,[22] 이런 이유로 이들 병의 치료식으로까지 활용이 가능하다. 따라서 새로운 제분법에 의한 쌀가루로 서양의 베이커리와 같은 떡이 대중화될 경우 한국 떡의 세계 음식화도 충분히 가능한 것으로 전망되고 있다.

이밖에 떡에 대한 인식이 긍정적으로 바뀌었다는 점도 절식 발달의 가능

18 Song Ji-Young, Malshick Shin(2007), 「Effects of soaking and particle sizes on the properties of rice flour and gluten-free rice bread」, 『Food Science and Biotechnology』16(5) 참조

19 신말식(2010), 앞의 논문, p.24. ; 새 제분법으로 만들어지는 쌀가루는 떡 외에 한과와 제면까지 가능하다. -신말식·강동오·송지영(2010), 앞의 논문, pp.951~956. ; 김지명·노준희·신말식(2018), 앞의 논문, pp.375~383.

20 김용갑(2017a), 앞의 논문, p.52.

21 문세훈. 신말식(2018), 「Annealing 처리가 가교결함 옥수수전분의 저항전분 수율에 미치는 영향」, 『한국식품과학회지』34-3, p.431.

22 김은성. 신말식. 김지명(2013), 「광주·전남지역 초등학교급식에서 쌀가루와 쌀가공제품 이용현황 및 영양(교)사의 인지도」, 『한국식품조리과학회지』29(6), p.821. - "급식대상학교 중 광주 44개교(53.0%), 전남 59개교(62.1%)에 식품알레르기 유병학생이 있었다."

성을 높게 한다. 이는 떡이 일상생활에서 다양한 용도로 즐겨먹을 수 있는 맛있는 음식이며, 의례행사에 꼭 필요한 식품이자, 한국인의 정서에 맞고 한국 문화의 상징적 의미를 담고 있다는 인식에서 비롯되고 있다.[23]

다. 명절별 전망

이상을 통해 한국의 명절별 미래 전망은 다음과 같이 예측된다고 할 수 있다. 먼저 단오와 동지의 의례는 전통 명절을 기념하는 농촌의 노인인구 소멸과 함께 조만간 사라지며, 설날과 추석 의례는 당분간 지속되지만 앞으로 급격히 쇠퇴해 소멸화에 접어들 것으로 전망된다.

다음으로 설날 절식인 떡국의 경우 새해 기념 음식이라는 상징성과 함께 새해를 밝고 깨끗하게 맞는다는 의미가 부여돼 있으며 한국인이 선호하는 습성 음식이라는 특성 등으로 지속된다고 할 수 있다. 특히 설날은 한국 4대 명절 중 추석과 함께 지속될 것으로 예상돼 떡국은 절식으로서의 지위도 유지하며, 일상의 음식으로도 크게 확대될 것으로 예상된다.

단오의 쑥떡은 이미 명절 의례가 소멸 단계에 접어들어 절식으로의 발전 가능성은 없다. 하지만 쑥떡은 문헌 기록상 그 역사가 1천년이 넘고 한민족이 흔히 빚어먹는 떡이다. 쑥떡의 이런 역사성과 보편성은 쑥이 나는 계절의 단오와 결합됐다고 할 수 있다. 따라서 쑥떡은 일상과 초여름을 대표하는 떡으로서 쑥의 영양, 푸른빛의 색상을 담아 더욱 발달될 것으로 전망된다.

---

23 이선임·홍장선·김명희(2017), 「전통 떡 상품개발을 위한 소비자 인식 및 디자인 컨셉연구-Q방법론을 중심으로」, 『커뮤니케이션디자인학연구』 61호, p.346.

추석 송편의 경우, 추석의 성격이 추수 감사나 천신보다는 '농공감사제'의 성격이 강한 것에서 나타나듯, 농업인구의 감소와 생산 경제의 환경이 바뀐 현대에서는 더욱 기념의 의미가 퇴색될 수밖에 없다. 그럼에도 추석은 이미 설날과 함께 현대 한민족의 2대 명절로 대중화됐다. 따라서 추석의 풍속이 당분간 지속되듯, 이의 대표 절식인 송편 또한 유지되고 발달될 것으로 전망된다. 특히 송편은 영양과 맛, 그리고 떡의 종류상 빚는 떡으로 고급이라는 점에서 한국을 대표하는 떡으로 쑥떡과 함께 더욱 발달된다고 할 수 있다.

다음으로 동지의 경우 의례보다는 절식 위주로 계승됐고, 현대에 들어 팥죽 뿌리기 등을 비롯한 민간신앙 의례도 거의 사라지고 있다.[24] 따라서 동지의 모든 의례는 조만간 자취를 감출 것으로 보인다. 하지만 팥죽은 정월 세수 채택 이후 동지의 설날 지위가 상실됐지만 대표 절식으로 지속돼왔다. 이는 팥죽이 동지의 기념 여부와 상관없이 절식으로서 지속된다는 전망을 가능하게 한다.

따라서 한국 4대 명절의 기념은 설날과 추석의 2대 명절로 축소되지만 명절을 대표하는 상징 음식으로서의 절식은 단오를 제외하고는 지속된다고 할 수 있다. 이는 한국 전통문화를 대표하는 명절이 절식 위주로 계승됨을 의미한다.[25]

---

24 전남 무안 청계에서는 예전에 팥죽을 뿌렸으나 지금은 집안이 더러워진다고 뿌리지 않는다. -『전라남도 세시풍속』, 무안 청계, p.53.
25 명절의 전망성과 관련 세시민속놀이와 속신의 상관성도 상당할 것으로 보인다. 하지만 본 연구는 의례와 절식으로 범위를 한정했다.

2. 명절과 절식의 계승 방향성

한국 명절의 계승 방향은 명절 변화의 속성, 실제적 계승 가능성, 그리고 명절 기념 주체의 현실적 요구 측면에서 살필 수 있다.

먼저, 명절 변화의 속성 측면이다. 앞서 살폈듯 한국의 명절은 고려시대 9대 속절에서 조선시대 5대 절향으로 축소됐고 현대에 들어서는 추석과 설날만이 크게 기념되고 있다. 이는 명절이 종교와 사회제도, 생산 환경 등의 변화를 수용하며 끊임없이 바뀌고 그 종류가 후대로 갈수록 감소함을 보여준다. 정월을 세수로 하는 역법에 따라 동지의 설날 기념으로서의 명절 지위에 변동이 있었고 작물의 파종 시기와 불일치하는 단오는 점차 쇠퇴했다. 반면 추석은 쌀의 자급과 공휴일제도, 인구이동 등으로 농촌의 명절에서 한민족 전체의 명절로 발달했다. 따라서 명절의 변화 요인과 속성에 근거해 현대에 들어 2대 명절로 집약화 된 한국의 명절이 하나로 줄어든다면 그 방향성은 설이 아닌 농경과 밀접한 연관성을 맺고 있는 추석이라고 할 수 있다. 설날은 새해 기념이란 측면에서 보편성과 전통성을 지니며, 그 역사성에서도 추석에 앞서기 때문이다.

다음으로 실제적 계승 가능성 측면이다. 이는 현대의 명절 기념이 의례의 시행과 함께 절식의 마련으로 대표된다는 전제에서 과연 이 2가지 요소의 계승이 가능 하느냐의 문제다. 특히 추석과 설날의 대표적 의례는 차례이고 이는 유교적 의례란 점이 핵심이다. 차례는 그 형식의 번잡함과 준비에 장시간의 가사 노동이 요구되며, 부계(父系) 중심의 모계(母系) 소외와 서열 중시, 성적 불평등 등과 같은 현대의 보편적 정서나 가치와 조화되기 어려운 요소

들을 내포하고 있다. 즉, 주자가례에 입각한 제사[차례는 종법적 질서와 부
계의 조상만을 대상으로 하는 등 일정 부분에서는 시대에 맞지 않는다.[26] 따
라서 실제적 계승 가능성의 방향은 의례인 차례보다는 절식의 마련이라고
할 수 있다. 절식의 경우 해당 명절의 의미에 맞게 차려 먹는 음식임으로 명
절 기념에 대한 상징성을 담을 수 있고, 동지에서 나타나듯 차례 없이 절식
만으로 명절의 의미와 계승을 이뤄낼 수 있기 때문이다. 특히 한국 명절의 절
식 대다수를 차지하는 떡은 현대에 들어 쌀 제분법의 발달로 만들기와 구입
이 용이하다는 점에서 실제적 계승 가능성을 높게 한다.

다음은 명절 기념 주체의 현실적 요구 측면이다. 이는 실제적 계승 가능성
과 연결되는 부분으로 명절의 준비와 마무리가 한국 대부분의 집안에서 여
성들의 몫이라는 데서 비롯된다. 새해를 기념하고 초가을의 풍요에 감사하
는 명절은 즐거운 축제일이어야 한다. 하지만 현실적으로 한국의 명절 기념
은 축제의 성격과 거리가 멀다. 다수는 '민족의 대이동'이라는 장거리 여행
을 해야 하며, 명절을 직접 담당하는 대다수 여성들은 차례상을 차리고 음
식 장만과 대접, 치우기를 반복하며 장시간의 가사노동에 시달린다. 이처럼
여성에 집중된 명절의 부담과 스트레스는 명절 기피라는 현실적 문제와 함
께 명절 계승을 어렵게 하는 근본적인 요인이 되고 있다.[27]

명절 쇠기의 부담은 같은 유교식 의례를 행하지만 제수 장만이 덜한 제

---

26   이유숙(2018), 「재일 교포 사회에서의 '제사'의 변용과 계승문제 고찰-재일코리안
     여성들의 이야기를 통해-」, 『원불교사상과 종교문화』 77, p.347.
27   이 같은 문제는 명절 연휴에 해외여행을 나가는 인구가 갈수록 증가하고 '명절을
     없애자'는 국민청원까지 등장하는 것 등에서 뒷받침된다. -'부부갈등 유발·이혼율
     상승, "추석 없애 달라." 국민청원 줄이어', 마이데일리, 2018년9월22일자, -다음
     뉴스(https://news.v.daum.net/v/20180922195021948), 2018년10월18일 검색.

사 모시기에 대한 인식도 조사에서 살필 수 있다. 수도권지역에 거주하며 실제 기제사를 지내고 있는 주부들을 대상으로 한 설문 조사 결과 응답자의 77%(352명중 272명)가 본인의 사후 제사를 원하지 않았으며, 대다수는 제사를 지낸다면 의례 없이 고인이 생전에 드셨던 5가지 음식 정도가 적당하고 답했다.[28]

따라서 명절 쇠기의 문제점을 극복하면서 기념 주체의 현실적 요구를 수용할 수 있는 명절 기념의 방향성은 의례를 생략한 대표 절식의 마련이라고 할 수 있다. 즉, 명절에 떡국이나 송편만을 장만해 가족이 함께 모여 먹는 가족 재회의 시간과 같은 방식으로 명절 기념이 바뀌어야 한다는 것이다. 이는 미국의 '땡스기빙(Thanks Giving)'과 중국의 중추절 등에서 나타나는 기념 방식이며, 이 같은 기념 방식이어야만 한국 전통 문화인 명절의 계승이 가능하고, 종교적 의례에 대한 거부감과 장시간의 가사노동 및 스트레스, 그리고 경제적 부담을 최소화할 수 있기 때문이다.

---

28   유명숙(2018), 「주부의 제사스트레스와 실용적 제사탐색을 위한 연구」, 성균관대학교 석사논문, pp.79~83.

VI. 맺는말

한국 4대 명절의 지역별 절식과 의례 및 속신 그리고 이들 절식이 모여 형성된 한국 명절의 대표 절식이 무엇이고 이들의 발달 배경은 각각 어디에 있는지를 살펴봤다. 또한 과거에서 현재에 이른 한국의 명절이 앞으로 어떻게 변하고 계승 가능한 명절의 기념 방향성은 무엇인지를 전망해봤다. 이에 따라 본 연구에서는 현대 한국인이 갖는 명절에 대한 인식도, 명절의 역사성(전통성)을 비롯해 계절적, 지역적 분포나 대표성 등을 고려해 설날, 단오, 추석, 동지를 4대 명절로 설정했다. 또한 지역과 집안에 따라 설날 기념과 연속해 행해지는 섣달그믐을 설날에 포함해 연구를 진행했다.

본 연구는 명절을 기념하는 것은 의례의 시행과 함께 절식의 마련에 있고, 한국의 의례는 떡이 대표하며 모든 명절에서 떡 또는 떡과 관련된 음식이 절식으로 나타남에 따라 떡을 한국 명절의 대표 절식으로 보았다. 이에 따라 2000년 초 간행된 『세시풍속』(총10편) 등에 나타난 남한 지역 471개 조사 지역의 4대 명절별 의례와 이 명절들에 나타난 떡류(떡과 전) 절식을 조사했다. 이 조사서를 기초 자료로 활용한 것은 조사 내용 및 대상의 전국적 분포, 형식의 일관성 및 지역별 의례와 절식의 자료가 풍부하기 때문이다. 조사 결과 모든 조사 지역에서 설날에 차례를 지내는 것으로 나타났다. 또한 설날의 대표 절식은 떡국이고 떡으로는 시루떡의 출현 빈도가 높았다. 식사를 겸해 먹을 수 있는 주식류 절식 중 떡국만 출현한 지역이 207곳이었으며, 밥(메)이 출현한 곳은 57곳, 떡국+만두가 출현한 지역은 27곳이었다. 설날 주식류 절식이 나타나지 않은 지역은 50곳이었다. 이를 통해 한국인은 설날 떡국이나 밥(메), 또는 이들이 혼재된 주식류의 절식을 마련해 설을 기념함을 살필 수 있었다. 설날 출현한 떡은 39종류 이상으로 시루떡이 가장 많은 50개 지역에서 출현했고, 인절미와 찰떡은 각각 25개 지역과 24개 지역이었다.

본 연구에서 메를 주식류 절식에 포함한 것은 전통 사회에서 이 밥을 짓는 멥쌀은 일반 쌀에 비해 도정 정도가 우수한 쌀을 일컬었고 이런 밥은 제사 등과 같은 특별한 행사에 먹을 수 있는 음식이었다. 또한 대다수 한국인이 쌀밥을 주식으로 한 것은 1970년대 식량 자급 이후다. 따라서 현대에 들어 송편, 떡국 등은 명절 외에 일상의 음식으로 언제든 먹을 수 있지만 절식으로 규정되듯, 메도 비슷한 의미에서 그 명절을 기념해 올리는 만큼 절식에 포함했다.

그믐의 경우 94곳에서 기념 의례가 나타났으며, 지역별로는 강원도가 가장 많은 35곳으로 조사 대상 절반 이상이 그믐 의례를 행했다. 이어 전남이 24개 지역, 경남 12개 지역 순이었다. 그믐의 대표 절식은 메(밥- 24곳)와 떡국(19곳), 만둣국 또는 만두의 혼재 순이었다.(사실상 혼재가 가장 많음.)

다음으로 단오는 74개 지역에서 기념 의례가 나타났으며, 기념 빈도가 가장 높은 지역은 제주로 전체 12곳 중 9개 지역(75%)에서 단오를 기념했으며, 이어 강원 15곳, 경북 12곳, 전남 등의 순이었다. 단오의 대표 절식은 쑥떡으로 모두 90회 출현해 10개 중 2개가 쑥떡인 것으로 나타났다. 이어 취떡류가 45회, 찔레꽃떡류가 17회였다. 쑥떡이 가장 많이 출연한 지역은 충북, 경남과 경북이었으며, 찔레꽃떡류는 전남이었다.

다음으로 추석은 전체 471곳 중 8곳을 제외한 463개(98%) 지역에서 기념됐다. 추석의 절식은 압도적으로 송편이었으며, 모두 386곳에서 출현해 10곳 중 8곳 이상이 송편을 빚어 추석을 기념했다. 출현 빈도가 가장 높은 지역은 충북으로 94%의 출현 비율을 나타냈으며, 이어 충남과 강원이 93%, 전남은 91%, 그리고 경남이 육지 지역 중에서는 가장 낮은 61%를 보였다. 제주에서는 송편이 출현하지 않았다. 송편 다음으로 많이 출현한 떡은 시루떡으로 30개 지역에서 빚어졌다. 이상의 단오와 추석의 지역별 명절 의례 및 절식 출현 빈도는 한국 명절을 추석과 단오권으로 나누는 것이 큰 의미가 없음을 보여준다.

다음으로 동지는 유교식의 의례가 출현한 곳은 33개 지역에 지나지 않았지만 196개 지역에서 성줏상 차리기 등의 민간신앙 의례가 행해졌다. 또한 286곳에서는 음력으로 환산해 11월 초순 등에 동지가 위치할 경우 애동지로 구분해 팥죽을 쑤지 않는 '무(無)팥죽'으로 동지를 기념하거나, 팥죽의 대체 절식으로 팥이 들어가는 떡을 주로 만들어 기념했다. 이들 '동지떡'은 115곳에서 출현했다. 따라서 동지의 절식은 팥죽과 함께 '동지떡'이라 할 수 있다. 동지에 팥죽이 출현한 지역은 모두 465개 지역으로 99%의 출현 비율을 나타냈다. 경기와 전북, 제주를 제외한 6개 지역에서는 100%의 출현 비율을 보였다. 애동지에 빚어지는 떡의 명칭은 구체적으로 드러나지 않은 경우가 80개 지역에 달해 상세한 분석은 불가능했다. 명칭이 나타난 떡 중 출현 빈도가 높은 떡은 시루떡으로 12회의 출현을 보였고, 팥시루떡이 11회, 팥떡이 8회였다. 이처럼 팥과 연관성이 있는 떡이 대다수를 차지하고 동지 의례가 벽사이며, 팥을 재료로 한 팥죽이 동지의 절식인 것으로 보아 '떡'이란 명칭으로 출현하는 대다수의 동지떡은 팥과 관련된 떡일 것으로 여겨진다.

애동지에 팥죽이 나타나지 않는 지역은 충북과 충남이 각각 29곳(88%)과 34곳(80%)으로 가장 높았으며, 이어 경남과 제주를 제외한 경기, 강원, 전남, 전북, 경북 지역에서 50~60%대의 출현 비율을 보였다. 이는 충청도와 전북, 강원, 경기, 경북 등의 중부지방이 애동지 기념권임을 살피게 한다.

다음으로 동지 기념 의례 방식 중 유교식 의례의 출현 빈도가 가장 높은 지역은 강원도로 18곳에서 차례와 제사 등의 의례가 나타났으며, 민간신앙 의례는 경남이 48개 지역으로 73%의 출현 빈도를 보였다. 이어 충남이 22곳으로 49%, 충북이 16곳(48%), 경북이 33개 지역(46%), 전남과 강원이 각각 23개 지역과 15곳이었다. 이는 전북을 비롯, 경상도와 충청도 지방의 동지 민간신앙 의례 출현 비율이 높음을 보여준다.

이상의 한국 4대 명절의 의례와 절식 출현을 통해, 절식의 마련에 의한 한국 명절의 기념 정도(비율)는 단오 〈 추석 〈 설날 〈 동지 순으로 높으며, 차례 등과 같은 의례의 시행 측면에서는 단오 〈 동지 〈 추석 〈 설날 순임을 살필 수 있다.

이처럼 동지의 절식 출현 빈도가 설과 추석보다 높게 나타나고 의외로 민간신앙[무속] 의례의 출현 빈도도 높은 것은 한국 명절 절식 발달의 핵심적 요인에서 비롯된 것으로 나타났다.

한국 명절은 그 시기도 다르고 출현 절식에서도 차이가 있지만 절식의 발달 배경에는 많은 공통적 요소가 존재했다. 한국 4대 명절 절식의 공통적 발달 배경은 무속[교] 중심의 민간신앙의 영향, 정월을 세수로 하는 역법의 수용, 떡을 의례의 대표 음식으로 하는 전통과 함께 수도작(水稻作)의 전래 및 메성과 찰성을 구분하는 민족적 식감, 팥의 다양한 활용성 및 자생지로서의 이점, 쌀의 자급과 대중매체의 확산, 그리고 도시화와 공휴일제도의 확산 등과 같은 사회 변화였다. 이중 무속은 한국인의 중요한 신앙(관)으로 실제적 존재를 확인할 수 없는 귀신을 두려워하고, 죽음의 세계를 인정하며, 세상의 불운과 불행, 병마 등이 귀신으로 인해 발생한다는 믿음과 의식구조가 이 신앙의 영역에 속한다고 할 수 있다. 이에 따라 일부의 한국인은 민간신앙 의례와 함께 유교식 차례에서 무속과 한국 고유의 신앙 대상인 성주신 등에게 별도의 음식을 올리며 동지에는 팥죽 뿌리기 등을 행하고 있는 것으로 나타났다. 또한 이의 영향으로 동지의 절식출현 빈도가 가장 높다고 할 수 있으며, 이는 팥죽을 제액축귀와 같은 민간신앙의 의례물로 여기는데서 비롯됐다고 할 수 있다.

명절 절식의 발달 배경과 관련해 특이할 사항은 팥의 기원지로서 한반도와 한민족의 민족적 식감 부분이다. 한국 명절의 절식을 대표하는 떡은 쌀 등을 주재료로 해 떡의 몸체를 만들고 멋과 맛 및 영양을 더하기 위해 고물이나 소를 사용하는데, 이 부재료의 대다수가 바로 팥이다. 팥 부재료의 발달은 한반도가 팥의 기원지로서 그만큼 오래전부터 팥 농사를 지었고 팥의 생산량이 풍부했으며, 여기에 팥이 지닌 민간신앙적 인식의 결과라고 할 수 있다. 따라서 팥의 한반도 자생과 다양한 활용성은 한국의 떡 발달과 모든 명절 절식이 떡이거나 떡과 관련됐음을 고려할 때 명절 절식 발달의 핵심적인 배경이라고 할 수 있다. 이와 함께 한민족의 민족적 식감은 설날의 가래떡, 추석의 송편에서 나타나듯, 한국 명절떡의 대다수가 멥쌀을 재료로 하는 점과 관계된다. 이는 한민족의 식감이 찰성보다는 메성을 선호하며, 그 배경은 고대 시기 북방계의 한민족이 이 식감을 선호한데 따른 영향이라고 할 수 있다. 따라서 메성 선호의 식감은 찹쌀보다는 멥쌀의 재배를 가져왔고 수확량이 앞선 멥쌀은 또 떡 재료로 더 많이 활용되는 순환적 상호작용이 이어지고, 그 결과 명절떡의 멥쌀화가 나타났다고 할 수 있다.

명절과 이에 관련된 절식의 미래 전망은 한국 명절의 변화 요인과 변천상 및 명절 기념 주체의 현실적 요구, 그리고 제분법의 발달 등을 통해 고찰했다. 그 결과 단오는 농작물의 파종 시기와 명절의 기념 시기가 불일치했으며, 이는 명절의 쇠퇴와 함께 전국을 아우르는 대표 절식이 발달되지 못하는 핵심적 요인이 된 것으로 나타났다. 단오가 위치한 6월 초순은 한국 대부분의 지역에서 보리 베기와 모내기로 바쁜 농사철이며, 한민족이 고대 시기 이래 경작한 조, 기장, 콩, 벼, 보리 등의 5곡 경작 주기와도 맞지 않았다. 이로 인해 흔히 단오의 대표 절식으로 일컬어지는 '수리취떡'은 그 명칭과 출현 지역이 일부 지역에 국한됐으며, 출현 빈도와 재료적 측면 등에서 단오의 대표 절식 명칭을 '쑥떡'으로 바꿔야 하는 당위성으로 연결됐다.

다음으로 동지는 유교 의례인 차례가 행해지는 지역이 전국적으로 30곳에 불과한 것에서 나타나듯, 사실상 기념 의례 면에서 단오와 함께 명절이라 하기에는 곤란한 부분이 있다. 하지만 단오와 달리 동지는 민간신앙 의례가 200여 곳에서 행해지고, 특히 절식의 출현 빈도는 한국 명절 중 최고다. 이 같은 명절 절식의 높은 출현 비율은 앞서 살펴봤듯, 팥죽이 의례기념물로써 여전히 유효하기 때문이다. 즉, 동지는 작은설이라는 명칭에서도 나타나듯, 명절의 기원과 의미는 새해 기념일이었고 이후 정월이 세수가 되면서 새해기념일 자리를 설날에 넘겨줬지만 동지가 갖는 시기상의 의미와 신앙관 등으로 현재까지 기념되는 것으로 파악됐다. 동지는 한 해 중 밤이 가장 긴 날로 고대인들에게 이날은 음기가 강하고, 이에 따른 악귀와 불운의 기운이 넘쳐 난다고 믿어졌으며, 이를 극복하기 위해 팥죽을 끓이고 의례를 행했다고 할 수 있다. 따라서 설날의 기념 목적은 상실했어도 의례의 시행은 필요했고, 그 핵심은 팥죽이었다고 할 수 있다.

이는 명절의 미래 전망 및 기념 방식의 방향성과 관련, 많은 시사점을 제 공했다. 단오에서 살필 수 있듯, 명절이 기념 의례의 목적과 맞지 않을 경우 쇠퇴하며, 동지에서 나타나듯 기념할 만한 의미가 있다면, 특히 절식이 영양 식과 함께 한국 전통의 음식으로 자리 잡았다면 명절은 의례 없이도 절식의 마련만을 통해서도 기념이 가능하고 계승됨을 살필 수 있기 때문이다.

이에 따라 한국의 명절은 설날과 추석만이 명절로서 유지될 것으로 전망 됐다. 이는 현재 한국의 4대 명절 중 설날의 경우 새해 기념은 언제든 유효 할 수 있는 명절의 목적이라는 점 때문이다. 또한 떡국 절식의 경우 새해를 밝고 깨끗하게 맞는다는 의미 부여와 함께 습성 음식이라는 특이성, 영양 및 전통성을 담고 있어 절식의 지위는 지속될 것으로 전망됐다.

다음으로 단오는 명절의 목적이 이미 쇠퇴해 조만간 명절에서 자취를 감 출 것으로 보인다. 하지만 쑥떡 절식은 푸른 쑥의 영양을 섭취한다는 점과 함께 색상 및 봄과 여름철을 대표하고 한국의 떡 중 1천년이 넘는 역사성을 지녔다는 점에서 단오와 무관하게 발달될 것으로 전망됐다.

추석의 경우, '농공감사제' 적 성격이 강하다. 따라서 생산 경제 환경의 변 화 등으로 기념 의례는 약화될 수밖에 없다. 그럼에도 현대의 2대 명절로 자 리 잡은 것에서 나타나듯, 명절의 강한 전통성과 대중성 등으로 인해 명절로서 유지된다고 할 수 있다. 송편은 맛과 영양, 그리고 고급 떡이란 측면과 함께 한국을 대표하는 떡이라는 점에서 쑥떡과 마찬가지로 더욱 발달될 것으로 전망됐다.

다음으로 동지와 팥죽은 민간신앙의 쇠퇴로 의례는 조만간 자취를 감추지만 절식인 팥죽은 팥이 지닌 영양과 죽이라는 특이성, '동지팥죽'이라는 관용어가 존재할 만큼의 오랜 전통성, 그리고 한국인의 무의식적 세계에 자리 잡은 무속적 신앙관 등의 영향으로 유지되고 계승될 것으로 예측됐다.

이 같은 전망성과 함께 한국의 떡 가공과 제분 기술의 발달도 명절 절식의 전망성을 밝게 했다. 현재 밀가루를 100% 대체할 수 있는 가공적성을 지닌 쌀가루가 개발됐고, 새로운 제분법에 의한 쌀가루로 거의 모든 떡 종류를 가정에서도 직접 쉽고 간편하게 만들 수 있기 때문이다. 이 쌀가루는 전통적인 떡과 한과는 물론 제빵, 제과 및 제면이 가능하고 특히 서양의 빵 및 케이크와 같은 맛과 형태, 질감을 지닌 떡의 제조를 가능하게 한다. 따라서 쌀에는 셀리악병을 유발하는 밀 알레르기 물질이 없다는 장점과 함께 이 같은 쌀가루 및 떡 가공법의 발달은 떡과 쌀 식품의 세계화 가능성은 물론, 가래떡 및 송편 등과 같은 한국 명절 절식의 발달과 지속을 높게 한다고 할 수 있다.

따라서 한국 명절 기념의 미래 방향성은 의례를 생략한 대표 절식의 마련임을 살필 수 있었다. 명절에 떡국이나 송편 등만을 장만하고 가족이 함께 모여 재회의 시간을 갖는 방식으로 명절의 기념이 고려돼야 하며, 이는 차례와 같은 명절 의례가 갖는 봉건적 가치 등과 정서에 대한 거부감을 극복하고 명절 기념의 주체인 여성들의 과도한 가사노동과 명절 스트레스, 그리고 경제적 부담 등을 해소할 수 있는 현실적 방안이 되기 때문이다.

본 연구는 이밖에 한국 명절의 대표 의례인 차례를 기념 방식과 기념 시간, 음식의 진설 등을 기준으로 정월 초하루형, 교체형 등으로 세분해 제시했다. 또한 단오의 대표 절식 명칭이 '쑥떡'으로 바뀌어야 하며, 그 이유로 수리취가 한반도 중남부 대부분의 지역에서 채취할 수 없는 고산지대의 식물이자 명칭 또한 '단옷날의 푸른 쑥'을 의미하는 '술의취애'의 와전에서 비롯됐음을 밝혔다.

본 연구는 이와 함께 비록 한국 명절의 기원과 의례 및 절식, 풍속 등의 상당부분이 중국 문화와 관계되지만 한국 식문화는 멥쌀로 만든 떡과 함께 면 종류가 아닌 밥을 발달시킨 것에서 나타나듯, 중국과 다른 한민족만의 독자적인 명절 절식과 풍속을 발달시켰음을 제시했다. 이는 한국의 전통문화가 중국과 구별되는 별개의 문화를 간직하고 있음을 분명하게 보여주는 근거라고 할 수 있다. 특히 대표 절식인 떡은 한국 식문화의 또 다른 대표 상징물인 김치가 지닌, 4백년 고추 역사의 한계를 극복해주며, 기록상만으로도 2천년이 넘는 한국 문화의 장구함을 살피게 한다. 이는 떡이 한국 식문화의 역사이자, 한국 문화는 떡이 대표한다는 명제 설정을 가능하게 한다고 할 수 있다.

이 상의 본 연구가 지니는 의의는 처음으로 한국의 지역별 명절 의례와 절식의 출현 빈도를 전체적으로 살폈다는데 있을 것이다. 또한 농업 및 식품 가공과 같은 자연과학 분야와의 융합적인 연구를 통해 한국 4대 명절의 절식 발달 배경을 규명하고 절식과 의례가 중심인 한국 명절의 미래와 방향성을 제시한 점이다.

본 연구를 계기로 한국 명절의 대표 절식이 식품가공과 조리 영역을 넘어 인문학적 주제로 활발히 연구되고, 그 과정에서 유관 및 인접 학문과의 통섭과 융합이 활성화되길 기대한다. 또한 이 같은 연구 결과를 통해 절식을 만들고 탄생시킨 한민족과 한국 문화에 대한 이해의 폭이 넓어지고 다문화와 세계화 시대, 한국 문화의 정체성을 유지하고 발전시키는 계기가 되었으면 한다. 아울러 명절의 부담을 최소화 할 수 있는 새로운 명절 기념 방식의 논의가 활성화되고 한국 고대 문화와 밀접한 관계를 맺고 있는 동아시아와 한국 전통 식문화에 대한 이해에 작은 도움이 되길 기대한다.

참고문헌

〈단행본〉

강인희, 『한국의식생활사』, 삼영사, 2000.

고대민족문화연구소, 『한국민속대관(제4권 세시풍속. 전승놀이)』, 1982.

구자옥·김창석오찬진·국용인·권오도·박광호·이상호, 『식물의 쓰임새 백과 下』, 자원식물연구회, 2015.

국립문화재연구소, 『강원도 세시풍속』, 서울: 국립문화재연구소, 2001.

———, 『경기도 세시풍속』, 서울: 국립문화재연구소, 2001.

———, 『경상남도 세시풍속』, 서울: 국립문화재연구소, 2002.

———, 『경상북도 세시풍속』, 서울: 국립문화재연구소, 2002.

———, 『전라남도 세시풍속』, 서울: 국립문화재연구소, 2003.

———, 『전라북도 세시풍속』, 서울: 국립문화재연구소, 2003.

———, 『제주도 세시풍속』, 서울: 국립문화재연구소, 2001.

———, 『충청남도 세시풍속』, 서울: 국립문화재연구소, 2002.

———, 『충청북도 세시풍속』, 서울: 국립문화재연구소, 2001.

———, 「총괄편 세시풍속」, 서울: 국립문화재연구소, 2006.

국립민속박물관, 『한국의 세시풍속 I-서울·경기·강원·충청도 편』, 1997.

———, 『한국의 세시풍속II-전북·전남·경북·경남·제주 편』, 1998.

———, 『중국대세시기 I』, 서울: 국립민속박물관, 2007.

———, 『중국대세시기II』, 서울: 국립민속박물관, 2006.

———, 『한국세시풍속자료집성』, 조선전기 문집편, 서울: 국립민속박물관, 2004.

─────, 『한국세시풍속자료집성』, 신문·잡지편(1876~1945), 서울: 국립민속박물관, 2003.

─────, 『한국세시풍속자료집성』, 삼국·고려시대편, 서울: 국립민속박물관, 2003.

김기덕 외, 『한국전통문화론』, 북코리아, 2011.

김내창, 『조선풍속사』, 사회과학출판사(평양), 한국문화사 영인, 1998.

김소중, 『중국소수민족』, 대전: 배제대학교 출판부, 2007.

김태곤 외, 『한국문화의 원본사고』, 서울: 민속원, 1997.

김택규, 『한국농경세시의 연구』, 영남대학교출판부, 1985.

농촌진흥청장(최한기 저), 『농정회요 I』, 수원: 농촌진흥청, 2005.

문화공보부 문화재관리국, 한국문화인류학회편, 『한국민속 종합조사 보고서(전남편)』, 서울: 삼화인쇄주식회사, 1969.

─────, 『한국민속 종합조사 보고서(전라북도편)』, 서울: 형설출판사, 1977.

─────, 『한국민속 종합조사 보고서(경상남도편)』, 서울: 형설출판사, 1977.

─────, 『한국민속 종합조사 보고서(경상북도편)』, 문화재관리국, 1974.

─────, 『한국민속 종합조사 보고서(제주도편)』, 서울: 형설출판사, 1974.

─────, 『한국민속 종합조사 보고서(충청남도편)』, 서울: 형설출판사, 1977.

─────, 『한국민속 종합조사 보고서(충청북도편)』, 서울: 형설출판사, 1977.

─────, 『한국민속 종합조사 보고서(강원편)』, 문화재관리국, 1977.

─────, 『한국민속 종합조사 보고서(경기도편)』, 서울: 형설출판사, 1987.

─────, 『한국민속 종합조사 보고서(서울편)』, 서울: 형설출판사, 1987.

박철호·박광근·장광진·최용순, 『잡곡의 과학과 문화』, 춘천: 강원대 출판부, 2008.

사단법인 평화문제연구소, 『조선향토대백과 18 민속편』, 서울: 사단법인 평화문제연구소, 2005.

샤오팡 지음, 김지연·박미경·전인경 번역, 『중국인의 전통생활 풍습』, 서울: 국립민속박물관, 2006.

세종대왕기념사업회, 『역주시경언해』, 세종대왕기념사업회, 2014.

선희창, 『조선풍속사(삼국-고려편)(개정판)』, 평양: 사회과학출판사, 2010.

성락춘·이철, 『인간과 식량』, 서울: 고려대학교출판부, 2007.

안승모, 『아시아 재배벼의 起源과 分化』, 학연문화사, 1999.

안완식, 『한국 토종작물자원 도감』, 서울: 도서출판 이유, 2009.

왕런샹 지음, 주영하 옮김, 『중국음식 문화사』, 서울: (주)민음사, 2010.

위안리(苑利) 지음, 최성은 옮김, 『도작문화로 본 한국문화의 기원과 발전』, 민속원, 2005.

윤광수·김연호, 『한국전통문화의 이해』, 서울: MJ미디어, 2003.

윤서석, 『우리나라 식생활 문화의 역사』, 서울: 신광출판사, 2001.

윤서석 외 8인, 『벼. 잡곡. 참깨 전파의 길』, 신광출판사, 2000.

이경애 외 6명, 『식품학』, 파워북, 2008.

이이화, 『이이화의 역사풍속 기행』, 서울: 역사비평사, 2000.

이정모, 『달력과 권력』, 서울: 부키, 2015.

이정석·이계한·오찬진, 『새로운 한국 수목대백과 도감(상)』, 서울: 학술정보센터, 2010.

임영정, 『한국의 전통문화』, 서울: 도서출판 아름다운세상, 2002.

임재해, 『한국 민속과 오늘의 문화』, 서울: 지식산업사, 2003.

장주근, 『장주근 저작집IV 세시풍속편』, 서울: 민속원, 2013.

장지연 지음·황재문 옮김, 『만물사물기원역사』, 서울: 한겨레출판(주), 2014.

장혜영, 『한국전통문화의 허울을 벗기다-한중문화 심층 해부』, 서울: 도서출판 어문학사, 2010.

정상진, 『우리민속과 전통문화』, 세종출판사, 2004.

주강현, 『우리 문화의 수수께끼』, 한겨레신문사, 1996.

주영하, 『음식인문학: 음식으로 본 한국의 역사와 문화』, 서울: 휴머니스트, 2011.

최남선, 『세시풍속 상식사전』, 온이퍼브, 2012.

최운식 외 5인, 『한국민속학개론』, 서울; 민속원, 2002.

최은희 외 4인, 『떡의 미학』, 서울; 백산출판사, 2008.

최인학 외, 『비교연구를 통한 한국민속과 동아시아』, 서울: 민속원, 2004.

최준식·윤지원·이춘자·허채옥·이강민·김윤정·송혜나·최준·양세욱, 『한국문화는 중국문화의 아류인가?』, 서울: 소나무, 2010.

최준식, 『무교-권력에 밀린 한국인의 근본신앙』, 서울: 도서출판 모시는 사람들, 2009.

하수민, 『명절의 탄생: 한국 명절의 역사와 휴일의 변동 연구』, 서울: 민속원, 2016.

허상녕, 『한국 정신문화의 3가지 DNA』, 서울: 도서출판 어드북스, 2012.

한국정신문화연구원, 『한국민족문화대백과 사전』 제12권, 서울: 웅진출판, 1994.

허문회 외, 『벼의 유전과 육종』, 서울대학교 출판부, 1986.

허탁운 지음, 이인호 옮김, 『중국문화사 상』, 천지인, 2013.

〈고문헌〉

『경도잡지(京都雜志)』.

『계산기정(薊山紀程)』 권5, 부록.

『고담일고(孤潭逸稿)』 권1, 시.

『고려도경(高麗圖經)』 권36, 해도삼.

『고려사(高麗史)』 권63, 「지」 권17, 「예」5. 권84, 「지」 권38.

『구당서(舊唐書)』, 「동이열전」, 백제, 신라.

『다례발기』.

『대동야승(大東野乘)』 해동잡록 4.

『도은집(陶隱集)』 제2권.

『동경잡기(東京雜記)』 권1.

『동국세시기(東國歲時記)』.

『동국이상국집(東國李相國集)』 전집 권16

『동문선(東文選)』 권5.

『동문유해(同文類解)』.

『동사록(東槎錄)』(황호 저), 중원.

『동의보감(東醫寶鑑)』.

『두시언해(杜詩諺解)』, 중간본.

『명물기략(名物紀略)』.

『목은고(牧隱藁)』 제6권, 10권.

『목은시고(牧隱詩藁)』 권5.

『방언집석(方言集釋)』.

『별차례등록』.

『사가시집(四佳詩集)』 제2권.

『사기(史記)』, 「조선열전」.

『삼국사기(三國史記)』권1, 「신라본기」 1. 권5, 「신라본기」 5. 권8.

『삼국유사(三國遺事)』권1. 권2, 「기이」 2, 「가락국기」.

『삼국지(三國志)』, 「위서」 30, 「동이전」.

『상변통고(常變通攷)』.

『성소부부고(惺所覆瓿藁)』.

『성호사설(星湖僿說)』4권, 「만물문」.

『성호전집(星湖全集)』권48, 제식(祭式), 참례조(參禮條).

『세종실록(世宗實錄)』.

『세시풍요(歲時風謠)』.

『송사(宋史)』권487, 열전246 고려.

『수서(隨書)』, 「동이열전」, 신라.

『승정원일기(承政院日記)』1565책.

『여유당전서(與猶堂全書)』.

『열양세시기(洌陽歲時記)』.

『오주연문장전산고(五洲衍文長箋散稿)』, 「인사편」. 「경사편5」.

『용재총화(傭齋叢話)』.

『운곡행록(耘谷行錄)』제2권, 제5권 시.

『운양집(雲養集)』, 1권.

『월사집(月沙集)』권57.

『월여농가(月餘農歌)』.

『일성록(日省錄)』.

『임원십육지(林園十六志)』.

『임하필기(林下筆記)』 제35권, 벽려신지.

『전당시(全唐詩)』 권354.

『절사제품(節祀祭品)』.

『주례(周禮)』.

『중추원조사자료 雜記 및 雜資料』 (基2).

『지산집(芝山集)』, 「가례고증」 1권.

『청장관전서(靑莊館全書)』 제1권.

『치평요람(治平要覽)』 제95권, 당.

『태종실록(太宗實錄)』 4권.

『택당집(澤堂集)』 속집 제4권.

『한계유고(韓溪遺稿)』, 「여범하」.

『해동역사(海東繹史)』 권28, 「풍속지」.

『해동죽지(海짜竹技)』.

『후한서(後漢書)』, 「동이열전」, 부여, 고구려.

〈농가월령가(農家月令歌)〉

〈논문〉

강상순(2016), 「조선사회의 유교적 변환과 그 이면: 귀신과 제사공동체」, 『역사민속학』
제50호.

권순형(2007), 「고려시대 여성의 여가 생활과 명절 풍속」, 『이화사학연구』 34집.

권오영(2010), 「조선조 사대부 제례의 원류와 실상」, 『민족문화논총』 46집.

권영국(1999), 「고려시대 농업생산력 연구사 검토」, 『사학연구』 59호.

김대현. 김미선(2018), 「호남유배인의 문헌자료와 문화콘텐츠」, 『한국시가문화연구』 41집.

김만태(2009), 「세시풍속의 기반 변화와 현대적 변용」, 『비교민속학』 38, 비교민속학회.

김명자(2008), 「세시풍속과 복식의 상관성」, 『한국의류학회 학술발표논문집』.

─────(1998), 『경북지역의 세시풍속』, 『한국의 세시풍속 II』, 국립민속박물관.

김상보(2007), 「통일신라시대의 식생활문화」, 『신라문화제학술발표논문집』 28.

김옥희(2008), 「우리나라 떡 산업의 현황과 전망」, 『동아시아식생활학회 학술발표대회 논문집』.

김용갑(2017a), 「한국 멥쌀떡 발달 배경」, 『아세아연구』 60권 4호, 고려대 아세아문제연구소.

─────(2017b), 「한국 방언 보전 방안 연구-무형문화재 지정 및 표준어 정책을 중심으로」, 『한국전통문화연구』 제20호.

─────(2017c), 「한국 멥쌀떡 발달 배경 연구」, 전남대학교 대학원 석사학위논문.

─────(2018a), 「추석 대표 음식으로서 송편의 발달 배경」, 『인문논총』 제75권 제2호, 서울대 인문학연구원.

─────(2018b), 「전남지역 명절의 절식 출현 빈도」, 『인문학연구』 제29집, 인천대 인문학연구소.

─────(2018c), 「단오의 대표 음식으로서 쑥떡의 발달 배경과 단오의 성격」, 『아세아 연구』 61권 3호, 고려대 아세아문제연구소.

김은성. 신말식. 김지명(2013), 「광주전남지역 초등학교급식에서 쌀가루와 쌀가공제품 이용현황 및 영양(교)사의 인지도」, 『한국식품조리과학회지』 29(6).

김인희(2014), 「적산 법화원의 8월 15일 명절연구」, 『동아시아고대학』 34집, 동아시아고대학회.

김정민, 「한국의 전통문화와 천문의 상관관계-설날의 기원과 천문학적 의미」, 『동아시아고대학』 38, 동아시아고대학회, 2015.

김지명·노준희·신말식(2018), 「글루텐프리 쌀생면의 제조 및 품질특성」, 『한국식품조리과학회지』 34(4).

김진곤(2010), 「법정 공휴일의 헌법적 의미와 입법형성의 한계」, 『공법연구』 제39집 제1호, 사단법인 한국공법학회.

김천중(1994), 「한국전통음식의 성격규명과 대표성에 관한 연구」, 『전통상학연구』 7집.

김천호(1991), 「일본 법륭사 성덕태자제사 공물을 통한 한국 고대식 추정연구」, 『한국식생활문화학회지』 6(2).

김태호(2008), 「신품종 벼 "IR667"(통일)과 한국 농학의 신기원」, 『한국과학사학회지』 30권 2호.

나경수(2018), 「대표적인 세시절식의 주술적 의미」, 『한국민속학』 67, 한국민속학회.

─────(2007), 「법성포 단오제의 난장으로서의 성격」, 『남도민속연구』 14권, 남도민속학회.

나경수 외(2011), 「여수시 삼산면 초도의 세시풍속」, 『남도민속연구』 22.

나정순(2014), 「『시용향악보』 소재 〈성황반〉 〈나례가〉의 무불 습합적 성격과 연원」, 『대동문화연구』 제87집.

리재선(2004), 「현 시기 조선에서 널리 장려되고 있는 민족명절과 민속놀이에 대하여」, 『역사민속학』.

문세훈. 신말식(2018), 「Annealing 처리가 가교결합 옥수수전분의 저항전분 수율에 미치는 영향」, 『한국식품과학회지』 34-3.

박경신(2004), 「韓半島 中部以南地方 土器 시루의 發展過程」, 『숭실사학』 17.

박원재(2002), 「제례문화를 읽는 몇 가지 시선」, 『제사와 제례문화』, 안동: 한국국학진흥원.

박진태(2008), 「한중 단오제의 비교연구」, 『비교민속학』 37, 비교민속학회.

박춘옥(2003), 「한국전통 떡의 고찰」, 『부산여자전문대학 논문집』 Vol.25.

박태식 외(2004), 「소로리(小魯里) 볍씨 발굴(發掘)로 살펴본 한국(韓國) 벼의 기원(起源)」, 『농업사연구』 3(2).

박혜숙(2007), 「한국의 전통색채와 그 의미에 관한 연구 -주요 명절의 상징 색채와 현대적 적용을 중심으로」, 『2007 봄 학술대회』, 한국색채디자인학회.

배영동(1991), 「한국문화의 원형을 찾아서 : (2) 우리의 수저」, 『한국논단』 Vol.26.

쉬이·리슈원·최두헌(2015), 「(번역)한국 고대 단오의 활동 내용과 특징」, 『한자 한문 연구』 10.

신말식(2017), 「미래 식량자원인 쌀 소비 방안에 대한 과학적 접근」, 『한국식품조리과학회지』 33(6).

─────(2010), 「미래의 녹색 식품산업을 주도할 쌀 가공산업의 활성화」, 『식품저장과가공산업』 9(1).

─────(2009), 「쌀의 고유특성과 가공식품 개발」, 『한국식품영양과학회 산업심포지엄발표집』.

신말식·강동오·송지영(2010), 「글루텐프리 쌀빵의 단백질과 트랜스글루타민나제의 효과」, 『Food Sci Biotechnol』 19(4).

신미경·정희정(2008), 「한·중·일 세시풍속과 세시음식에 대한 비교」, 『동아시아식생활학회지』 18권3호.

신중진(2012), 「『연경재전집(研經齋全集)』에 실린 稻(벼) 곡물명(穀物名)에 대한 어휘사적 연구」, 『동아시아문화연구』 52.

양옥다(2006), 「발해의 몇 가지 음식습관에 대하여」, 『한국고대사연구』.

염정삼(2009), 「점.복.(占卜)과제사(祭祀)에관한문자연구 -중국문화의종교적기원과그연속성에대하여」, 『서강인문논총』 제26집

오정(2015), 「중국 태양숭배 사상에 나타난 태양 상징 분석에 관한 연구」, 서울과학기술대 대학원 박사학위 논문.

원용문(2002), 「설날의 의미」, 『나라사랑』 103.

유소홍·양명모(2017), 「한·중 설날 세시풍속 비교 고찰」, 『한국엔터테인먼트산업학회논문지』 11(2).

유명숙(2018), 「주부의 제사스트레스와 실용적 제사탐색을 위한 연구」, 성균관대학교 석사논문.

이광수(2002), 「삼국과 고려 불교 벽사 의례의 정치학」, 『역사와 경계』 43.

이경애(2013), 「1600년대~ 1960년대 조리서에 수록된 잡채의 문헌고찰」, 『한국식품조리과학회지』 29-4.

이선임·홍장선·김명희(2017), 「전통 떡 상품개발을 위한 소비자 인식 및 디자인 컨셉연구-Q 방법론을 중심으로」, 『커뮤니케이션디자인학연구』 61호.

이소영, 한복려(2016), 「『삭망다례등록』에 기록된 궁중음식에 관한 분석적 고찰」, 『한국식생활문화학회지』 31(4).

이유숙(2018), 「재일 교포 사회에서의 '제사'의 변용과 계승문제 고찰-재일코리안 여성들의 이야기를 통해-」, 『원불교사상과 종교문화』 77.

이인숙(2006), 「『주자가례』와 조선 중기의 제례문화 -결속과 배제의 정치학-」, 『정신문화연구』 제29권 제2호(통권103호).

이창언(2017), 「경산자인단오제의 보전방안에 관한 연구」, 『민족문화논총』 제66집,

영남대민족문화연구소.

이철호·맹영선(1987), 「한국 떡에 관한 문헌적 고찰(A literature review on Korean rice-cakes)」, 『한국식생활문화학회지』 2(2).

이화형(2015), 「한중세시풍속의 융합성비교-정월명절을 중심으로」, 『동아시아고대학』 제40집, 동아시아고대학회.

이효지(1988), 「조선시대의 떡문화」, 『한국식품조리과학회지』 4(2).

임국이·김선효(1988), 「떡의 이용실태 및 시판제품에 대한 평가」, 『한국식생활문화학회』 3권 2호.

임영화(2018), 「강릉단오제와 중국단오절에 대한 비교연구-유네스코 등재 위주로」, 『Journal of China Studies』 제21권1호, 부산대학교 중국연구소.

장정룡(2007), 「세시풍속과 콘텐츠」, 『강원민속학』 21.

정미선(2009), 「동아시아 3국의 공통 식사도구의 전파·수용 및 변화에 대하여」, 『Journal of Oriental Culture&Design』 Vol.1(1).

정연식(2008), 「조선시대 이후 벼와 쌀의 상대적 가치와 용량」, 『역사와 현실』(69).

정의철·이상호(2015), 「방송의 선정적, 폭력적, 비윤리적 콘텐츠 이용에 관한 인식과 대안 연구 : 학부모와 청소년들의 인식과 제안을 중심으로」, 『한국소통학보』 제27호, 한국소통학회.

주영하(2012), 「초등학교 사회교과서와 아동도서에 나타난 명절음식의 서술내용 분석」, 『실천민속학 연구』 19.

채미하(2015), 「신라 오묘제일과 농경제일의 의미」, 『동양고전연구』 61집.

천선행(2015), 「청동기시대 조기설정 재고」, 『호남고고학보』 51.

최덕경(2005), 「조선의 동지팥죽과 그 사회성」, 『역사민속학』 20, 한국역사민속학회.

최배영(2017), 「조선시대 절사에 관한 연구」, 『차문화·산업학』 제35집.

최인학(2008), 「한·중·일 세시풍속의 비교연구를 위한 제언」, 『비교민속학』 37, 비교민속학회.

편집부 저(2013), 「종이신문 및 미디어 영향력 평가 조사」, 『리서치보고서』 7월호, 마크로밀엠브레인.

허성미·한재숙(1993), 「세시풍속 및 세시음식의 실태에 관한 조사연구」, 『동아시아식생활학회지』 3권2호.

Song Ji-Young, Malshick Shin(2007), 「Effects of soaking and particle sizes on the properties of rice flour and gluten-free rice bread」, 『Food Science and Biotechnology』 16(5)

부　　　록

I. 한국 떡의 정의와 종류

한국 명절의 대표절식은 설날 떡국의 가래떡, 단오의 쑥떡, 추석의 송편, 그리고 동지의 팥이 들어간 떡과 팥죽의 새알(옹심이)[1]에서 나타나듯, 떡이 대표한다. 떡에 대한 이해를 돕기 위해 떡의 정의와 기원 및 종류에 대해 소개한다. 이 부분은 본 연구자의 논문[2]에서 발췌하고 수정·보완했다.

1. 한국 떡의 정의

한민족의 전통떡은 곡물(대체로 쌀)을 씻은 후, 물에 담그는(불리는- 침지) 과정을 거쳐, 젖은 쌀을 절구 등으로 분쇄하거나[3] 시루에 쪄서 만들었으며, 종류에 따라 익반죽을 하거나 절구로 쳐 쫀득한 맛을 더하기도 했다.[4] 또한 쌀 이외에 쑥, 모싯잎, 콩, 팥 등의 다양한 식물과 곡물이 부재료로 활용돼 영양적 측면에서도 우수한 식품이자, 에너지 공급원 역할을 했다.

현대의 떡도 제분 방법과 취사도구에서 다소의 차이가 있을 뿐, 제조 과정상 전통과 큰 차이는 없다. 따라서 한국의 떡은 쌀 등의 곡물 낱알들을 으깨거나 가루로 해 덩이 등을 만든 다음, 찌거나 지지는 등의 가열 과정을 거쳐, 부재료를 더하거나 장식해 만든 음식이라고 정의할 수 있다.

그런데 이 같은 정의는 '떡이 곡물의 낱알들 또는 가루로 가공된 모든 음식'일 수 있다는 모호성을 담고 있다. 예컨대, 한국의 음식 문화에서는 분명한 떡이 아닌, 국수와 수제비, 빵 등도 곡물로 가공된 음식이기 때문이다. 또한 이 같은 모호성은 떡국의 떡과 팥죽의 새알, 그리고 수단의 건더기처럼 국물과 함께 있는 곡물 덩이는 떡인가, 아닌가의 물음에 직면하게 된다. 이 물음은 약밥과 주먹밥에도 적용된다. 이는 떡에 대한 보다 구체적인 정의와 구분의 필요성을 의미하며, 이에 따라 본 연구는 떡의 정의를 보다 분명히 하고, 곡물로 가공되는 다양한 한국 음식을 떡과 구분하기 위해 다음과 같은 떡에 대한 정의를 하고자 한다.

떡은 과자가 아닌, 떡의 일반적 개념 정의에 부합하고, 만드는 절차에 따라 다음의 5가지 유형에 속해야 한다.

1. 곡물의 낱알 또는 가루를 익혀 덩이를 이루되, 낱알의 형태가 거의 나타나지 않는 것.
2. 곡물의 낱알 또는 가루를 (익)반죽한 다음, 면발이 아닌 형태로 빚거나 만들어 익힌 것. (단, 밀가루를 주재료로 해 발효와 굽기 과정을 거친 것(빵, 케이크 류)과 서양의 파이나 쿠키는 제외.)
3. 곡물의 낱알 또는 가루를 익혀 덩이지게(반데기) 한 다음, 이를 면발이 아닌 모양으로 빚거나 만든 것.
4. 떡으로 완성된 다음, 다시(또는 어떤 모양을 갖춰) 타 음식의 재료로 활용된 것.
5. 만드는 과정에서 필요에 따라 소나 부재료의 추가, 장식 등이 더해진 것.

이 같은 규정에 따라 떡국과 떡볶이, 그리고 수단의 떡은 떡으로 완성된 다음, 타 음식의 재료가 되거나 국물이 추가됐으므로 떡으로 정의할 수 있다. 반면, 팥죽의 새알심과 수제비는 곡물 반데기로 빚어졌지만 떡으로 완성되기 이전, 즉 빚어진 곡물 덩이가 익혀지기 전에 다른 음식의 재료로 쓰였으므로 떡에 포함되지 않는 것으로 규정하고자 한다. 또한 주먹밥과 약밥은 곡물의 낱알들이 익혀져 덩이를 이뤘지만, 낱알 형태가 거의 원형으로 남아 있어 떡에 포함되지 않는다. 국수와 짜장면의 면발, 칼국수류는 곡물의 가루를 가공해 형태를 이뤘지만, 국수의 경우 완성된 형상이 떡과는 구분되는 음식이란 점에서, 그리고 칼국수는 떡으로 완성되기 이전, 타 음식의 재료로 활용되고 형상도 다르다는 점에서 떡에 포함되지 않는다. 구운 떡의 경우, 발효와 굽기 과정이 포함되고 형태가 빵 모양이지만 쌀가루가 100%란 점에서 떡으로 분류된다. 이밖에 전이나 부꾸미 등의 명칭이 더 일반적인 화전류는 곡물의 가루를 반죽하고 소를 넣거나 부재료를 추가해 최종적으로 지지는 방식으로 익혔다는 점에서 떡에 포함된다.

결론적으로 한국의 떡은 '곡물의 낱알이나 으깬 것(가루)을 찌거나, 굽거나, 지지고 삶는 등의 방식으로 익혀 면발이 아닌 형상으로 덩이지게 한 것, 또는 이 덩이에 치대기 등의 추가 공정과 부재료나 소가 더해진 음식 중 서양의 빵 등이 아닌 것이라고 할 수 있다.

2. 떡의 어원

떡이라는 명칭이 언제부터 사용됐는지는 불분명하지만, 16세기 후반 편
찬된『월인석보』[5]와『두시언해』초간본 등에 떡이란 단어가 등장한다. 이 시
기 떡은 '쩍'으로 표기됐다. 따라서 떡은 조선 초기 '쩍'에서 현재의 떡으로
변화했다(쩍〉떡)[6]. '쩍'의 어원은 현재까지 정확히 규명되고 있지 않지만, 방언
과 관련한 주장이 가장 설득력을 얻고 있다.

이북과 강원도의 일부 지역 방언에 떡을 의미하는 단어로 '시더기' 류가 있
다. 이 방언에 따라 떡(병- 餠)은 '시더기〉시덕〉쩍)떡'의 변화를 겪은 것으로
보인다.[7] 이는 떡을 의미하는 심마니들의 말(시더기, 시더구, 시더귀)과 일본어
'sitogi(달걀 모양으로 신전에 바침(大野 晉,『日本語以前』, 1991, p.136.))', 그리고 떡
또는 과자와 관련된 아이누어(sitoho- 좁쌀로 만든 떡) 등에서 나타난다.[8] 떡을
의미하는 한국 지역 방언[9]과 어두에 'ㅅ'음이 들어가는 방언[10]은 다음과 같다.

펜(경남, 전남), 편(경남), 핀(경북), 시더구(평북 강계, 자성, 후창), 시더기(강원 춘
천), 시덕(함남 풍산, 평북 후창)

이밖에 떡의 어원은『동언고략(東言攷略)』의 餠을 쩍이라 흠은 飥이니, 揚
子 방언에 餠을 탁(飥)이라 한다'는[11] 설명을 들어, 발음에서 그 어원이 제시되
기도 하며, '동사 '찌다'가 명사화되어 '찌기→떼기→떠기→떡'으로 변화한
것[12]으로 보기도 한다. 멥쌀떡은 이같은 떡의 어원에 멥쌀이 더해진 형태.

3. 한민족 떡의 기원

떡은 문헌 기록상 기원전 2세기 무렵에 만들어졌다.[13] 이후 중국 세시기 등의 문헌에는 명절에 떡 하는 풍속이 나타난다. 『당서』「이필전」을 비롯, 『제경세시기승』「2월」조와 『연경세시기』「태양」조에 2월 중화절이 당나라에서 시작됐으며, 태양신에 대한 제사와 함께 쌀로 떡을 만들어 먹는 풍속이 소개돼 있다.[14] 중국 중원의 이 같은 떡 하는 풍속은 남방에서 기원한 것으로 보인다. 중국 남방의 소수민족은 주요 명절날에 떡을 만들어 먹는 습속을 가지고 있으며, 제례에서 쌀로 담근 술과 쌀밥, 씻은 쌀, 그리고 떡을 제물로 올린다.[15] 이는 한국 명절 및 제례의 제물과 유사하며, 한국 떡의 기원이 중국 중원과 마찬가지로 중국 남방과 관련됨을 시사한다.

이는 한국을 비롯, 중국 남방, 필리핀, 그리고 태국은 떡을 만들 때 쌀을 물에 불린 다음, 가루로 가공하는 전통을 가지고 있으며,[16] 한국의 대표적 떡인 인절미의 찹쌀이 중국 남방은 물론, 동남아시아 찰성문화권의[17] 주요한 떡 재료라는 점과 함께 이 떡의 경우 쌀을 낱알째 익혀 메로 쳐서 만든다는 공통점 등에서 뒷받침되고 있다.

따라서 한국의 (쌀로 빚는) 떡은 중국 (동)남방의 수도작 문화가 기원전 10세기를 전후한 시기 한반도로 전파되는 과정에서 전해진 것으로 여겨진다. 한국 전통문화에는 떡 외에 중국 (동)남방과 연결될 수 있는 다양한 문화현상이 존재하기 때문이다. 젓갈 등의 음식과 함께 줄다리기, 마루, 저간란 건축양식 등이 그 예로, 한국의 대표적 농경 관련 세시놀이인 '줄다리기'는 남방에서 기원했으며, 연중 고온 다습하지 않은 한반도 중남부의 전통 한옥에 남방의 가옥처럼 마루가 있다는 점, 그리고 실내 구조물을 50cm 가량 땅 위로 올려 짓는 저간란(抵干欄) 건축양식이 이를 뒷받침 한다.[18]

떡은 인절미의 가공 방법에서 나타나듯, 처음 시작은 낱알들을 익혀 이를 뭉치게 하는 과정에서 비롯되고, 이어 가루 형태의 떡이 발생한 것으로 여겨진다. 즉, 단단한 낱알들을 으깨 먹기에 수월하게 하는 과정에서 가루로 만든 떡이 탄생한 것으로 보이기 때문이다. 따라서 가루 형태의 떡은 낱알의 외피가 단단한 밀과 보리가 전래된 뒤라고 할 수 있다. 쌀 전래 이전의 기장과 조는 작은 알갱이의 소립자 곡물로 굳이 잘게 으깰 필요가 없으며,[19] 쌀은 물에 수침하면 부드러워져 가루로 하기 쉽기 때문이다. 이는 맷돌과 같은 제분 도구가 밀과 보리의 기원지인 지중해 지역에서 유래했으며,[20] 기원전 1천년 이후 중국으로 전래된 데서도 드러난다.[21] 또한 곡물을 가루로 만들어 섭취하는 분식형(粉食型- 가루죽, 구운 것, 찐 것, 볶은 것) 지역이 아프리카와 인도 등 사바나 지대이고, 중국 동북부와 한반도 등은 입식형(粒食型- 밥, 죽)이 주된 섭취 방법이라는 것에서도 뒷받침된다.[22] 따라서 쌀이 주식인 동남아 지역의 쌀국수 등은 서역에서 전래된 맷돌과 분식형 섭취의 영향에 따른 것으로 이해되듯, 곡물을 가루 내 떡을 만드는 전통 또한 분식문화의 영향으로 보인다.

이에 따라 떡이 기원전 2세기 무렵 시작됐다고 하는 『오주연문장전산고』의 기록은 일견 설득력을 지니며, 중국 중원지방과 한반도 역시 남방으로부터 최소한 쌀로 떡 하는 문화가 전래된 것으로 여겨진다.

멥쌀떡의 경우, 발굴된 탄화미에 대한 찰성과 메성에 대한 유전자 검토가 보고되지 않아, 현재로서는 문헌자료를 통해 그 출현 시기를 추정할 수밖에 없다. 멥쌀을 의미하는 '갱(粳)'이라는 단어가 나타나는 문헌은 기원전 3세기 무렵 편찬된『주례』로, 이 문헌에는 '도(稻)는 멥쌀〔粳〕'[23]이라고 기록돼 있다. 한민족 관련 문헌으로는『삼국유사』에 멥쌀로 만드는 설기떡류의 '설병(舌餅)'이 등장한다.[24] 이들 기록으로 보아 멥쌀떡은 최소 기원전 3세기에서, 늦어도 8세기 초에는 식용된 것으로 보인다.

떡의 기원은 이상의 문헌 기록과 함께 곡물의 재배와 관련해서도 살필 수 있다. 한반도에서 조, 기장, 벼 등의 곡물이 재배돼, 이를 식용하고 얼마 지나지 않은 시기에 떡이 출현했을 것으로 여겨지기 때문이다. 곡물의 식용과 함께 초기 떡은 이들 곡물을 익히고, 이를 이동 보관하는 과정에서 만들어졌을 것으로 보인다. 따라서 한민족의 떡 식용 시기는 한민족이 잡곡과 벼농사를 시작한 시기와 관계된다고 할 수 있다.

먼저, 한반도의 벼농사(수도작)는 앞서 언급했듯, 중국 (동)남방계(광의의 무문토기인)의 도래에 의해 시작된 것으로 여겨지며,[25] 이는 경기 여주 흔암리, 충남 진양 대평리 유적지 등의 탄화미와 벼농사 관련 유물에서 뒷받침된다.[26] 그리고 이 쌀로 빚은 떡은 시기적으로 기원전 1천 년 전 무렵으로 추정된다. 그런데 이 시기는 한편으로 한민족 구성과 떡의 소비 주체란 측면에서 볼 때 추가적인 설명을 필요로 한다.

한민족이 도작문화를 동반해 도래한 이주민과 한반도에 거주했던 선주민의 결합에 의해 형성됐다는 점을 고려할 때, (쌀로 빚은) 떡의 소비주체로서 한민족 떡의 역사는 도래인의 떡 소비 역사까지 포함할 필요가 있기 때문이다. 따라서 한민족의 떡 역사와 기원은 최소 기원전 1천년 이전으로 크게 소급된다고 할 수 있다. 도작문화를 동반한 도래인들은 한반도로 이주하기 전 선주지에서 이미 상당한 수준의 농경문화를 향유하고 있었기 때문이다. 이는 한민족이 전통 시기 사용한 솥과 같은 형태의 솥, 그리고 탄화미 등이 한반도로 도래한 이주민의 일파가 거주했던 것으로 여겨지는 중국 동남연해의 절강성 하모도(河姆渡) 유적에서 발견됐고, 이 유적지의 상한 연대가 기원전 5200여년에 해당된다는 데서 뒷받침된다.[27] 이를 고려하면 한민족(선조)의 떡 음식 역사는 최소 기원전 5천년 이상으로 상향될 수 있다.

그런데 이같은 시기 추정에서 주의할 점은 한반도의 농경이 어느 한 시기에 동시적으로 한반도의 전체 공간에서 시행된 것이 아니라는 점이다. 한반도와 그 주변은 광활하고, 특히 교통이 발달하지 못한 고대 시기, 농경 문명이 일시에 모든 지역에 확산되기는 불가능하기 때문이다. 따라서 한반도와 그 주변의 농경 문명도 지역적인 차이가 크다고 할 수 있다. 이는 같은 시기 한반도 내에서도 수렵채집문화와 잡곡농경 문화, 그리고 벼농사 문화가 병존할 수 있음을 의미한다. 이같은 상정은 고대 시기 한반도 중남부 지역에서만 78개의 부족국가가 있었고, 문화가 지역별로 다르다는 『삼국지』와 『후한서』의 기록에서 뒷받침된다. 따라서 한반도 전역에서 한민족의 고대 음식문화를 뒷받침해주는 유의미한 유물 자료가 균형 있게 발굴되지 않는 한, 한민족의 농경과 떡 식용 시기를 일괄해 특정하거나, 한반도 전역 또는 지역권을 일률적인 특정 농경문화로 규정하는 것은 곤란하다고 할 수 있을 것이다.

이를 고려하면, 앞서 언급한 벼농사의 시작 및 떡 음식의 출현 상정 시기는 엄밀한 의미에서 유물이 출토되거나 문헌 기록이 나타난 지역에 국한된다고 할 수 있다. 예컨대 앞서 살펴봤듯, 고대 시기 벼의 재배는 중국 양쯔강이나 황하유역에서 비롯됐다는 것이 정설이다. 하지만 이보다 상한 시기인 기원전 13,000여 년 전 무렵의 고대 볍씨가 한반도의 중부 소로리 지역에서 출토됐고, 이 유물은 세계 최고의 고대 재배 볍씨로 밝혀졌다.[28] 이는 벼농사가 중국보다 이른 시기 시작됐다는 것과 함께 한반도 내에서도 본격적인 농경과 무관하게 지역에 따라 벼농사가 시작됐음을 의미한다. 이에 따라 한반도의 벼농사와 이를 사용한 쌀로 만든 떡은 최소 기원전 1천년에서 기원전 13,000년 이라는 주장도 가능하다. 하지만 소로리 이후, 현재까지 한반도에서 발굴된 벼 관련 유물은 기원전 3,000년 무렵의 경기 일산 가와지 벼 규소체가 가장 오래된 것이다.[29] 이는 고대 시기 문화와 농경이 지역에 따라 차이가 있을 수 있고, 일률적으로 적용하기 곤란하며, 시대를 특정 하는 것이 어려운 작업임을 보여준다.

다음으로, 잡곡떡과 관련된 잡곡농경은 선주민인 빗살무늬토기문화와 관계되며, 이들의 유물은 기원전 3,000년경으로 추정되는 황해도 봉산군 지탑리 유적으로 거슬러 올라간다. 이 유적에서는 조, 기장(피) 등의 잡곡과 돌낫, 갈돌이 발굴됐다.[30] 이는 이 유적의 관련자들이 잡곡 농사를 지었으며, 잡곡의 식용과 함께 이로 만든 잡곡떡이 출현했을 가능성을 보여준다. 한민족의 고대 잡곡농경에 직간접 영향을 미친 중국의 잡곡농경 문화는 황하 중류의 앙소유적에서 찾을 수 있다. 기원전 6,000년 전의 이 유적에서는 갈돌과 잿더미가 된 양식 창고가 발견됐다.[31] 따라서 잡곡농경과 잡곡 떡의 출현은 최소 기원전 3,000년에서 기원전 6,000년 전이라고 할 수 있을 것이다.

4. 떡의 종류와 자고병

1) 떡의 종류

떡은 한자로 병(餅), 편(片,䭏), 고(糕,餻), 이(餌), 자(瓷), 탁(飥), 경단(瓊團)[32], 단자(團子.團瓷)[33]등으로 쓰이며, 여기에 율고(栗糕), 청애병(靑艾餅) 등과 같이 재료에 따라 다양한 이름이 추가된다. 병(餅)은 일반적인 떡 명칭이며, 편(片)[34]은 절편(절병(切餅)- 떡살로 눌러 만든 떡)과 증편(증병(蒸餅)- 부풀린 떡)에서 나타나듯, 떡을 나타내는 고대어이거나(한국 일부 방언에 잔형이 있음), 떡을 한자로 표기하기 위한 음차로 여겨진다.『표준국어대사전』은 편이 '떡을 점잖게 이르는 말'이라고 정의하고 있다.

편(䭏)과 고(糕, 餻)는 치거나 빚어서 만든 떡을 의미하며, 이(餌)는 가루를 내 만든 떡을, 자(瓷)는 낱알들을 치대서 만든 떡에 고물을 묻힌 떡을, 그리고 탁(飥)은 반죽해서 만든 떡(수제비)을 지칭한다.[35] 떡에 대한 한자 명칭은 시대와 국가에 따라 달라, 한국과 일본은 떡에 대한 통칭을 병(餅)으로 표기하나, 중국은 밀가루 전래 이후 병(餅)은 밀가루로 만든 떡을, 이(餌)는 밀가루 이외의 곡식으로 만든 떡으로 구분한다.[36] 이처럼 떡의 명칭은 국가와 주재료에 따라 달라지고 종류가 구분된다. 한국의 멥쌀떡, 쑥떡, 찰떡 등은 쌀의 종류와 첨가물에 의한 명칭이다.

한국의 전통 떡은 일반적으로 어떻게 만드느냐에 따라 구분되며, 그간 4가지 또는 5가지로 분류됐다. 4가지는 지진떡, 찐떡, 친떡, 삶아 건진 떡이며,[37] 5가지는 이상의 증병류, 도병류, 단자병류, 전병류의 4가지 떡 형태에 발효떡인 이병류가 추가된다.[38] 이들 떡 종류는 한글과 한자어로 각각 찐떡(증병- 甑餅), 친떡(도병- 搗餅), 지진떡(유전병- 油煎餅), 빚은떡- 삶아 건진떡(단자병-團子餅), 그리고 발효떡 부푼떡(이병류- 酏餅類)으로 바꾸거나 묶어 쓸 수 있다.

그런데 위의 5가지 분류에는 사실상 한 가지 제조 방법이 제외돼 있다. 불에 구운 떡으로 곡물 가루를 반죽해 모닥불 속에 떨어뜨려 굽거나 재에 묻어 굽는 '개떡'이 여기에 속한다. 이같은 굽는 떡류는 쌀가루 제분법의 발달로 현재 빵처럼 오븐에 굽는 떡(baked rice cake)이 실용화됐다[39]는 점에서 새 분류의 추가 필요성이 요구되고 있다. 따라서 본 연구는 '굽는 떡(구운 떡)'을 떡 만드는 방법의 하나로 추가하며, 이를 한자 명칭으로는 '자고병(炙烤餅)'으로 제안했다. 이 명칭은 중국 한나라 때부터 불을 가열하는 방법에 따라 취해진 한자어 자(炙- 불에 직접 태워 구움)와 고(烤- 불에 간접적으로 구워 익힘)에서 취했다.[40] '자고(炙烤)'는 한자 의미대로 불에 직접 굽거나 간접적으로 굽는다는 뜻을 포함하고 있다. 이에 따라 본 연구는 한민족의 떡을 만드는 방법에 의해 6가지로 분류했다. 이 중 멥쌀떡은 단자병류를 제외한 5가지 종류에서 나타난다.

한국 떡의 6가지 분류는 다음과 같다.

1. 찐떡(증병- 甑餅)

2. 구운 떡(자고병- 炙烤餅)

3. 지진떡(유전병- 油煎餅)

4. 친떡(도병- 搗餅)

5. 빚은떡 또는 삶아 건진 떡(단자병- 團子餅)

6. 부푼떡 또는 발효떡(이병- 酏餅)

2) 떡과 밥의 선행성

찐떡은 한국떡 발달에서 가장 오래된 시원적 가공 방법으로 여겨진다. 이는 떡이 기본적으로 곡물을 익혀 덩이지게 한 음식으로 정의되는 것에서 비롯된다. 이들 덩이가 낱알 형태를 짓찧어서 만들었거나 가루를 낸 다음 덩이를 만들었느냐는 부차적인 문제에 속한다. 떡의 개념 완성과 의미는 곡물을 익혀 덩이진 상태로 만드는 것을 의미한다. 단, 이같은 덩이진 상태는 앞서 떡의 정의에서 규정했듯, 곡물의 낱알 모양 형태를 알아볼 수 있는 상태가 아니어야 한다. 곡물의 낱알 상태를 대부분 알아볼 수 있다면, 이는 밥이나 주먹밥에 해당되기 때문이다.

찐떡은 곡물을 익혀 덩이지게 하는 과정 자체거나, 이 과정을 거쳐 완성되는 떡임으로, 가장 원시적인 형태의 떡에 속한다고 할 수 있다. 곡물을 낱알 상태로 익힌(찐) 다음, 이를 서로 엉기게 해 손으로 짓누르면서 주무르면 곡물의 낱알 상태를 알아보기 어려운 상태의 덩이가 되기 때문이다. 따라서 떡의 출발이 되는 가공방식상의 종류는 찐떡이자, 친떡(도병)이라고 할 수 있다. 찐떡은 곡식 낱알들을 익힌다는 의미에서, 친떡은 익혀진 이들 낱알들을 으깼다는 의미에서 시원적 떡의 종류에 속하는 것으로 여겨진다. 그런데 문제는 떡을 만들기 위한 공정의 첫 단계인 곡물을 익히는 방식, 즉 시루에 찌는 형태가 가장 먼저였을까 하는 부분이다. 한국 전통 떡의 대다수가 시루에 찌고, 떡 하면 시루떡을 연상시키는 떡의 문화이미지는 그간 이 문제를 간과한 부분이 적지 않다. 따라서 떡이 출현하기 위해서는 먼저 이를 찌는 도구인 시루가 있어야 하고, 한반도에서 시루가 청동기 시대에 발견된 점을 들어[41] 이때부터 떡이 빚어졌다고 주장하기도 한다. 또한 솥보다는 곡물을 가는 데 사용되는 초기 철기시대 이전의 갈돌이 선행해 발굴되고,[42] 발굴물도 많아 밥보다 떡이 먼저일 것이라는 주장이 정설로 굳어져 있다. 하지만 갈돌이 그 명칭과 달리 곡물의 겉껍질을 벗기는데 주로 쓰였을 가능성이 크며, 음식물 가공 도구에서 솥의 출현이 결코 시루보다 늦은 것도 아니고, 찌는 도구인 시루가 사용되기 위해서는 이와 쌍을 이루는 솥이 전제돼야 한다는 점에서 가공 도구로는 시루가 먼저이고, 이 시루로 말미암아 떡이 기원됐다는 주장은 설득력을 잃는다. 이는 한국 전통 솥과 같은 모양과 용도의 '유척도부'[43]가 이미 기원전 5천년경의 유적인 중국 하모도 유적에서 발견됐으며,[44] 한민족이 뜸들인 밥을 하는데 결정적인 기여를 한 무쇠솥이 4세기 보급되기 이전에 진흙으로 빚은 솥(와부(瓦釜))의 존재가 문헌 기록에 의해 확인되기 때문이다.[45] 또한 한반도 선사시대 유적에서 솥의 출토 상한이 기원전 10세기 이내에 머무는 것은 동북아시아의 민족 이동 및 수도작의 전래, 그리고 이에 따른 한민족의 형성과 관련된 것으로 여겨진다. 따라서 한민족의 구성이 북방계의 잡곡민과 남방계의 수도작인의 결합이고, 이들의 융합에 의해 한민족 문화가 탄생했음을 고려할 때, 한민족의 밥과 (쌀로 빚는) 떡 만들기는 중국 남방의 수도작 문화와 연결되고, 한민족의 한 조상인 이들은 곡물의 낱알들을 시루에 찌거나 솥에 삶는 방식으로 밥을 하고, 떡을 만들었을 것으로 여겨진다. 또한 밥을 이동, 보관하는 과정에서 밥알이 서로 뭉쳐지며, 초기의 떡이 탄생한 것으로 보인다. 이는 낱알들을 가루로 가공하는 과정이 쉽지 않고, 도정도구가 필요해, 곡물을 익히는 밥하기보다 앞선 기술이 필요하다는 점과 쌀의 경우, 밀이나 보리와 달리 곡물의 외피를 벗기는 것이 제분하는 것보다 용이하였기 때문이다.[46]

따라서 밥은 떡에 선행해 만들어진 음식이며, 떡의 경우 밥을 이동, 보관하는 과정에서 생겨난 것으로, 그 시원적 종류는 고운 덩어리로 치대기 위해 삶아지거나 쪄진 '찐떡'이었을 것으로 여겨진다. 이같은 찐떡(증병)은 전통 시기 조리 도구의 기본 품목이 시루였음에서도 나타나듯, 멥쌀떡의 대표적인 가공 방법이며, 떡 종류 또한 가장 많다. 이는 조선시대 후기 음식 관련 문헌에서 전체 출현 떡 198가지 중 증병이 절반인 99가지를 차지하고 있는 데서 뒷받침된다.[47] 특히 멥쌀떡은 이중 절반 이상인 55종에 달한다. 하지만 현대에 들어 찐떡은 크게 활성화되지 못하고 있다.[48]

찐 떡인 증병 관련 문헌 기록은 다음과 같다.

或稻粉帶濕入甑爛熟 自成餅者 謂雪糕
(혹은 쌀가루를 축축하게 해서 시루에 넣고 익히면 제대로 떡이 되는데 이것이 설기떡이다.)

《『성호사설(星湖僿說)』제4권, 만물문(萬物門), 구이분자(糗餌粉餈)》

都下時食 春有艾糕, 松餠
(서울에서 철따라 먹는 음식으로는 봄에는 쑥떡, 송편이 있다.)

《『성소부부고(惺所覆瓿藁)』26권, 설부(說部), 도문대작(屠門大嚼)》

3) 새 제분법에 의해 개발된 '구운 떡(炙烤餠- 자고병)'

구운 떡인 자고병(炙烤餠)은 찐떡인 증병 다음으로 역사가 오래 될 것으로 여겨지는 떡이다. 구운 떡은 앞서 기술했듯 모닥불이나 재, 그리고 달궈진 돌 등의 뜨거운 열을 이용해 직, 간접적으로 구워 만들어지는 원시적인 떡이다.[49] 새로운 쌀가루 제분법의 개발로 서양 빵처럼 쌀가루를 반죽한 '도우(dough)'를 오븐 속에 넣고 구워내는 100% 쌀가루 '빵(떡)'도 여기에 포함된다. 이 떡의 영문 이름은 'baked rice cake'로 하고 한글 명칭은 '구운 떡'으로 할 것을 제안한다. 따라서 '구운 떡'은 새로운 떡의 종류이자, 새롭게 개발된 떡의 개별 명칭이기도 하다. 구운 떡의 종류 중 개떡은 한국 전통떡 발달에서 가루로(으깨어) 만들어지는 떡 중, 가장 오래된 형태로 여겨진다. 이는 여타 가루 떡과는 달리, 가공과 조리 도구가 불필요하거나 단순하다는 데서 비롯된다. 비교적 오래된 가공 방법으로 여겨지는 유전병류의 지진떡과 비교해도, 지지는 재료와 도구인 기름이나 불판이 필요하지 않기 때문이다. 따라서 한국의 전통 떡은 낱알들을 으깬 덩이 형태의 원시 떡에서 시작돼, 가루 낸 구운 떡, 지진떡 등의 순서로 발달했다고 볼 수 있을 것이다.

4) 멥쌀떡의 개념과 어원

멥쌀떡은 떡 중에서 고물과 장식류를 제외한 주재료가 멥쌀인 떡을 말한다. 따라서 멥쌀떡은 주재료로 사용된 곡물의 명칭에서 유래한다. 주재료가 완전 멥쌀인 떡은 백설기와 가래떡, 절편, 송편 등이다. 이들 떡은 가공 형태와 활용 목적 등에 의해 100% 멥쌀로 만들어지며, 멥쌀이 아닌 찹쌀로 대체하거나, 찹쌀 함유량이 많을 경우, 사용 목적에 부합하는 떡을 만들기 어렵다. 한 예로 멥쌀이 아닌 찹쌀만으로 백설기를 만들 경우, 찹쌀가루 특성에 의해 젤 형태의 고체덩이가 되며, 가래떡도 찹쌀로 할 경우, 기다란 떡 모양을 만들기 어렵고, 떡국에 넣으면, 국물에 모두 풀리게 된다. 때문에 멥쌀떡은 한국인의 식감과 음식 활용을 위해 발달되고, 한국 식문화에서 발전된 한민족만의 특화된 떡이라고 할 수 있다.

한국 떡의 대부분은 멥쌀이 주원료가 되며, 경단류 등은 찹쌀이 첨가되거나, 또는 다른 곡물과 혼합된 형태로 만들어진다. 하지만 전통 시기 한국 떡의 주재료는 지역과 경제적 여건에 따라 차이가 있었다. 중남부의 논농사 지대가 아닌, 쌀이 귀한 밭농사 지역의 경우, 지역에서 생산되는 다양한 곡물이 떡의 주재료로 활용됐다. 한 예로, 송편의 경우, 쌀이 주로 생산되는 중남부 지방에서는 멥쌀 전부(흰송편) 또는 멥쌀과 찹쌀을 8대 2 비율(쑥, 모시송편 등)로 섞어 만들었지만 쌀이 생산되지 않거나 귀했던 일부 강원도 지역의 경우 감자나 옥수수[50] 등을 활용하거나, 이들 잡곡에 소량의 쌀을 섞어 떡을 만들었다. 경제적 사정이 어려운 경우도 쌀이 아닌 잡곡이 주재료가 되거나 아예 떡을 만들 수 없었다.[51] 이는 멥쌀떡이 시기적으로는 과거에서 현재를 아우르지만 지역과 계층에 따라서는 부분적이었음을 보여준다. 또한 멥쌀떡이 특정한 떡에 대한 지칭이기도 하지만, 많은 떡의 재료로 섞이고 있어, 한국 떡을 통칭하는 또 다른 이름으로도 가능함을 살필 수 있게 한다.

따라서 한국 대다수의 떡은 넓은 의미에서 멥쌀떡에 속하며, 동시에 잡곡떡이라고 할 수 있다. 본 연구는 멥쌀이 주재료로 사용되는 떡은 물론, 혼합돼 활용되는 떡까지를 광의의 멥쌀떡에 포함하고 있다.

멥쌀떡은 '멥쌀+떡'이 더해진 형태로 어원은 멥쌀과 떡이 합해져 형성됐다.

II.『세시풍속』에 대한 소개

　본 연구 결과물은 국립문화재연구소가 지난 2000~2003년까지 간행한『세시풍속』총 10편을 기초 자료로 활용해 통계 수치화했다. 이 조사서는 남한의 전 지역을 강원, 경기, 전남, 전북, 제주, 경남, 경북, 충남, 충북 9개 광역권으로 나눠 조사를 진행했다. 조사 대상 지역은 9개 광역 지역의 162개 시·군에서 1~4곳을 선정해 모두 471개 지역에서 조사가 진행됐다. 조사지 선정은 마을 공동체 신앙 및 민속놀이 등이 전승되고 있는 마을 등을 조사 지역으로 했으며, 전문 연구자들이 해당 조사 지역에 거주하는 70 - 80대 노인들을 주 대상으로 해 해당 지역에 전승되거나, 그들의 기억 속에 전승되었던 과거 세시풍속을 조사했다. 이의 결과로 이 조사서에는 일제강점기의 일부 풍속이 담겨 있다. 따라서『세시풍속』에 담긴 풍속의 시기는 일제강점기에서 2000년 초라고 할 수 있다. 이『세시풍속』조사 보고서의 장점은 통일된 조사 항목을 가지고 조사를 진행해 자료와 기술에 일관성이 있고, 지역과 명절별로 구분되며 체계적으로 정리돼 자료의 활용이 용이하다는 점이다. 특히 이 보고서는 한국의 명절에 관한 의례와 절식이 상세히 담겨 있다. 이로 인해『세시풍속』은 한국의 세시풍속, 특히 명절의 이해를 위한 필수적 자료로 여겨지며, 과거는 물론, 현재의 그 어떤 문헌이나 보고서에서도 찾을 수 없는 상세하고 귀중한 자료라는 점에서 그 의미와 가치가 크다고 할 수 있다. 이런 이유들로 본 연구는『세시풍속』을 연구의 주요 기초 자료로 활용했다.

　『세시풍속』의 조사 방법과 조사 내용 등은 다음과 같이 요약된다.

〈조사 내용과 방법〉

1. 간행 주체: 국립 문화재연구소

2. 조사 목적: 사라져가는 전통 민속 문화를 기록, 보존

3. 간행 시기: 2000년 초

4. 조사 대상: 농어촌 거주 70~80대 노인(주요 조사 대상자)

5. 조사 내용: 현재 전승 또는 과거 기억 속에 전승되었던 세시풍속.

6. 조사 지역 선정 기준

- 마을 공동체 신앙 및 민속놀이 등이 전승되고 있는 마을.

- 동성촌락으로 마을 가구 수가 30가구 이상인 마을.

- 위의 항에 포함되지 않더라도, 지역 문화원 등 행정기관에서 추천한 마을.

Ⅲ.한국 4대 명절의 절식과 의례에 관한 지역별 표

1. 섣달그믐

◇ 강원도의 섣달그믐 출현 의례와 절식

조사 지역	출현 절식 및 의례 명칭	만두소 재료 및 기타	제례시간 및 목적
강릉 왕산	만둣국 또는 만두/ 그믐제사		
동해 망상	국(떡국+만두)/ 그믐제사	*제사에서 지방 씀/ 4대봉사	해진 후
동해 묵호	만둣국 또는 만두/ 그믐제사/ 만두제사	돼지, 김치 *만둣국에 국수 넣기도	새벽3~4시
동해 삼화	국(떡국+만두)/ 그믐제사/ 만둣국 제사	돼지, 김치, 당면, 두부/ 만두 속에 동전하나- 복이 온다/ *만둣국에 떡가래 넣음	해질녘
삼척 원덕	떡국/ 그믐제사	*만두는 그믐 저녁에 먹지 만 제사에는 사용 안 함	
삼척 근덕	만두+떡국/ 그믐제사	소, 돼지, 김치, 잡채[52]	저녁 4시 이후/ 한 해 무사 함에 감사
삼척 미로	국(떡국+만두)/ 그믐제사	당면, 고기, 김치 등/ *제사에서 지방 씀	저녁/ 한 해 무사 함에 감사
속초 청호	그믐제사 - 만두제사	*이북 출신 만둣국- 하지 만 이주 후 안 올림/ 원주민도 안 올림	

속초 대포	만둣국 또는 만두/ 그믐제사	두부, 김치, 소고기 등	저녁/
원주 부론	*묵은 설- 작은 명절취급	*만두 먹어야 한 살 더 먹 는다	
춘천 서면	혼재- 밥과 떡국/ 묵은 제사		밤11시
태백 삼수	만둣국 또 만두/ 그믐차례(저세) *백설기(떡)	*만두파- 메밀가루- 요즘은 밀가루 * 수수노치 잘라 만둣국에 넣음	저녁 4~5시/
태백 구문소	국(떡국+만두)/ 그믐제사- 절편	*만둣국(떡 섞음)/ 만두(시 래기, 콩나물, 무)국(+채 썰 은 두부+노치)/ *노치는 수수부침개- 만 둣국에 떡 대신 노치/ 쌀 귀해 떡국 못 끓임	저녁 4~5시/
태백 상사미	만둣국 또는 만두/ 그믐제사 *수수 노치- 요즘 은 찹쌀 노치- 만 둣국에 넣음	*만두피 메밀가루/ *노치 구워 국에 넣음/ 지금도 구움	
고성 현내	만둣국 또는 만두/ 그믐제사- 만두제사		
양구 양구	만둣국 또 만두/ 그믐차례		
양구 남면	*원래 그믐차례 지냄/ 만두	*만두는 작게	/한 해가 감 을 고함- 웃 어른께 보 살핌 감사 와 묵은 세배
영월 영월읍 거운리	만둣국 또는 만두/ 망년제		저녁

영월 영월읍 흥월리	만둣국 또는 만두/ 그믐제사		
영월 남면	만둣국 또는 만두/ 망년제		저녁/ 조상에게 감사
인제 인제읍 귀둔1리	만둣국 또는 만두/ 망년제	*만두는 밀가루 귀해 메밀 가루로 빚음	*4대봉사 제외된 조상
인제 기린	만둣국 또는 만두/ 망년제	*메밀가루 피	저녁/ 4대봉사
정선 정선	만둣국 또는 만두/ 조상제사- 만둣국 제사	두부 또는 김치	저녁
정선 북면	만둣국 또는 만두/ 조상제사		
정선 남면	만둣국 또는 만두/ 조상제사	돼지, 닭, 꿩 등- 꿩이 최고/ *만두를 짐승에게도 줌, 소는 상 위에 놓아 줌- 농 사 수고에 보답	
철원 서면	국(떡국+만두)/ 작은 명일- 절편이나 인절미	두부, 김치, 돼지	
평창 봉평	국(떡국+만두)/ 그믐차사- 설 차 사 음식과 같음- 절편, 찰떡		어두울 무렵
평창 진부	떡국/ *그믐차사 지금은 안 지냄- 떡국차사		저녁
평창 평창	만둣국 또는 만두/ 그믐차사		
홍천 서석	떡국/ 묵은 차례[53]		

화천 상서	떡국[54]/섣달차례-설 음식과 같음		아침
화천 간동	그믐차례		
횡성 우천	국(떡국+만두)/묵은 차례	만두(김치, 돼자- 60년대까지는 꿩- 후춧가루 *예전 만두 피는 메밀가루)	
횡성 강림	떡국- 그믐차례		
횡성 갑천	묵은 제사		
의례 출현 지역 수	35(65)		
떡 출현 지역 수	5		

*출전:『세시풍속』에 나타난 강원 18개 시·군, 54개 조사 지역의 섣달그믐 의례와 절식 관련 사항을 추출해 작성함. 숫자는 출현 지역 수, ( )안의 숫자는 백분율(%).
**혼재는 밥, 떡국, 만두 등을 함께 올리거나 한 지역에서 가정에 따라 달리 올리는 지역.

◇ 경기도의 섣달그믐 출현 의례와 절식

조사 지역	의례 명칭 및 출현 절식	의례 시간/ 목적
김포 대곶	그믐고사/ 시루떡	
김포 고촌	그믐제사/ *설 차례 못 지낸 경우 산소에서 지냄	
옹진 영흥	안택고사/ 시루떡	저녁/집안 안녕 풍농 기원
의례 출현 지역 수	3(4)	
떡 출현 지역 수	2	

*출전:『세시풍속』에 나타난 경기 32개 시·군, 82개 조사 지역의 섣달그믐 의례와 절식 관련 사항을 추출해 작성함. 숫자는 출현 지역 수, ( )안의 숫자는 백분율(%).

◇ 경상남도의 섣달그믐 출현 의례와 절식

조사 지역	의례 명칭 및 출현 절식	의례 시간/ 목적
거제 하청	그믐차례/ 떡국	점심
사천 동서	그믐제사[55]/ 메[56] *그믐과 설에 각각 지내거나 하루만 차례 지냄[57] - 그믐제사 후 뱃고사 지냄/ 떡	
사천 서포	그믐제사/ 메[58] *설 차례 중시로 바뀜[59] *예전 섣달그믐과 설 제사 모두 지냄.	
사천 곤양	그믐제사[60]/ 메 *그믐과 설에 각각 차례 지냄- 종가 차례 후 지손 차례 지냄.	저녁/ 한 해지남을 고함
통영 욕지	그믐제사- 차례/ 메	밤
통영 산양	조상제사/ 메/ *설 아침 차례 안 지냄- 섣달그믐날 제사로 대신함.	밤/ 한 해저물었음을 고함/ 4대봉사
통영 용남[61]	그믐제사/ 메 / 떡 *그믐제사와 차례 전 성줏상 차림 *예전 그믐과 초하루에 차례 지냄	밤
진해 운동2동	그믐 차례/ 절식 비출현	점심
남해 설천	제사/ 메 *제사 전 성주 위하기	저녁5시/ 한 해가 감을 고함
남해 삼동	그믐제사/ *그믐 제사가 설 제사보다 걸다. *밥무덤제사(고사)[62]- 간단한 제물을 삽짝 근처와 뒤안에 차림	4대봉사/

	그믐제사/ 메- 떡/	한 해 무사히 보
남해 남면	- 그믐제사 후 배가진 사람 뱃고사 지냄 *그믐제사가 진짜 설 제사라 여김 - 설 차례 는 그믐 제사상에 떡국 한 그릇 더 올리는 것에 불과. 그믐 제사가 정초 차례보다 크 게 치러짐	넸고 새해 왔음을 알림/ *이 때문에 설 차 례보다 그믐제사 에 각별히 신경 씀
의령 부림	그믐차례/ 절식 비출현 *차례를 두 번 지냄- 그믐과 정월 초하루 *그믐차례는 묘소 없는 뜨네기 조상 제사- 설 차례는 4대 직계 조상 차례	점심
의례 출현 지역 수	12(18)	
떡 출현 지역 수	3	

*출전:『세시풍속』에 나타난 경남 22개 시·군, 66개 조사 지역의 섣달그믐 의례와 절식 관
련 사항을 추출해 작성함. 숫자는 출현 지역 수, ( )안의 숫자는 백분율(%).

◇ 경상북도의 섣달그믐 출현 의례와 절식

조사 지역	의례 명칭 및 출현 절식	의례 시간/ 목적
경산 자인	바위 위하기 고사/ 간단한 음식	밤/ 갓난 아이 건강, 무사 안녕기원
구미 옥성	그믐- 성줏상- 떡국만	저녁
김천 농소	조상에게 떡국 올림[63]	새벽
김천 어모	그믐제사/ 절식 비출현	저녁/ 한 해 무사 함에 감사
상주 만산	그믐 밥제사- 밥[64]	초저녁
포항 흥해	조상에게 감사 떡국 올림	/농사 무사히 마 치고 한 해마무리 하는 의미

성주 수륜	섣달그믐- 삼신위하기- 자손 번성 기원/ 메	밤12~1시
울진 평해	그믐제사/ 떡국- 떡	그믐날
의례 출현 지역 수	8(11)	
떡 출현 지역 수	1	

*출전:『세시풍속』에 나타난 경북 24개 시·군, 71개 조사 지역의 섣달그믐 의례와 절식 관련 사항을 추출해 작성함. 숫자는 출현 지역 수, ( )안의 숫자는 백분율(%).

◇ 전라남도의 섣달그믐 출현 의례와 절식

조사 지역	의례 명칭 및 출현 절식	의례 시간/ 목적
광양 광양 용강리	그믐차례/ 메 *상차림 설보다 성대	저녁6~7시
광양 광양 세풍리	그믐차례/ 메- 간단하게 / 뱃고사도 지냄	밤9~10시 사이
광양 황길	그믐차례/ 메	저녁7~8시 사이
목포 삼향	섣달차례/ 메나 떡국	초저녁
여수 돌산[65]	그믐차례/ 메 추정 *설날 차례를 그믐 저녁에 지냄/ - 그믐 차례 후 뱃고사 - 시루떡	저녁7~8시
여수 호명[66]	그믐차례/ 메 - 찰떡, 팥시루떡 *설날 차례를 그믐 저녁에 지냄/ - 종가집 이후 지손집에서 또 차례 지냄	저녁
여수 화양[67]	그믐차례/ 메 - 찰떡, 시루떡 *설날 차례를 그믐 저녁에 지냄	저녁
고흥 도양	차례/ 떡국+메, 또는 떡국만 *일부에서 그믐밤 설 차례 지냄	밤
고흥 도화[68]	떡국/ - 찰떡과 흰떡 *요즘은 설날 차례를 그믐 저녁에 지냄	저녁
곡성 곡성[69]	차례/ 떡국+메 함께 *가정에 따라 그믐 저녁 떡국, 메 올리고 차려 놓았다가 다음날 설날 차례 지내기도	저녁

곡성 석곡	차례/ 떡국	밤10시 무렵
구례 구례	그믐제사/ 메	
구례 문척	그믐제사/ 밥(메)	
담양 월산[70]	그믐차례/ 메 *그믐 차례 제물의 메만 떡국으로만 대체하고 이 음식으로 설 차례를 지냄. - 찰떡, 팥시루떡	밤11~12시
담양 금성	그믐차례	한 해 무사함 감사 제사
영암 삼호[71]	차례/ *설 차례를 그믐 밤 12 이전에 지냄 - 설날은 세배와 성묘	그믐밤 12시 이전
완도 군내[72]	차례/ 메 *그믐날 저녁에 상을 차리고 12시 지나면 철상- 메를 올림/ 떡국은 상에 안 올려도 반드시 끓여 먹음- 차례상에 시루떡/ 차례 후 거리상	저녁
완도 완도 장좌[73]	차례 /메 *설 차례를 그믐 저녁에 지냄- 시루떡/	저녁
완도 고금[74]	차례 /메나 떡국 *설 차례를 그믐 저녁 10시에 지냄- 시루떡/	밤 10시
장성 장성읍 유탕[75]	차례/ *설 차례를 그믐 저녁에 차려 자고 난 다음 설 아침에 아침 식사함	밤
장흥 회진	차례[76]/ 메 *설 차례를 그믐 저녁에 차림 - 집안 따라 초하루 새벽에 차리기도 - 떡	저녁
진도 의신[77]	그믐의례 - 그믐밤에 떡국 올리고 초하루에 메 올리는 집도 있음 *설 차례상을 설날 밤에 차림[78]- 시루떡	
해남 송지[79]	*설 차례상을 그믐 저녁부터 차려 초하루 아침 일찍 차례 지냄 - 쌀이 귀해 가래떡 할 여유 없어 떡국은 별로 없음	
화순 화순[80]	그믐 차례/ 떡국 *집안에 따라 설 차례를 그믐에 지내기도[81]	

| 의례
출현 지역 수 | 24(36) | |
| 떡
출현 지역 수 | 10 | |

*출전:『세시풍속』에 나타난 전남 22개 시·군, 66개 조사 지역의 섣달그믐 의례와 절식 관련 사항을 추출해 작성함. 숫자는 출현 지역 수, ( )안의 숫자는 백분율(%).

◇ 전라북도의 섣달그믐 출현 의례와 절식

조사 지역	의례 명칭 및 출현 절식	의례 시간/ 목적
익산 함라	그믐차례[82]/ 설 제사에 '메'를 사용 *설에는 떡국을 끓이기도 하지만 제사에는 사용하지 않고 별식으로만 먹음	자정/
정읍 신태인	*설날 차례를 그믐밤 12시 이후 떡국(평탕) 김치, 김칫국 간단히 올림[83]/ 관념상의 그믐의례 *설날 아침에는 밥 지어 차례상에 올림	
무주 무주	섣달그믐 저녁에 조상께 떡국 올리기도[84]	저녁/
부안 부안	*3년상을 치르는 집만 차례 두 번[85] - 그믐 자정 - 조상제사- 떡국/ - 초하루 새벽4시께 - 메밥차례	자정/
부안 상서	어장 있는 사람 그믐 뱃고사 - 시루떡 *무당 불러 비손	밤/
완주 상관	그믐차례[86] - 떡국이나 밥 *섣달그믐날은 새해를 밝게 맞는다는 뜻에서 방마다 불을 밝힘	그믐날 12시경/
완주 고산	조상 제사[87]/	자정께/
의례 출현 지역 수	7(17)	
떡 출현 지역 수	1	

*출전:『세시풍속』에 나타난 전북 14개 시·군, 42개 조사 지역의 섣달그믐 의례와 절식 관련 사항을 추출해 작성함. 숫자는 출현 지역 수, ( )안의 숫자는 백분율(%).

◇ 충청남도의 섣달그믐 출현 의례와 절식

조사 지역	의례 명칭 및 출현 절식	의례 시간/ 목적
공주 사곡	그믐날 사당 있으면 사당고사 지냄.	한 해 무사했음을 고함
보령 오천	정반차례/ 떡국 그믐저녁 뱃고사- 밥은 안올림, 팥떡	그믐 자정께 제사/ 1년 조상 보살핌에 감사
아산 송악	그믐 정반차례/ 떡국	한 해 무사히 건강히 잘 보냈다는 의미
서천 서면	그믐 뱃고사	한 해 무사 안녕 감사와 내년 어업 무사 안녕 기원
예산 삽교	그믐 성주께 떡 올림	
의례 출현 지역 수	5(11)	
떡 출현 지역 수	2	

*출전:『세시풍속』에 나타난 충남 15개 시·군, 45개 조사 지역의 섣달그믐 의례와 절식 관련 사항을 추출해 작성함. 숫자는 출현 지역 수, ( )안의 숫자는 백분율(%).

2. 설날

◇ 강원도의 지역별 설날 출현 주식류와 떡류

조사 지역	출현 주식류	출현 떡류
강릉 왕산	떡국과 만둣국	
강릉 주문진	떡국과 만둣국	

강릉 옥계	떡국과 만둣국	
동해 망상	밥(메)	
동해 묵호	떡국	
동해 삼화	밥(메)	
삼척 원덕	혼재[88](떡국, 만둣국)	- 떡
삼척 근덕	밥(메)	- 시루떡
삼척 미로	*절식 안 나타남[89]	
속초 청호	혼재(만둣국, 밥)	- 떡, 송편
속초 대포	밥(메)	
속초 도문	혼재(만둣국이나 떡국, 또는 밥)	- 절떡, 찰떡, 기정떡, 송편
원주 부론	국(떡국+만두)[90]	
원주 신림	밥(메)	- 찰떡, 가래떡, 부침개
원주 호저	혼재(만두, 밥, 떡국)	
춘천 동산	국(떡국+만두)	
춘천 서면	혼재(밥과 만두 넣은 떡국)	
춘천 동내	만둣국 또는 만두	
태백 삼수	밥(메)	- 떡
태백 구문소	밥(메)	- 절편
태백 상사미	밥(메)	- (메밀)부침개
고성 죽왕면 오봉리	밥(메)	- 떡, 송편
죽왕면 문암리	밥(메)	

고성 현내	밥(메)	
양구 방산	떡국	
양구 양구	혼재(만둣국이나 밥과 만둣국)	- 가래떡, 절떡
양구 남면	만둣국 또는 만두	
양양 강현	혼재(떡국과 만둣국)	- 가래떡, 떡
양양 서면	떡국	- 찰떡
양양 강현	떡국과 만둣국	- 절떡, 기정떡
영월 영월읍 거운리	밥(메)	
영월 영월읍 흥월리	떡국과 만둣국	- 절편
영월 남면	밥(메)	
인제 인제읍 귀둔1리	밥(메)	- 절편, 취떡
인제 인제읍 가아2리	떡국	
인제 기린	밥(메)	- 절편, 취떡
정선 정선	밥(메)	
정선 북면	밥(메)	- 절편
정선 남면	밥(메)	
철원 철원	국(떡국+만두)	- 부침개
철원 근남	만둣국 또는 만두	
철원 서면	국(떡국+만두)	- 절편, 인절미
평창 봉평	밥(메)	

평창 진부	밥(메)	- 메밀전병
평창 평창	밥(메)	
홍천 서석	밥(메)	
홍천 화촌면	만둣국 또는 만두	
홍천 동면	떡국	
화천 상서	혼재(떡국이나 밥)	
화천 간동	혼재(만두 넣은 떡국과 밥)	
화천 하천	국(떡국+만두)	- 인절미
횡성 우천	밥(메)	
횡성 강림	밥(메)	
횡성 갑천	떡국	
출현 지역 수	53(98)	21(39)

*출전:『세시풍속』에 나타난 강원 18개 시·군, 54개 조사 지역의 설날 떡국 등의 주식(主食)류와 떡류 출현 내역 등을 추출해 작성함. 숫자는 출현 지역 수, ( )안의 숫자는 백분율(%).

*혼재'는 해당 조사 지역에서 밥, 떡국, 만두(국) 등을 2~3개 함께 올리거나 집안에 따라서 달리 올림을 의미함.

*가래떡은 대개 떡국용으로 쓰이므로 출현 지역 수 통계에서 제외함. 동해 삼화에서 만둣국에 떡가래가 등장함.

◇ 경기도의 지역별 설날 출현 주식류와 떡류

조사 지역	출현 주식류	출현 떡류
남양주 조안	떡국	
남양주 화도	떡국	
남양주 오남	떡국	
동두천 탑동	출현 안 함	
동두천 동안	떡국	
성남 분당	떡국	
성남 수정	떡국	
수원 팔달	떡국	
수원 권선	떡국	
시흥 신현	떡국 / 만두 빚지만 안 올림	
시흥 도창	떡국/ 만두 올림	- 부침개
안산 신길	출현 안 함	
안산 대부	출현 안 함	
안산 사동	출현 안 함	
안성 도기1동	밥(메)	
안성 금광	출현 안 함	
안성 죽산	떡국	
의왕 왕곡	절식 비출현/ *만두 빚지만 안 올림	

의왕 고천	떡국	- 떡
이천 장호원	떡국	
이천 설성	국(만두+떡국)	- 떡
이천 마장	떡국	
파주 문산	떡국(떡국+만두)	- 인절미
파주 법원	떡국(떡국+만두) * 만두 넣은 떡국은 가정용- 차례에 안 올림	- 인절미
파주 파주	떡국(떡국+만두) * 만두 넣은 떡국은 가정용- 차례에 안 올림	- 빈대떡
파주 교하	떡국(떡국+만두)* 만두 넣은 떡국은 가정용- 차례에 안 올림	- 흰떡 기본/ 술떡(증편) 또는 인절미
하남 감일	떡국(떡국+만두)/ *20년 전은 순수 하게 떡국만 씀	
화성 송산	떡국	
화성 우정	혼재	
화성 향남	출현 안 함	
가평 설악	출현 안 함	
가평 상면	떡국	
가평 북면	떡국	
양평 지제면	떡국	
양평 용문	출현 안 함	

양평 강하	떡국	
여주 금사	혼재(떡국 또는 만둣국) /(떡국+만두)도 있음	
여주 대신	만둣국 또는 만두 / 만두 반드시 올림	
여주 점동	혼재(떡국이나 떡국+만두)	
양주 회천읍 덕정리	떡국	- 가래떡, 인절미
양주 양주	떡국	- 섬떡(인절미에 팥 묻힌 것)
양주 회천읍 덕계리	떡국(떡국+만두)	- 빈자떡
연천 연천	국(만두+떡국)	
연천 신서	국(만두+떡국)	- 떡
연천 전곡	국(만두+떡국)	- 편
고양 일산	떡국	
고양 덕양	떡국	
광명 학온	국(만두+떡국)	- 떡
광명 소하2동	떡국 *만두 빚지만 차례상 안 올림	
광주 중부	혼재 /*드물게 떡국+만두도 있음 *만두 빚지만 차례상 안 올림	
광주 광주	떡국 *만두 빚지만 차례상 안 올림	
광주 실촌	국(만두+떡국)	- 편
군포 대야동 둔대	출현 안 함	

군포 대야동 속달	떡국	- 흰떡, 부꾸미(찹쌀이나 수수로- 팥 넣기도, 부침개로 구운 것)
김포 대곶	떡국	
김포 고촌	떡국	
김포 통진	떡국	
구리 갈매	국(만두+떡국)	
구리 교문1동	국(만두+떡국)	
부천 원미	국(만두+떡국)	
부천 소사	국(만두+떡국)	
오산 오산 부산	국(만두+떡국)/ *만두 빚어 식구 먹는 떡국에 넣음	
오산 갈곶	떡국/ *만두 빚지만 안 올림	- 편- 찰떡을 네모지게 만들어 콩고물 무쳐 세 조각 올림
안양 만안	혼재(떡국이나 밥)/ *만두 빚지만 안 올림	
안양 동안	떡국/ *만두 빚지만 안 올림	
의정부 민락	떡국	
의정부 호원	떡국	
평택 팽성	혼재(밥이나 떡국)/ *만두는 최근(20-30년전)식구용	
평택 이충	떡국/ *만두는 최근(20-30년전)식구용	
평택 현덕	떡국/ *만두는 최근(20-30년전)식구용	

강화 교동	떡국/ *만두는 식구용	
강화 강화	떡국	
강화 내가	혼재(떡국이나 밥)/ *만두는 식구용	
포천 일동면 유동리	국(만두+떡국)	- 부침개, 인절미
포천 일동면 기산리	국(만두+떡국)	- 부침개, 인절미
포천 가산	떡국	- 편, 부침개
용인 양지	혼재(떡국이나 밥)/ *만두는 식구용	
용인 남사	떡국/ *만두는 식구용	
용인 백암	떡국/ *만두는 식구용	
옹진 영흥	떡국	
옹진 백령도	혼재	- 시루떡
옹진 덕적도	혼재	- 시루떡
지역별 출현 빈도	73(89)	21(26)

*출전:『세시풍속』에 나타난 경기 32개 시·군, 82개 조사 지역의 설날 떡국 등의 주식(主食) 류와 떡류 출현 내역 등을 추출해 작성함. 숫자는 출현 지역 수, ( )안의 숫자는 백분율(%).
 *혼재는 해당 조사 지역에서 밥, 떡국, 만두(국) 등을 2~3개 함께 올리거나 집안에 따라서 달리 올림을 의미함. 떡국용 가래떡은 떡 종류에서 제외함.
 *가래떡은 대개 떡국용으로 쓰이므로 출현 지역 수 통계에서 제외함.

◇ 경상남도의 지역별 설날 출현 주식류와 떡류

조사 지역	출현 주식류	출현 떡류
거제 거제	떡국	- 찰떡, 시루떡, 절편
거제 일운	출현 안 함	
거제 하청	떡국	
마산 진북	떡국	- 찰떡, 시루떡, 절편
마산 진동	밥(메)	
마산 진전	떡국	- 찰떡, 시루떡, 절편
사천 동서	떡국	
사천 서포[91]	혼재	- 백시루
사천 곤양	떡국	- 떡
통영 욕지	떡국	- 떡
통영 산양[92]	출현 안 함	
통영 용남	떡국	- 떡
하동 옥종	떡국	- 떡
하동 화개	혼재	
하동 양보	혼재	- 흰떡
함안 칠북	혼재	
함안 가야[93]	혼재	- 인절미, 찰떡, 시루떡, 절편
함안 여항[94]	혼재	
울주 서생	떡국	

울주 언양	떡국	
울주 삼남	떡국	- 찰떡, 시루떡, 절편
김해 주촌	떡국	- 찰떡, 시루떡, 절편
김해 한림	떡국	
김해 생림	떡국	
밀양 초동	떡국	
밀양 단장	떡국	
밀양 부북	떡국	
양산 웅상	떡국	
양상 상북	떡국	- 찰떡, 시루떡, 절편
양상 물금	떡국	- 찰떡, 시루떡, 절편
진주 지수[95]	혼재	
진주 일반성	출현 안 함	
진주 이반성	출현 안 함	
진해 운동	떡국	- 찰떡, 절편
진해 운동2동	떡국	- 찰떡, 시루떡
진해 죽곡	떡국	
창원 동읍	떡국	
창원 대산	떡국	
창원 북면	떡국	
거창 거창	혼재	- 떡

거창 가조	혼재	- 떡
거창 주상	혼재	
고성 동해	밥(메)	- 시루떡, 찰떡
고성 하일	밥(메)	- 흰팥떡
고성 대가	밥(메)	- 떡
남해 설천	떡국	
남해 삼동	떡국	- 떡
남해 남면	떡국	- 찰떡
산청 단성	떡국	- 떡
산청 신등	떡국	- 떡
산청 산청	떡국	- 떡
의령 정곡	떡국	
의령 용덕	떡국	- 찰떡, 시루떡
의령 부림	혼재	- 찰떡, 절편, 시루떡
창녕 도천	혼재	- 찰떡, 시루떡, 절편
창녕 계성	떡국	
창녕 이방	떡국	
함양 함양	혼재	
함양 마천	떡국	
함양 서하[96]	떡국	- 떡
합천 합천	혼재	- 떡

합천 대양	혼재	
합천 가야	혼재	
기장 철마	혼재	
기장 기장	떡국	
기장 일광	떡국	- 시루떡, 인절미
지역별 출현 빈도	62(94)	32(48)

*출전: 『세시풍속』에 나타난 경남 22개 시·군, 66개 조사 지역의 설날 떡국 등의 주식(主食)류와 떡류 출현 내역 등을 추출해 작성함. 숫자는 출현 지역 수, ( )안의 숫자는 백분율(%).
*혼재는 해당 조사 지역에서 밥, 떡국 등을 함께 올리거나 집안에 따라서 달리 올림을 의미함.
*가래떡은 대개 떡국용으로 쓰이므로 출현 지역 수 통계에서 제외함.

◇ 경상북도의 지역별 설날 출현 주식류와 떡류

조사 지역	출현 주식류	출현 떡류
경산 남천	혼재	- 골미떡(떡국하기 위해)
경산 자인	혼재	
경산 용성	혼재	
경주 외동	출현 안 함	- 본편, 찰떡, 인절미, 웃기, 주악(조악)[97]
경주 강동	출현 안 함	
경주 내남	출현 안 함	- 떡
구미 형곡2동	혼재	- 흰시루떡
구미 해평	밥(메)	- 팥시루떡
구미 옥성	혼재	

김천 농소	혼재	
김천 구성	떡국	- 떡
김천 어모[98]	혼재	
문경 농암[99]	혼재	
문경 문경	떡국	- 수수부꾸미(찹쌀떡+수수고물 묻힘)
문경 동로[100]	혼재	- 떡
상주 만산[101]	혼재	- 떡
상주 사벌[102]	혼재	
상주 함창	출현 안 함	
안동 서후	떡국	
안동 임하[103]	혼재	- 떡
안동 풍산	떡국	
영주 장수	떡국	
영주 단산	떡국	- 떡
영주 풍기	밥(메)	- 술떡
영천 야사	혼재	
영천 대창	떡국	
영천 청통	출현 안 함	
포항 죽장	떡국	
포항 구룡포	혼재	- 떡
포항 흥해	밥(메)	- 떡

고령 우곡	떡국	- 가래떡, 시루떡, 찰부꾸미
고령 쌍림[104]	혼재	- 시루떡
고령 덕곡	떡국	
군위 군위	떡국	
군위 효령[105]	혼재	
군위 부계[106]	혼재	
봉화 물야[107]	혼재	
봉화 춘양	밥(메)	
봉화 소천	출현 안 함	
성주 월항[108]	혼재	- 떡
성주 수륜	떡국	
성주 초전	혼재	
영덕 창수[109]	혼재	- 편
영덕 영해	떡국(떡국+만두) *만두는 고명으로	- 떡
영덕 영덕	밥(메)	- 절편
영양 영양[110]	혼재	
영양 일월	떡국	
영양 석보	출현 안 함	
예천 유천[111]	혼재	
예천 용문	떡국	
예천 예천[112]	혼재(떡국이나 밥)/ *만두는 식구용	

울릉 북면[113]	혼재	
울릉 울릉[114]	혼재	
울진 울진[115]	혼재	- 편떡
울진 근남	혼재	
울진 평해	밥(메)	- 편떡(하얀 쌀떡), 여러 가지 고물 묻힌 찰떡
의성 사곡	혼재	- 시루떡, 송편, 절편
의성 단촌	출현 안 함	
의성 점곡	혼재	
청도 풍각	혼재	
청도 화양	떡국	- 떡
청도 매전	혼재	
청송 부남	혼재	- 떡
청송 파천	떡국	
청송 부동[116]	혼재	
칠곡 칠곡[117]	혼재	- 떡(백찜)
칠곡 북삼	떡국	- 떡
칠곡 왜관[118]	떡국	
달성 유가	떡국	
달성 하빈	혼재	
달성 옥포	떡국	
지역별 출현 빈도	63(89)	27(38)

류와 떡류 출현 내역 등을 추출해 작성함. 숫자는 출현 지역 수, ( )안의 숫자는 백분율(%).
 *혼재'는 해당 조사 지역에서 밥, 떡국, 만두(국) 등을 2~3개 함께 올리거나 집안에 따라서
달리 올림을 의미함.
 *가래떡은 대개 떡국용으로 쓰이므로 출현 지역 수 통계에서 제외함.

◇ 전라남도의 지역별 설날 출현 주식류와 떡류

조사 지역	출현 주식류	출현 떡류
광양 광양 용강리	떡국	- 떡
광양 광양 세풍리	떡국	
광양 황길	떡국	- 떡
나주 동강	떡국	- 쑥떡
나주 왕곡	혼재	
나주 남평	떡국	- 떡
목포 충무	혼재	- 팥시루떡
목포 삼향	혼재	- 팥시루떡
목포 옥암	떡국	- 시루떡
순천 서면	떡국	
순천 주암	출현 안 함	
순천 낙안	떡국	
여수 돌산[119]	출현 안 함	
여수 호명[120]	밥(메)	- 찰떡, 팥시루떡
여수 화양[121]	밥(메)	- 찰떡, 시루떡

강진 강진	떡국	
강진 마량	떡국	
강진 병영	떡국	
고흥 도양	혼재	
고흥 도화[122]	떡국	- 찰떡, 흰떡
고흥 대서	떡국	
곡성 곡성[123]	혼재	
곡성 석곡	혼재	
곡성 삼기	떡국	
구례 구례	떡국	
구례 산동	떡국	- 콩떡, 시루떡
구례 문척	떡국	- 편
담양 월산[124]	떡국	- 떡
담양 금성	떡국	- 떡
담양 무정	출현 안 함	- 떡
무안 해제	혼재	- 흰떡, 시루떡
무안 운남	떡국	
무안 청계	떡국	
보성 노동	떡국	
보성 벌교	떡국	
보성 득량	떡국	

신안 비금	떡국	
신안 압해	떡국	
신안 지도	밥(메)[125]	- 떡
영광 묘량	떡국	
영광 백수	떡국	- 시루떡
영광 법성포	출현 안 함	
영암 군서	떡국	- 쑥떡, 시루떡
영암 덕진	떡국	- 시루떡, 인절미
영암 삼호[126]	출현 안 함	
완도 군내[127]	밥(메)	- 시루떡
완도 완도 장좌[128]	출현 안 함	- 시루떡
완도 고금[129]	혼재	- 시루떡
장성 삼계	출현 안 함	
장성 북하	떡국	
장성 장성읍 유탕[130]	출현 안 함	
장흥 안양	떡국	- 떡
장흥 장평	떡국	
장흥 회진	밥(메)	- 떡
진도 의신[131]	혼재	- 시루떡
진도 조도	떡국	
진도 임회	혼재	- 시루떡, 가래떡(국떡 혹은 대떡)

함평 나산	출현 안 함	
함평 학교	떡국	- 쑥떡, 인절미
함평 함평	떡국	- 시루떡
해남 현산	떡국	- 가래떡(대떡), 시루떡, 쑥떡, 인절미 *차례상에는 시루떡만 올라감
해남 산이	떡국	- 팥시루떡, 가래떡, 찰떡, 쑥떡 *차례상에는 시루떡만 오름
해남 송지[132]	떡국	- 시루떡, 인절미, 쑥떡 *쑥떡은 상 위에 올리지 않고 잡떡이라고 해서 아무 때나 해 먹음
화순 화순[133]	떡국	
화순 춘양	떡국	- 인절미, 콩떡, 쑥떡
화순 이서	출현 안 함	
지역별 출현 빈도	56(85)	33(50)

*출전:『세시풍속』에 나타난 전남 22개 시·군, 66개 조사 지역의 설날 떡국 등의 주식(主食) 류와 떡류 출현 내역 등을 추출해 작성함. 숫자는 출현 지역 수, ()안의 숫자는 백분율(%).
 *혼재는 해당 조사 지역에서 밥, 떡국 등을 함께 올리거나 집안에 따라서 달리 올림을 의미함.
 *가래떡은 대개 떡국용으로 쓰이므로 출현 지역 수 통계에서 제외함. 진도 조도 등에서 가래떡이 출현함.

◇ 전라북도의 지역별 설날 출현 주식류와 떡류

조사 지역	출현 주식류	출현 떡류
군산 경암	밥(메)	
군산 임피	출현 안 함	
군산 나포	출현 안 함	
김제 금산	밥(메)	- 시루떡, 인절미
김제 요촌	혼재	
김제 교동	혼재	
남원 운봉	혼재	- 시루떡, 인절미, 흰떡(절편) *시루떡은 찹쌀가루와 거피(去皮)하지 않은 붉은팥을 넣어 찐 팥시루떡을 올림
남원 대강	혼재	- 인절미(콩떡), 절편(흰떡), 시루떡
남원 덕과	혼재	- 시루떡, 인절미- *시루떡은 예전에는 거피해서 뽀얀 시루떡을 함. 지금은 거피하지않은 팥시루떡
익산 금마	혼재	
익산 함라	밥(메)	
익산 웅포	혼재	
전주 완산 효자동	혼재	
전주 덕진	혼재	
전주 완산 풍남동3가	혼재	- 시루떡 - 노란 콩때끼떡을 올림. 콩을 볶아서 갈아 가루 만들어 쌀가루와 함께 찐 떡
정읍 옹동	밥(메)	
정읍 입암	밥(메)	- 팥시루떡

정읍 신태인	밥(메)	
고창 성내	혼재	
고창 고창	떡국	
고창 성송	출현 안 함	
무주 무주	밥(메)	
무주 적상	밥(메)	
무주 설천	떡국	
부안 부안	떡국	- 인절미
부안 진서	떡국	- 시루떡, 인절미
부안 상서	떡국	
순창 금과	혼재	
순창 인계	떡국	- 시루떡
순창 팔덕	혼재	- 콩떡, 흰떡, 인절미 *시루떡은 명절에는 하지 않고 생일에만 함
완주 상관	출현 안 함	
완주 고산	출현 안 함	
완주 경천	출현 안 함	
임실 관촌	밥(메)	
임실 삼계	떡국	- 시루떡, 인절미
임실 임실	혼재	- 시루떡, 인절미
장수 천천[134]	혼재	
장수 장계	떡국	

장수 계북[135]	혼재	
진안 동향	밥(메)	
진안 진안	밥(메)	
진안 부귀	밥(메)	
지역별 출현 빈도	36(86)	12(29)

*출전:『세시풍속』에 나타난 전북 14개 시·군, 42개 조사 지역의 설날 떡국 등의 주식(主食) 류와 떡류 출현 내역 등을 추출해 작성함. 숫자는 출현 지역 수, ( )안의 숫자는 백분율(%).
*혼재는 해당 조사 지역에서 밥, 떡국 등을 함께 올리거나 집안에 따라서 달리 올림을 의미함.
*가래떡은 대개 떡국용으로 쓰이므로 출현 지역 수 통계에서 제외함. 정읍 옹동에서 가래 떡이 출현함.

◇ 제주도의 지역별 설날 출현 주식류와 떡류

조사 지역	출현 주식류	출현 떡류
제주 영평	출현 안 함	- 쌀시루떡(곤친떡), 흰쌀떡(곤떡), 솔벤, 절벤, 중궤, 약궤
제주 노형	출현 안 함	
제주 이호	출현 안 함	
남제주 대정[136]	혼재	- 떡. 누룩을 장만해 좁쌀을 물에 담갔다가 빻고 쪄서 오매(메)기떡을 만듦
남제주 표선	출현 안 함	- 절벤, 솔벤, 중궤, 약궤, 우짓이, 친떡, 제펜, 송편, 빙떡(정기떡)[137]
남제주 성산	출현 안 함	
북제주 한경	출현 안 함	
북제주 우도	출현 안 함	

북제주 구자[138]	떡국 *밭벼로 만든 골미떡으로 떡국 씀	- 떡국은 밭벼로 만든 골미떡이라는 떡을 썰어서 메밀가루로 만든 메밀국수에 넣어서 만듦
서귀포 중문 하원리	출현 안 함	- 오매(메)기떡
서귀포 중문 대포리	출현 안 함	
서귀포 보목	출현 안 함	- 떡
지역별 출현 빈도	2(17)	6(50)

*출전:『세시풍속』에 나타난 제주 4개 시·군, 12개 조사 지역의 설날 떡국 등의 주식(主食) 류와 떡류 출현 내역 등을 추출해 작성함. 숫자는 출현 지역 수, ( )안의 숫자는 백분율(%).
*혼재는 해당 조사 지역에서 밥, 떡국 등을 함께 올리거나 집안에 따라서 달리 올림을 의미함.

◇ 충청남도의 지역별 설날 출현 주식류와 떡류

조사 지역	출현 주식류	출현 떡류
공주 사곡	떡국	
공주 우성	떡국	- 흰떡
공주 탄천	떡국	- 흰떡
논산 광석	떡국	- 시루떡
논산 상월	떡국	- 시루떡
논산 연산	혼재	- 떡
보령 천북	혼재	- 떡
보령 웅천	떡국	
보령 오천	혼재	

서산 음암[139]	떡국	- 떡국에 만두 대신 면을 넣는데, 면은 수수가루를 빻아서 부침개를 만들 듯 부쳐낸 수수전병으로 네모난 모양으로 잘라서 떡국에 넣음, 맛과 보기 좋아 차례상 떡국에 넣음
서산 해미	혼재	
서산 부석[140]	혼재(떡국이나 밥) *만두 빚지만 차례상에 안 올림	- 찰떡- 찹쌀가루를 반죽해 밀가루 전병 부치듯, 얇고 둥글게 부쳐낸 것을 네모나게 썰어서 떡국에 넣음. 떡국을 차례상에 올릴 때도 찰떡을 웃기로 얹어 내놓음
아산 송악	떡국 / 만두 빚음- 안 올림	
아산 영인	혼재(떡국과 밥)/ *만두 빚지만 차례상에 안 올림	
아산 도고	떡국	
천안 병산	떡국	
천안 수신	떡국	
천안 직산	떡국	
금산 군북	떡국	
금산 복수	떡국	
금산 제원	떡국	
당진 당진	혼재	
당진 송악	떡국	
당진 순성	떡국/	*수수문주- 수수를 반죽한 다음 지져서 떡국에 넣기도 함
부여 부여	떡국	
부여 은산	떡국	

부여 임천	떡국	
서천 기산	혼재	- 시루떡
서천 서면	혼재	
서천 한산	떡국/ *만두 빚지만 차례상에 안 올림	- 시루떡
연기 전의	떡국	
연기 금남	떡국	
연기 서면	떡국	
예산 대술	떡국	
예산 덕산	떡국	
예산 삽교	떡국	
청양 정산 내초리	떡국	- 시루떡
청양 정산 송학리	떡국	
청양 청양	출현 안 함	
태안 태안[141]	밥(메) - 예전 떡국 에는 수수가루를 반죽해 네모반듯 하게 잘라 넣어 먹 음- 맛과 보기에 좋음	
태안 고남	출현 안 함	
태안 소원	밥(메)	
홍성 서면[142]	혼재	- 부침개
홍성 은하	떡국	

홍성 홍북	떡국	
지역별 출현 빈도	43(96)	13(29)

*출전:『세시풍속』에 나타난 충남 15개 시·군, 45개 조사 지역의 설날 떡국 등의 주식(主食)류와 떡류 출현 내역 등을 추출해 작성함. 숫자는 출현 지역 수, ( )안의 숫자는 백분율(%).
*혼재는 해당 조사 지역에서 밥, 떡국 등을 함께 올리거나 집안에 따라서 달리 올림을 의미함.
*가래떡은 대개 떡국용으로 쓰이므로 출현 지역 수 통계에서 제외함. 공주 사곡, 아산 도고, 청양 정산 송학리에서 가래떡이 출현함.

◇ 충청북도의 지역별 설날 출현 주식류와 떡류

조사 지역	출현 주식류	출현 떡류
충주 산척	떡국	
충주 안림	혼재	
충주 살미	떡국	
제천 송학	국(떡국+만두)	
제천 금성	떡국	
제천 한수	떡국	
청주 흥덕 수의2동	혼재	
청주 흥덕 장암	혼재/ 떡국+만두	- 떡
청주 상당	혼재	
단양 영춘 의풍리	떡국	
단양 영춘 용진리	떡국	

단양 적성 현곡리	떡국	
보은 내속리	혼재	
보은 산외	떡국	
보은 보은	떡국	
영동 매곡	떡국	
영동 영동	밥(메)	
영동 용산	국(떡국+만두)	
음성 생극	혼재	
음성 금왕	혼재	
음성 원남	떡국	- 떡
진천 백곡	떡국	
진천 덕산	혼재	- 떡
진천 문백	혼재	
청원 문의	밥(메)	
청원 강내	혼재	
청원 미원	혼재	
괴산 장연 광진리	떡국	
괴산 장연 조곡리	떡국	
괴산 장연 방곡리	떡국	
옥천 이원	떡국	

옥천 군북	혼재	
옥천 동이	밥(메)	
지역별 출현 빈도	33(100)	3(9)

*출전:『세시풍속』에 나타난 충북 11개 시·군, 33개 조사 지역의 설날 떡국 등의 주식(主食) 류와 떡류 출현 내역 등을 추출해 작성함. 숫자는 출현 지역 수, ( )안의 숫자는 백분율(%).

*'혼재'는 해당 조사 지역에서 밥, 떡국, 만두(국) 등을 2~3개 함께 올리거나 집안에 따라서 달리 올림을 의미함.

*가래떡은 대개 떡국용으로 쓰이므로 출현 지역 수 통계에서 제외함. 제천 송학, 영동 매곡, 영덕, 용산 및 옥천 이원에서 가래떡이 출현함.

3. 단오

◇ 강원도의 지역별 단오 절식과 의례 및 명절 인식 출현 지역

조사 지역	출현 떡류	기념의례 및 명절인식
강릉 왕산	쑥떡	
강릉 옥계	시루떡	산맥이 치성
동해 망상	쑥떡, 취떡	단오제사
동해 삼화	백설기, 시루떡, 수리취(쑥떡)	산맥이 치성/ 성황제
삼척 원덕	쑥떡	
삼척 근덕	팥시루떡, 백설기, 절편, 쑥떡	성황제
삼척 미로	떡	성황당 아침제사
속초 청호		단오제사[143]

속초 도문	취떡	단오제사
태백 삼수		성황제(아침9- 10시)/ *단오 명절- 하루 논다
원주 신림	쑥떡, 인절미, 절편	
춘천 동산	쑥떡	
춘천 동네	쑥떡	
태백 구문소	취떡	단오제사/ 명절- 하루 논다
태백 상사미		성황제
고성 죽왕	쑥떡, 취떡	
고성 현내	수리취떡	
양구 양구	쑥떡, 찰떡, 취떡, 인절미[144]	큰 명절- 쉰다
양구 남면	쑥떡, 취떡	
양양 서면	쑥떡, 취떡	
양양 강현		단오 명절
영월 영월 거운리	수리취떡	
영월 남면	수리취떡	
인제 인제 귀둔1리	취떡	아침차례/ 단오고사
인제 인제 가아2리	취떡	
인제 기린	취떡	아침 조상께 제사/ 단오고사
철원 철원	취떡	
철원 근남	취떡	

철원 서면	취떡	
평창 봉평	취떡	명절차사
평창 진부	쑥절편, 송편	
평창 평창	취떡	
홍천 서석	쑥떡, 취떡	
화천 상서	수리취떡	
화천 간동	수리취떡(취차떡)	
화천 하천	수리취떡	
횡성 우천	취떡	
횡성 갑천	취떡[145]	
출현 지역 수	34(63)	15(28)

*출전:『세시풍속』에 나타난 강원 18개 시·군, 54개 조사 지역의 단오 출현 떡 종류와 의례 등을 추출해 작성함. 숫자는 출현 지역 수, ()안의 숫자는 백분율(%).

**단오 의례에는 해당 조사 지역에서 명절 기념을 위해 행한(출현한) 차례, 제사, 치성, 고사, 쑥 걸기, 단오제(구경),단오빔 입기, 하루 쉬기 등은 물론 명절 인식이 드러날 경우도 의례 출현에 포함함.

◇ 경기도의 지역별 단오 절식과 의례 및 명절 인식 출현 지역

조사 지역	출현 떡류	기념의례 및 명절인식
성남 분당	쑥떡	
성남 수정	쑥떡	
안산 신길	출현 안 함	동네 단오제

안산 대부	출현 안 함	염전 사람들 단오제
화성 향남	쑥떡	
가평 설악	수리취떡	
가평 상면	수리취떡	
양평 지제	쑥떡	
양평 용문	수리취떡	
여주 대신	수리취떡	
여주 점동	쑥떡	
연천 신서	인절미(취자떡)	
연천 전곡	취자떡	
광명 소하2	쑥떡	
김포 고촌	쑥개떡	
김포 통진	쑥떡	
안양 동안	쑥떡[156]	
강화 교동	수리취(쑥)	
강화 내가	쑥떡, 수리취떡	
포천 일동 유동리	단오떡	
포천 일동 기산리	수리취떡, 인절미	
포천 가산	취떡(수리취), 인절미	
용인 양지	쑥떡	
이천 장호원	출현 안 함	큰 명절

광주 광주	출현 안 함	단오도 명절- 새옷
광주 실촌	출현 안 함	단오도 명절- 단오빔
오산 갈곶	출현 안 함	예전에는 큰 명절, 지금은 명절 아님
출현 지역 수	21(26)	6(7)

*출전:『세시풍속』에 나타난 경기 32개 시·군, 82개 조사 지역의 단오 출현 떡 종류와 의례 등을 추출해 작성함. 숫자는 출현 지역 수, ()안의 숫자는 백분율(%).

**단오 의례에는 해당 조사 지역에서 명절 기념을 위해 행한(출현한) 차례, 제사, 치성, 고사, 쑥 걸기, 단오제(구경),단오빔 입기, 하루 쉬기 등은 물론 명절 인식이 드러날 경우도 의례 출현에 포함함.

◇ 경상남도의 지역별 단오 절식과 의례 및 명절 인식 출현 지역

조사 지역	출현 떡류	기념의례 및 명절인식
거제 거제	쑥떡	
거제 일운	쑥떡	쑥 걸기
거제 하청	쑥떡	
하동 옥종	쑥떡	쑥 걸가- 축귀
하동 화개	쑥떡	단오빔(근년에는 안 함) - 바쁜 농사철 하루 쉼
하동 양보	쑥떡	
울주 삼남		차례[147], 성묘 - 근년에는 안 함
김해 주촌		단오차례
밀양 초동	쑥떡	

밀양 단장	쑥떡	
밀양 부북	쑥떡	좋은 명절
양산 웅상		차례와 성묘[148] - 근년에는 거의 없음
진주 지수	쑥떡	
진해 운동	쑥떡	
진해 죽곡	쑥떡	
창원 동읍	쑥떡	
의령 정곡	쑥떡, 찔레꽃떡	
의령 용덕	쑥떡	
의령 부림	쑥떡	
창녕 도천	찔레꽃떡	
기장 철마	쑥떡, 수리취떡	
기장 기장	쑥떡	
기장 일광	쑥떡	
출현 지역 수	20(30)	7(11)

*출전:『세시풍속』에 나타난 경남 22개 시·군, 66개 조사 지역의 단오 출현 떡 종류와 의례 등을 추출해 작성함. 숫자는 출현 지역 수, ( )안의 숫자는 백분율(%).

**단오 의례에는 해당 조사 지역에서 명절 기념을 위해 행한(출현한) 차례, 제사, 치성, 고사, 쑥 걸기, 단오제(구경),단오빔 입기, 하루 쉬기 등은 물론 명절 인식이 드러날 경우도 의례 출현에 포함함.

◇ 경상북도의 지역별 단오 절식과 의례 및 명절 인식 출현 지역

조사 지역	출현 떡류	기념의례 및 명절인식
경산 자인		한당제사 - 4일 자시 한당에서 지냄
경주 강동		단오차례
문경 농암	쑥떡, 송편, 백설기	
문경 문경	쑥떡	
문경 동로	쑥떡, 송편	
상주 만산2동	쑥떡[149]	
상주 사벌	쑥떡, 백설기	
상주 함창	쑥떡	
안동 서후	쑥떡, 백설기	
안동 풍산	쑥떡, 기지떡	
영주 단산	쑥떡	
영주 풍기	수리취떡	아침 제사
구미 옥성		단오는 명절- 바빠도 하루 쉼
구미 형곡		큰 명절
영천 대창	쑥떡	
영천 야사		단오도 명절- 논다
포항 죽장		명절- 바쁜 농사철 하루 쉼
군위 군위	떡	단오는 모심기철 - 떡, 고기로 일군 대접
군위 효령	쑥떡, 취떡	

군위 부계	쑥떡	
봉화 소천	칡떡, 쑥떡	
성주 월항	송편, 색떡	단오는 명절
성주 초전	쑥떡, 백설기	
영양 영양	쑥떡	
의성 사곡	쑥떡	
의성 단촌	쑥떡, 백설기	
의성 점곡	쑥떡	
청도 화양		명절- 바쁜 농사철 하루 쉼
청송 부남	쑥떡, 취떡	단오제 - 4일 밤 12시
청송 파천	쑥떡, 취떡	
청송 부동	취떡, 시루떡	
칠곡 북삼	쑥떡	큰 명절 - 하루 쉬며 재밌게 보냄
칠곡 왜관	찔레꽃떡	
출현 지역 수	26(37)	12(17)

*출전:『세시풍속』에 나타난 경북 24개 시·군, 71개 조사 지역의 단오 출현 떡 종류와 의례 등을 추출해 작성함. 숫자는 출현 지역 수, ( )안의 숫자는 백분율(%).

**단오 의례에는 해당 조사 지역에서 명절 기념을 위해 행한(출현한) 차례, 제사, 치성, 고사, 쑥 걸기, 단오제(구경),단오빔 입기, 하루 쉬기 등은 물론 명절 인식이 드러날 경우도 의례 출현에 포함함.

◇ 전라남도의 지역별 단오 절식과 의례 및 명절 인식 출현 지역

조사 지역	출현 떡류	기념의례 및 명절인식
광양 황길	쑥설기	쑥 걸기
나주 동강	볶음떡	
나주 남평	찔레꽃전	
강진 강진	찔레꽃떡	
고흥 도화	떡	시제
고흥 대서		절제(별제)[150]
곡성 곡성	찔레꽃떡	
담양 월산	쑥떡, 찔레꽃떡(개떡)	
담양 무정	쑥떡	쑥 걸가· 축귀
무안 해제	밀개떡	
보성 노동	찔레꽃전[151]	
보성 득량	쑥떡	
신안 압해	찔레꽃전, 찔레꽃떡	
영광 법성포	모시잎떡	단오제[152]
영광 묘량		법성포 단오제 구경
장성 삼계	찔레꽃떡, 개떡	
장성 유탕	송편(쑥)	
장성 장성		예전 명절로 여겨 동네잔치
장흥 안양	찔레전	

장흥 장평	찔레꽃떡	
함평 나산	삐비떡(쑥)	
해남 현산	찔레꽃떡(시루로)	
해남 송지	쑥전	
화순 화순		쑥 걸기
출현 지역 수	20(30)	8(12)

*출전: 『세시풍속』에 나타난 전남 22개 시·군, 66개 조사 지역의 단오 출현 떡 종류와 의례 등을 추출해 작성함. 숫자는 출현 지역 수, ()안의 숫자는 백분율(%).

**단오 의례에는 해당 조사 지역에서 명절 기념을 위해 행한(출현한) 차례, 제사, 치성, 고사, 쑥 걸기, 단오제(구경),단오빔 입기, 하루 쉬기 등은 물론 명절 인식이 드러날 경우도 의례 출현에 포함함.

◇ 전라북도의 지역별 단오 절식과 의례 및 명절 인식 출현 지역

조사 지역	출현 떡류	기념의례 및 명절인식
군산 경암	쑥떡	
군산 임피	쑥떡(개떡)	약쑥 걸기- 전염병 예방
군산 나포	쑥떡	
김제 요촌	쑥떡	
김제 금산		전주 단오제 구경
남원 운봉	부꾸미(찔레꽃)	
남원 덕과	찔레꽃전	
전주 완산 풍남	쑥범벅	

정읍 옹동	삘기떡, 시루떡	성주밥 올리기
정읍 입암	삘기떡	
정읍 신태인	삘기떡	
고창 성내	삘비떡	
고창 고창	삘기떡	
고창 성송	삘비떡, 개떡	
순창 팔덕	밀개떡	밀개떡 조상에게 올림
완주 경천	쑥떡	
임실 관촌	밀개떡	
임실 임실	찔래꽃전, 찔래꽃떡	
장수 천천		중요 명절- 하루 논다 *과거에는 본격 농사철- 모내기. 보리베기 철
진안 동향	부침개(진달래)	
출현 지역 수	18(43)	5(12)

　*출전:『세시풍속』에 나타난 전북 14개 시·군, 42개 조사 지역의 단오 출현 떡 종류와 의례 등을 추출해 작성함. 숫자는 출현 지역 수, ( )안의 숫자는 백분율(%).

　**단오 의례에는 해당 조사 지역에서 명절 기념을 위해 행한(출현한) 차례, 제사, 치성, 고사, 쑥 걸기, 단오제(구경),단오빔 입기, 하루 쉬기 등은 물론 명절 인식이 드러날 경우도 의례 출현에 포함함.

◇ 제주도의 지역별 단오 절식과 의례 및 명절 인식 출현 지역

조사 지역	출현 떡류	기념의례 및 명절인식
제주 영평	시루떡	명절차례
제주 노형		차례 *4대 명절- 농번기
남제주 대정		70년대 없어진 명절 *지금도 지내는 곳 있음
남제주 성산		명절 인식 *옷 깨끗이 손질해서 입음
남제주 표선	쑥떡, 보리쑥떡, 밀쑥떡, 쑥범벅	명절/[153] 단오제 *70년대 중반 모두 단오제 지냄 - 지금은 한 집만 지냄
북제주 한경	기주떡(보리떡)	명절/ 차례 보리수확기 바쁜 명절
북제주 구자	쑥떡	
서귀포 중문 대포리	보리떡	명절/ 보리 수확으로 분주
서귀포 중문 하원리		설, 추석과 함께 3대 명절 *보리수확기 분주한 명절
서귀포 보목	보리떡(보리 상왜)	단오차례/ 단오는 4대 명절
출현 지역 수	6(50)	9(75)

 *출전:『세시풍속』에 나타난 제주 4개 시·군, 12개 조사 지역의 단오 출현 떡 종류와 의례 등을 추출해 작성함. 숫자는 출현 지역 수, ( )안의 숫자는 백분율(%).
 **단오 의례에는 해당 조사 지역에서 명절 기념을 위해 행한(출현한) 차례, 제사, 치성, 고사, 쑥 걸기, 단오제(구경),단오빔 입기, 하루 쉬기 등은 물론 명절 인식이 드러날 경우도 의례 출현에 포함함.

◇ 충청남도의 지역별 단오 절식과 의례 및 명절 인식 출현 지역

조사 지역	출현 떡류	기념의례 및 명절인식
서산 해미	보생이떡 (수리취 넣어)	단오 명절 *크게는 안 지냄
아산 송악		단오차례
아산 영인	쑥떡[154]	
금산 복수	송편	
서천 서면	쑥개떡	
태안 고남		중요 명절 *게, 홍합, 굴 주워 먹으며 하루 보냄
출현 지역 수	4(9)	3(7)

*출전:『세시풍속』에 나타난 충남 15개 시·군, 45개 조사 지역의 단오 출현 떡 종류와 의례 등을 추출해 작성함. 숫자는 출현 지역 수, ( )안의 숫자는 백분율(%).

**단오 의례에는 해당 조사 지역에서 명절 기념을 위해 행한(출현한) 차례, 제사, 치성, 고사, 쑥 걸기, 단오제(구경),단오빔 입기, 하루 쉬기 등은 물론 명절 인식이 드러날 경우도 의례 출현에 포함함.

◇ 충청북도의 지역별 단오 절식과 의례 및 명절 인식 출현 지역

조사 지역	출현 떡류	기념의례 및 명절인식
충주 산척	쑥떡[155]	
충주 안림	수리취떡, 쑥떡[156]	
충주 살미	수리취떡, 쑥떡	
제천 송학	쑥떡[157]	
제천 금성	단오떡(쑥떡)	

제천 한수	쑥떡, 수리취떡	단오차례
단양 영춘 의풍리	쑥떡	쑥 걸기
단양 영춘 용진리	쑥떡, 수리취떡	쑥 걸기
단양 적성	수리치기떡	쑥 걸기
보은 보은	인절미	단오차례
영동 용산	송편, 부침개	단오차례
음성 금왕		쑥 걸기
청원 강내	쑥떡	
괴산 장연 광진리	쑥떡, 부침개	
괴산 장연 조곡리	쑥떡, 부침개	
괴산 장연 방곡리	송편, 쑥떡, 부침개	단오차례
옥천 이원	부침개	
옥천 동이		국수제사[158]
출현 지역 수	16(48)	9(27)

*출전:『세시풍속』에 나타난 충북 11개 시·군, 33개 조사 지역의 단오 출현 떡 종류와 의례 등을 추출해 작성함. 숫자는 출현 지역 수, ( )안의 숫자는 백분율(%).

**단오 의례에는 해당 조사 지역에서 명절 기념을 위해 행한(출현한) 차례, 제사, 치성, 고사, 쑥 걸기, 단오제(구경),단오빔 입기, 하루 쉬기 등은 물론 명절 인식이 드러날 경우도 의례 출현에 포함함.

4. 추석

◇ 강원도 지역별 추석 의례 및 송편 출현 여부와 송편 소의 종류 및 출현 떡류

조사 지역	기념의례 명칭	송편과 소 종류 및 떡류 관련 사항
강릉 왕산	아침 차례	송편- 밤, 햇콩, 깨금
강릉 주문진	송편차례/ 큰명절	송편- 팥, 밤
강릉 옥계	차례	송편- 팥, 밤
동해 망상	차례/ 가장 큰 명절	송편/ 수수설마- 수숫잎 접어 콩 몇 개 넣고 찐 떡
동해 묵호	차례	송편
동해 삼화	차례	송편- 팥, 콩, 완두콩(광쟁이)
삼척 원덕	차례/ 큰명절	송편- 콩, 팥/ 두 손 포개 납작하게 만듦
삼척 근덕	차례	송편
삼척 미로	차례	송편- 팥, 콩, 밤/ 취떡, 쑥떡, 온갖 떡
속초 청호	차례	송편- 팥, 밤, 깨, 강낭콩, 대추 등 모든 농사지은 것/ 이주민- 만두형 반달, 원주민- 동그랗게
속초 대포	차례	송편- 콩, 팥/ 떡
속초 도문	송편차례	송편- 콩, 팥, 밤, 깨
원주 부론	차례/ 큰명절	송편
원주 신림	차례	송편- 밤, 팥, 콩, 계피
원주 호저	차례/ 중요 명절	출현 안 함
춘천 동산	차례	송편

춘천 서면	차례	송편	
춘천 동내	차례	송편	
태백 삼수	차례	송편- 지금, 밥- 옛날	
태백 구문소	제사	송편- 팥/ 옛날에는 서숙쌀로 만듦/ 감자부침개, 감자송편	
태백 상사미	밥제사	감자, 귀리쌀 떡 만두처럼 산나물, 들깨, 기름 양념 나물 넣고, 옥수수 잎으로 한 개씩 찜- 송편대용	
고성 죽왕면 오봉리	안 나타남	출현 안 함	
죽왕면 문암리	차례	송편- 콩, 떡	
고성 현내	안 나타남	출현 안 함	
양구 방산	차례	송편- 팥, 밤 등/ 절편, 여러 떡	
양구 양구	차례	송편- 팥, 밤 등/ 떡	
양구 남면	차례	송편- 깨, 밤, 콩, 팥 등/ 기정떡- 맨드라미꽃잎, 대추	
양양 강현	차례	송편- 밤, 콩 등	
양양 서면	차례/ 명절 중 최고	송편	
양양 강현	차례	송편- 밤, 콩, 깨 등/ 기정떡- 맨드라미꽃잎, 대추	
영월 영월읍 거운리	성묘	송편	
영월 영월읍 흥월리	성묘	송편	
영월 남면	성묘	송편	
인제 인제읍 귀둔1리	차례	송편	
인제 인제읍 가아2리	성묘	송편	

인제 기린	성묘	송편
정선 정선	산소 차례	출현 안 함
정선 북면	차례	송편- 밤, 깨, 설탕, 콩 등- 고구마 넣기도
정선 남면	차례	송편- 콩
철원 철원	차례	송편
철원 근남	송편차례/ 중요 명절	송편
철원 서면	차례	송편/ 꽃떡(술떡)- 반죽에 술 넣고 찐빵처럼 만들어 위에 대추, 검은 버섯으로 꽃잎 장식함.
평창 봉평	밥차사	송편- 팥, 밤, 고구마 등
평창 진부	차사	송편
평창 평창	차사	송편(쌀이나 감자)- 밤/ *감자송편이 많음- 요즘은 안 함
홍천 서석	차례	송편
홍천 화촌면	차례	송편
홍천 동면	차례	송편
화천 상서	차례	송편
화천 간동	차례	송편- 참깨, 팥, 콩
화천 하천	차례	송편
횡성 우천	차례	송편/ 증편- 대추, 밤, 맨드라미꽃 올림
횡성 강림	차례	송편

횡성 갑천	차례	송편
의례 및 송편 출현 지역 수	52/(96)	50/(93)

*출전:『세시풍속』에 나타난 강원 18개 시·군 54개 조사 지역의 송편(송편 소) 및 떡류 출현 내역 등을 추출해 작성함. 숫자는 출현 지역 수, ( )안의 숫자는 백분율(%).

◇ 경기도 지역별 추석 의례 및 송편 출현 여부와 송편 소의 종류 및 출현 떡류

조사 지역	기념의례 명칭	송편과 소 종류 및 떡류 관련 사항
남양주 조안	차례	출현 안 함
남양주 화도	차례	송편
남양주 오남	차례	송편
동두천 탑동	차례	송편
동두천 동안	차례	송편
성남 분당	차례	송편
성남 수정	차례	송편- 콩, 팥
수원 팔달	차례	송편(예전)- 팥/ (지금은)- 팥, 깨, 밤 등
수원 권선	제사	송편
시흥 신현	차례	송편- 밤, 녹두, 콩
시흥 도창	차례	송편- 볶은 깨, 밤, 고구마, 콩, 대추
안산 신길	송편차례	송편
안산 대부	송편차례	송편
안산 사동	송편차례	송편

안성 도기1동	송편차례	송편
안성 금광	송편차례	송편
안성 죽산	송편차례	송편
의왕 왕곡	송편차례	송편
의왕 고천	송편차례	송편
이천 장호원	차례	송편
이천 설성	차례	송편
이천 마장	송편차례	송편
파주 문산	차례	송편- 팥, 콩, 깨, 설탕, 밤, 고구마
파주 법원	차례	송편
파주 파주	차례	송편
파주 교하	차례	송편- 팥, 콩/ *콩 넣은 것은 제사에 안 씀
하남 감일	차례	송편- 팥, 콩, 밤
화성 송산	송편차례	송편- 팥, 콩
화성 우정	차례	송편
화성 향남	차례	송편
가평 설악	차례	송편
가평 상면	차례	송편
가평 북면	차례	송편
양평 지제면	차례	출현 안 함
양평 용문	차례	출현 안 함

양평 강하	차례	출현 안 함
여주 금사	송편차례	송편- 팥, 밤, 대추, 녹두, 깨, 건포도
여주 대신	송편차례	송편
여주 점동	송편차례	송편- 팥, 콩, 깨, 소금
양주 회천읍 덕정리	차례	송편
양주 양주	차례	송편
양주 회천읍 덕계리	차례	송편
연천 연천	차례	송편
연천 신서	송편차례	송편
연천 전곡	차례	송편
고양 일산	송편차례	송편
고양 덕양	송편차례	송편
광명 학온	밥차례	송편
광명 소하2동	차례	송편
광주 중부	차례	송편- 녹두/ *녹두만 햇것이 나와 사용
광주 광주	차례	송편- 녹두, 동부, 팥, 밤, 대추
광주 실촌	차례	송편- 팥
군포 대야동 둔대	차례	출현 안 함
군포 대야동 속달	차례	출현 안 함
김포 대곶	차례	송편- 팥, 깨, 콩

김포 고촌	차례	송편
김포 통진	송편차례	송편- 팥, 콩, 깨
구리 갈매	차례	출현 안 함
구리 교문1동	송편제사	송편
부천 원미	송편차사	송편
부천 소사	차례	송편
오산 부산	차례 안 나타남[159]	출현 안 함
오산 갈곶	제사	송편
안양 만안	차례	송편
안양 동안	차례	송편- 콩, 팥, 녹두, 참깨
의정부 민락	차례	송편
의정부 호원	차례/ 중요 명절	송편
평택 팽성	차례	송편
평택 이충	차례 안 나타남[160]	송편
평택 현덕	차례	송편
강화 교동	차례	송편- 팥, 콩, 멥쌀도 넣음
강화 강화	차례	송편- 팥, 콩
강화 내가	차례	송편
포천 일동면 유동리	차례	송편- 팥, 깨, 동부/ *콩은 안 씀 감자송편
포천 일동면 기산리	차례	송편- 팥, 깨, 동부/ *콩은 안 씀 감자송편
포천 가산	차례	송편- 팥, 깨, 동부, 밤

용인 양지	차례	송편- 콩, 팥, 밤, 검정깨
용인 남사	차례	송편- 콩, 팥, 밤, 녹두, 검정콩
용인 백암	차례	송편- 콩, 팥, 밤, 녹두, 검정콩
옹진 영흥	차례	송편- 햇콩, 밤, 볶은콩 등
옹진 백령도	차례	송편
옹진 덕적도	송편차례	송편
의례 및 송편 출현 지역 수	80/(98)	74/(90)

*출전:『세시풍속』에 나타난 경기 32개 시·군 82개 조사 지역의 송편(송편 소) 및 떡류 출현 내역 등을 추출해 작성함. 숫자는 출현 지역 수, ( )안의 숫자는 백분율(%).

◇ 경상남도 지역별 추석 의례 및 송편 출현 여부와 송편 소의 종류 및 출현 떡류

조사 지역	기념의례 명칭	송편과 소 종류 및 떡류 관련 사항
거제 거제	차례	시루떡 등/ *송편- 반드시 빚는 것 아님
거제 일운	차례	반드시 시루떡, 찰떡/ *송편- 반드시 빚는 것 아님
거제 하청	차례	시루떡, 찰떡/ *송편- 반드시 빚는 것 아님
마산 진북	차례	술떡
마산 진동	차례	송편
마산 진전	차례	떡
사천 동서	차례	송편/ *송편은 제물로는 안 올림- 별미
사천 서포	차례	출현 안 함

사천 곤양	차례	송편/ 시루떡
통영 욕지	차례	송편 *송편 안 빚었음 - 최근 빚는 집 늘어/ 시루떡
통영 산양	차례	떡
통영 용남	차례	떡
하동 옥종	차례	시루떡, 절편, 다른떡/ *송편 안 빚음
하동 화개	차례	시루떡, 절편/ *송편 안 빚음
하동 양보	차례	출현 안 함
함안 칠북	차례	송편
함안 가야	제사	송편
함안 여항	차례	송편
울주 서생	차례	송편
울주 언양	차례	출현 안 함
울주 삼남	차례	출현 안 함
김해 주촌	차례	송편
김해 한림	차례	송편/ 시루떡, 인절미
김해 생림	차례	송편
밀양 초동	차례	떡
밀양 단장	차례	떡
밀양 부북	차례	떡
양산 웅상	차례	출현 안 함
양상 상북	차례	출현 안 함

양상 물금	차례	시루떡 등 다른 떡/ *송편 빚지 않음	
진주 지수	차례	송편/ 떡	
진주 일반성	차례	출현 안 함	
진주 이반성	차례	송편	
진해 운동	차례	송편/ 떡	
진해 운동2동	차례	송편/ 시루떡	
진해 죽곡	차례	송편[161] / 시루떡 등 다른 떡	
창원 동읍	차례	송편	
창원 대산	차례	출현 안 함	
창원 북면	차례[162]	출현 안 함	
거창 거창	차례	송편- 팥, 콩고물	
거창 가조	차례	송편	
거창 주상	차례	송편	
고성 동해	차례	출현 안 함	
고성 하일	차례	송편- 콩, 밤, 깨엿, 콩고물	
고성 대가	차례	찹쌀떡, 멥쌀떡/ *송편 안 빚음	
남해 설천	차례	절편/ *송편 안 빚음	
남해 삼동	차례	떡	
남해 남면	차례[163]	송편	
산청 단성	차례	송편	

산청 신등	차례	송편- 팥(주로)
산청 산청	차례	송편
의령 정곡	차례	송편/ 떡
의령 용덕	차례	송편/ 시루떡, 찰떡
의령 부림	차례	송편/ 떡
창녕 도천	차례	송편
창녕 계성	차례	송편
창녕 이방	차례	출현 안 함
함양 함양	차례	송편
함양 마천	차례	떡
함양 서하	명절제사	송편- 콩, 팥/ 떡
합천 합천	차례	송편- 팥, 콩
합천 대양	차례	송편
합천 가야	차례	송편- 콩, 팥
기장 철마	차례	송편- 팥, 콩, 깨 등/ 시루떡
기장 기장	차례	떡
기장 일광	차례- 천신제	송편(예전)- 콩, 깨/ 요즘은 단팥속
의례 및 송편 출현 지역 수	66/(100)	40/(61)

*출전: 『세시풍속』에 나타난 경남 22개 시·군 66개 조사 지역의 송편(송편 소) 및 떡류 출현 내역 등을 추출해 작성함. 숫자는 출현 지역 수, ( )안의 숫자는 백분율(%).

◇ 경상북도 지역별 추석 의례 및 송편 출현 여부와 송편 소의 종류 및 출현 떡류

조사 지역	기념의례 명칭	송편과 소 종류 및 떡류 관련 사항
경산 남천	차례	햇곡 송편
경산 자인	차례	골미떡
경산 용성	차례	송편[164]
경주 외동	차례	송편
경주 강동	차례	송편
경주 내남	차례	출현 안 함
구미 형곡2동	차례	송편
구미 해평	제사	송편- 팥, 콩
구미 옥성	차례[165]	송편[166]
김천 농소	차례	떡
김천 구성	차례	송편- 콩, 팥
김천 어모	차례	송편- 콩, 팥
문경 농암	추석제사	송편
문경 문경	차례	송편
문경 동로	차례	송편/ 기지떡
상주 만산2동	차례	송편
상주 사벌면	차례	출현 안 함
상주 함창	차례	출현 안 함
안동 서후	차례[167]	송편

안동 임하	차례[168]	출현 안 함
안동 풍산	차례[169]	송편
영주 장수	추석제사	송편- 시퍼런 불콩
영주 단산	차례	송편- 팥, 햇콩
영주 풍기	차례	송편- 콩(주로), 팥
영천 야사	차례	송편- 깐 햇콩, 볶은 깨, 설탕
영천 대창	차례	송편- 깨, 팥, 콩
영천 청통	차례	송편- 햇콩, 여러 잡곡 넣음
포항 죽장	차례	송편- 설탕, 간장
포항 구룡포	차례	큰떡[170]/ *송편- 허드레 음식
포항 흥해	차례	송편
고령 우곡	제사	송편/ 시루떡, 여러 떡
고령 쌍림	제사	송편/ 다른 떡
고령 덕곡	제사	송편- 콩
군위 군위	차례	송편- 콩가루, 깨
군위 효령	제사	송편- 팥, 콩, 볶은깨
군위 부계	차사	송편- 팥(주로)이나 깨, 콩
봉화 물야	제사[171]	송편
봉화 춘양	제사	송편
봉화 소천	제사	출현 안 함

성주 월항	제사- 떡제사	송편(예전)/ 요즘 갖은떡
성주 수륜	제사	송편
성주 초전	차례	송편
영덕 창수	차례	송편- 햇콩, 팥, 깨
영덕 영해	차사[172]	마구설기, 증편, 경단- 콩가루 묻힘
영덕 영덕	제사	송편
영양 영양	차례	송편
영양 일월	추석 안 나타남	출현 안 함
영양 석보	제사	떡
예천 유천	차례[173]	출현 안 함
예천 용문	차례[174]	출현 안 함
예천 예천	차례[175]	출현 안 함
울릉 북면	차례[176]	출현 안 함
울릉 울릉	차례	송편
울진 울진	햇곡 천신- 제미고사	출현 안 함
울진 근남	차례- 제사	출현 안 함
울진 평해	신미고사	출현 안 함
의성 사곡	차례	송편- 콩/ 호박떡, 찹쌀가루 지진 떡
의성 단촌	차례	송편- 콩, 팥- 요즘 설탕 넣기도
의성 점곡	차례	송편- 콩, 팥, 콩고물/ 기지떡

청도 풍각	송편차례	송편
청도 화양	차례	송편
청도 매전	차례[177]	송편-반달, 온달 형태[178] / 엄비떡
청송 부남	차례	출현 안 함
청송 파천	제사	밥(메)
청송 부동	차례	송편
칠곡군 남원2리	차례[179]	시루떡
칠곡 북삼	차례	송편
칠곡 왜관	차례 / 떡 중심 차례	송편(장떡) / 모듬 시루떡, 망령떡[180]
달성 유가	차례	송편
달성 하빈	차례	송편
달성 옥포	차례	송편
의례 및 송편 출현 지역 수	70/(99)	51/(72)

*출전:『세시풍속』에 나타난 경북 24개 시·군 71개 조사 지역의 송편(송편 소) 및 떡류 출현 내역 등을 추출해 작성함. 숫자는 출현 지역 수, ( )안의 숫자는 백분율(%).

◇ 전라남도 지역별 추석 의례 및 송편 출현 여부와 송편 소의 종류 및 출현 떡류

조사 지역	기념의례 명칭	송편과 소 종류 및 떡류 관련 사항
광양 광양 용강리	차례	송편- 콩이나 팥
광양 광양 세풍리	차례	송편- 팥이나 콩
광양 황길	차례	송편- 콩, 팥
나주 동강	차례	모시송편/ 백설기, 시루떡
나주 왕곡	차례	송편
나주 남평	차례	송편- 깨(주로)
목포 충무	차례	송편- 볶은콩, 깨
목포 삼향	차례	송편- 콩/예전에는 밤, 대추 잘라서 함께 넣음
목포 옥암	차례	송편- 팥
순천 서면	차례	송편- 콩, 팥
순천 주암	차례	송편- 콩, 팥
순천 낙안	14일 밤 차례	송편- 팥(주로)
여수 돌산	차례	송편- 팥, 깨고물
여수 호명	차례	송편- 팥고물/ 찰떡, 시루떡
여수 화양	차례	송편- 팥고물
강진 강진	차례	흰송편, 모시송편- 팥, 깨
강진 마량	차례	송편- 동부, 팥, 콩, 깨
강진 병영	차례	송편- 콩, 팥, 깨

고흥 도양	차례	송편- 깨, 녹두, 팥
고흥 도화	차례	송편/ 떡
고흥 대서	햇과일 차례	송편- 팥(주로)/ 떡
곡성 곡성	차례	출현 안 함
곡성 석곡	차례	송편- 콩이나 깨[181]/ 팥시루떡
곡성 삼기	차례	송편- 콩이나 깨
구례 구례	차례	송편- 콩, 밤, 깨, 팥
구례 산동	차례	팥시루떡/ *송편 안 함
구례 문척	차례	송편/ 떡
담양 월산	차례	송편- 팥
담양 금성	차례	송편- 콩, 팥, 깨, 밤
담양 무정	차례	송편- 팥(주로), 콩
무안 해제	차례	송편- 깨, 콩
무안 운남	차례	송편- 팥 혹은 깨[182]
무안 청계	차례	송편- 콩, 팥/ 시루떡
보성 노동	차례	송편- 콩가루, 깨
보성 벌교	차례	송편- 녹두, 콩, 팥
보성 득량	차례	출현 안 함
신안 비금	차례	송편- 깨, 콩, 팥, 동부
신안 압해	차례	송편- 팥

신안 지도	차례/ *추석 전날 밤 차례상 차림	송편
영광 묘량	차례	송편[183]
영광 백수	차례	송편- 팥, 콩가루
영광 법성포	차례/ *보통 자시 무렵	송편- 깨, 팥
영암 군서	차례	송편
영암 덕진	차례	모시송편
영암 삼호	차례	송편
완도 군내	차례	송편- 팥, 깨[184]
완도 완도	차례	송편- 팥, 콩, 깨
완도 고금	차례	송편- 참깨(주로)/ 쑥송편 빚기도
장성 삼계	차례	모시송편
장성 북하	차례	모시송편
장성 장성	차례	모시송편
장흥 안양	차례	출현 안 함
장흥 장평	차례	송편
장흥 회진	차례	출현 안 함
진도 의신	차례	송편
진도 조도	차례	송편[185]
진도 임회	차례	송편[186]- 팥, 콩, 깨/ 시루떡, 백설기
함평 나산	추석차례(제사)	모시송편

함평 학교	차례	모시송편
함평 함평	차례	모시송편
해남 현산	차례	출현 안 함
해남 산이	차례	송편- 팥이나 깨/ 백설기
해남 송지	14일 상차림	송편, 시루떡
화순 화순	차례	송편- 참깨
화순 춘양	차례	송편- 깨나 팥
화순 이서	차례	송편- 깨나 단 것/ 고물떡, 시루떡- 햇감, 팥, 돈주
의례 및 송편 출현 지역 수	66/(100)	60/(91)

*출전:『세시풍속』에 나타난 전남 22개 시·군 66개 조사 지역의 송편(송편 소) 및 떡류 출현 내역 등을 추출해 작성함. 숫자는 출현 지역 수, ()안의 숫자는 백분율(%).

◇ 전라북도 지역별 추석 의례 및 송편 출현 여부와 송편 소의 종류 및 출현 떡류

조사 지역	기념의례 명칭	송편과 소 종류 및 떡류 관련 사항
군산 경암	차례	송편
군산 임피	차례	출현 안 함
군산 나포	차례	출현 안 함
김제 금산	차례	송편(과거)- 콩/ 지금- 설탕, 깨
김제 요촌	차례	출현 안 함

김제 교동	차례	송편
남원 운봉	차례	송편- 참깨, 볶은콩가루, 땅콩, 팥
남원 대강	차례	송편- 팥(주로)
남원 덕과	차례	송편- 깨, 팥
익산 금마	차례	송편/ *안 바쁘면 만듦
익산 함라	차례	송편
익산 웅포	차례	송편/ *쑥이나 쌀가루만으로
전주 완산 효자동	차례	송편
전주 덕진	차례	송편/ 팥시루떡
전주 완산 풍남동3가	차례	햇송편
정읍 옹동	송편차례	송편
정읍 입암	차례	모시송편
정읍 신태인	차례	모시송편
고창 성내	차례	모시송편
고창 고창	차례	모시송편
고창 성송	오리심리	모시송편
무주 무주	차례	송편
무주 적상	차례	송편
무주 설천	차례	송편
부안 부안	차례	송편(원래)- 콩/ 지금은 깨, 설탕
부안 진서	차례	송편

부안 상서	차례	송편(과거)- 콩가루, 팥
순창 금과	차례	시루떡/ *송편은 빚기도 함
순창 인계	차례	시루떡
순창 팔덕	차례	햇곡송편
완주 상관	차례	송편- 설탕, 팥, 콩고물
완주 고산	차례	송편- 콩, 밤, 팥
완주 경천	차례	햇송편- 콩이나 밤, 혹은 팥
임실 관촌	차례	송편- 동부, 깨
임실 삼계	차례	송편- 팥(주로)
임실 임실	차례	시루떡/ *송편 빚기도
장수 천천	차례	*송편은 드문일
장수 장계	차례[187]	송편/ *과거에는 안 했음
장수 계북	차례	송편
진안 동향	삼신, 성주, 조상 제사	송편/ *여가 있으면 빚음
진안 진안	삼신, 성주, 조상 제사	송편
진안 부귀	차례	송편
의례 및 송편 출현 지역 수	42/(100)	38/(90)

*출전:『세시풍속』에 나타난 전북 14개 시·군 42개 조사 지역의 송편(송편 소) 및 떡류 출현 내역 등을 추출해 작성함. 숫자는 출현 지역 수, ()안의 숫자는 백분율(%).

◇ 제주도 지역별 추석 의례 및 송편 출현 여부와 송편 소의 종류 및 출현 떡류

조사 지역	기념의례 명칭	송편과 소 종류 및 떡류 관련 사항
제주 영평	차례	떡
제주 노형	차례	출현 안 함
제주 이호	차례	출현 안 함
남제주 대정	차례	떡, 전
남제주 표선	차례	출현 안 함
남제주 성산	차례	출현 안 함
북제주 한경	차례	출현 안 함
북제주 우도	차례 안 나타남	출현 안 함
북제주 구자	차례	출현 안 함
서귀포 중문 하원리	차례 안 나타남	출현 안 함
서귀포 중문 대포리	차례 안 나타남	출현 안 함
서귀포 보목	차례	떡
의례 및 송편 출현 지역 수	9/(75)	0/(0)

*출전:『세시풍속』에 나타난 제주 4개 시·군 12개 조사 지역의 송편(송편 소) 및 떡류 출현 내역 등을 추출해 작성함. 숫자는 출현 지역 수, ()안의 숫자는 백분율(%).

◇ 충청남도 지역별 추석 의례 및 송편 출현 여부와 송편 소의 종류 및 출현 떡류

조사 지역	기념의례 명칭	송편과 소 종류 및 떡류 관련 사항
공주 사곡	송편차례	송편- 녹두, 계피, 콩
공주 우성	차사	송편- 단팥
공주 탄천	차례[188]	햇송편- 으깬 콩, 설탕절임 볶은 깨, 꿀 버무린 밤
논산 광석	차례	송편- 팥, 깨, 콩, 꿀
논산 상월	차례	송편
논산 연산	차례	송편
보령 천북	차례	송편
보령 웅천	차례	송편
보령 오천	차례	송편
서산 음암	차례	송편
서산 해미	차례	송편- 밤이나 콩
서산 부석	차례	송편- 풋, 콩, 밤, 깨
아산 송악	송편차례	송편(예전)- 팥/요즘은 팥, 깨, 소금, 꿀
아산 영인	차례	출현 안 함
아산 도고	송편차례	송편(예전)- 팥/요즘은 팥, 밤, 깨, 소금, 꿀
천안 병산	차례	햇송편
천안 수신	차례	송편- 콩, 참깨, 동부, 콩, 밤
천안 직산	송편차사	햇송편
금산 군북	제사	송편

금산 복수	햇나락 절사	송편
금산 제원	차례	햇송편
당진 당진	차례	송편- 밤, 참깨
당진 송악	차례	송편- 팥, 콩, 참깨/ 무리떡- 찹쌀, 멥쌀 반씩- 햇콩, 햇팥
당진 순성	차례	송편- 참깨나 밤, 거피 녹두, 햇콩, 설탕
부여 부여	차례	송편- 콩, 돈부, 깨/ 설개떡
부여 은산	차례	송편
부여 임천	차례	송편
서천 기산	차례	송편/ 시루떡
서천 서면	차례	송편
서천 한산	차례	송편
연기 전의	차례	햅쌀송편(올겨벼)- 팥고물, 깨고물, 돈부, 밤(달게)
연기 금남	차례	햇송편
연기 서면	송편차사	햅쌀송편
예산 대술	차례	송편- 햇콩, 밤, 깨, 녹두
예산 덕산	차례	송편
예산 삽교	차례	송편
청양 정산 내초리	차례	송편/ 버무리떡- 팥, 밤, 콩
청양 정산 송학리	차례	송편- 밤, 콩, 팥
청양 청양	차례	쑥송편, 모시송편- 깨, 팥, 녹두

태안 태안	차례	출현 안 함
태안 고남	차례	송편- 녹두, 참깨
태안 소원	차례	출현 안 함
홍성 서면	차례	송편
홍성 은하	차례	송편/ 기주떡[189]
홍성 홍북	차례	송편
의례 및 송편 출현 지역 수	45/(100)	42/(93)

*출전:『세시풍속』에 나타난 충남 15개 시·군 45개 조사 지역의 송편(송편 소) 및 떡류 출현 내역 등을 추출해 작성함. 숫자는 출현 지역 수, ( )안의 숫자는 백분율(%).

◇ 충청북도 지역별 추석 의례 및 송편 출현 여부와 송편 소의 종류 및 출현 떡류

조사 지역	기념의례 명칭	송편과 소 종류 및 떡류 관련 사항
충주 산척	차례	송편- 팥, 깨고물
충주 안림	차례	송편- 팥, 깨고물
충주 살미	차례	송편- 팥, 깨고물
제천 송학	차례	송편
제천 금성	차례	송편/ 부침개, 기정떡- 깨, 대추, 밤, 맨드라미꽃, 떡비르미
제천 한수	차례	송편
청주 흥덕 수의2동	차례	송편
청주 흥덕 장암	송편차례	송편- 햇콩(햇동부)

청주 상당	차례	송편
단양 영춘 의풍리	차례	햇송편
단양 영춘 용진리	차례	햇송편/ 기정떡, 대추떡비름
단양 적성 현곡리	차사	송편
보은 내속리	차례	송편
보은 산외	차례	송편
보은 보은	차례	송편
영동 매곡	차례	햇송편- 팥
영동 영동	차례	송편- 팥, 깨고물, 밤
영동 용산	차례	송편- 팥, 깨고물
음성 생극	송편차례	송편- 팥
음성 금왕	송편차례	송편
음성 원남	차례	송편
진천 백곡	송편차례	햇송편
진천 덕산	차례	송편
진천 문백	송편차례	송편
청원 문의	차례	햇송편- 콩가루, 깨, 밤
청원 강내	차례	햇송편- 팥, 깨고물
청원 미원	차례	햇송편- 팥, 깨고물, 밤
괴산 장연 광진리	차례	송편

과산 장연 조곡리	차례	출현 안 함
과산 장연 방곡리	차례	출현 안 함
옥천 이원	차례	햇송편- 팥
옥천 군북	차례	햇송편- 팥, 깨고물
옥천 동이	차례	송편- 콩, 팥, 대추, 밤, 깨고물
의례 및 송편 출현 지역 수	33/(100)	31/(94)

*출전: 『세시풍속』에 나타난 충북 11개 시·군 33개 조사 지역의 송편(송편 소) 및 떡류 출현 내역 등을 추출해 작성함. 숫자는 출현 지역 수, ( )안의 숫자는 백분율(%).

5. 동지

◇ 강원도의 지역별 동지 의례

지역	출현 지역	의례 유형	의례 대상	출현 지역 수	합계
강원	원주 부론	민간 신앙	성주[190], 터주	15 (28)	
	춘천 동산		성주·부엌· 장독대·마구간		
	춘천 서면		성주·부엌· 장독대		
	영월 영월 거운리		성주, 광		
	영월 영월 흥월리		성주, 조왕		
	영월 남면[191]		성주, 조왕		
	인제 인제 가아2리[192]		성주		

철원 근남		터주, 성주		
화천 하천		성주, 조왕, 장독대		
횡성 우천		장광·부엌·성주		
태백 구문소		쌀독		
고성 죽왕 오봉리		뒤안		
양구 남면		조상		
양양 강현		조상		
횡성 강림		조왕[193]		
강릉 왕산	유교	동지차례	18 (33)	33
강릉 주문진[194]		차례		
동해 망상		팥죽제사		
동해 묵호		제사		
삼척 근덕[195]		팥죽제사		
속초 청호[196]		팥죽제사		
속초 대포[197]		제사		
속초 도문		제사		
고성 죽왕 문암리		제사		
양양 강현		동지차사		
평창 진부		팥죽차사		
홍천 서석[198]		동지차례		

홍천 서석[199]		동지차례	
화천 하촌		차례	
강릉 옥계		제사	
삼척 미로		팥죽제사	
양양 서면		제사	
횡성 갑천		차례	

*출전: 『세시풍속』에 나타난 강원 18개 시·군, 54개 조사 지역의 동지 의례를 추출해 작성함. 숫자는 출현 지역 수, ( )안의 숫자는 백분율(%).

◇ 경기도의 지역별 동지 의례

지역	출현 지역	의례 유형	의례 대상	출현 지역 수	합계
경기	양주 양주	민간 신앙	성주	15 (18)	17
	강화 강화		성주, 장독대		
	여주 대신		미륵불		
	연천 신서[200]		집안 구석구석		
	연천 전곡[201]		집 안팎		
	광주 중부		마루, 터주, 집안 여러 곳		
	오산 부산		부엌, 외양간, 안반 등		
	오산 갈곶		부뚜막, 마루		
	안양 동안		장독대		
	용인 양지		장독대		

용인 백암		장독대		
구리 교문1동		집의 네 귀퉁이		
용인 남사		터주, 산신항아리		
평택 팽성		변소 앞		
화성 향남		마루, 광 대문간		
성남 수정	유교	차례	2	
강화 강화		차례		

*출전:『세시풍속』에 나타난 경기 32개 시·군, 82개 조사 지역의 동지 의례를 추출해 작성함. 숫자는 출현 지역 수, ()안의 숫자는 백분율(%).

◇ 경상남도의 지역별 동지 의례

지역	출현 지역	의례 유형	의례 대상	출현 지역 수	합계
경남	거제 거제	민간 신앙	조상과 삼신, 성주, 조왕	48 (73)	53
	거제 일운		조상과 삼신, 성주, 조왕		
	거제 하청		조상과 삼신, 성주, 조왕		
	사천 동서동		성주, 조상		
	사천 서포		성주나 정지		
	통영 욕지		조상과 삼신, 성주, 조왕		
	통영 용남		성주와 조상		
	하동 화개		조상과 삼신, 성주, 조왕		

하동 양보		조상과 삼신, 성주, 조왕		
함안 여항		조상과 삼신, 성주, 조왕, 장독대		
울주 언양		조상과 삼신, 성주, 조왕		
김해 주촌		조상과 삼신, 성주, 조왕		
김해 한림		조상신과 삼신, 성주, 조왕		
김해 생림		조상과 삼신, 성주, 조왕		
밀양 초동		성주		
밀양 단장		성주신에 제사		
밀양 부북		성주신에 제사		
양산 웅산		조상과 삼신, 성주, 조왕 등		
양산 상북		조상과 삼신, 성주, 조왕 등		
양산 물금		조상과 삼신, 성주, 조왕 등		
진주 일반성		조상과 삼신, 성주, 조왕 등		
진해 운동		조상과 삼신, 성주, 조왕 등		
진해 운동2동		조상과 삼신, 성주, 조왕		
진해 죽곡동		조상과 삼신, 성주, 조왕 등		
창원 동읍		조상과 삼신, 성주, 조왕 등		
창원 대상		조상과 삼신, 성주, 조왕 등, 불공		
창원 북면		조상과 삼신, 성주, 조왕 등		

거창 가조		성주	
거창 주상		성주, 조왕	
고성 동해[202]		삼신, 조왕, 성주	
고성 하일		성주, 조상	
고성 대가		조상, 삼신, 성주, 조왕, 장독대[203]	
의령 정곡		조상, 삼신, 성주, 조왕 등, 불공	
의령 부림		조상, 삼신, 성주, 조왕 등, 불공	
마산 진북		불공	
마산 진동		조상과 가신	
마산 진전		가신	
밀양 초동		성주에게 제사	
밀양 단장		성주에게 제사	
밀양 부북		성주신에게 제사	
진주 지수		조상	
의령 용덕		조상신, 삼신, 성주신, 조왕신 등의 가신, 절에 불공	
창녕 도천		조상, 삼신 등 여러 가신	
창녕 계성		집안의 여러 신들	

지역	출현 지역	의례 유형	의례 대상	출현 지역 수	합계
	창녕 이방		집안의 가신		
	하동 옥종		집안의 여러 신령		
	기장 기장		조상과 가신		
	울주 서생		가신		
	사천 동서동		차례		
	밀양 초동		제사		
	밀양 단장	유교	제사	5	
	밀양 부북		제사		
	고성 하일		동지차례		

　*출전: 『세시풍속』에 나타난 경남 22개 시·군, 66개 조사 지역의 동지 의례를 추출해 작성함. 숫자는 출현 지역 수, ( )안의 숫자는 백분율(%).

◇ 경상북도의 지역별 동지 의례

지역	출현 지역	의례 유형	의례 대상	출현 지역 수	합계
	구미 해평		성주, 조상, 두제(뒤주)[204]		
	구미 옥성		성주		
	문경 농암[205]		용단지, 성주·터단지		
	상주 만산2동		성주, 용단지		
	안동 풍산		성주와 가신들		
	영천 야사		성주		
	영천 대창		성주, 조상		

경북	영천 청통	민간 신앙	성주, 불공, 바위 등에 빌기	33 (46)	36
	고령 우곡		성주, 조상		
	고령 덕곡		성주, 조상, 절에 가기(불공)		
	군위 효령		고사 (성주, 조상)		
	성주 월항		성주, 조상		
	성주 초전		성주		
	예천[206] 용문		성주		
	예천 예천		성주		
	울진 근남[207]		성주, 절에 가기(불공)		
	울진 평해[208]		팥죽고사 (성주, 조상)		
	청도 풍각		성주, 삼신		
	칠곡 칠곡		성주		
	경주 외동		조상신		
	봉화 소천		고사지내기[209]		
	경주 외동		조상신		
	김천 어모		조상과 가신		
	문경 문경		부엌, 장독대, 성주, 불공		
	상주 사벌		불공		
	안동 서후		절에 가서 치성		
	포항 구룡포		간단한 고사(조상단지나 상청)		

지역	출현 지역	의례 유형	의례 대상	출현 지역 수	합계
	군위 부계		용단지, 성주, 삼신		
	봉화 소천		고사		
	성주 수륜		가신		
	영덕 창수		팥죽고사 (성주와 용단지)[210]		
	울진 울진		팥죽고사(성주)		
	청송[211] 부남		용단지,성주, 삼신등가신들		
	울진 근남		제사		
	칠곡 왜관	유교	차례[212]	3	
	영양 석보		예전에 팥죽제사 지냄		

*출전: 『세시풍속』에 나타난 경북 24개 시·군, 71개 조사 지역의 동지 의례를 추출해 작성함. 숫자는 출현 지역 수, ( )안의 숫자는 백분율(%).

◇ 전라남도의 지역별 동지 의례

지역	출현 지역	의례 유형	의례 대상	출현 지역 수	합계
	목포 삼향		성주		
	목포 옥암		성주		
	고흥 도양		조상, 성주		
	고흥 도화		삼신, 성주, 조왕		
	고흥 대서		성주, 조왕		
	곡성 곡성		성주[213]		
	곡성 석곡		성주		

전남		곡성 삼기	민간 신앙	성주, 조왕	23 (35)	25
		구례 산동		성주		
		구례 문척		성주		
		함평 나산[214]		팥죽제사 (성주·샘·쌀독)		
		함평 학교[215]		팥죽제사 (성주, 조상)		
		함평 함평		팥죽제사 (성주)		
		신안 비금		조상[216]		
		나주 동강		조상께 상차림		
		여수 화양		조상께 천신		
		무안 해제		조상		
		무안 청계		조상		
		영광 묘량		천륭단지 천신		
		완도 완도		조상상 차리기		
		장성 삼계		선영		
		장성 북하		선영		
		화순 춘양[217]		조왕		
		여수 돌산	유교	차례	2	
		강진 마량		제사		

*출전:『세시풍속』에 나타난 전남 22개 시·군, 66개 조사 지역의 동지 의례를 추출해 작성함. 숫자는 출현 지역 수, ( )안의 숫자는 백분율(%).

◇ 전라북도의 지역별 동지 의례

지역	출현 지역	의례 유형	의례 대상	출현 지역 수	합계
전북	남원 운봉[218]	민간 신앙	조상, 성주	23 (55)	24
	남원 대강		성주		
	남원 덕과		성주, 조왕		
	정읍 입암		성주		
	정읍 신태인		성주, 조상		
	고창 고창		성주·장독대·곳간·쌀독		
	무주 적상		성주, 조상		
	장수 계북[219]		성주		
	군산 경암		조상		
	익산 금마		성주, 광, 뒤주, 부엌		
	익산 함라		윗목(조상, 성주)		
	전주 완산 풍남		방, 부뚜막, 곳간, 장독대, 샘, 화장실, 대문, 대들보아래 (성주)		
	정읍 옹동		선영, 장독대		
	고창 성내		선영, 천룡		
	고창 성송		선영(웃목), 농기계		
	무주 설천		조상		
	부안 부안		조상		

부안 상서		선영		
순창 팔덕		조상		
장수 천천		집안 곳곳		
장수 장계		집안 곳곳, 장광, 광, 마루 등		
진안 동향		윗목, 광, 뒤주, 정지		
진안 부귀[220]		칠성당, 안방, 마당, 대문 밖		
무주 무주	유교	제사[221]	1	

*출전: 『세시풍속』에 나타난 전북 14개 시·군, 42개 조사 지역의 동지 의례를 추출해 작성함. 숫자는 출현 지역 수, ( )안의 숫자는 백분율(%).

◇ 제주도의 지역별 동지 의례

지역	출현 지역	의례 유형	의례 대상	출현 지역 수	합계
제주	남제주 성산	민간 신앙	고사[222]	1	1

*출전: 『세시풍속』에 나타난 제주 4개 시·군, 12개 조사 지역의 동지 의례를 추출해 작성함. 숫자는 출현 지역 수, ( )안의 숫자는 백분율(%).

◇ 충청남도의 지역별 동지 의례

지역	출현 지역	의례 유형	의례 대상	출현 지역 수	합계
충남	공주 우성[223]	민간 신앙	조왕, 터주, 성주 순으로 올림	22 (49)	23
	보령 천북		성주, 장독대 등 집안 곳곳		
	보령 웅천[224]		장독대, 안방 성주 앞 등 곳곳		
	서산 음암		성주, 조왕, 장광		
	서산 해미		성주, 조왕, 장광		
	아산 도고		성주, 터주		
	천안 수신		장광, 터주, 성주		
	금산 군북		성주		
	연기 금남		성주		
	예산 대술		성주, 터주		
	공주 사곡		장광, 마루, 외양간, 곳간, 변소, 대문, 마당 한 가운데		
	공주 탄천		장광		
	서산 부석		장광, 뒤란, 외양간		
	당진 송악		뒤란, 부엌, 안방		
	당진 순성		부엌, 안방, 윗방, 뒤란, 굴뚝, 식구들 방		

부여 부여		장광		
부여 은산		장광, 터주, 성주		
연기 서면		터주, 부엌, 방		
연기 전의		성주, 터주		
청양 정산 내초리		당산		
청양 정산 송악리		장광, 성주		
홍성 은하		방(조상수대로), 성주		
부여 은산	유교	동지차례	1	

*출전:『세시풍속』에 나타난 충남 15개 시·군, 45개 조사 지역의 동지 의례를 추출해 작성함. 숫자는 출현 지역 수, ( )안의 숫자는 백분율(%).

◇ 충청북도의 지역별 동지 의례

지역	출현 지역	의례 유형	의례 대상	출현 지역 수	합계
	청주 흥덕 수의2동		성주, 터주단지		
	청주 상당		성주, 조왕		
	괴산 장연 광진		성주, 터주, 외양간, 광		
	괴산 장연 조곡[225]		성주, 터주, 외양간, 광		
	괴산 장연 방곡		성주, 터주, 외양간, 광		
	충주 안림		집안 구석, 화장실, 외양간		

충북	충주 살미	민간 신앙	집안 구석, 화장실, 외양간	16 (48)	17
	제천 송악		조왕신		
	청주 흥덕 장암		조상신		
	단양 영춘[226]		광, 외양간		
	단양 적성		광, 외양간		
	보은 내속리		성주, 장독대		
	보은 보은		성주, 장독대, 집안 곳곳		
	영동 용산		사방에 가져다 놓음		
	청원 문의		사당, 방, 헛간, 장독대		
	옥천 군북		곳곳에 놓음		
	괴산 장연	유교	제사	1	

*출전:『세시풍속』에 나타난 충북 11개 시·군, 33개 조사 지역의 동지 의례를 추출해 작성함. 숫자는 출현 지역 수, ( )안의 숫자는 백분율(%).

6. 애동지

◇ 강원도의 애동지 무팥죽 지역과 출현 절식

조사 지역	애동지 출현 절식	애동지 명칭 및 절식 재료 및 기타
강릉 왕산		수수가루 옹심이· 나이 수[227]
강릉 주문진	무팥죽 - 팥밥	찹쌀 옹심이

강릉 옥계	무팥죽 - 팥밥	찹쌀 옹심이
동해 망상		새알 옹심이
동해 묵호		*애동지 구분 없음/ 찹쌀 새알 옹심이
동해 삼화	무팥죽	*애동지 중동지에 팥죽을 쑤지 않음
삼척 원덕	무팥죽	새알
삼척 근덕	혼재	찹쌀, 수수 새알
삼척 미로	무팥죽	소동지/ 수수, 찹쌀 새알
속초 청호		찹쌀 옹심이 (오그랑)
속초 대포		찹쌀 옹심이
속초 도문	혼재[228]	*아동지 구분
원주 부론	무팥죽	
원주 신림	무팥죽[229]	찹쌀 옹심이(옹시래미)
원주 호저	무팥죽	찹쌀 옹심이
춘천 동산	무팥죽	찹쌀 옹심이
춘천 서면	무팥죽	
춘천 동내	무팥죽	찹쌀 옹심이
태백 삼수	무팥죽	
태백 구문소	혼재[230]	옹심이
태백 상사미	무팥죽	*팥죽이 큰굿보다 낫고 재수 있다
고성 죽왕면 오봉리		찹쌀 옹심이
고성 죽왕면 문암리		옹심이 나이 수

고성 현내		찹쌀, 수수옹심이- 나이 수
양구 방산		찹쌀 옹심이
양구 양구	무팥죽	찹쌀 옹심이
양구 남면	혼재	찹쌀 옹심이
양양 강현	무팥죽	찹쌀 새알- 나이 수 *애동지에는 팥이 잘 되지 않아 팥죽을 쑤지 않음
양양 서면		찹쌀 옹심이 *중순이후 팥죽
양양 강현	무팥죽[231]	수수, 찹쌀 옹심이
영월 영월읍 거운리	무팥죽	
영월 영월읍 흥월리	무팥죽	찹쌀 새알- 나이 수
영월 남면	무팥죽	
인제 인제읍 귀둔1리	무팥죽	
인제 인제읍 가아2리	무팥죽	
인제 기린		수수옹심이 *팥죽에 쌀을 넣어 끓임
정선 정선	무팥죽[232]	찹쌀 옹심이
정선 북면	무팥죽	찹쌀 옹심이 *구동지에 팥죽
정선 남면		*애동지 구분 없음
철원 철원	무팥죽	*애동지에 팥죽 쑤면 집안이 좋지 않다
철원 근남	무팥죽	
철원 서면	무팥죽	*애동지에 팥죽 쑤면 어린이들이 병에 걸리게 된다
평창 봉평	무팥죽	

평창 진부	무팥죽	
평창 평창	팥죽- 팥떡	옹시미, *애동지에도 팥죽과 팥떡 해 먹음
홍천 서석	무팥죽- 밥[233]	찹쌀 옹심이
홍천 화촌면	무팥죽[234]	*애동지는 아무 것도 이루지 못하는 아이의 유아기에 비유돼 팥죽 안 함
홍천 동면	무팥죽	*중동지, 노동지 팥죽
화천 상서[235]	무팥죽	옹심이
화천 간동	무팥죽	옹심이
화천 하천		*애동지 구분 없음
횡성 우천	무팥죽	
횡성 강림	팥죽[236]	애동지/ *애동지에 팥죽하면 팥 농사 풍년 든다
횡성 갑천	무팥죽	애동지/ *설, 추석, 한식, 동지가 4대 명절 *동지가 12간지 중에 병(丙)자에 드는 병간지에도 무팥죽
애동지 절식 출현 지역 수	9(17)	
애동지 떡 출현 지역 수	1(2)	
무팥죽 출현 지역 수	35(65)	

*출전:『세시풍속』에 나타난 강원 18개 시·군, 54개 조사 지역의 애동지 관련 팥죽 및 떡 출현 여부와 속신, 그리고 팥죽 새알의 명칭 및 재료 등을 추출해 작성함. 무(無)팥죽은 팥죽이 쑤지 않음을 의미. 숫자는 출현 지역 수, ()안의 숫자는 백분율(%).

**애동지를 구분하는 지역에서 팥죽을 쑤거나 쑤지 않을 경우 '혼재'로 표기하고 애동지 절식 출현에 포함함. 하지만 무팥죽 출현 지역에는 제외함.

***강원의 모든 지역에서 애기동지가 아닌 보통의 동지에 팥죽이 출현함. 따라서 강원도의 동지팥죽 출현 지역 수는 54(출현 비율 100%)개임.

◇ 경기도의 애동지 무팥죽 지역과 출현 절식

조사 지역	애동지 출현 절식	애동지 명칭 및 절식 재료 및 기타
남양주 조안		*애동지 구분 없음/ 팥죽 뿌리기
남양주 화도		*애동지 구분 없음
남양주 오남		*애동지 구분 없음
동두천 탑동	무팥죽	
동두천 동안		*애동지 구분 없음
성남 분당		*동지에 팥죽 안 함[237]
성남 수정[238]		*애동지 구분 없음/ 열병- 무팥죽/ 찹쌀 생샘
수원 팔달	무팥죽	*애동지에 팥죽 쑤면 아이가 죽는다는 속신
수원 권선	팥죽	*애동지에 팥죽 쑤되 아이는 안 먹임
시흥 신현	무팥죽	*팥죽은 대부분 절에서 먹음
시흥 도창	무팥죽	*만신집에서 팥죽 쒀 나눠줌. *애동지에 팥죽 쑤면 애들이 잘못 된다
안산 신길	무팥죽	*동지시에 맞춰 팥죽 끓임
안산 대부	무팥죽	*전염병에 죽은 조상 있어도 무팥죽 *애동지에 팥죽 쒀 먹으면 어린 아이가 죽는다
안산 사동	팥죽	*애동지에도 팥죽 *모든 동지에 팥죽- 옹심이 넣는 것은 동지 따라 다름
안성 도기1동	무팥죽	
안성 금광	무팥죽	*애동지 팥죽 쑤면 아이들 좋지 않은 영향 미친다
안성 죽산	팥죽	*애동지에도 팥죽 *모든 동지에 팥죽

의왕 왕곡	무팥죽	*애동지에 팥죽 먹으면 애들이 죽는다
의왕 고천	무팥죽	*애동지 들면 동지보다 일찍 팥죽 쒀 먹음
이천 장호원	무팥죽	*애동지에는 아이들이 많이 죽는다
이천 설성	무팥죽	*장질부사 퍼졌을 때 팥죽 뿌림
이천 마장	무팥죽	*절에서 신도에게 팥죽 대접
파주 문산	무팥죽	*애동지에 팥죽 쑤어 먹으면 애들이 많이 죽는다
파주 법원	무팥죽	*전염병에 죽은 조상 있는 집안은 무팥죽
파주 파주	무팥죽	*애동지에 팥죽 쑤어 먹으면 애들이 많이 죽는다
파주 교하	무팥죽	*애동지에는 애들이 많이 죽는다
하남 감일	무팥죽	찹쌀 옹심이 *팥죽 금가는 것 보고 점친다 *애동지에는 젊은 애들 많이 죽는다고 팥죽이나 시루떡을 하지 않는다
화성 송산	무팥죽	찹쌀 새알심 *애동지에 팥죽 쑤어 먹으면 좋지 않다
화성 우정	무팥죽	*애동지에 팥죽 쑤어 먹으면 애가 일찍 죽는다
화성 향남	무팥죽	*애동지에 팥죽 쑤어 먹으면 아이한테 나쁜 일 생긴다
가평 설악		옹심이 *애동지 구분 없음
가평 상면		옹심이
가평 북면	무팥죽	옹심이 *애동지에 팥죽 쑤어 먹으면 아이가 죽는다
양평 지제면		*애동지 구분 없음
양평 용문		*장질부사로 죽은 조상은 팥죽 쑤면 오지 못함
양평 강하		*애동지 구분 없음
여주 금사	무팥죽	*애동지에 팥죽 쑤면 애들이 죽는다

여주 대신	무팥죽	찹쌀 새알 *애동지 때에는 어린이가 죽는다 *애동지시 미륵불에 바칠 때만 팥죽을 쑨다
여주 점동	무팥죽	새알심 *애동지에 팥죽 쑤면 젊은 사람 죽는다 *무당집에서 팥죽 대접 *팥죽 솥 누룽지는 1년 액운 막는데 최고
양주 회천읍 덕정리	무팥죽	*애동지에는 어린 아이들이 많이 죽는다
양주 양주	무팥죽	*애동지에 팥죽 쑤어 먹으면 애들이 죽는다 *팥죽은 집집마다 안쑤고 여유 있는 집에서 만 쑴 수수 옹심이/ *30년전 팥죽 쑴- 지금은 안 쑴
양주 회천읍 덕계리	무팥죽	*애동지에 팥죽 쑤어 먹으면 아이들이 죽는다 *노동지에도 마마에 죽은 조상 있으면 팥죽 안 쑴
연천 연천	무팥죽	옹심이(옹스레미)
연천 신서	무팥죽	옹심이(옹스레미)- 동지죽 *애동지에는 애들이 많이 죽는다
연천 전곡	무팥죽	옹심이(옹스레미) *애동지에 팥죽 쑤어 먹으면 애가 일찍 죽는다
고양 일산	무팥죽	*애동지에는 어린아이들이 많이 죽는다
고양 덕양	무팥죽	*애동지에는 어린 아이들에게 좋지 않다
광명 학온	무팥죽	*애동지는 아이들에게 나쁘다
광명 소하2동	무팥죽	찹쌀 새알/ *애동지는 아이들에게 나쁘다
광주 중부	혼재- 팥죽	찹쌀 옹심이/ *애동지에 팥죽 끓여도 아이에게 안 줌
광주 광주	무팥죽	새알 옹심이/ *애동지에는 애들이 많이 죽는다
광주 실촌	무팥죽	*애동지에는 아이들이 많이 죽는다

군포 대야동 둔대	무팥죽	*애동지에는 팥죽 안 쑴
군포 대야동 속달	무팥죽	*팥죽은 초상집 문상객 대접에서 시작됨
김포 대곶	무팥죽	찹쌀 새알심 *가난했을 때는 부잣집 팥죽 몰래 훔쳐 먹기도
김포 고촌		*팥죽 안 함 - 예전 장티푸스 때문
김포 통진		*팥죽 안 함 - 과거 열병 때문
구리 갈매	무팥죽	애동자- 무팥죽
구리 교문1동	무팥죽	애동자- 무팥죽
부천 원미	무팥죽	애동자 무팥죽 *애동지에는 애가 많이 죽는다
부천 소사	무팥죽	애동자 무팥죽 *애동지에는 애가 많이 죽는다
오산 부산	무팥죽- 팥시루떡	*애동지는 아이들에게 나쁘다 *돌림병 있어 죽은 조상 있는 집 팥죽 안 함 대신에 팥시루떡
오산 갈곶	무팥죽	새알심 *애동지에는 아이들이 많이 죽는다
안양 만안		*팥죽 안 함 - 과거 열병 때문
안양 동안	무팥죽	찹쌀 생샘
의정부 민락	무팥죽	옹심이
의정부 호원		옹심이 *애동지 구분 없음
평택 팽성	무팥죽- 팥시루떡	찹쌀 옹심이/ 애동자 팥시루떡
평택 이충	무팥죽	*애동지에는 아이들이 많이 죽는다
평택 현덕	무팥죽	*애동지는 아이들에게 좋지 않다 *애동지에는 아이들에게 좋지 않다고 팥죽이나 시루떡을 하지 않는다

강화 교동	-	*동짓날에 팥죽 안 함- 오랜 전통 *애동지 구분 없음 *동지 팥죽 먹고 싶으면 동지 전후 쑴
강화 강화		*애동지 구분 없음/ 찹쌀 생샘
강화 내가		*애동지 구분 없음 *애동지가 들면 풍년이라는 속설
포천 일동면 유동리	무팥죽	*애동지에는 애들이 많이 죽는다
포천 일동면 기산리	무팥죽	*애동지에는 애들이 많이 죽는다
포천 가산	무팥죽	*애동지에는 애들이 많이 죽는다/ 옹심이
용인 양지		찹쌀 옹심이
용인 남사	무팥죽	찹쌀 옹심이
용인 백암	무팥죽	*노동지에 팥죽 쒀도 어린이 안먹임
옹진 영흥	혼재- 팥죽	*애동지에 팥죽을 쑤는 집이 일반적
옹진 백령도	무팥죽- 떡	새알/ 애동지- 떡 *팥죽 먹어야 목구멍 먼지 씻긴다
옹진 덕적도		*모든 동지에 팥죽
애동지 절식 출현 지역 수		8(10)
애동지 떡 출현 지역 수		3(4)
무팥죽 출현 지역 수		57(70)

*출전:『세시풍속』에 나타난 경기 32개 시·군, 82개 조사 지역의 애동지 관련 팥죽 및 떡 출현 여부와 속신, 그리고 팥죽 새알의 명칭 및 재료 등을 추출해 작성함. 무(無)팥죽은 팥죽이 쑤지 않음을 의미. 숫자는 출현 지역 수, ( )안의 숫자는 백분율(%).

**애동지를 구분하는 지역에서 팥죽을 쑤거나 쑤지 않을 경우 '혼재'로 표기하고 애동지 절식 출현에 포함함. 하지만 무팥죽 출현 지역에는 제외함.

***경기도의 성남 분당, 김포 고촌 및 통진, 그리고 안양 만안을 포함해 4곳을 제외한 모든 지역에서 애기동지가 아닌 보통의 동지에 팥죽이 출현함. 따라서 경기도의 동지팥죽 출현 지역 수는 78(출현 비율 9%)개임.

◇ 경상남도의 애동지 무팥죽 지역과 출현 절식

조사 지역	애동지 출현 절식	애동지 명칭 및 절식 재료 및 기타
거제 거제		새알- 나이 수
거제 일운		새알심- 나이 수
거제 하청		새알심- 나이 수
마산 진북	무팥죽[239]	애기동지/ 새알 나이 수
마산 진동		새알 나이 수/ 한 살 더[240]
마산 진전		새알- 나이 수
사천 동서동	팥죽	*애동지 팥죽에는 새알 안 넣음
사천 서포	혼재[241]	새알심 나이 수/ *설과 팥죽은 한 살 더 *애동지에 팥죽을 쑤면 아이에게 좋지않다는 말이 있으나 이를 가리지않는 집도 있다
사천 곤양		떡을 새알- 나이 수/ 한 살 더
통영 욕지		찹쌀떡을 새알
통영 산양	무팥죽- 밥	애기동지- 무팥죽/ 새알심 나이 수/ *작은설- 한 살 더
통영 용남	무팥죽	애기동지/ 새알- 나이 수/ 한 살 더
하동 옥종		하얀떡 새알심- 나이 수 / 한 살 더
하동 화개		새알심- 나이 수 / *설 안 쇠도 동지 지나면 한 살 더
하동 양보		하얀떡 새알심- 나이 수/ 한 살 더
함안 칠북	무팥죽	애기동지/ 새알- 나이 수
함안 가야	무팥죽	*애기동지에 팥죽 끓여 먹으면 아이에게 안 좋은 일 생긴다
함안 여항	무팥죽	애기동지/

울주 서생	무팥죽	애기동지/
울주 언양		새알심- 나이 수/ *동지 지나면 한 해 다 간다고 생각
울주 삼남		새알심- 나이 수
김해 주촌		새알심- 나이 수/ 한 살 더
김해 한림		새알심
김해 생림		*애동지 구분 없음
밀양 초동		새알심- 나이 수
밀양 단장		새알심- 나이 수/ *동지 지나면 설 안 쇠도 한 살 더
밀양 부북		새알심/ *팥죽 먹으면 설 안 지나도 한 살 더
양산 웅상		새알- 나이 수
양상 상북		새알- 나이 수
양상 물금	무팥죽	애기동지/ 새알- 나이 수/
진주 지수		새알- 나이 수/ 한 살 더
진주 일반성		새알- 나이 수/ 한 살 더
진주 이반성	무팥죽	애기동지
진해 운동		새알심- 나이 수
진해 운동2동		새알심- 나이 수
진해 죽곡		새알심- 나이 수
창원 동읍		새알심- 나이 수/ 한 살 더
창원 대산	무팥죽	애기동지/ 새알심- 나이 수
창원 북면	무팥죽	애동지- 무팥죽/ 새알심- 나이 수

거창 거창	무팥죽- 떡	애기동자- 떡/ 새알- 나이 수
거창 가조	무팥죽- 떡	애기동자- 떡/ 찹쌀 새알심- 나이 수
거창 주상	무팥죽- 떡	애기동자- 떡/ 새알 나이 수
고성 동해	무팥죽	새알심- 나이 수/ *애기동지 아이들에게 좋지 않다
고성 하일	혼재	새알심아- 나이 수/ *애기동지 팥죽 쑤면 아이들이 일찍 죽는다
고성 대가		*된장이 맛있으라고 장독대에 팥죽
남해 설천	혼재	새알심아- 나이 수/ *동지도 설로 생각- 한 살 더 *애동지에 아기가 있는 집에서는 팥죽 해먹지 않는다
남해 삼동	혼재	새알- 나이 수 *애동지에 관계없이 팥죽을 쑤는 집이 많다
남해 남면	무팥죽- 팥떡	애동자- 팥떡/ 새알심아- 나이 수/ 한 살 더/ *애동지에 팥죽 안 쑨다- 아이들에게 좋지 않기 때문
산청 단성	무팥죽- 떡	*애기동지에 떡 하거나 안 함
산청 신등	무팥죽- 떡	애기동자- 떡/ 새알- 나이 수 *지금은 마음대로 새알 먹음
산청 산청	무팥죽	애기동지/ 새알- 나이 수
의령 정곡		찹쌀 새알- 나이대로/ 한 살 더/ *동지에 부부 방사 금지
의령 용덕		찹쌀 새알심- 나이 수- 건강 장수 기원/ 한 살 더
의령 부림		새알심- 나이 수/*동지 지나면 한 살 더
창녕 도천	무팥죽	*애기동지 팥죽 안 함
창녕 계성	무팥죽- 떡	애동지/ 새알심- 나이 수
창녕 이방	무팥죽- 떡	애기동지(애동지)
함양 함양	혼재	찹쌀 새알- 나이 수/ *애기동자- 팥죽이나 떡

함양 마천		새알- 나이 수
함양 서하	혼재	*애기동자- 떡과 팥죽 함께 함/ *중. 말동자- 무팥죽
합천 합천	무팥죽	새알- 나이 수 / *애기동지 팥죽 쑤어 먹으면 아이에게 좋지 않다
합천 대양	무팥죽	애기동지/ 새알- 나이 수
합천 가야	무팥죽	애동자- 무팥죽/ 새알- 나이 수 / *애동지 팥죽 쑤어 먹으면 아이에게 좋지 않다
기장 철마		새알 - 나이 수
기장 기장		새알- 나이 수
기장 일광		새알심- 나이 수
애동지 절식 출현 지역 수		16(24)
애동지 떡 출현 지역 수		8(12)
무팥죽 출현 지역 수		25(38)

*출전: 『세시풍속』에 나타난 경남 22개 시·군, 66개 조사 지역의 애동지 관련 팥죽 및 떡 출현 여부와 속신, 그리고 팥죽 새알의 명칭 및 재료 등을 추출해 작성함. 무(無)팥죽은 팥 죽이 쑤지 않음을 의미. 숫자는 출현 지역 수, ( )안의 숫자는 백분율(%).

**애동지를 구분하는 지역에서 팥죽을 쑤거나 쑤지 않을 경우 '혼재'로 표기하고 애동지 절식 출현에 포함함. 하지만 무팥죽 출현 지역에는 제외함.

***경남의 모든 지역에서 애기동지가 아닌 보통의 동지에 팥죽이 출현함. 따라서 경남도의 동지팥죽 출현 지역 수는 66개(출현 비율 100%)임.

◇ 경상북도의 애동지 무팥죽 지역과 출현 절식

조사 지역	애동지 출현 절식	애동지 명칭 및 절식 재료 및 기타
경산 남천	무팥죽	애동지/ *팥죽은 상가집 부조 음식 *수제비는 찹쌀 또는 찹쌀과 밀가루 섞어 만듦
경산 자인		*애동지 구분 없음
경산 용성	혼재	애기동지/ 수제비- 나이 수 *아이들에게 좋지 않다고 하여 팥죽을 쑤지 않는 집이 있다.
경주 외동		*애동지 구분 없음
경주 강동	무팥죽	애기동지/
경주 내남		*애동지 구분 없음
구미 형곡2동	무팥죽	애기동지/ 찹쌀수제비- 한 살 더
구미 해평	혼재	애기동자- 팥/ 찹쌀수제비/ *아이가 있는 집에서만은 애기동지에 팥죽을 쑤지 않는다.
구미 옥성	혼재- 떡	애동자- 떡(주로)/ 수제비- 나이 수 / *예전 애동지에는 무팥죽이었으나 지금은 애동지, 노동지 구분 없이 팥죽
김천 농소	무팥죽- 떡	애기동지/ 새알- 나이 수
김천 구성	무팥죽- 떡	애동지/ 새알- 나이 수
김천 어모		*애동지 구분 없음/ 새알- 나이 수 /
문경 농암	무팥죽- 팥시루떡, 호박떡	애동지
문경 문경	무팥죽- 팥떡	애동지/ 찹쌀 새알- 나이 수 / *새알 보다 유난히 큰 새알을 '용알'- 이를 먹으면 좋다
문경 동로	무팥죽- 팥떡	애기동지
상주 만산2동	무팥죽이나 떡	애기동자- 무팥죽- 가정에 따라 떡/

상주 사벌면	무팥죽	애동지/ 새알- 나이 수 *애동지에 팥죽을 쑤어 먹으면 애들한테 좋지 않다 *동지에 팥죽을 끓여 뿌리면 큰굿을 하는 것보다 낫다
상주 함창		*애동지 구분 없음/ 새알(생알)- 밀, 찹쌀로/- 나이 수
안동 서후	무팥죽	애기동지/ *절에서 팥죽 먹음
안동 임하		*애동지 구분 없음/ 찹쌀+멥쌀 새알
안동 풍산		찹쌀 새알 *애동지에는 팥죽을 쑤지 않는다는 말은 있지만 가리지 않고 팥죽 쑴[242]
영주 장수	무팥죽- 떡	애동지/ 찹쌀 새알- 나이 수
영주 단산	무팥죽- 떡	새알- 나이 수 / 애동지
영주 풍기	무팥죽- 떡	새알- 나이 수 / 애동지 *장티푸스로 죽은 조상 있으면 무팥죽 *새알을 나이 수로 인식해 아이에게 억지로 먹임
영천 야사	무팥죽	애동지/ 찹쌀수제비- 나이 수
영천 대창		*반드시 팥죽 끓여 일주일 동안 먹음/ 찹쌀수제비- 나이 수 / *팥죽 먹으면 어지럼증 없다 *동지를 크게 가리지(구분하지) 않음
영천 청통	무팥죽	애동지/ 찹쌀 수제비 나이 수
포항 죽장	혼재	팥죽에 넣는 떡을 수제비- 나이 수 / *애가 있는 집은 애동지에 무팥죽- 집안에 따라 팥죽 쑤기도
포항 구룡포	혼재	아기동자 안 쑤는 집도 있음/ 떡을 새알
포항 흥해	무팥죽	새알/ *동지가 초승에 들면 절대 팥죽 안 쑴 - 팥죽 쑤면 마을 동제에 신령이 못 올 수 있기 때문
고령 우곡	무팥죽	애기동지/

고령 쌍림	혼재	한 살 더 *동지에 팥죽을 쑤지만 가리는 사람들은 애기동지에 팥죽 안 쑴
고령 덕곡		애동지 구분 없이 팥죽/ 찹쌀 새알- 나이 수 / *한 살 더 속설이 있다 *애동지에 팥죽 끓이지 않는다는 말 요즘 들음
군위 군위	무팥죽	애기동지/ 찹쌀 수제비- 나이 수 *애기동지에 팥죽 쑤면 아이들에게 해롭다
군위 효령		찹쌀 수제비- 나이 수 / *동지팥죽은 약이 된다
군위 부계	무팥죽	새알 수제비/ *돌아가신 분 있으면 무팥죽 *중동지와 노동지에만 팥죽 쑴
봉화 물야		*애동지 구분 없음
봉화 춘양		*애동지 구분 없음
봉화 소천		*애동지 구분 없음
성주 월항	무팥죽	애기동지/ 수제비- 나이 수 / *동짓달 지나면 한 살 더
성주 수륜	무팥죽	애기동지/ *애기동지에 팥죽 쑤면 아이에게 해롭다
성주 초전	무팥죽- 떡	애동지/ 새알- 나이 수
영덕 창수		찹쌀 새알- 나이 수
영덕 영해		새알- 나이 수
영덕 영덕	무팥죽	애동지/
영양 영양	무팥죽	애동지/ 새알- 나이 수 / *팥죽을 호랑이 오지 말라 뿌림 *동지에 비가 오면 5월에 비가 많이 온다는 '오동지'란 말이 있음
영양 일월	무팥죽	애기동자 무팥죽/ 새알- 나이 수 *애기동지에 팥죽을 쑤어 먹으면 애에게 좋지 못하다

영양 석보	무팥죽	애동지/ 새알- 나이 수
예천 유천		*애동지 구분 없음
예천 용문	무팥죽- 떡	애동지
예천 예천		*애동지 구분 없음/ *동짓날 팥죽 먹고 집안 사방에 뿌리면 큰 굿보다 낫다 *팥죽이 식으면 맛이 없으므로 식은 팥죽을 뿌리기도
울릉 북면	무팥죽	애동지/ 한 살 더/ *예전 감자 으깨어 새알 만듦- 나이 수
울릉 울릉	무팥죽	애동지/ *감자나 밀가루로 새알 만듦- 나이 수
울진 울진		*대밭에 새알 주우러 다님 *예전에 동지 팥죽 먹음- 한국 전쟁 이후 먹 지 않음
울진 근남		*팥죽은 얼어야 좋다/ 한 살 더
울진 평해		찹쌀 새알- 나이 수
의성 사곡	무팥죽	애동지/ 찹쌀 새알- 나이 수
의성 단촌	팥죽	애동지에는 팥죽을 일찍 쑴/ 새알- 나이 수
의성 점곡	무팥죽	*동지를 작은설/ 한 살 더/ 새알- 나이 수 / *애동지에 팥죽 하면 집안에 아이가 있을 경 우 아이에게 좋지 않다
청도 풍각		*애동지 구분 없음/ 수제비
청도 화양	혼재	*팥죽에 넣는 떡을 수제비- 나이 수 *애동지에 아이가 있는 집에서는 팥죽 안 함
청도 매전	혼재	수제비- 한 살 더/ *동지 지나면 곧바로 신년 된다 *애동지에 아이가 있는 집에서는 팥죽 안 함
청송 부남	무팥죽- 송편	애기동지/ 송편/ 새알
청송 파천		새알- 나이 수 / 옹심아- 아주 큰 새알

청송 부동		새알- 나이 수
칠곡 칠곡	무팥죽	아기(애기)동지
칠곡 북삼	무팥죽	애동지/ 떡을 수제비- 나이 수
칠곡 왜관	팥죽	찹쌀/ 수제비/ 애동지- 새벽일찍 팥죽 쑴/ *예전에 애동지 구분 없었음- 최근 방송 보고 앎
달성 유가	무팥죽	애기동지/ 새알- 나이 수
달성 하빈	무팥죽	애기동지/ 새알(수제비)- 나이 수
달성 옥포	무팥죽	애기동지/ 새알- 나이 수
애동지 절식 출현 지역 수		22(31)
애동지 떡 출현 지역 수		13(18)
무팥죽 출현 지역 수		38(54)

*출전:『세시풍속』에 나타난 경북 24개 시·군, 71개 조사 지역의 애동지 관련 팥죽 및 떡 출현 여부와 속신, 그리고 팥죽 새알의 명칭 및 재료 등을 추출해 작성함. 무(無)팥죽은 팥죽이 쑤지 않음을 의미. 숫자는 출현 지역 수, ( )안의 숫자는 백분율(%).

**애동지를 구분하는 지역에서 팥죽을 쑤거나 쑤지 않을 경우 '혼재'로 표기하고 애동지 절식 출현에 포함함. 하지만 무팥죽 출현 지역에는 제외함.

***경북의 모든 지역에서 애기동지가 아닌 보통의 동지에 팥죽이 출현함. 따라서 경북도의 동지팥죽 출현 지역 수는 71개(출현 비율 100%)임.

◇ 전라남도의 애동지 무팥죽 지역과 출현 절식

조사 지역	애동지 출현 절식	애동지 명칭 및 절식 재료 및 기타
광양 광양 용강리	무팥죽- 밥이나 떡	애기동지/ 찹쌀 새알심/ 나이 수 /
광양 광양 세풍리	무팥죽- 떡	애기동지/ 찹쌀 새알심- 나이 수 /
광양 황길	무팥죽- 떡	애기동지/ 새알심- 나이 수 /
나주 동강		찹쌀경단(새알심용)
나주 왕곡	무팥죽- 떡	애기동지/ 새알
나주 남평	무팥죽- 떡	애기동지/ *팥죽점- 팥죽이 갈라지면 흉년, 물기 남으면 풍년
목포 충무	무팥죽	찹쌀+멥쌀 새알(밤땡이) *어른동지를 좋은날이라 여겨 팥죽 쑴
목포 삼향		찹쌀 새알
목포 옥암		쌀 새알 *애기동지 노인동지 가리지 않고 팥죽 쑴
순천 서면	무팥죽- 떡	애동지/ 찹쌀 새알/ 나이 수/
순천 주암	무팥죽	
순천 낙안	무팥죽- 떡	애기동지
여수 돌산		*애동지 구분 없음
여수 호명		찹쌀 새알/ 한 살 더
여수 화양		찹쌀 새알/ 한 살 더
강진 강진		새알
강진 마량		*애동지 구분 없음
강진 병영		*애동지 구분 없음

고흥 도양	무팥죽	새알심/ *애기동지라 하여 동지 쇠지 않음
고흥 도화	무팥죽- 떡	애동지/ 새알
고흥 대서	무팥죽	새알심 *애동지(아동지)에는 동지를 쇠지 않음
곡성 곡성	무팥죽- 떡	애동지/ 찹쌀 새알심/
곡성 석곡	혼재- 팥죽, 떡	애기동지 *애기동지에는 팥죽 대신 떡하는 경우가 많다.
곡성 삼기	무팥죽- 떡	애동지/ 찹쌀 새알심- 나이 수
구례 구례	무팥죽- 팥시루떡	애기동지- 팥시루떡/ 새알심/ *동지 지나면 한 살 더
구례 산동	무팥죽- 떡	애기동지
구례 문척	무팥죽- 떡	애기동지/ 새알- 나이 수/ 한 살 더 떡국 먹는 것과 같음
담양 월산		새알- 나이 수
담양 금성	팥죽	찹쌀 새알- 나이 수/ *애동지 팥죽- 초순의 애동지와 하순의 노동지로 구분 *노동지에 팥죽을 쑤지 않는다
담양 무정	팥죽	새알- 나이 수/ *애동지에는 팥죽 일찍 쑴/ *어른동지- 팥죽 늦게 쑴
무안 해제	무팥죽- 떡	애동지
무안 운남		팥죽- 한 살 더
무안 청계		찹쌀 새알/ 한 살 더/ *동지를 구분(가리지 않고)하지 않고 팥죽 쑴
보성 노동	혼재	*애동지에는 대개 팥죽 안 쑴/ 찹쌀 새알심- 나이 수/ *애동지에는 팥죽 쒀도 안 뿌림
보성 벌교	무팥죽- 떡	찹쌀 새알심/ 아동지

보성 득량	무팥죽- 떡	새알심- 나이 수/ 애동지
신안 비금		*애동지 구분 없음
신안 압해	무팥죽- 떡	애기동지/ 찹쌀 새알/한 살 더 주나라 세수 풍습
신안 지도		
영광 묘량	무팥죽- 시루떡	찹쌀떡 새알심/ 애기동지
영광 백수	무팥죽	
영광 법성포	무팥죽- 팥떡	애동지
영암 군서		*동지- 작은설. 한 살 더 이 때문에 새알 먹음- 나이 수
영암 덕진		*작은설/ 한 살 더/ 새알
영암 삼호		*애동지 구분 없음
완도 군내		*애동지 구분 없음
완도 완도		*애동지 구분 없음/ 찹쌀 새알
완도 고금		*애동지 구분 없음
장성 삼계	무팥죽- 팥시루떡	아그(아기)동지
장성 북하	무팥죽- 팥시루떡	소동지/ 팥과 찹쌀 찧어 동지죽(팥죽) *소동지 팥죽하면 아이에 좋지 않다
장성 장성		찹쌀 새알심
장흥 안양	무팥죽	새알
장흥 장평	무팥죽	*애기동지 아무것도 하지 않는다/ 새알
장흥 회진	무팥죽	새알/
진도 의신	무팥죽	

진도 조도	무팥죽	*아동지에 팥죽 대신 밀가루 반죽 동물모형 죽 쑴
진도 임회		*애동지 구분 없음
함평 나산	무팥죽- 떡	애기동지/ 찹쌀 새알
함평 학교	무팥죽- 떡	애기동지/ 찹쌀 새알심/ *동지시에 팥죽 먹으면 보약보다 낫다
함평 함평		찹쌀 새알심
해남 현산		*애동지 구분 없음
해남 산이		*애동지 구분 없음
해남 송지		*애동지 구분 없음
화순 화순		찹쌀 새알심
화순 춘양	무팥죽- 팥시루떡	애기동지/ 새알심
화순 이서	무팥죽- 팥떡	애기동지/ 찹쌀 새알심
애동지 절식 출현 지역 수		29(44)
애동지 떡 출현 지역 수		26(39)
무팥죽 출현 지역 수		35(53)

*출전:『세시풍속』에 나타난 전남 22개 시·군, 66개 조사 지역의 애동지 관련 팥죽 및 떡 출현 여부와 속신, 그리고 팥죽 새알의 명칭 및 재료 등을 추출해 작성함. 무(無)팥죽은 팥 죽이 쑤지 않음을 의미. 숫자는 출현 지역 수, ( )안의 숫자는 백분율(%).

**애동지를 구분하는 지역에서 팥죽을 쑤거나 쑤지 않을 경우 '혼재'로 표기하고 애동지 절식 출현에 포함함. 하지만 무팥죽 출현 지역에는 제외함.

***전남의 모든 지역에서 애기동지가 아닌 보통의 동지에 팥죽이 출현함. 따라서 전남도의 동지팥죽 출현 지역 수는 66개(출현 비율 100%)임.

◇ 전라북도의 애동지 무팥죽 지역과 출현 절식

조사 지역	애동지 출현 절식	애동지 명칭 및 절식 재료 및 기타
군산 경암	무팥죽- 시루떡	애기동지/새알심
군산 임피		*애동지 구분 없음
군산 나포		*동지 안 나타남
김제 금산	무팥죽- 시루떡	애기동지/ 쌀 새알심
김제 요촌		찹쌀 새알심
김제 교동	무팥죽- 팥떡	애기동지/ *집에 따라 중년동지 팥떡이나 팥죽/
남원 운봉	무팥죽- 찰떡이나 메떡	애기동지/ 쌀 새알
남원 대강	무팥죽- 팥떡	애동지/ 찹쌀 새알심
남원 덕과	무팥죽- 떡	애기동지/ 새알심
익산 금마	무팥죽- 떡	애동지/ 찹쌀 새알수제비/ 팥죽 한 살 더
익산 함라	무팥죽- 떡	애동지/ 중동지- 무팥죽, 떡안 함
익산 웅포	무팥죽- 떡	애동지/ 한 살 더
전주 완산 효자동	무팥죽- 떡	애기동지/찹쌀 새알심
전주 덕진	무팥죽- 팥떡	애동지/ 새알심
전주 완산 풍남동 3가	무팥죽- 떡	애기동지/ 새알- 나이 수
정읍 옹동	무팥죽- 시루떡	애동지
정읍 입암	무팥죽- 시루떡	애기동지/ 찹쌀 새알- 나이 수
정읍 신태인		*애동지 구분 없음

고창 성내		찹쌀 새알심/
고창 고창	무팥죽- 시루떡	아동지
고창 성송		*애동지 구분 없음
무주 무주		찹쌀 수제비/ *후손 없는 분들 제사/ 한 살 더/
무주 적상	무팥죽- 떡	애동지/ 찹쌀 새알수제비/ 한 살 더/ *동지는 설쇠는 것과 같다
무주 설천		찹쌀+멥쌀 새알심/ 한 살 더
부안 부안		*애동지 구분 없음
부안 진서	팥죽(새알심 없음)	애기동자 새알심 없음- 팥과 쌀로 쑴
부안 상서	무팥죽- 시루떡	애기동지/ 한 살 더
순창 금과	무팥죽- 시루떡	애기동지
순창 인계	무팥죽- 시루떡	애기동지
순창 팔덕		*팥죽 점치가- 팥죽 금이 가 있으면 다음해 가물다
완주 상관	무팥죽- 떡	애동지/ 팥죽에 넣는 찹쌀떡을 새알심
완주 고산	무팥죽- 떡	애동지/ 새알심- 나이 수
완주 경천	무팥죽- 떡	애동지
임실 관촌	무팥죽- 시루떡	아동지/ *보름께 동자- 시루떡이나 동지죽
임실 삼계	무팥죽- 시루떡	애동지
임실 임실	무팥죽- 시루떡	애기동지
장수 천천		찹쌀 새알심
장수 장계		찹쌀 새알심/ 한 살 더

장수 계북	무팥죽-떡	애동지
진안 동향		찹쌀+멥쌀 새알수제비/ 한 살 더
진안 진안	무팥죽-떡	찹쌀 새알심/ 초승(애동지)/ 한 살 더
진안 부귀	무팥죽-떡	애동지/ 찹쌀 새알심
애동지 절식 출현 지역 수		29(69)
애동지 떡 출현 지역 수		28(67)
무팥죽 출현 지역 수		28(67)

*출전: 『세시풍속』에 나타난 전북 14개 시·군, 42개 조사 지역의 애동지 관련 팥죽 및 떡 출현 여부와 속신, 그리고 팥죽 새알의 명칭 및 재료 등을 추출해 작성함. 무(無)팥죽은 팥죽이 쑤지 않음을 의미. 숫자는 출현 지역 수, ( )안의 숫자는 백분율(%).

**애동지를 구분하는 지역에서 팥죽을 쑤거나 쑤지 않을 경우 '혼재'로 표기하고 애동지 절식 출현에 포함함. 하지만 무팥죽 출현 지역에는 제외함.

***전북의 군산 나포를 제외한 모든 지역에서 애기동지가 아닌 보통의 동지에 팥죽이 출현함. 따라서 전북도의 동지팥죽 출현 지역 수는 41개(출현 비율 98%)임.

◇ 제주도의 애동지 무팥죽 지역과 출현 절식

조사 지역	애동지 출현 절식	애동지 명칭 및 절식 재료 및 기타
제주 영평	무팥죽	오동지(애동지)/ 옹심이(찹쌀수제비)/
제주 노형	무팥죽	애기동지-무팥죽/ 새알/ *동짓날은 새해의 시작
제주 이호	무팥죽	애기동지-무팥죽
남제주 대정		*팥죽 먹으면 감기 안 걸려
남제주 표선		팥죽, 별미밥
남제주 성산	무팥죽-밥	밭벼 없으면 좁쌀(차조)로 팥죽/ *애기, 중동지-무팥죽-밥

북제주 한경		*동지죽 먹으면 감기 안 걸려
북제주 우도		동지 안 나타남
북제주 구자		새알심/한 살 더/ *팥죽 먹으면 잔병 없고 건강
서귀포 중문 하원리	무팥죽	애기동지- 무팥죽 *애기동지에 아기가 있는 집에서는 팥죽을 안 쑴
서귀포 중문 대포리		팥죽
서귀포 보목		*팥죽 먹으면 감기 안 걸려
애동지 절식 출현 지역 수		1(8)
애동지 떡 출현 지역 수		0
무팥죽 출현 지역 수		5(42)

*출전:『세시풍속』에 나타난 제주 4개 시·군, 12개 조사 지역의 애동지 관련 팥죽 및 떡 출현 여부와 속신, 그리고 팥죽 새알의 명칭 및 재료 등을 추출해 작성함. 무(無)팥죽은 팥죽이 쑤지 않음을 의미. 숫자는 출현 지역 수, ( )안의 숫자는 백분율(%).

**애동지를 구분하는 지역에서 팥죽을 쑤거나 쑤지 않을 경우 '혼재로 표기하고 애동지 절식 출현에 포함함. 하지만 무팥죽 출현 지역에는 제외함.

***제주의 북제주 우도를 제외한 모든 지역에서 애기동지가 아닌 보통의 동지에 팥죽이 출현함. 따라서 제주도의 동지팥죽 출현 지역 수는 11개(출현 비율 92%)임.

◇ 충청남도의 애동지 무팥죽 지역과 출현 절식

조사 지역	애동지 출현 절식	애동지 명칭 및 절식 재료 및 기타
공주 사곡	무팥죽- 팥떡	애동지
공주 우성	무팥죽- 떡	애동지
공주 탄천	무팥죽- 떡	애동지/ 찹쌀 새알심/

논산 광석	무팥죽	애동지- 무팥죽/ *중동지- 팥죽 또는 시루떡
논산 상월	무팥죽	애동지- 무팥죽
논산 연산	무팥죽- 떡	애동지- 무팥죽/
보령 천북	무팥죽- 팥시루떡	애동자- 팥시루떡/ 찹쌀 새알심/
보령 웅천	무팥죽- 팥시루떡	애동지/ 찹쌀 새알심/
보령 오천	무팥죽	애동자- 무팥죽/ 찹쌀 새알심/
서산 음암	무팥죽	애동자- 무팥죽
서산 해미	무팥죽	애동자- 무팥죽
서산 부석	무팥죽- 팥시루떡	애동지/ 찹쌀 새알심/
아산 송악	팥죽	애동자- 팥죽- 애들은 못먹게
아산 영인	무팥죽	애동자- 무팥죽/ 수수새알/ *수수는 액을 푸는 역할
아산 도고	무팥죽	애동자- 무팥죽/ 새알/ *중노동자 팥죽, 떡하는 집도 있음
천안 병산	무팥죽	애동자- 무팥죽/ 찹쌀, 수수로 새알시미/ *노동지만 팥죽- 쌀도 넣음
천안 수신	무팥죽- 떡	애동자- 무팥죽/ 찹쌀 또는 수수로 새알심
천안 직산	무팥죽- 떡	애동지/ *굿보다 낫다
금산 군북		찹쌀 새알/ *장티푸스, 전염병 있으면- 무팥죽
금산 복수	무팥죽- 떡	애동지/ 찹쌀, 수수 새알심이/ *동지팥죽 고사보다 낫다
금산 제원		*애동지 명칭은 있음
당진 당진	무팥죽- 떡	애동지/ 찹쌀 새알시미/
당진 송악	무팥죽- 흰떡	애동지/ 찹쌀, 수수 새알심/ *새알심- 한 해탈나지 말라고

당진 순성	무팥죽- 떡	애동지/ 찹쌀 새알심
부여 부여	무팥죽- 떡	애기동자- 아이들이 좋아해서
부여 은산	무팥죽- 떡	애동지/찹쌀 새알심/
부여 임천	무팥죽- 떡	애동지/ 찹쌀 새알시미/
서천 기산	팥죽	애동자- 팥죽/ 노동지/ *애동지때 액막이 팥죽 뿌리기
서천 서면	무팥죽- 무팥죽	애동자- 무팥죽- 애들 다친다
서천 한산	무팥죽- 떡	애동지
연기 전의	무팥죽- 떡	애동지
연기 금남	무팥죽- 호박떡	애동지/ 찹쌀+멥쌀 새알심
연기 서면	무팥죽- 떡	애동자- 애들 좋아해/ *예전 팥죽 먹어야 괴질 예방
예산 대술	무팥죽- 무팥죽	애동자- 무팥죽- 밥/ 찹쌀, 수수로 새알심 *팥죽 먹으면 부스럼 안 남/
예산 덕산	무팥죽- 떡	애동지/ 찹쌀 새알심 *애동지면 이듬해 팥 잘 어물지 않음
예산 삽교		찹쌀, 수수 새알심/ 염병이 있을 경우- 무팥죽 *팥죽은 늙지 말라고 먹는 것
청양 정산 내초리		찹쌀맹이(씨알심)- 동지팥죽에만 넣음
청양 정산 송학리	무팥죽- 떡	애동지/ 찹쌀 옹심이
청양 청양	무팥죽- 떡	애동지
태안 태안	무팥죽- 무팥죽	
태안 고남		찹쌀 새알
태안 소원		찹쌀 새알

홍성 서면		찹쌀이나 수수 새알심/ *밀가루 수제비 넣기도 *동지 팥죽 먹으면 종기 없어진다
홍성 은하		찹쌀 새알심
홍성 홍북		찹쌀, 수수새알심
애동지 절식 출현 지역 수		25(56)
애동지 떡 출현 지역 수		23(51)
무팥죽 출현 지역 수		34(76)

  *출전:『세시풍속』에 나타난 충남 15개 시·군, 45개 조사 지역의 애동지 관련 팥죽 및 떡 출현 여부와 속신, 그리고 팥죽 새알의 명칭 및 재료 등을 추출해 작성함. 무(無)팥죽은 팥죽이 쑤지 않음을 의미. 숫자는 출현 지역 수, ( )안의 숫자는 백분율(%).

  **애동지를 구분하는 지역에서 팥죽을 쑤거나 쑤지 않을 경우 '혼재'로 표기하고 애동지 절식 출현에 포함함. 하지만 무팥죽 출현 지역에는 제외함.

  ***충남의 모든 지역에서 애기동지가 아닌 보통의 동지에 팥죽이 출현함. 따라서 충남도의 동지팥죽 출현 지역 수는 45개(출현 비율 100%)임.

◇ 충청북도의 애동지 무팥죽 지역과 출현 절식

조사 지역	애동지 출현 절식	애동지 명칭 및 절식 재료 및 기타
충주 산척	무팥죽- 떡	애동자- 무팥죽/ 새알수제비/ *애동지 팥죽하면 아이 우환, 질병
충주 안림	무팥죽- 떡	애동자- 무팥죽/ *애동지 팥죽하면 아이 우환, 질병
충주 살미	무팥죽- 떡	애동자- 무팥죽/ 새알수제비/
제천 송학	무팥죽	애기동자- 무팥죽/ 찹쌀 새알심/
제천 금성	무팥죽	애기동자- 무팥죽
제천 한수	무팥죽	애기동자- 무팥죽/ 찹쌀 새알심/ *팥을 식구 나이 수대로 계산 후 팥죽 쑴/ 나그네용도 넣음

청주 흥덕 수의2동	무팥죽- 떡	애동지- 무팥죽
청주 흥덕 장암	무팥죽- 떡	애동지- 무팥죽
청주 상당	무팥죽- 떡	애동지- 무팥죽
단양 영춘 의풍리		찹쌀 새알심
단양 영춘 용진리	무팥죽	애기동자- 무팥죽/ 찹쌀 옹심이/
단양 적성 현곡리	무팥죽	애기동지는 오동자- 무팥죽/ 찹쌀 새알심/
보은 내속리	무팥죽	애동자- 무팥죽
보은 산외	무팥죽	애동자- 무팥죽/ 찹쌀 새알심/
보은 보은	.	*애동지 구분 없음/ 찹쌀 새알심/ *팥죽을 쑤어 먹으면 안택굿보다 좋다
영동 매곡	무팥죽- 떡	애동자- 무팥죽 *애동지는 아이들의 동지이기에 떡함
영동 영동	무팥죽- 떡	애동자- 무팥죽/ 새알심/ *애동지에 팥죽하면 아이들에게 우환이 닥친다
영동 용산	무팥죽- 떡	애동지 무팥죽/ 새알수제비/
음성 생극	무팥죽	애동자- 무팥죽
음성 금왕	무팥죽	애동자- 무팥죽/ 새알/
음성 원남	무팥죽	애동자- 무팥죽/ *젊은 사람 죽는다
진천 백곡	혼재	일부 애동자- 무팥죽
진천 덕산	무팥죽	애동자- 무팥죽/ *팥죽은 죽음과 연관 *애동지에 팥죽하면 아이들이 죽는다
진천 문백	무팥죽	애동자- 무팥죽
청원 문의	무팥죽	애동자- 무팥죽/ 찹쌀 새알심/ *팥죽- 한 살 더- 떡국과 마찬가지
청원 강내	무팥죽- 떡	애동지/ 중노동자- 팥죽

청원 미원	무팥죽- 떡	애동지 *애동지 팥죽하면 아이들에게 우환이 닥친다
과산 장연 광진리	무팥죽	애동지- 무팥죽/ 찹쌀 새알수제비/
과산 장연 조곡리	무팥죽	애동지- 무팥죽/ 찹쌀 새알수제비/
과산 장연 방곡리	무팥죽	애동지- 무팥죽/ 찹쌀 새알수제비/
옥천 이원		새알심 대신 찹쌀수제비를 넣음
옥천 군북	무팥죽- 떡	애동지/ 중노동지- 팥죽
옥천 동이	무팥죽- 떡	애동지/ 중노동지- 팥죽
애동지 절식 출현 지역 수		14(42)
애동지 떡 출현 지역 수		13(39)
무팥죽 출현 지역 수		29(88)

*출전:『세시풍속』에 나타난 충북 11개 시·군, 33개 조사 지역의 애동지 관련 팥죽 및 떡 출현 여부와 속신, 그리고 팥죽 새알의 명칭 및 재료 등을 추출해 작성함. 무(無)팥죽은 팥죽이 쑤지 않음을 의미. 숫자는 출현 지역 수, ( )안의 숫자는 백분율(%).

**애동지를 구분하는 지역에서 팥죽을 쑤거나 쑤지 않을 경우 '혼재'로 표기하고 애동지 절식 출현에 포함함. 하지만 무팥죽 출현 지역에는 제외함.

***충북의 모든 지역에서 애기동지가 아닌 보통의 동지에 팥죽이 출현함. 따라서 충북도의 동지팥죽 출현 지역 수는 33개(출현 비율 100%)임.

미주

1 일부에서는 이를 떡의 한 종류인 '경단'으로 보기도 한다.

2 김용갑(2017c), 「한국 멥쌀떡 발달배경 연구」, 전남대학교 대학원 석사학위논문, pp.33~45.

3 이 같은 곡물 제분 방법을 습식제분이라고 한다.

4 신말식(2009), 「쌀 가공식품」, 『식품과학과 산업』, 42(4), p.9.

5. '쩍구톤 짯 거치 나니' -『월인석보』(1:42~43)-『월인석보』는 1459년 세조가 편찬한 석가모니 일대기와 해설을 담은 불교 관련 서적. 세종이 지은 『월인천강지곡(月印千江之曲)』과 세조 자신의 『석보상절(釋譜詳節)』을 설명부분으로 더해 편찬됐다.

6 김민수편, 『우리말 어원사전』, 태학사, 1997, p.287.

7 조영언, 『한국어 어원사전』, 다솜출판사, 2004, p.153.

8 조영언, 앞의 책, p.153.

9 ㈜낱말 어휘정보처리연구소 편, 『우리말 방언사전』, ㈜낱말 어휘정보처리연구소, 2010, p.157.

10 최학근, 『증보 한국방언사전』, 명문당, 1994, p.698.

11 김민수 편, 앞의 책, p.287.

12 교무부(2008),「다시 보는 우리문화 : 우리 민족의 전통음식 떡(餠)」,『대순회보』87호(2008년9월), pp.105~111.

13 『오주연문장전산고(五洲衍文長箋散稿)』주례(周禮).

14 위안리(苑利) 지음, 최성은 옮김,『도작문화로 본 한국문화의 기원과 발전』, 민속원, 2005, p.108.

15 위안리(苑利), 앞의 책, pp.172~173.

16 윤서석,『우리나라 식생활 문화의 역사』, 신광출판사, 2001, pp.39~43.

17 윤서석 외 8인,『벼·잡곡·참깨 전파의 길』, 신광출판사, 2000, pp.224~225, p.236 참조.

18 윤서석 외 8인, 앞의 책, pp.230~231.

19 허탁운 지음, 이인호 옮김,『중국문화사 상』, 천지인, 2013, p.334.

20 윤서석, 앞의 책, p.200, p.182. ; 허탁운 지음, 이인호 옮김, 앞의 책, p.334. - 밀(소맥)은 중국에 기원전 200~100년 경 전한대의 중엽, 장건(張騫)이 서역으로부터 들어온 것이고, 보리(대맥)는 중국 은대(기원전 1500~1200)의 갑골문자에 이를 상징하는 글자가 있어 이 무렵에 유입된 것으로 봄.

21 문수재, 손경희,『식생활과 문화』, 신광출판사, 2001, p.466.

22 윤서석, 앞의 책, p.34. - 보리는 밀 문화권에서 분식 형태로, 쌀 문화권인 한국 등은 입식형태(보리밥)와 분식형태(미숫가루) 두 가지로 섭취된다.

23 『농정회요(農政會要)』곡종에서 인용.

24 『삼국유사』권2, 효소왕대 죽지랑(孝昭王代竹旨郎)

25 위안리(苑利), 앞의 책, pp.74~75.

26 위안리(苑利), 앞의 책, pp.52~53.

27 윤서석, 앞의 책, p.128 및 위안리(苑利) 지음, 최성은 옮김, 앞의 책, p.131.

28 박태식, 이융조(2004), 「소로리(小魯里) 볍씨 발굴(發掘)로 살펴본 한국(韓國) 벼의 기원(起源)」,『농업사연구』, 3(2), p.120, p.129.

29 박태식, 이융조(2004), 앞의 논문, p.123.

30 윤서석, 앞의 책, p.124, p.50.

31 허탁운지음, 이인호옮김, 앞의 책, p.57.

32 경단- 찹쌀가루나 찰수수 따위의 가루를 반죽하여 밤톨만 한 크기로 동글동글하게 빚어 끓는 물에 삶아 낸 후 고물을 묻히거나 꿀이나 엿물을 바른 떡. 또는 그런 모양의 것.

33 단자- 찹쌀가루나 찰수수 따위의 가루를 반죽해 소를 넣어 찐 다음, 겉에 콩가루 등을 입힌 떡.

34 편(片)- 고이기 쉽도록 켜를 얇게 하고, 꿀이나 설탕물을 내려 탄성을 갖게 한 떡.

35 『성호사설』,『상변통고(常變通攷)』,『우리말 방언사전』,〈국립국어원 표준국어대사전〉참조.

36 원선임, 조신호, 정낙원, 최영진, 김은미, 차경희, 김현숙, 이효지(2008), 「17세기 이전 조선시대 떡류의 문헌적 고찰」,『한국식품조리과학회지』, 24(4), p.419.

37 윤서석, 앞의 책, pp.492~495.

38 이철호, 맹영선(1987), 「한국 떡에 관한 문헌적 고찰」, 『한국식생활문화학 회지』, 2(2), p.120. - 5가지 종류- 증병류, 도병류, 단자병류, 전병류, 이병류.

39 신말식(2010), 「미래의 쌀 소비변화를 주도할 밀가루 대체 쌀 가공식품」, 『식품공업』, 214(3), pp.9~34.

40 한나라 때 요리 어휘로 증(蒸- 찜), 자(煮- 삶음), 자(炙- 불에 직접 태워 구움), 고(烤- 불에 간접적으로 구워 익힘) 등이 있었다. - 허탁운 지음, 이인호 옮김, 앞의 책, p.261.

41 윤서석, 앞의 책, p.197.

42 윤서석, 앞의 책, p.141. - 청동기 시대의 유적인 나진 초도패총, 황주 침촌 유적, 무산 호곡유적 등에서 시루가 발견되었다. 요동반도 끝에 위치한 비자와 유적에서는 세발달린 솥과 시루가 한 벌로 된 것도 출토됐다.

43 한국과 일본민족이 (전통 시기 이전) 사용한 솥은 모양이 통 모양으로 둥글고 허리 가장 자리에 한 원이 다시 둘러져 있으며, 마치 날개가 둘러져 있는 형태다. 이를 유척부(有脊釜)라 하며, 진흙으로 빚어진 솥을 유척도부(有脊陶釜)라 부른다. - 위안리(苑利), 최성은옮김, 앞의 책, p.222.

44 위안리(苑利), 앞의 책, p.223.

45 瓦鑪置米其中 - 『삼국지(三國志)』 동이전, 「한전, 동옥저」.

46 쌀은 밀 등에 비해 곡물이 부드러워 굳이 가루를 내서 식용할 필요성이 없었다. - 허탁운 지음, 이인호 옮김, 앞의 책, p.334.

47 이효지(1988), 「조선시대의 떡문화」, 『한국식품조리과학회지』, 4(2), p.92.

48 이종미(1992), 「한국의 떡 문화. 형성기원과 발달 과정에 관한 소고」, 『한국식생활문화학회지』, 7(2), p.191.

49 '고대 농업 초기시기 (곡물 가루를) 모닥불에 굽거나 모닥불 재에 묻어 구웠다.' - 윤서석, 앞의 책, p.496., p.140. ; '분쇄한 곡물과 물을 섞은 반죽을 뜨거운 돌이나 잉걸불에 익혀 흥미로운 고형의 덩어리로 바꿔 플랫브레드를 만들었다.' - 해롤드 맥기 저, 이희건 역, 『음식과 요리』, 도서출판 백년후, 2011, pp.789~790.

50 강원도 평창군 봉평면 창동리의 2월 송편, 태백시 상사미마을 추석 송편- 국립문화재연구소, 『강원도 세시풍속』, 국립문화재연구소, 2001. 제주도도 차조 등으로 떡을 만들었다.

51 국립문화재연구소, 『제주도 세시풍속』, 국립문화재연구소, 2001, p.57.- 제주도는 조사대상 12개 지역 중 표선면 성읍2리 구렁팟마을을 제외한 11개 지역에서 송편을 빚지 않은 것으로 나타남. 국립문화재연구소, 『강원도 세시풍속』, 국립문화재연구소, 2001, p.204. p.229. pp.338~339. p.400. p.445.

52 잡채는 당면을 일컬음.

53 『강원도 세시풍속』, 홍천 서석, p.498. "설 차례 지낼 음식을 전날에 해 놓기 때문에 이 음식을 조금씩 떼어서 묵은 제사를 지낸다. 밥 대신 떡국을 올린다. 이때에 지내는 차례를 설날차례와 연계하여 인지하는 사람도 있다."

54 과거에 그믐제사 지냄. - 지금은 섣달차례(제사) 안 지냄.

55 그믐제사에 온갖 제물 올림. - 설 차례보다 제물이 많음.

56 설 차례보다 제물이 다양.

57 『경상남도 세시풍속』, 사천 동서, p.183. "섣달그믐날 차례를 지내고 이튿날 다시 모시는 집도 있으며, 이틀 중 하루만 차례를 모시는 집도 있

다. 섣달그믐날 제를 올리는 집에서는 메를 제물로 올리며 설에는 떡국
으로 메를 대신한다."

58 예전 그믐제사 지냄.

59 『경상남도 세시풍속』, 사천 서포, p.202, p.216. "정월 초하루부터 떡국차
례를 지내는 것이 좋지 않다고 여겨서 섣달그믐에는 제사를 지내지 않고
초하루에 메제사로 대체하는 집이 늘어났다." "이 마을에서는 최근에 그
믐 제사보다는 설 차례를 중시하는 경향으로 그믐 제사는 지내지 않고
설에 메를 올려서 제사를 지내는 집이 많다."(p.216.)

60 『경상남도 세시풍속』, 사천 곤양, p.231. "본래 조상께 올리는 제사는 그
믐에 지내는 것이고, 초하루에는 사람들이 떡국을 해 먹기 때문에 조상
에게 먼저 올리는 것일 뿐이다."

61 한국 전쟁 후 사라져 지금은 그믐 제사 없음.

62 『경상남도 세시풍속』, 남해 삼동, p.548. "물건리의 일부 가정에서는 집 안
에 밥무덤이 있었다. 밥무덤 앞에 제사상을 차리고 간단히 고사를 지낸 후
에 인근의 동신고개에 가서 황토를 퍼 와서 밥무덤에 부어 놓았다고 한다."

63 특별한 절차 없이 떡국만 끓여서 조상에게 제사 지냄.

64 이 지역(또는 집안)의 경우 떡국제사에서 점차 밥 제사로 변화되었음을
보여준다. 떡국은 설날에 만들어 먹는 시절식 정도로 여긴다.

65 그믐날 저녁에 차례 지냄. 주식류는 안타나지만 찬류가 많은 것으로 봐
메로 추정됨.

66 그믐 저녁에 차례 지냄.

67 그믐 저녁에 차례 지냄.

68 예전 설날 자정, 요즘은 설날 차례를 그믐 저녁에 지냄.

69 가정에 따라 그믐 저녁에 떡국, 메 올리고 설날 차례지내기도.

70 그믐 차례 제물을 설 차례 제물로 사용.

71 설날 당일 차례 안 나타남. - 그믐에 지냄.

72 그믐 12시 이전에 차린 상을 치움. - 설 차례가 사실상 그믐제사임.

73 그믐 저녁 차례상 차림. - 설 차례가 사실상 그믐제사임.

74 그믐 저녁 차례상 차림. - 설 차례가 사실상 그믐제사임.

75 그믐 밤에 차례상 차림. - 설 차례가 사실상 그믐제사임.

76 설 차례상은 보통 섣달그믐날 저녁에 차리는데, 집안에 따라서는 정월 초하룻날 새벽에 차림. - 설 차례가 사실상 그믐제사임.

77 집안에 따라 설날 밤에 차리기도. 그믐 밤 떡국 올리고 이후 다시 메 올리는 집도 있음.

78 『전라남도 세시풍속』, 진도 의신, p.761. "집안에 따라 차이 있지만 설과 보름에는 밤중에 차례상을 차림(추석에는 새벽에 차림)."

79 그믐밤부터 차례상을 차려 아침 일찍 차례 지냄. - 설 차례가 사실상 그믐제사임.

80 집안 따라 차례를 그믐에 지내기도.

81 『전라남도 세시풍속』, 화순 화순, p.871. 설 차례는 대개 설날 새벽 4시에 지냄. 지내는 시간에 따라 '한 해를 보내니까 아쉬워서 설을 쇤다'고 하기도 하고, '새해를 맞이하니까 설을 쇤다'고도 함.

82 『전라북도 세시풍속』, 익산 함라. p.160. "설 차례를 섣달그믐날에 지내기도 한다. 미리 제물을 장만해 두었다가 자정(子正)을 기해서 차례를 모

신다. 이렇게 차례를 지내면 설의 첫 시간에 제사를 모신 것이 되므로 이튿날에 다시 차례를 모시지는 않는다." 및 p.141. - "(설) 제사에는 메·탕·조기·홍어찜·삼탕(홍어탕·소고기탕·두부탕)·삼색실과(밤·대추·곶감) 등을 올린다." - 그믐차례와 설 차례가 합쳐진 형태. 시간상 그믐 차례 아닌 관념상 그믐의례.

83 『전라북도 세시풍속』, 정읍 신태인, p.253. "섣달그믐날 밤 12시가 넘으면 떡국(평탕)을 끓여 김치·김칫국만으로 간단하게 상을 차려 올린다. 그리고 설 아침에 일찍 밥을 지어서 차례상을 차린다." - 설날 차례를 두 번 지내는 것으로 나타난다. 그런데 12시 이후 떡국 끓여 지내는 상 차림은 사실상 그믐차례로 볼 수 있다. 다수의 지역에서 그믐 의례를 자정께에 지내며, 설날 의례를 두 번 지내는 이유가 나타나지 않고 또 그럴 이유도 없기 때문이다. 따라서 이는 시간상 설날 차례지만 관념상의 그믐의례라 할 수 있다. 이 의례를 그믐 의례에 포함했다.

84 『전라북도 세시풍속』, 무주 무주, p.304. "간혹은 작은 설날(섣달그믐날) 저녁에 떡국을 끓여서 조상께 올려두었다가 식구끼리 나누어 먹고, 이튿날은 메와 떡국을 끓여서 차례를 모시기도 한다."

85 『전라북도 세시풍속』, 부안 부안, p.359. "특히 3년상을 치르고 있는 집에서는 섣달그믐날 밤 12시에 떡국으로 먼저 제사를 지내고, 다시 정월 초하루 새벽 4시경에 메를 올리는 '메밥차례'를 지낸다." - 시간상 그믐 차례 아닌 관념상 그믐의례.

86 『전라북도 세시풍속』, 완주 상관, p.443. "그믐차례는 그믐날 12시경에 지내며 식구들끼리만 참가한다. 차례를 지낼 때도 엄격하게 준비를 하는

것이 아니라서 떡국과 메가 동시에 상에 올라가는 경우도 많다."

87 『전라북도 세시풍속』, 완주 고산, p.456. "섣달그믐날 자정에 식구들끼리만 음식을 간소하게 차린 다음 조상에게 제사를 지낸다." - 시간상 그믐 차례 아닌 관념상 그믐의례.

88 혼재지역은 밥, 떡국, 만두(국)를 2~3개 함께 올리거나 한 지역에서 가정에 따라 달리 올리는 지역.

89 절식이 나타나지 않은 지역.

90 만두 넣은 떡국 또는 떡 넣은 만둣국.

91 최근 메제사 대체 늘어.

92 예전 설 차례 안지내고 그믐제사 지냄. - 최근 설차례로 대체됨.

93 밥이 대다수.

94 밥이 일반적.

95 대개 메.

96 차례를 두 번 새벽과 아침에 지냄. 모두 떡국 올림.

97 주악은 떡 중에 제일 어른 격이다.

98 일반적으로 메.

99 일반적으로 떡국.

100 밥제사가 훨씬 많음.

101 요즘은 밥제사가 많음.

102 대부분 밥제사.

103 요즘은 밥이 많음.

104 대부분 떡국.

105 떡국이 보편적.

106 떡국이 보편적.

107 요즘 메가 많음.

108 떡국제사가 보편적.

109 주로 떡국.

110 예전에는 떡국만.

111 떡국이 더 많음.

112 만두 먹기도.

113 예전은 떡국, 지금은 대부분 떡국과 함께 메 차림.

114 예전은 밥, 지금은 떡국, 밥.

115 예전 밥, 지금은 떡국 해먹는 풍속.

116 밥 제사가 많음.

117 예전 떡국, 요즘 메가 많음.

118 대부분 떡국.

119 그믐날 저녁에 차례 지냄. 주식은 안 타나지만 찬류가 많은 것으로 봐

메로 추정됨.

그믐 저녁에 차례 지냄.

저녁에 차례 지냄.

자정, 요즘은 그믐 저녁에 차례 지냄.

그믐 저녁에 차례.

을 설 차례 제물로 사용.

영)상과 성줏상 차례 지냄.

126 차례 안 나타남.

127 그믐 12시 이전에 차린 상을 치움.

128 그믐 저녁 차례상 차림.

129 그믐 저녁 차례상 차림.

130 그믐 밤에 차례상 차림.

131 집안에 따라 설날 밤에 차리기도. 그믐 밤에 떡국 올리고 이후 다시 메 올리는 집도.

132 그믐 밤부터 차례상 차려 아침 일찍 차례 지냄.

133 집안 따라 차례를 그믐에 지내기도.

134 대부분 가정이 메.

135 대부분 가정이 메.

136 밭벼나 좁쌀로 만듦.

137 약궤는 흐린 좁쌀로 만들어 네 구멍을 뚫고 기름에 지져낸 떡이고, 우짓이는 산벼쌀로 만든 기름떡이다. 제펜은 대나무 잎을 시루떡 사이에 놓아서 쪄내면 댓잎 사이로 떡이 갈라지는 흰떡이다.

138 밭벼로 만든 골미떡과 메밀 국수 넣어 만듦.

139 예전 떡국에 수수가루 면 넣었음. 요즘은 안 함.

140 예전 떡국에 찰떡을 네모나게 썰어 넣었음. 요즘 안 함.

141 예전에는 떡국차례. 지금은 밥 차례로 바뀜. 따라서 주식류 통계는 밥 (메)으로 함.

142 서면 원주민은 떡국. 황해도에서 이주한 주민은 메.

143 북한 이주민 마을로 속초에 없던 풍속이라고 함.

144 출현한 떡 모두를 수리취떡이라 함.

145 단오 무렵 쑥이 없기 때문에 취를 사용.

146 예전에는 수리취떡이었으나 지금은 취를 구하지 못해 쑥떡함.

147 옛날에 지냄.

148 근년에는 거의 안 함.

149 부자는 여러 떡 만들며, 예전에는 찹쌀가루로 둥글고 넓적하게 만들었
　　으나 요즘은 쑥절편 만든다.

150 제사 모시지 않는 조상 제사. 〈전라남도 세시풍속〉, 고흥 대서, p.310.

151 예전 참꽃이 귀해 찔레꽃으로 전 만듦.

152　p.627.- 단오제- 매년 법성 포구에서 잔치. - 예전 단오무렵이 어장 끝나
　　는 시가- 이 때 선주들과 일부 상인들이 포구 앞에서 굴비를 구워놓고
　　오가는 사람들에게 막걸리와 함께 대접하곤 했다. - 용왕제, 뱃고사 등
　　한 해 어업의 안녕과 풍어를 비는 제사를 지내기도 한다. - 음식 먹고, 그
　　네, 씨름놀이하며 하루 보냄. - 사람 많이 모여 자연스럽게 난장 형성- 소
　　리꾼도 실력 뽐내- 먼저 풍물패가 마을 한바퀴돌고 공원에서 각종 행사
　　벌임.

153 아이들이 좋아하는 명절.

154 찹쌀로 단오 전후에 빚음.

155 수리취떡이라 함.

156 모두 수리떡이라 함.

157 수리취떡이라 함.

158 호박채를 넣은 칼국수로 제사를 지냄.

159 거북놀이가 나타남.

160 거북놀이가 나타남.

161 송편은 반드시 빚는 것 아님.

162 추석은 본격 가을걷이로 바쁨.

163 햇곡 안 나도 반드시 차례 지냄.

164 반달형 송편을 아래에 놓고 온달형 송편은 위에 놓음.

165 햇곡 안 나면 중구차례 지냄. 이처럼 햇곡이 늦으면 차례를 중구에 지내
   는 지역은 문경 농암, 상주 사벌, 포항 죽장, 영양 영양, 영양 석보, 청송
   부동지역 등이다.

166 최근에는 성가서서 송편 생략.

167 추석은 산업화 이후 명절. 이전은 중구가 큰 명절- 공휴일 정책 영향으
   로 추석이 일반적으로 됨.

168 추석이 늦으면 중구 제사 지냄. 중구가 추석보다 중요했음. 요즘은 중
   구제사는 드물어.

169 예전 차례는 중구에 지냄. 추석에는 성주 삼신 용단지에 밥 올림. 하지
   만 요즘은 추석이 설 다음 명절.

170 찹쌀 고물떡.

171 햇곡 안나면 중구. 시장에서 제물 구입 가능하면서 추석 제사가 일반적.

172 예전 추석은 그저 잘 먹고 노는날- 10월 시사 지냄.

173 추석차례는 최근- 예전 중구차례 지냄.

174 추석차례는 근래- 예전 명절로 안 여김.

175 예전에는 중구 지냈으나 요즘 추석이 일반적.

176 추석은 명절로 못 느낌. 오징어잡이로 바빠서. 또한 차례도 오후에 지냄.- 울릉읍도 마찬가지.

177 햇곡 없으면 중구차례- 요즘 사라짐.

178 주로 반달 형태로 만들어 콩고물 묻힘.

179 추석이 설 다음 큰명절.- 북삼면 지역도 마찬가지.

180 대추, 밤, 팥 넣고 찐떡.

181 팥시루떡하는 집이 많고 송편하는 집은 적음.

182 송편은 보름달 상징.

183 송편은 달 상징.

184 예전에는 대개 찰조로 크게 만듦.

185 예전에는 흉년에는 못빚음

186 진도 송편은 크다.

187 차례상, 송편은 근래의 일.

188 햇곡 안 나 9.9일에 봉사하기도.

189 쌀가루에 막걸리 발효.

190 성주는 가신(家神) 중에서 최고의 신으로 여러 가신을 통괄하고 집안의 안태(安泰)를 지키는 신이다. -『충청북도 세시풍속』, 제천 금성, p.29.

191 팥죽을 쑤면 성주나 조왕 등 집안에서 위하는 가신들에게 먼저 팥죽을 올리고 문에 뿌려 잡귀를 막는다.

192 팥죽을 쑤어 절에 가서 불공을 드리기도 한다.

193 팥죽을 먹기 전에 주걱에 떠서 벽사의 의미로 조왕에게 3번 긁고 먹는다.

194 애동지 때는 팥밥을 지어 먹는 사람도 있으나 대체로 팥죽을 쑤지는

않는다. '남의 동지'라는 뜻이다. 이날 아침 팥죽을 먹기 전에 먼저 팥죽 그릇에 숟가락을 꽂아 놓고 차례 올리는 집도 간혹 있다.

195 동지에는 팥죽을 올리는데 애동지 때는 팥죽을 쑤지 않지만, 조상 대대로 팥죽제사를 올리던 집안에서는 팥죽을 쒀 제사를 지낸다.

196 특히 이북에서는 옹심이를 '오그랑'이라고 하는데 이것으로 올리는 제사를 오그랑 팥죽제사라 한다. 오그랑은 새알 크기로 찹쌀을 빻아서 만든다.

197 동지가 아니어도 새로 나무를 들여와 기둥을 세웠을 때도 기둥에 (팥죽을) 뿌린다.

198 동지차례는 동짓날 날이 밝기 전에 지내며, 애동지 때에는 밥을 해서 동지차사를 지낸다.

199 절기상으로 동지를 새해의 의미로 생각하여 동지차례를 지낸다.

200 동지죽을 마련해 집안 구석구석 놓는다.

201 팥죽을 쒀서 집 안팎에 놓아두기도 한다.

202 팥죽을 쑤게 되면 먼저 집안의 삼신, 조왕, 성주 앞에 떠 놓고 비손을 한다.

203 장독대에도 팥죽을 조금 떠 놓는데, 이는 된장 맛이 좋길 바라는 마음으로 동지 할머니를 대접하는 것이다.

204 나락을 보관하는 용기.

205 가마솥 가득히 팥죽을 쑤어 한 그릇 먼저 퍼서 솔잎에 팥죽을 묻혀 집안 곳곳에 뿌린다. 이렇게 하면 집안의 잡귀가 물러난다고 한다. 그리고 먹기 전에 용단지와 성주·터주단지에 한 그릇 떠다 올린다.

206 예천 유천면에서는 '동짓달에 성주님이 오신다'고 하여 좋은 날을 택일
　　하여 성주고사를 지냈다.

207 동지에 팥죽을 쑤면 제일 먼저 '버지기'에 담아서 성주한테 한 그릇 올
　　리고 제사를 지낸다. 팥죽은 얼어야 좋다고 하는데, 이는 날이 따뜻해서
　　팥죽이 쉬면 농사가 잘 안 된다고 믿기 때문이다.

208 동지에는 팥죽을 쑤어서 성주 등 가신 앞에 놓고 빈다. 또 조상 앞에도
　　팥죽을 놓고 팥죽고사를 지낸다. 찹쌀로 만든 새알을 팥죽에 넣는데,
　　새알은 나이 수대로 먹어야 한다고 하지만 보통은 되는대로 먹는다.

209 동지에 팥죽을 올려 고사를 지내며 액을 쫓기 위해 팥죽을 뿌린다.

210 팥죽을 끓여서 팥죽고사를 지내는데 성주와 용단지 앞에 상을 차려 놓
　　고 빈다.

211 청송 파천면에서는 동지에 팥죽을 한참 쑤다가 한 숟가락으로 떠내어
　　서 성주님께 뿌린다. 이렇게 하면 부정이 가신다고 한다.

212 팥죽 차례는 팥죽과 함께 통대구를 찌고 과일과 나물·술 등을 마련해
　　여느 제사 때와 마찬가지로 차린다.

213 팥죽을 쑤면 먼저 윗목에 팥죽과 동치미 한 그릇을 올리고 성주를 위
　　한다.

214 팥죽제사를 지낼 때는 다른 음식은 장만하지 않고, 찹쌀로 빚은 새알
　　심을 넣고 끓인 팥죽만 큰 그릇에 퍼서 성주·샘·쌀독에 차려 놓는다.

215 팥죽을 끓이면 먹기 전에 팥죽제사를 지낸다. 팥죽·동치미·무나물로
　　상을 차려 안방의 성주와 조상을 모시고, 마루에서는 자식이 없는 귀신
　　을 위해 상을 차린다.

216 동지에 백가지 살을 제거하기 위해 조상께 상을 차려 팥죽을 올린다.

217 팥죽을 쑤고 나면 조왕에 팥죽 한 그릇을 퍼 놓고 비손한다.

218 팥죽을 쑨 다음 맨 먼저 푼 것을 담아 숟가락으로 집안의 사방에 뿌린다. 이렇게 하면 액을 막을 수 있다고 한다. 그런 다음 팥죽을 그릇에 담아 방에 갖다 두는데, 팥죽은 조상과 성주에도 올린다.

219 큰 그릇에 담아 성주께 가져다 둔다. 집에서 치성을 마친 후 절에 가서 동지맞이를 드린다. 절에 가면 팥죽만을 끓여서 부처님께 바친다.

220 『전라북도 세시풍속』, 진안 부귀, p.633. "안방에 여러 그릇을 상에 바쳐 놓고 마당 한 가운데에 짚을 깔고 팥죽 한 양푼을 퍼서 놓는다. 마당에서는 절을 한다. 이렇게 하면 잡신이 집안으로 들어오지 못한다고 한다. 치성을 마친 후에는 마당에 깔았던 짚을 조금 가져다가 대문 밖에 놓고 팥죽을 조금 부어 놓는다. 이를 '물합'이라고 한다. 물합은 못 들어온 잡귀에게 나누어주는 것이다."

221 동짓날은 후손 없이 돌아가신 분을 위해 제사를 지낸다.

222 초순과 중순에 드는 애기동지와 중동지에는 죽을 쑤지 않고 밥을 해서 고사를 지낸다.

223 팥죽을 뿌린 후 팥죽을 조왕, 터주, 성주의 순으로 떠다가 올린다.

224 동짓날 팥죽을 쑤어 동지시에 맞추어 뿌리면 안택고사 보다 좋다는 말이 있다. 그래서 지금도 팥죽을 쑤는 집이 많다. 팥죽을 쑤면 장독대, 안방 성주 앞 등 집안 곳곳에 놓는다.

225 사람이 먼저 먹기 전에 성주, 터주, 외양간, 광 등에도 뿌린다.

226 절에 다니는 사람들은 절에 가서 제를 지낸다.

227 옹심이(새알심)를 자신의 나이 수대로 먹는다는 의미.

228 제사 올리는 집은 애동지를 상관 안 하고 팥죽 쑴.

229 장티푸스로 죽은 조상이 있어도 팥죽 안 쑴.

230 크는 아이들이 있는 집에서는 팥죽 안 함.

231 팥이 잘 안되어 안 쑴.

232 팥 흉작 때문에 안 함.

233 밥해서 동지차사 지냄.

234 아이가 유아기로 아무것도 못 이루는 시기임으로 팥죽 안 쑴.

235 지금 동지에 팥죽을 하는 집은 몇 집 안 됨.

236 애동지에 팥죽 쑤면 팥 농사가 풍년 듦.

237 예전에 장티푸스로 죽은 사람들이 있어 대대로 팥죽 안 쑴.

238 과거에 동지차례를 지냈음.

239 애기동지에 팥죽을 안 쑴을 의미함.

240 팥죽을 먹으면 한 살 더 먹은 것으로 간주한다는 의미.

241 애기동지에 팥죽을 쑤거나 쑤지 않는 집이 함께 나타남을 의미.

242 조사 지역에서 애동지를 구분하는 풍속이 있는 것으로 보이지 않아 애
   동지 절식지역에 포함하지 않음.

한국 명절의 절식과 의례

초판 1쇄 발행일 2019년 03월 25일

글 김용갑
펴낸이 박영희
편집 박은지
디자인 최민형
마케팅 김유미
인쇄·제본 태광 인쇄
펴낸곳 도서출판 어문학사
　　　　서울특별시 도봉구 해등로357 나너울 카운티 1층
　　　　대표전화: 02-998-0094 / 편집부1: 02-998-2267, 편집부2: 02-998-2269
　　　　홈페이지: www.amhbook.com
　　　　트위터: @with_amhbook
　　　　페이스북: https://www.facebook.com/amhbook
　　　　블로그: 네이버 http://blog.naver.com/amhbook
　　　　　　　　다음 http://blog.daum.net/amhbook
　　　　e- mail: am@amhbook.com
　　　　등록: 2004년 7월 26일 제2009-2호

ISBN 978-89-6184-499-4   93380
정가 26,000원

이 도서의 국립중앙도서관 출판시도서목록(CIP)은 e-CIP홈페이지(http://www.nl.go.kr/ecip)와
국가자료공동목록시스템(http://www.nl.go.kr/kolisnet)에서 이용하실 수 있습니다.
(CIP제어번호: CIP2019008483)